KB192579

밀턴 에릭슨의
최면치료와 삶의 재도식화

LIFE REFRAMING IN HYPNOSIS

밀턴 에릭슨의
최면치료와
삶의 재도식화

Milton H. Erickson 저
Ernest L. Rossi · Margaret O. Ryan 편저
동승자 · 문경숙 · 서현령 · 엄재승 · 이미향
이영선 · 임정애 · 조은영 공역
임용자 감수

학지사

역자 서문

　이 책은 Milton H. Erickson의 세미나와 워크숍 및 강의 내용을 Ernest L. Rossi와 Margaret O. Ryan이 해석을 담아 편집한 『Life Reframing In Hypnosis(Vol II)』를 번역한 책이다.

　이 책의 번역을 결심하게 된 첫째 이유는, 자신의 어려움을 스스로 치료한 Erickson의 독특한 이력에 관심을 가져서였다. 정신과 의사이자 심리학자였던 Milton H. Erickson(1901년 12월 5일~1980년 3월 25일)은 미국의 위스콘신주 로웰의 농가에서 태어났다. Erickson은 어려서부터 발달이 늦고 난독증과 색맹이 있었으나 자기 최면을 통해 난독증을 극복하였다. 17세에 소아마비에 걸린 그는 몸에 대한 이전의 기억을 회상하면서 자신의 몸을 통제하기 시작하였고 자기암시와 적극적 훈련을 통해 지팡이를 짚고 걸을 수 있을 만큼 스스로를 회복시켰다. 치료자로서 Erickson은 자신의 시련과 회복 경험을 바탕으로 환자들의 학습된 습관들을 재도식화하여 통증, 수면장애, 틱, 난독증, 핀 공포증, 완벽주의 등 다양한 증상을 치료하였다. 이렇게 자신의 삶과 환자의 치료 과정을 통해 인간의 한계에 도전하며 변화 가능성을 넓힌 Erickson의 치료 접근법을 소개한다는 것은 매우 매력적인 일이었다.

　둘째 이유는, 이 책이 기존의 최면치료에 대한 통념을 깨고 새로운 방향을 제시해 주고 있기 때문이다. 본문에서도 언급하고 있듯이, 오랫동안 최면에 대해 "최면대상자의 마음이 최면치료자의 권위적인 암시에 수동적으로 영향을 받는 백지 상태와 같은, 마치 잠자는 수동적 상태라고 보는 오래된 전통적인 통념"이 있어 왔다. 이에 우리 역자들은 간접 암시를 통해 내담자의 무의식과 협력하는 Erickson의 최면치료를 소개하면서 Erickson이 치료 장면에서 내담자의 주도성을 얼마나 섬세하게 잘 사용하고 있는지를 전하고자 한다. Erickson의 최면치료에 대한 태도는 다음의 글에 잘 담겨 있다. "최면치료자의 암시에 특별한 마술적 힘은 없다. 단지 환자의 무의식이 요청하고 반응할 수 있는 암시를 하려는 겸손한 노력이 있을 뿐이다."

셋째 이유는, 단순히 치료 영역을 넘어서 전반적인 삶의 문제에 대해 Erickson이 사용한 재도식화와 무의식의 활용 방법을 공유하고 싶어서였다. Erickson은 내담자의 무의식을 활용하면서 시간 구속, 산만 기법, 기억상실, 해리 기법, 관념역동적 움직임, 울트라디안 리듬 등을 활용하여 신체적 통증에 대한 심리적 인식을 다르게 바라볼 수 있도록 재도식화하였다. 그리하여 질병, 습관, 고통 및 기쁨조차도 기억 속에서 쪼개고 붙이고 변형시켜 통제할 수 있는 대상으로 만들어 놓는다. 이러한 Erickson의 재도식화 아이디어를 통해 상담자는 치료적 조력자로서의 통찰을, 내담자는 치료적 주체로서의 통찰을 얻을 것이다.

넷째 이유는, Erickson이 치료 현장에서 사용한 치료적 접근 방법, 대화, 언어, 표정, 유머, 역설, 목소리 톤, 암시 등을 그대로 전달하여 상담자들에게 살아 있는 치유의 현장을 소개하고 싶은 마음에서였다. 현장에서 일하는 상담자들은 자신들만의 틀과 한계 속에 갇히지 않기 위해 책, 슈퍼비전, 워크숍 등을 통해 끊임없이 자신을 갱신하고자 노력한다. 그러나 많은 책과 강연조차도 보편성이라는 한계 속에 있는 경우가 많다. 새로운 배움에 대한 갈증이 있는 심리상담자들에게 Erickson은 단비와 같은 치료자의 모델이 되어 주고 있다. Erickson에 대한 담론도 아니고, 개념서도 아닌 그의 실제 현장 언어를 담고 있는 이 책은 우리를 약 70년 전 Erickson의 세미나에 초대하여 그와 함께 앉아 있는 경험으로 이끌 것이다.

이 책을 읽는 데 도움이 될 만한 몇 가지 개념을 소개하면 다음과 같다. 우선, 우리 역자들은 고심 끝에 'reframming'을 재도식화로 번역하였다. 도식(schema)이란 정보를 체계화하고 해석하는 인지적 개념 또는 틀이다. 'reframming'은 기존 상황이나 생각에 도전하고 이를 변화시키는 과정으로 동화(assimilation)와 조절(accommodation)의 치열한 투쟁 과정을 통한 도식의 확장이라는 측면에서 재도식화라고 볼 수 있다. Erickson이 학습된 한계에서 벗어나는 방법을 사람들에게 알려 주려고 고군분투했던 것처럼, 재도식화는 기존 도식의 저항을 넘어서야 하는 매우 힘든 과정이다. 그럼에도 불구하고 재도식화는 경험의 중요성과 그 의미를 재조직하고 재해석하여 잠재력과 행동이 더 유익한 방법으로 활용되고 표현될 수 있게 한다.

간접 암시는 고전 최면치료에서 주로 사용하였던 직접 암시에 대한 상대적 개념으로, 은유나 제안의 형태로 제시하여 최면대상자가 자신의 속도로 가장 편안하게 암시를 수락할 수 있는 기회를 제공하는 것이다. 간접 암시는 최면대상자가 온전한 주인으로서 자신의 변화에 참여하도록 돕는 '정신적 연결과 무의식 과정의 촉진제'이다.

트랜스(trance)는 최면, 명상, 몰입, 기도 혹은 일상생활 속에서도 경험되는 비정상적인 각성 상태로서 변화된 의식상태이며 최면이나 암시에 보다 수용적인 태도가 되는 상태이다.

아이디어는 Erickson이 치료를 위해 문제를 재도식화하여 사용한 창의적인 치료적 발상을 말한다.

이 책은 치료에 관심 있는 사람들만을 위한 것이 아니다. 삶의 전반적 문제에 대한 새로운 관점을 가지고 싶어 하는 모든 사람을 위한 책이다. Erickson은 자기최면, 마음 떠돌기 등의 방법을 통해 우리의 무의식이 우리 자신의 본질적 가치를 위해 지혜를 활용할 수 있도록 돕고 있다. 나아가 은유를 사용하여 무의식에 파동을 일으키거나, 간단한 몇 마디 말로 상황을 정리해 버리거나, 치료의 절정에서 멈춤과 휴식이라는 치료적 잉태의 시간을 허용하면서 '사고, 이해, 기억의 재연결 및 재구조화'를 돕는다. 그러므로 이 책은 우리 삶에 새로운 길, 새로운 방향의 문을 열어 줄 것이다.

강연에서 보여 준 Erickson의 즉흥적 언어의 숨겨진 의미를 찾고, 구어체 속 그의 음조, 억양, 속도에 따라 다르게 전달되는 미묘한 뉘앙스까지 생생하게 전달한다는 것은 역자들에게 매우 어려운 도전이었다. 그러므로 우리 역자들은 70년 전 그 세미나에 있었던 것처럼 상상하며 트랜스에 들어가 Erickson과 함께 호흡하면서 그의 말을 들으려 노력하였다. 또한 "우리의 무의식은 우리가 알고 있는 것보다 더 많은 것을 알고 있다."라는 Erickson의 말에 의지하며 그의 발자취를 따라갔다. 기존 경험의 틀 속에서 벗어나지 못하고 이해의 막다른 골목에 도달했을 때 우리는 오히려 의식을 내려놓고 무의식이 무엇을 이야기하려는지 귀 기울이고 알아차리려 노력하였다. 그 결과, 놀랍게도 나 자신의 무의식과 동료의 무의식은 우리를 이해와 공감으로 안내하였으며 알아차림의 기쁨을 맛보게 하였다.

이 책을 읽는 독자들도 인간 본성에 대한 긍정적 발전 가능성에 대한 기대를 갖고 이 책을 선택했으리라 생각한다. 여러분의 무의식은 무엇을 추구하고 있을까? 이 책을 선택한 여러분의 무의식이 Erickson과의 대화를 통해 그에 대한 답도 해 줄 것이라 믿는다.

번역함에 있어서 언어뿐 아니라 실제 현장을 잘 이해하고 생생하게 전달하는 것은 매우 어려운 작업이었다. 이러한 한계에도 불구하고 이 책이 세상에 나오게 된 점에 대해 매우 기쁘게 생각한다. 감수를 해 주신 임용자 박사님께 감사드리며, 특히 학지사의 김진환 사장님을 비롯해서 꼼꼼하게 편집을 해 주신 김지수 선생님께 감사드린다.

2024년 10월
역자 일동

추천의 글

Milton H. Erickson은 임상 최면, 신경언어프로그래밍(NLP), 전략적 가족 치료, 역경 치료, 해결중심 단기 치료, 이야기 치료 등 현대 심리치료의 다양한 접근법의 성립과 발전에 지대한 영향을 끼친 인물입니다. 그의 공헌으로 인해 최면은, 과거에 엔터테이너의 쇼처럼 소비되던 전통의 최면술을 탈피하고, 의학계의 인정을 받아 최면의학으로 확립되었습니다.

그의 새롭고 독특한 최면 스타일은 당대의 과학자들을 당혹하게 하고 많은 관심을 불러일으켰으며, 피닉스에 있는 그의 개인병원은 그에게 배우고 그를 연구하고자 하는 사람들로 붐볐습니다. Bandler와 Grinder도 그중에 있었으며, Erickson의 최면 패턴에 대한 연구는 NLP 창시의 핵심적인 부분이 되기도 했습니다.

Erickson은 고등학교 졸업 직후인 1919년, 소아마비로 온몸이 마비되었지만 다행히 시각, 청각, 사고에는 장애가 없었으므로, 부모님과 8명의 형제자매, 간호사의 행동을 관찰하는 과정에서 놀라운 발견을 하였고, 그 경험에 대해 다음과 같이 기술하고 있습니다.

단 한 번의 소통에서도 언어적 의사소통과 비언어적 의사소통 사이의 빈번하고, 종종 놀라운 모순을 발견하고 놀랐다…… '더블 테이크(double takes)'가 완전히 다른 경험의 연결들에 기반을 둔, 이해의 두 가지 다른 수준으로 하는 지각이라는 발견은 새로운 관찰의 장을 열었다. 그리고 '트리플 테이크(triple takes)'가 발생할 수 있다는 사실을 발견하였다⋯⋯. 이러한 노력을 통해 음조, 시간 값, 표현 순서, 가까운 연결과 먼 연결, 내재적 모순, 누락, 왜곡, 중복, 과대 및 과소 강조, 직접성과 간접성, 모호성, 관련성 및 비관련성 등 커뮤니케이션을 지배하는 다른 많은 요소들을 인식하게 되었다(Bandler & Grinder, 1975).

이를 통해 Erickson의 커뮤니케이션이 갖고 있는 복잡성은 그의 언어 패턴에 대한 분석과 비언어 행동 패턴에 대한 분석이 모두 필요하다고 짐작할 수 있습니다. Bandler와 Grinder 역시 이에 초점을 두고 Erickson이 직관적으로 행동하는 각 패턴을 분석하고 행동의 구성요소들을 추출하여 공식화하고자 하였고, 그 결과 Erickson은 '나의 방법론에 대해 완전하게 묘사하는 것과는 거리가 있지만, 나 자신보다 훨씬 더 나은 설명을 제공'하고 있다고 서문에서 평가한 바 있습니다. 덧붙여 Erickson 역시 '자신이 하는 일을 알고 있지만, 자신이 하는 일을 설명하는 것은 그에게도 너무 어려운 일'이라고 고백합니다.

Erickson의 작업에는 언어적 측면에서나 비언어적 측면에서 여전히 드러나지 않은 영역이 존재하고 있으며, 국내에서도 Erickson에 대한 관심이 증가하고 활발한 연구가 이어지고 있습니다. 특히 이 책 『밀턴 에릭슨이 말하는 최면치료와 삶의 재도식화(Life Reframing in Hypnosis)』(Seminars, Workshops, and Lectures of Milton H. Erickson, Vol. 2)는 최면대상자들의 일상 행동 이면에 있는 자연적 패턴을 찾아내고, 변화에 활용하는 Erickson의 창의성 그리고 생성적 변화를 이끌어 내며, 최면대상자의 삶을 변화시키는 과정을 생생하게 보여 주어 Erickson에 의해 확립된 재도식화(reframing)에 대한 넓은 시야와 깊은 이해를 제공하는 단비와 같은 책입니다.

이 책이 우리 NLP상담학회의 전문수련감독이신 임용자 박사님의 지도와 감수 아래, 여러 제자가 마음을 모아 번역하고 드디어 출판을 앞두게 되었다는 소식은 Erickson에 대해 관심을 가진 심리상담가들뿐 아니라 인간의 무의식적 행동에 담겨 있는 비밀에 관심 있는 모든 독자에게 반갑고 기쁜 소식이 될 것입니다.

이 책을 읽는 모든 분이 Erickson이라는 천재적인 인물을 만나면서 그가 이끌어 내는 최면대상자들의 변화 과정의 신선함, 의외의 즐거움을 선사하는 그의 유쾌한 창의성 그리고 최면대상자에 대한 깊은 마음 또한 만나게 되기를 진심으로 희망합니다.

2024년 10월

NLP Master Trainer

한국상담학회 NLP상담학회장

최경희

편저자 서문

Milton H. Erickson의 세미나, 워크숍, 강의에 대한 두 번째 저서인 이 책은 최면과 심리치료에 대한 Erickson의 독창적 접근법을 놀랍도록 풍부하게 보여 주고 있다. 이 책에서 다루었던 세미나 기간 동안, Erickson은 자신의 접근법의 본질로 여기고 있는 자연주의적 기법 및 그 활용법에 관한 매우 독창적인 논문을 썼다. Erickson이 각 환자들의 일상 행동의 자연적 패턴 속에서 비밀을 발견하여 치료 목적으로 사용한 것은 그의 천재성에서 비롯되었다. 이 책에서 Erickson이 그의 친구, 가족, 동료, 환자에 대해 했던 이야기와 일화들은 과학적 발견과 최면치료 혁신 과정에 그의 창의적인 정신이 어떻게 작용했는지를 보여 주는 멋진 태피스트리를 제공한다.

그러므로 이 책은 학생, 전문가 그리고 자신의 관심 분야가 무엇이든 자신의 창의적인 노력을 촉진시켜 줄 하나의 모델을 추구하는 독자들에게 높은 평가를 받을 것이다. 이 책에 포함된 심리학적 통찰은 인간 의식 성장의 한계를 확대시키는 데 참여하는 모든 사람에게 타당성을 부여한다.

이 시리즈의 첫 번째 책과 마찬가지로 이 책의 자료도 전통적인 학문적 의미에서는 아직 체계적이지 않다. 오히려 우리는 Erickson이 자신의 작업을 어떻게 진행하는지 연상시키는 방식으로 시연하는 동안 동료로서 그와 동행한다. 독자의 창의적 활동을 촉진하는 데 가장 가치 있는 것은 바로 이러한 비체계적 발견이라는 자연스러운 여정이다.

이 책의 자료가 출판을 위해 편집되면서 새로운 통찰이 두드러지게 나타났다. 그 통찰 중 가장 중요한 것은 현재 널리 사용되는 재도식화(reframing)[1]라는 개념을 우연히 만들어 낸 것이다. 이것은 Erickson이 학습된 한계에서 벗어날 수 있도록 돕는 방법을 사람들에게 알려 주기 위해 고군분투하는 과정에서 이루어졌다. 사실상 재도식화는 Erickson의 자연주의적 접근과 그 적용 방법의 직접적인 결과라고 볼 수 있다. 치료, 증상 해결, 습관 재훈련, 성격 재구성은 Freud의 전통적인 분석이 아니라 재도식화라는 기발한 과정에 의해 종종 영향을 받는다. 즉, 개인은 재도식화를 통해 경험의 중요성과 그 의미를 재조직하고 재해석하여 더 적절한 방법으로 자신의 잠재력과 행동을 활용하고 표현할 수 있다. 이러한 관점에서 '심리적 문제'라는 개념은 단순히 상황을 불행한 방법으로 이해하거나 재도식화한 것이라고 볼 수 있다. 재도식화는 사람들이 상황에 대한 이해를 재조직하여 상황의 모든 관련 측면을 통제 가능 영역으로 가져오게 하는 방법이다.

과학이야말로 재도식화의 과정이다. 즉, 잘 설계된 실험은 과학자가 체계적으로 통제하고 연구할 수 있는 방식으로 자연의 변인들을 재도식화하는 것이다. 세상을 보고 듣고 느끼고 경험하는 방법을 재조직하는 예술의 영역에서도 재도식화는 핵심과제이다. 철학적 연구와 영적 수행도 이와 동일한 재도식화 방법으로 가장 효과적으로 추진될 수 있을 것이다. 우리 인간의 가장 심층 내적 경험을 유례없이 정교한 수준에서 재도식화를 계속함으로써 우리는 인간 본성이 점진적으로 발전할 수 있는 수단을 갖게 된다.

역사적 관점에서 볼 때, 우리는 심리치료와 인간발달 분야에 대한 Erickson의 공헌이 얼마나 중요한지를 알 수 있다. Freud의 공헌은 한 개인의 의식과 무의식 과정 간의 관계에 대한 분석과 통찰이 어떻게 신경증적 증상으로부터 개인을 해방시키는 치료적 가치가 될 수 있는지를 설명하는 것이었다. Freud의 초기 제자들, Otto Rank, Sandor Ferenczi, Karl Abraham 그리고 『새로운 성장 방식(New Ways of Growth)』을 쓴 Karen Horney와 같은 후기 자아 심리학자들은 기능적 정신 병리의 다양한 증상이 사실상 어떻게 해서 신경증적 왜곡에서 벗어나 창의적 측면으로 변화해 가는지를 설명했다.

Carl Jung은 확충 및 비교 연구 방법을 통해 원형적 집단 무의식(an archetypal collective unconscious)이라는 개념을 추가했다. 이 방법은 개별 환자의 개인적 이미지 및 관념이

---

1) 재도식화라는 용어는 Paul Watzlawick, John Weakland, Richard Fisch가 쓴 『변화: 문제 형성과 문제 해결의 원리(Change: Principles of Problem Formation and Problem Resolution)』(New York: W.W. Norton, 1974; Erickson이 이 책에 서문을 씀)에서 설명되었다.

역사를 통해 기록된 신화 및 의식과 어떻게 유사한지를 드러내 준다. Carl Jung의 연구는 개인과 사회 간의 상호작용이 문화를 지탱하고 의식을 확장시키기 위해 어떻게 새로운 의미를 합성하는 적극적인 과정이 되는지를 설명해 준다.

Kohler에서 Fritz Pearls에 이르는 게슈탈트 심리학자들은 창의성의 본질인 참조의 틀을 바꾸고 새로운 방향과 의미를 찾는 능력에 초점을 두었다. Abraham Maslow 같은 인본주의 심리학자와 Ken Wilber 같은 당대 초월 심리학자들은 인간에 대한 이해를 행동적·정신적·영적 수준으로 통합함으로써 이러한 기반을 넓혀 가고 있다.

이 일련의 역사적 흐름은 매우 풍요롭고 가치 있지만, 그럼에도 불구하고 실제 심리치료의 관점에서 보면 뭔가 빠진 것이 있다. 이러한 모든 통찰과 의미가 사람들에게 자신을 더 잘 이해하는 데 도움이 되었던 반면에 그들의 실제 행동은 바꾸지 못한 경우가 얼마나 많은가? 이 물음에 대한 대답은 Erickson의 고유하고 공헌적 연구인 재도식화 방법에 정확하게 들어 있다. 즉, 그는 우리에게 사람들이 자신의 행동을 변화시키고, 정체감을 창조하고 삶을 새롭고 의미 있는 방법으로 재도식화하기 위해 자신의 삶의 경험과 무의식적으로 학습된 연상을 이용할 수 있게 하는 실제적 접근, 방법 그리고 기법을 보여 준다.

이 시리즈의 첫 번째 책에서 우리는 Erickson의 감각-지각 장애와 두 차례의 척수성 소아마비에 대한 개인적인 투쟁이 그의 치료 접근법을 개발하는 데 어떻게 주요 동기가 되었는지를 알게 되었다. 그는 먼저 자신을 치유하는 법을 배움으로써 다른 사람을 치유하는 법을 배우는, 상처 입은 의사의 원형을 보여 주는 살아 있는 본보기였다. 이 개념은 그와 함께 연구했던 행운의 사람들에게 전해지는 기본 메시지가 되었다. 즉, 너 자신을 치유하라. 그리고 그 치유 방법을 타인들에게 가르치라. Erickson의 세미나, 워크숍, 강연을 담은 이 시리즈를 대중에게 제공함으로써, 우리는 이 치유 방법을 개인적으로 사용할 수 있는 모든 사람과 공유하고 더 널리 알리는 데 도움이 되기를 바란다.

Ernest Lawrence Rossi

1984년 말리부에서

일러 두기

▶ 참고문헌에 대하여

비공식적인 자료의 특성 때문에 편저자들은 참고문헌을 APA 표준 형식으로 기재하지 않고 이 책의 마지막 부분을 후주로 하기로 결정했다. Erickson/Rossi의 이전 저서에 대한 빈번한 참조를 간소화하기 위해 본문에는 축약된 제목만 사용했다. 전체 출판물 정보는 도서 목록에서 찾을 수 있다.

▶ 찾아보기에 대하여

이 책에서 편저자들은 Erickson의 자료를 이론적으로 체계화하려고 노력하지 않았다. 대신 두 가지 방법으로 주제를 범주화하고자 주의 깊게 노력하였다. 첫째, Erickson이 제시하는 주요 주제에 주의를 집중시키기 위해 굵은 글씨체로 한두 페이지마다 제목을 붙였다. 제목은 Erickson이 한 것이 아니라 편저자들이 범주화한 것이다. 이들 제목은 색인을 위한 키워드를 선정하기 위해 사용된 것들이다. 색인은 이 책의 주제들을 찾는 열쇠이며 특정 분야에 대해 Erickson이 언급한 내용을 연구하기 원하는 미래의 후학들에게 참고자료가 될 수 있다.

▶ 편집에 대하여

Erickson이 시연 중에 최면대상자에게서 청중으로, 다시 최면대상자에게로 주의를 자주 전환하는 것을 나타내기 위해 최면대상자에게 직접적으로 말했던 트랜스 자료의 모든 축어록은 대화체로 구성하였다. 초점이 다시 청중에게로 옮겨지는 대목에는 한 줄을 띄어 썼고 일반 글씨체를 사용했다. 그러나 청중에게 말하는 것일지라도 Erickson의 말은 대부분 간접 암시의 형태로, 최면대상자에게 향하고 있다는 점에 유의해야 한다. 끝으로, 편저자들이 덧붙인 해설(박스 처리)은 모두 Erickson과 사전 논의 없이 1983년에 작성되었다.

▶ 글씨체와 문장부호에 대하여[1]

가끔 녹음 상태가 좋지 않아 강의 내용이 잘 들리지 않은 부분이나 구어체 언어라는 환경상 생략된 부분에 대해 편저자들은 대괄호 '[　]'를 사용하여 내용을 보충하였으며, 상황에 대한 자세한 이해를 돕고자 괄호 '(　)' 속에 지문을 넣었다. Erickson의 말 중에서 핵심 내용은 굵은 글씨체와 색을 넣어서 표시하였다.

---

1) 역자 주: 원서에는 수록되어 있지 않지만 이 책의 이해를 돕기 위해 역자들이 설명을 첨부하였다.

차례

제1부 창의적 문제 해결을 위한 자연적 삶의 경험 활용 / 25

제2부 건설적 활동을 통한 문제의 재도식화 / 155

제3부 기존 자료에 대한 새로운 참조틀 / 211

제4부 알아차림과 수용의 특별한 상태 / 247

시연 III / 259

제5부 삶의 재도식화: 젊은 사진작가의 잠재력 촉진하기 / 267

제1부

창의적 문제 해결을 위한 자연적 삶의 경험 활용

1958년 2월 캘리포니아 샌디에이고 강연.

1 무의식의 본질

최면에서 긍정적 경험의 활용: "넌 이제 내 여자야."

오늘 내가 하는 말은 사전에 준비하지 않고 즉석에서 하는 강연입니다. 학습엔 반복이 필요하므로 중요한 개념은 때때로 반복해서 말씀드리겠습니다.

내가 논의하고 싶은 첫 번째 주제는 개별 환자에 대한 최면의 중요성 및 활용과 관련하여 심리학자, 치과의사, 의사 등 여러분 모두가 유념해야 할 일반적인 태도에 대한 것입니다. 최면에서는 주로 무의식 또는 잠재의식을 활용합니다. 이 강의에서는 이 두 용어를 혼용해서 사용하겠습니다. 무의식, 잠재의식, 전의식에 대한 글은 많지만 내가 여러분에게 각인시키고 싶은 것은 무의식은 외부 현실 지향 욕구는 없지만 그러한 지향 능력은 있는, 주로 상징적 사고를 다루는 마음의 일부라는 점입니다. 예컨대, 무의식에서 물 한잔에 대해 생각하면, 물 한잔이라는 구체적인 소품 없이도 그것을 매우 명확하게 시각화할 수 있습니다. 무의식은 물 한잔에 대한 생각, 관념, 기억, 이해만으로도 충분히 시각화할 수 있습니다.

내가 말씀드리고 싶은 다음 주제는 이것입니다. 무의식은 모든 경험, 학습, 태도의 저장고라는 것입니다. 우리는 모두 삶의 배경 전체로부터 영향을 받습니다. 그럼에도 불구하고 과거에는 일상생활의 트라우마 측면만 지나치게 강조해 왔습니다. 이런저런 경험에 의해 안 좋은 영향을 받을 가능성과, 사람들에게 상처 줄 가능성을 너무 많이 강조해 왔습니다. 한 사람의 삶에 좋은 영향을 미치는 것, 즉 그 사람에게 매우 좋은 영향을 미치는 것에 대한 관심은 너무 적었습니다. 끔찍한 충격적인 경험이 사람을 엄청나게 큰 힘을 갖게 하거나 경직된 상태로 만들 수 있는 것처럼, 즐거운 경험도 마찬가지입니다.

나의 개인적인 배경을 예로 들어 보겠습니다. 여러분은 나의 개인적인 배경이 어떻게 이것과 관계있는지 궁금하실 겁니다. 지금으로부터 약 72년 전, 16세 소년이 소 수레를 타고 위탁 가정으로 가고 있었습니다. 수레는 한 농장에 멈췄습니다. 수레가 농장으로 들어가는 동안 시카고에 있는 형의 집에서 가출한 16세 소년은 위스콘신 농장을 둘러보았습니다. 그때 한 어린 소녀가 단풍나무 뒤에서 고개를 내밀었습니다. 16세 소년은 "너 누구의 딸이니?"라고 물었습니다. 당시 13세였던 소녀는 매우 수줍게 "나는 아빠 딸이지."라고 대답했습니다. 그러자 16세 소년은 말했습니다. "넌 이제 내 여자야."

7년 후 나의 아버지는 단풍나무 뒤에 있던 그 소녀와 결혼했습니다. 모든 것은 7년 전 바로 그때 거기서 정해진 것입니다. 두 사람은 65년 동안 행복하게 결혼 생활을 이어 오고 있습니다. 어머니의 일기장에 기록된 이 작은 이야기는 그 사건을 아주 잘 담고 있으며 과거의 호의적인 사건이 얼마나 크고 지속적인 영향을 미칠 수 있는지를 보여 줍니다.

환자에게 최면을 사용할 때 여러분이 환자의 무의식에 호소하는 방식이 환자가 앞으로 가지게 될 최면에 대한, 치과 치료에 대한, 약물에 대한, 신체에 대한, 그리고 신체나 정신적 고통에 어떻게 반응할지에 대한 생각과 느낌의 기초를 형성한다는 것을 인식하시기 바랍니다. 이것을 이해하면, 삶의 즐거웠던 경험을 강조하는 방식으로 최면을 사용해야 할 필요성이 매우 크다는 것을 받아들일 수 있을 것입니다. 내가 이 점을 강조하는 이유는 환자에게 최면에 대해 너무 두려움과 불안을 갖지 않도록 하기 위해서입니다. 그 문제를 다루기 전에 최면 사용 시 고려해야 할 또 다른 사항을 한 가지 더 언급하고 싶습니다.

2 삶의 경험에 대한 '저축 은행' 활용하기

향후 월경통의 모든 수반 상황에 대한 최면후 암시 확대 적용

치아를 뽑든, 종기를 제거하든, 그 어떤 일이든, 아무리 간단하거나 복잡한 일이든 다음 사항을 염두에 두어야 합니다. 여러분의 환자는, 오늘은 어떤 한 사람, 내일은 다른 사람, 다음 주, 다음 달, 내년에는 또 다른 사람이 될 수 있습니다. 5년 후, 10년 후, 20년 후에는 또 다른 사람이 될 것입니다. 우리 모두는 어떤 일반적인 삶의 배경을 가지고 있지만 매일매일 다른 사람입니다.

이 점을 명확히 하기 위해 예를 들어 보겠습니다. 서른 살의 한 젊은 여성이 나를 찾아왔습니다. 그녀의 불만은 "월경 때마다 고통스러워요. 매달 3일 동안 침대에 누워 지내는데 정말 너무 아파요."라는 것이었습니다. 그녀는 담당 의사가 누구인지 말해 주었고, 나는 그가 얼마나 유능한 의사인지 알고 있었습니다. 평범하고 단순한 신경증에 대한 그의 태도도 알고 있었습니다. 나는 환자에게 광범위하게 질문을 한 후, 그녀의 3일간의 고통이 깊은 정신적·신체적 원인에 기인한다고 느꼈습니다.

내가 그녀에게 어떻게 해 주면 좋겠냐고 물었더니 그녀가 대답했습니다. "약 2주 후면 월경이 시작되는데 3일 동안 구토와 두통으로 온몸이 비참한 기분이 되어 침대에 누워 있고 싶지 않아요. 그 3일 동안 월경통을 겪지 않도록 도와주세요."

"예, 그런데 당신은 28일에 한 번씩 월경을 하지요. 2주 후부터 28일이 지나면 또 월경을 하게 될 거예요"라고 내가 대답했습니다.

그녀는 나를 다소 날카롭게 쳐다보며 말했습니다. "이번 월경에 대해서만 해 주세요. 그거면 충분해요."

나는 환자의 머릿속에 무슨 일이 일어나고 있는지 궁금했습니다. 나는 그녀에게 월경은 매달, 올해와 내년에도, 사실 5년 후에도 일어날 일이라고 다시 한번 상기시켜 주었습니다. 그녀는 나에게 이번 월경 기간만 대처할 수 있게 해 달라고 요청했습니다. 그래서 나는 이번 월경에 관해서만 암시를 해 주었습니다. 그 후 그녀는 특별한 불편함도, 통증도, 경련도, 직장에서의 시간 손실도 없이 완벽하게 평범한 월경 기간을 보냈습니다.

그 이후 6주 동안 나는 그녀를 보지 못했습니다. 그러던 어느 날 그녀가 찾아와서 이렇게 말했습니다. "당신이 나를 치료해 준 그 월경 기간은 정말 편하게 보낼 수 있었어요. 그런데 다음 월경은 끔찍하게 아파서 사흘 내내 침대에 누워 있었어요. 사실, 당신이 나를 치료해 주었던 기간에 아프지 않았던 모든 고통을 그때 다 경험했던 것 같아요."

"예, 그럴 거라고 예상했었죠. 당신은 왜 앞으로 있을 월경 주기까지 치료하자는 내 제안을 받아들이지 않았지요?"

그녀는 "나 스스로 해결하고 싶었어요."라고 대답했습니다.

그녀의 그러한 태도는 좋습니다. 하지만 결국 그녀는 이제 다음 월경 전과 월경 후의 고통, 그리고 올해, 내년, 앞으로 5년, 10년, 완경이 올 때까지 모든 월경 기간 동안 모든 월경통에서 해방되고 자유로워질 수 있도록 내가 암시하는 것을 기꺼이 허락했습니다.

그녀는 나의 말을 가로막으며, "하지만 나는 여전히 월경통을 겪을 권리가 있어요."라고 말했습니다.

"예, 맞아요, 당신은 그럴 권리가 있어요."

이 환자는 내 말을 매우 잘 이해하고 있었기 때문에 나는 설명을 계속했습니다. "당신이 월경통을 느끼고 싶을 때면, 단순히 그것이 당신의 월경 기간이고 당신의 월경이라는 사실을 기억하세요. 그리고 그것은 바로 당신의 월경통이고, 당신의 월경 경련이고, 당신의 월경 스트레스라는 것을 기억하세요. 통증을 겪고 싶을 때는 언제든지 통증을 느낄 권리가 당신에게 있어요. 그 점을 정확히 명심하세요."

환자는 내가 그녀를 치료하면서 인생 경험 은행에 일종의 예비금, 즉 언제든 사용하고 싶을 때 사용할 수 있는 예비 월경통을 저축해 두는 권리를 주었다는 사실에 매우 만족해했습니다. 그녀가 월경통을 앞으로 언제, 왜 그것을 사용하고 싶어 할지 알지는 못했지만 원하거나 필요할 때 그것을 사용할 수 있다는 것을 아는 것이 그녀에게는 매우 중요했습니다.

3 미래 삶의 변화를 위한 최면후 암시

다음으로, 나는 그녀가 미처 생각하지 못했던 아이디어를 제시하여 그녀의 전반적인 이해를 도왔습니다. 그 아이디어는 사실상 대부분의 의사와 치과의사가 환자를 대할 때 고려하지 않는 생각입니다. 문제가 월경통이든, 치통이든, 그 무엇이든 간에 환자와 환자의 생활환경은 시간이 지남에 따라 변할 것입니다.

나는 설명했습니다. "당신은 언젠가 결혼할 수 있어요. 임신을 할 수도 있지요. 결혼하지 않을 수도 있고요. 심각한 폐렴에 걸려 월경을 못할 수도 있고 그래서 월경 주기가 깨질 수도 있을 거예요. 내가 말한 규칙적인 월경에 대한 치료법은 월경을 건너뛰거나 월경을 하지 않는 시기까지도 적용된다는 것을 명심하세요. 결혼을 하고, 임신을 하면 월경 주기가 완전히 중단되지요. 결혼하고, 임신하고, 아기를 낳고, 아기를 돌보고 나면 당신은 다른 사람이 될 거예요. 생리적·심리적·신체적으로 완전히 다른 사람이 될 거예요. 아기가 태어난 후 월경이 재개되면 오늘 여기 치료실에서 월경에 대해 말한 모든 것이 아이 엄마인 당신에게 적용될 것이고, 심한 폐렴에서 회복되고 나면 회복된 당신에게 적용되고, 월경에 방해가 되는 모든 것을 경험한 사람으로서 당신에게 적용된다는 것을 이해할 필요가 있어요. 다시 말해, 월경 기간이 중단되어도 이 치료의 효과가 중단되지는 않아요." 그녀는 이러한 나의 설명을 완전히 이해했습니다!

약 6개월 후 그녀는 한 병원에서 적은 월급을 받으며 사무 보조 일을 아주 열심히 하고 있었습니다. 어느 날, 동료 의사가 휴가를 떠났고 갑자기 환자가 몰려들어 진료실은 완전히 혼란스러워졌습니다. 바로 그때에 그녀의 월경이 시작되었습니다. 이전과 같은 고통 및 아픔이 동반되었지만 그녀는 매우 씩씩하게 진료실을 다니며 일을 해냈습니다.

이전에 그녀의 월경통을 치료했던 의사가 같은 건물에 있었는데, 그는 그녀의 고용주에게 그녀가 정말로 잠도 못 자고 일하고 있다고 이야기해 주었습니다. 그녀의 고용주는 상황을 곰곰이 생각한 후 그녀의 급여를 25달러, 아니 50달러로 인상하기로 결정했습니다. 그녀는 자신이 이전과 달랐다는 것을 알았습니다.

약 1년 후 그녀는 결혼했습니다. 그녀는 아기를 갖기를 정말 간절히 원해서 상상 임신을 했고 두 달 동안 월경이 중단되었습니다. 그녀의 월경이 재개되자 이전의 고통이 동반되었습니다. 하지만 월경이 중단되는 상황까지 내가 치료를 확장하였다는 사실을 그녀가 무의식 속에서 갑자기 기억하자 고통이 경감되었습니다.

4 　치과에서의 최면후 암시

현재와 미래의 편안한 의치 착용

치과 분야에서도 같은 개념이 적용됩니다. 환자에게 오늘, 다음 주, 내년에도 의치를 착용할 수 있도록 적극적으로 가르쳐야 합니다. 환자가 의치를 교체할 때마다 다시 그 어려운 적응 과정을 겪게 하고 싶나요? 여러분은 치아 한두 개를 뽑을 때마다 같은 환자에게 잘 씹는 방법을 다시 가르치고 싶은가요? 치아가 한두 개 빠진 환자에게 적절한 식사 방법을 또다시 가르치고 싶나요? 모든 환자는 변한다는 사실을 인식해야 합니다.

가끔 나를 찾아오는 환자들은 새로운 의치에 다시 적응할 수 있도록 최면치료를 받습니다. 그들은 이전 의치에 익숙했지만 입 안에 약간의 변화가 생겨서 새 의치를 해야 하는 환자들입니다. 요즘에 나는 그들을 애리조나 임상최면학회(Arizona Society of Clinical Hypnosis)의 치과의사에게 의뢰합니다만, 환자를 대할 때는 언제나 지금 당장의 현재뿐만 아니라 미래의 시점과 가능성도 고려해야 한다는 점을 아셨으면 합니다.

5 통증과 불안에 대한 접근

고통을 사실 그대로 인정하기; 주의 전환하기; 고통 재도식화하기: 가능한 한 많이 꿰맬 Robert의 '권리'

두려움과 불안을 완화하는 문제에 대해 논의해 볼까요? 환자에게 접근하는 가장 일반적인 방법은 정면으로, 직접적으로 그 문제를 다루는 것입니다. 우리 모두는 어린 시절부터 상처 입거나 아픈 사람에게 "아프지 않아요." 또는 "곧 나아질 거예요."라고 말하도록 배워 왔습니다. 우리는 환자가 겪는 고통스러운 현실과 모순되는 말을 하는 경향이 있습니다. "두려워할 필요 없어요……. 당신을 해치지 않을 거예요……. 이 노보카인이 당신의 고통을 줄여 줄 것입니다. 마취한 것조차 느끼지 못할 거예요." 등등. 그러나 이러한 모든 말은 환자의 개인적인 경험과 완전히 상반됩니다.

내 아들 Robert의 경험을 통해 이 점을 설명해 보겠습니다. 당시 Robert는 세 살 정도 되었습니다. 아이가 뒷계단에서 넘어졌을 때 윗니가 아랫입술에 부딪치면서 아랫입술이 끔찍하게 찢어졌습니다. Robert는 그곳에서 하늘 높이 소리를 지르며 바닥에 누워, 온 동네에 자신의 고통과 공포를 알렸습니다. 폐는 정말 튼튼했습니다! 아내와 나는 무슨 일인가 하고 나갔습니다. Robert는 그때까지 소리를 지르고 있었는데 내가 울지 말라고 하는 것이 무슨 의미가 있었겠어요? Robert는 내가 이해하지 못한다는 것을 알 뿐이었겠지요. 아이도 아프다는 것을 뼛속 깊이 알고 있는데 내가 아프지 않다고 말하는 게 말이 될까요? 아이의 턱, 아이의 입술, 아이의 얼굴, 아이의 입이 아이를 아프게 했고 아이는 그 사실을 알고 있었습니다!

이제 그 세 살짜리 아이와 어떻게 소통할 수 있을까요? 방법은 단 하나, 어른과 대화할 때와 같은 방법뿐입니다. 나는 Robert에게 말했습니다. "정말 끔찍하게 아프지, 그렇지?" 아이는 내가 말이 통한다는 것을 알게 되었습니다. 아이는 끔찍하게 아파했고, 내가 제대로 보고 있다는 것을 알게 되었으니 이제 내 말에 귀를 기울일 수 있었습니다. 그런 다음 나는 바로 덧붙였습니다. "계속 아플 거야." 이 말은 아이가 동의할 수 있는 또 다른 지혜로운 표현이었습니다.

여러분은 두려움, 불안, 고통이 있는 환자에게 접근할 때 여러분이 환자의 의견에 동의해야 환자도 여러분에게 동의할 수 있다는 것을 알아야 합니다. 내가 Robert에게 그 상처가 계속 아플 거라고 말했을 때, 나는 아이와 내가 공통적으로 느끼며 완전히 동의하고 있는 두려움에 대해 표현한 것이었습니다. 다음으로 나는 "이제 아픔이 멈췄으면 좋겠구나."라고 당연한 말을 했습니다. 당연히 아이는 아픔이 멈추기를 바랄 것입니다! Robert는 아프지 않기를 바라는 자신의 마음을 내가 이해하고 있다는 것을 알게 되었습니다. 그 말을 한 뒤 나는 "잠시 후에, 아마 1~2분만 지나면 아픔이 멈출 거야."라고 덧붙였습니다. 나는 아이가 원하는 것이 무엇인지 인정했고, 그 소망이 '잠시 후에' 이루어질 것이라는 암시를 한 것입니다. 나는 '지금 당장'이라고 말하지 않았습니다. 아이가 믿을 수 있는 시간의 틀, 즉 '잠시 후에'라고 말했습니다. 우리는 '잠시 후에' 이런 일이 일어나고, 저런 일이 일어난다는 것을 압니다. '잠시 후에' 이런 일이 일어나고 저런 일이 일어난다는 것은 굳이 평생 학습하지 않더라도 세상일에 대한 우리의 전반적인 이해와 일치합니다. 그런 다음 그 잠시를 1분 또는 2분으로 재정의할 수 있습니다. 1분, 2분은 얼마나 긴 시간일까요? 어린아이에게 1~2분은 주관적인 경험에 따라 즉각적일 수도 있고 몇 시간이 될 수도 있다는 것을 누구나 알고 있습니다. Robert는 내 말이 맞다는 것을 알았습니다. 아마도 잠시 후에 고통이 멈추었을 것입니다. 그의 모든 과거 경험은 그에게 '모든 고통은 멈춘다는 사실'을 알려 주었을 것입니다.

Robert에게 이러한 생각들을 알려 주고 나서 나의 다음 과제는 또 다른 아이디어를 제시하는 것이었습니다. 심리학 실험실의 피험자, 치과 환자, 산부인과 환자 또는 정신과 환자를 대상으로 작업할 때, 그들이 다른 이질적이고 바람직하지 않은 아이디어에는 반응하지 않고 자신에게 부합할 때만 반응할 수 있는 방식으로 아이디어를 제시해야 합니다. 방금 Robert에게 잠시 후 또는 1분, 2분 후에 아프지 않을 것이라는 아이디어를 말해 준 후 또 다른 아이디어를 제시했습니다. 나는 길을 쳐다보며 아내에게 그 길에 묻은 피가 선명하고 진한 붉은 피인지 물었습니다. 그녀는 길 위의 핏자국을 보았습니다. 이것은 진지하고 심각한 질문이었습니다. 의사로서 내가 가진 혈액에 대한 지식은 중요하지 않았습니다. Robert는 이제 겨우 세 살이었고, 지금 논의 중인 것은 그의 피였습니다. 그래서 나는 그의 피가 선명하고 진한 붉은 피인지 알고 싶었습니다. 나와 아내는 피를 살펴보았고 아내는 피가 건강한 상태라고 말해 주었습니다. 나는 여기저기 피를 살펴본 다음 어느 쪽이 더 붉은지 비교했습니다. 물론 보도블록 색깔 때문에 피가 진짜 얼마나 붉은지 알 수는 없었습니다. 그래서 나는 아내에게 Robert를 화장실로 데려가서 화장실 하얀 세면대에 피를 흘리게 하라고 말했습니다. 그리고 나서 우리는 그 피가 선명하고 진한 붉은 피인지 확인할 수 있었습니다.

세 살짜리 아이라면 자신의 피가 건강하고 선명한 붉은 피이기를 원합니다. 알다시피 붉은 혈통의 미국인에게 이보다 더 좋은 것은 없습니다! Robert는 화장실에 들어가는 것에 관심을 보였습니다. 나는 세면대를 헹구고, 물을 틀고, Robert를 세면대에 앉혔습니다. 나는 피에 물이 들어가서 멋진 핑크색이 되는 것을 가리켰습니다. 하지만 수도꼭지를 잠그고 붉은 피 자체를 보는 것이 더 나을 것 같았습니다. 우리는 둘 다 그것이 선명하고 진한 붉은 피라는 데 동의했습니다. 그리고 나는 그의 머리에 물을 조금 부어 피를 다시 묽게 한 다음 완벽하게 선명한 선홍색인지 확인했습니다. 그것은 완벽하게 선명한 선홍색이었습니다. 그렇게 해서 Robert는 얼굴을 씻었고 나는 피의 흐름을 멈출 수 있었습니다. 그런 다음 Robert에게 끔찍한 소식을 전했지만, 환자에게 하듯이 진지하게 그 소식을 전했습니다. 나는 Robert에게 그의 입술이 누나 Betty Alice가 자랑한 만큼 많이 꿰매야 할 정도로 상처가 난 것 같지는 않다고 말했습니다. 그리고 동생 Alan이 자랑한 만큼 많이 꿰맬 수는 없다고 생각했지만, 그 수를 세어 보고 의사에게 가능한 한 많이 꿰맬 수 있게 해 달라고 부탁해 보라고 했습니다. 나는 고통을 느끼지 말라고 말하지 않았습니다. 대신 바늘로 꿰매는 것을 확인하고 꿰맬 때 조심스럽게 실밥 수를 세라고 말했습니다. 그래서 그 사건은 고통을 피해야 하는 일이 아니라 가능한 한 많이 꿰맬 권리를 주장하는 사건이 되었습니다. 나는 심지어 Robert가 셀 수 있는 만큼 많이 꿰매지 못할까 봐 걱정된다고 얘기했습니다. 실망스럽게도 그는 겨우 7바늘을 꿰맸습니다! 그는 10바늘을 원했지만 7바늘만 꿰맸습니다. Alan은 30바늘, Betty Alice는 52바늘을 꿰맸습니다. 결국 의사는 봉합 수에 불만족하여 항의하는 세 살짜리 어린아이를 바라보게 되었습니다.

두려움, 불안, 고통, 괴로움의 문제에서는 절대로 직접적으로 상황을 속이려고 하지 마세요. 환자가 심사숙고하여 대응할 수 있는 다른 아이디어를 제공하면서 현실을 조작하거나 변경하도록 조심조심 다가가 보세요. 환자 경험의 타당성, 진정성을 부정해서는 안 됩니다. 환자에게 고통이 있고, 두려움이 있고, 불안이 있다는 사실을 인정하고, 그러한 사실을 알고 있다는 점을 인정하는 것이 타당합니다. 환자에게 자신이 이해하는 바를 거짓으로 만들라고 요구하지 말고, 대신 자신이 이해하는 바를 무효화하거나 모순되는 다른 이해의 틀을 제공하여 환자의 주의를 끌고 집중시킴으로써 환자가 자신을 괴롭히는 것에 주의를 기울이지 않도록 하세요.

편저자

이러한 '다른 이해의 틀'은 사실상 이제 우리가 '새로운 참조틀'이라고 부르는 것이다. 최면치료자는 환자가 고통스러운 경험을 재도식화하도록 도와서 그 고통을 무효화하거나 재구성하거나 주의를 다른 곳으로 옮기도록 돕는다. ❶

6] 경험의 자유 촉진하기

치과에서의 시간 구속: 뺨 때리기

다른 예를 들어 보겠습니다. 캘리포니아, 동부, 중서부에 있는 내가 아는 치과의사 세명은 모두 동일한 접근 방식을 사용합니다. 치과의사를 무서워하는 아이가 오면 그들은 모두 이렇게 한다고 했습니다. 즉, 아이가 소리를 지르거나 비명을 지르기 시작하면, 아이의 입에 수건을 덮고 꽉 붙잡는 거지요. 그리고 아이가 두려움과 공포에 숨이 막혀 씩 씩거리면 아이가 진정하고 협조할 때까지 계속 그렇게 할 거라고 아이에게 말한다는 겁 니다. 세 명의 치과의사 모두 아이가 이러한 경험을 한 번 하고 나면 매우 협조적이고 순종적이며, 심지어 또 오고 싶어 할 정도라고 말했습니다. 나는 아이의 순종적인 태도 를 문제 삼는 것이 아닙니다. 또 오고 싶어 하는 아이가 문제라고 말하는 것도 아닙니 다. 아이는 치과의사가 힘으로 자신을 다룬다는 것을 배웠고, 치과의사와의 그러한 경 험은 한 번으로 충분합니다! 왜 그런 것을 다시 해야 합니까! 그 아이는 좀 더 우호적이 고 협조적일 필요가 있었겠지요. 만약 그렇지 않으면 자기 얼굴에 다시 수건을 씌울 테 니까요. 아이 입장에서는 더 우호적이고 더 명랑하고 더 협조적인 태도로 이 폭력적인 행동을 참아내는 것이 더 나았을 것입니다.

그래서 나는 두려워하고 긴장하며 소리를 지르는 아이나 혹은 성인에 대해 그런 식으 로 접근하는 것은 반대합니다. 한 21세 여성이 내 친구의 치과에 와서 이렇게 말한 것이 생각납니다. "당신의 진료실을 보고 싶어요. 당신이 진료실에 책상을 어디에 두었는지 보고 싶어요. 당신을 보고 싶은 게 아니에요. 당신이 치과 치료 의자를 어디에 두었는지 보고 싶어요."

내 친구는 "좋아요. 하지만 왜 그런지 말씀해 주시겠어요?"라고 물었습니다.

"제가 마지막으로 치과에 갔던 건 어렸을 때였어요. 그 치과의사는 제가 울음을 멈출 때까지 제 뺨을 때렸어요. 지금 저는 치과 치료가 필요한데 정말 무서워요. 정말 너무 무서운데 치과 치료가 필요하단 말이지요. 당신이 제 입을 들여다보고 얼마나 치료가 필요한지 말해 주셨으면 좋겠어요. 그런데 제발 제 뺨을 때리지는 말아 주세요."

내 친구가 책상 뒤에 앉으며 말했습니다. "당신이 의자에 등을 기대고 저는 제 의자에 등을 기댄다고 가정해 봅시다. 당신은 제가 정말로 두려울 거예요. 그렇지요? 하지만 우 리 사이에 이만큼의 거리가 있는 게 좋지 않나요? 당신은 너무 무서워서 의자 팔걸이에 매달리고 싶어 하는군요."

그는 그녀가 얼마나 무서워하는지, 그리고 매우 넓은 책상 반대편에서 그와 멀리 떨 어져 있는 것이 얼마나 위안이 되는지 정확히 알게 해 주었습니다. 그는 그녀가 자신의 주관적인 반응을 숨기거나 조작하지 않고 두려움과 불안을 공개적으로 드러내게 했습 니다. 그녀는 치과의사가 상황을 속이려 하지 않고 그녀가 두려움을 느낄 수 있도록 공감하고 격려하고 있다는 것을 깨달았습니다. 그는 그녀에게 "말도 안 돼요. 저를 두려워할 필요 없어요."라고 말하지 않았습니다. 일단 환자가 두려움을 느낄 자유를 갖게 되자 환자는 편안함을 느끼고 신뢰감을 키울 수 있는 자유도 갖게 되었습니다.

다음으로 내 친구가 그녀에게 물었습니다. "언제 예약을 하고 싶으세요? 너무 일찍 예약하지 않아도 됩니다. 원하는 만큼 미루어도 돼요."

편저자

이것이 기본적인 시간 구속이다. 환자에게 언제 약속을 잡을 것인지에 대한 선택권이 주어진다. 그러나 선택을 할 때 그녀는 약속을 수락하면서 스스로를 구속하게 되는 것이다. 시간 구속에 대한 다음의 두 가지 본질적인 미묘한 특성에 주목해야 한다. (1) 그녀에게 자유로운 선택이 주어지지만, (2) 자유로운 선택을 행사할 때 그녀는 스스로를 구속하게 된다. 긍정적인 느낌의 자유로운 선택이 그녀의 행동을 결정하고 실행하게 한다. 치과의사는 그녀를 구속하지 않는다. 단지 그녀 스스로를 구속할 기회, 즉 선택권을 줄 뿐이다. 따라서 우리는 구속과 이중 구속(double binding)이 실제로 전통적인 의미의 힘과 통제에 의존하지 않는 새로운 형태의 인간 상호작용이라는 것을 이해할 수 있다. 구속과 이중 구속은 개인에게 바람직하다고 생각하는 방식으로 자신의 행동을 수정하기 위해 창의적인 선택을 할 수 있는 수단을 제공한다. 구속과 이중 구속은 환자에게 자신의 저항, 불행한 삶의 경험 그리고/또는 콤플렉스를 극복할 수 있는 기회를 제공한다. 이러한 치료 상황에서 구속과 이중 구속은 환자의 의지에 반하여 환자를 통제하거나 조종하는 수단이 아니다. 이 환자가 치과를 경험하고 싶지 않다면 그녀는 주어진 시간 구속을 거부해도 전혀 문제가 없을 것이다.❷

내 친구의 말은 그 여성에게 약속을 미룰 자유를 주었습니다. 그래서 그녀는 "내일로 미뤄도 괜찮을까요?"라고 물었습니다.

그는 "내일 늦게 합시다."라고 대답하며 약속 시간을 더 미뤘습니다. 하지만 알다시피 내일 늦게는 정말 금방입니다. 내일 늦게라고 강조함으로써 그는 그녀가 미래, 즉 내일로 미루고 싶은 욕구를 수용하고 있었던 것입니다. 그녀는 오늘이 될까 봐 너무 두려웠는데, 의사는 내일 늦은 시간을 강조했습니다. 그는 그녀만의 특별한 흐름에 편승하여 지연에 대해 그녀가 이해하는 방식을 수용하고 강조했습니다.

다음으로 그는 그녀에게 물었습니다. "내일 늦게 첫 진료를 받을 때 입안만 보고 뭐가 있는지 볼까요, 아니면 왼쪽 아래쪽도 진찰할까요?" 그는 문제를 쪼개어 작은 문제로 만들었습니다.

"글쎄요." 그녀가 대답했습니다. "왼쪽을 모두 살펴보고 검사할 수 있을 것 같네요."

그 말을 듣고 내 친구는 왼쪽 아래쪽을 살펴보고, 시간이 충분하다면 그 시간 동안 가능한 한 모든 것을 더 살펴볼 것이라는 말에 동의했습니다. 기억하세요. 그 소녀는 여덟 살 이후로 치과에 발을 들여놓지 않았습니다. 그녀는 겁에 질려 있었습니다.

그녀는 예약한 대로 그다음 날 찾아와서 "치과 치료 의자가 있는 진료실이 아닌 일반 진료실로 가고 싶어요."라고 말했습니다.

그래서 치과의사인 내 친구는 일반 진료실에 들어가서 책상 반대편에 앉았고, 그녀는 "여기 잠시 앉아도 될까요?"라고 말했습니다.

"예. 1분이나 2분, 심지어 5분, 6분, 7분도 괜찮아요. 우리가 여기에 얼마나 오래 앉아 있든지 별 차이가 없어요."라고 그는 말했습니다.

그는 7분이라는 상한선을 지정하면서도 "여기에 얼마나 오래 앉아 있든지 별 차이가 없어요."라고 말했다는 것에 주목하세요. 그는 최소시간과 최대시간 제한을 모두 설정했습니다. 하지만 "여기에 얼마나 오래 앉아 있든지 별 차이가 없어요."라는 편안한 틀 안에서 설정했습니다. 여러분은 최면을 사용할 때마다 자신이 하는 말을 이해하고, 최대 7분이나 최소 시간 등 실제 별 차이가 없는 한계를 지정해야 합니다.

👥 **편저자**

시간 구속 선택은 환자의 양가감정과 통제 욕구를 모두 충족시키는 것으로 보인다. 검사를 가능한 한 오래 지연시키고 싶은 환자의 바람은 "여기에 얼마나 오래 앉아 있든지 별 차이가 없어요."에서 충족되고, 검사를 받고 싶은 환자의 바람은 "1분 또는 2분, 심지어 5분, 6분 또는 7분"이라는 시간 제한을 지정함으로써 충족된다. 환자에게 이러한 시간 선택권을 모두 부여하면 불안 유발 상황에서 이전에는 가지지 못했던 어느 정도의 통제력을 가질 수 있다.

7 조명과 터치를 활용한 주의 고정

치과에서의 터치와 주의 분산을 통한 간접 최면 유도

1분도 지나지 않아 그녀는 "제 손을 잡고 안으로 안내해 주세요. 치료 의자에 앉을게요."라고 말했습니다.

그래서 치과의사인 내 친구가 그녀를 안으로 데려갔고, 그러는 동안 거울과 조명에 대해 언급했습니다. 그는 거울과 조명을 강조했습니다. 그녀는 치료 의자에 앉았습니다. 그는 그 조명이 얼마나 복잡한 과정을 거쳐서 그림자 없이 빛을 만들어 내는지, 그래서 입의 이쪽 면과 저쪽 면을 모두 환하게 비추고, 반사된 빛이 입안의 아래쪽, 입안의 위쪽, 오른쪽 및 왼쪽 부분까지 모두 비춘다고 설명했습니다. 그녀의 의식은 그가 빛에 대해 이야기하고 있다고 생각했지만, 그녀의 무의식은 그가 실제로 입안의 아래쪽, 입안의 위쪽, 오른쪽 및 왼쪽에 대해 이야기하고 있다는 것을 알고 있었습니다. 그녀가 계속해서 치과의사의 손을 잡고 있을 때, 그는 당연히 트랜스로 유도하는 터치 기법을 사용하고 있었습니다. 그는 그녀의 주의를 조명에 고정시키고 또 손목에 고정시켰습니다. 그녀의 주의를 조명과 손목으로 제한하고 집중시켜 그녀가 점점 편안한 느낌을 갖게 했습니다. 그는 강요하지는 않았습니다. 단지 그녀가 반응할 수 있도록 다른 자극들을 주었습니다. 그 결과 그녀는 한쪽 팔을 이완시켜 의자 팔걸이에 올려놓고, 다른 팔도 이완시켜 팔걸이에 올려놓을 수 있었고, 고개를 뒤로 젖혀 목을 이완시키고, 어깨를 이완시키고, 입을 벌리고 활경근을 이완시켜 목을 더 이완시킬 수 있었습니다. 단지 활경근을 이완시켰을 뿐인데 그녀는 아주 편해 보였습니다.

치과의사는 그녀를 안심시키려고 애쓰지 않았습니다. 그는 그녀에게 그녀의 의자와 자신의 의자 간의 거리를 알려 주는 데 정성을 기울였고, 또 그녀가 볼지도 모르는 조명과 그녀가 볼 수 있는 거울, 그녀가 느낄 수도 있는 한쪽 팔과 다른 쪽 팔의 이완, 그녀의 목 앞부분과 뒷부분의 이완, 그녀의 입안 왼쪽 아랫부분을 살펴보라고 할 때, 그녀의 두려움과 불안이 감소되는 것, 그리고 그와 그녀가 원하는 시간 어느 때나 살펴볼 수 있는 모든 것을 제시하는 데 정말로 많은 노력을 기울였습니다.

치과의사는 그녀의 입을 매우 꼼꼼하게 검진한 후 그녀에게 건강한 치아가 하나도 없다고 말했습니다. 어렸을 때 치과에서 심하게 뺨을 맞은 이후로 양치질을 한 번도 하지 않았기 때문에 모든 치아가 끔찍하게 썩어 있었습니다. 그는 그녀에게 발치를 해야 하며 반드시 마취를 해야 한다고 말했습니다. 그는 최면부터 노보카인까지 여러 종류의 마취 방법이 있다고 설명하며 가능한 한 모든 마취제를 언급했습니다. 그는 그녀가 가벼운 중간 정도의 트랜스에 들었다고 말하지는 않았습니다. 그녀가 의식하지 못하는 상태에서 그녀를 트랜스에 들게 했기 때문입니다. 그는 그녀의 주의를 사로잡도록 쭉 부드럽게 아이디어를 제시했던 것입니다.

8 아이디어 제시하기

치과 치료를 위한 간접적인 관념역동적 초점화

내가 이 치과 상황을 강조해서 설명하는 이유는 전문가가 직면하는 모든 심리적 상황에도 동일한 원칙이 적용되기 때문입니다. 그것은 임상적으로도 적용되며, 심리학자의 실험실에서 생리학적 실험을 수행할 때 실험적으로도 적용됩니다. 단지 여러분이 작업하는 사람이 누구이든 환자들의 진심 어린 협력을 확보하고, 환자들이 참여할 수 있도록 아이디어를 제시하면 됩니다.

방금 설명한 환자에게 치과의사는 두려워할 필요가 없다고 말한 적이 없으며, 아무것도 느낄 필요가 없다고 말하지도 않았지만, 그녀는 분명히 편안해졌습니다. 그는 이 마취제, 저 마취제를 어떻게 사용하는지 설명하면서 이런저런 원리를 설명했습니다. "이 마취제는 주사기와 바늘이 필요하지만 저 마취제는 피부에 떨어뜨려 무감각하게 만들 수 있어요. 최면으로 피부 표면이 무감각해질 수 있는데 사실상 팔 전체가 마취되어 팔이 있다는 걸 완전히 잊게 됩니다." 그리고 나서 그는 그녀의 턱에 대해 이야기하기 시작했고 그녀는 팔이 있다는 걸 잊어버렸습니다.

최면을 전문적으로 사용하는 경우 특정 목표를 향해 직접적으로 개입해 들어가는 경우가 너무 많은데, 실제로는 그냥 목표 그 자체를 언급하는 것이 더 효과적입니다. 환자에게 "나는 지금 너의 오른손에 마취를 하려고 하는데 오른손에는 손가락이 네 개 있고 엄지손가락이 있고 그건 손목에 붙어 있어요."라고 계속 상기시키지 마세요! 단지 손에 마취를 하는 것이 완벽하게 가능하다고 언급한 다음, 장갑 마취, 화학 마취, 최면 마취와 같이 다른 관점에서 마취에 대해 말해 보세요. 여러분은 마취에 대해 언급하고 있습니다. 그런데 '손 마취'라는 말을 몇 번이나 해야 할까요? 한 번만 말하고 마취라는 일반적인 주제로 돌아오세요. 환자의 무의식은 의사가 간접적으로 지시하는 내용을 이해하고 수행합니다.

👥 **편저자**

이것이 간접 관념역동적 초점화의 원리이다. ❸ 다양한 마취에 대한 간단한 언급은 무의식을 자동적으로 그리고 간접적으로 자극하여 마취를 유발하는 다양한 심리생리학적 메커니즘을 탐구하게 한다. 마취에 대한 생각은 자동으로 마취의 심리생리학적 반응을 불러일으킨다. 이러한 심리생리학적 반응은 일상생활에서 억제되거나 혹은 우리 눈에 띄지 않게 지나가기도 한다. 최면 상황에서 '암시'는 본래 '배경'에 있던 이러한 심리생리학적 반응이 의식적 경험의 '전면'에 오도록 허용하는 것이다. 몸과 마음의 자연스럽고 내재적인 반응이 치료 목적으로 활용될 수 있도록 환경을 조성하는 것이 자연주의적 접근법의 본질이다. 최면 암시는 대상자에게 어떤 것을 추가하거나 강요하지 않는다. 암시는 단지 상황과 선택을 조정하여 자연스러운 정신 메커니즘(일반적으로 무의식적인 방식으로 처리됨)이 창의적이고 치료적인 목적으로 사용될 수 있도록 할 뿐이다.

9 의치와 함께하는 삶

새로운 태도를 촉진하기 위한 질문과 놀라운 아이디어

한 환자가 윗니와 아랫니에 의치를 맞추기 위해 치과에 다시 방문했습니다. 치과의사가 의치를 준비하기 전에 그녀와 의치에 적응하는 문제에 대해 논의하고 있었습니다.

"의치 착용법을 배우는 데 얼마나 걸릴 것 같나요? 알다시피 당신은 지금 대학에 다니고 있어요. 물론 데이트할 때 의치를 착용할 것이고 당신과 같은 예쁜 여성은 남자친구와 포옹도 하고 애무도 하겠지요. 정말 흥미로운 질문이 있어요. 위아래에 의치를 착용한 여성에게 키스하는 남성의 기분이 어떨까요? 상점에서 구입한 치아를 장착한 여성에게 키스하는 기분이 어떨까요? 답은 다소 간단해요. 남성은 키스를 여성의 입술에 한다는 거예요."

그러한 아이디어는 그녀에게 참신하게 다가왔고 상점에서 구입한 치아에 대해 크게 걱정할 필요가 없다는 것을 깨달았습니다. 또한 그 치과의사가 상점에서 **구입한 치아**라는 표현을 얼마나 거리낌 없이 사용했는지 주목하세요. 그는 취약한 대상에게 가능한 한 가장 끔찍한 이름을 붙였지만, 너무 달콤하고 부드럽게 이야기했습니다. 그리고 너무 유쾌하게 말해서 그녀가 그 말에 사랑스럽지 않다는 개인적인 의미를 부여할 기회가 없었습니다. [동시에 그는 그녀가 상점에서 구입한 치아에 대해 느끼고 있던 두려움과 저항감을 '있는 그대로 불러 줌으로써' 해소해 주었습니다.]❹

그다음에 내가 그녀를 만났을 때 그녀는 상점에서 구입한 치아에 대해 이야기할 수 있었고, 그녀와 키스한 남성들 중 누구도 그녀가 상점에서 구입한 치아를 착용하고 있다는 사실을 깨닫지 못했다는 사실에 유쾌한 미소와 큰 자부심을 보였습니다. 그들이 굳이 그 사실을 알아야 할까요? 그녀는 자신이 대학교 1년을 아주 성공적으로 마쳤다는 것을 깨달았고, 이것은 그녀의 의치가 대학생활에 방해되지 않았음을 증명한 것이었습니다.

그녀는 다음 해에도, 그다음 해에도 또 그다음 해에도 의치를 착용하고 학교에 등록했을 것입니다. 결국 그녀는 결혼을 하고도 의치를 착용한 채 살게 될 테고 의치와 관련하여 걱정할 일이 없을 것입니다. 그녀는 아파서 병원에 가서 치아를 빼야 할 수도 있습니다. 나이가 들면서 음식 기호도 변할 테고, 21세의 입맛과 달리 40세가 되어 음식의 가치와 입맛이 달라진 후에도 인공 치아를 사용할 것입니다. 요컨대, 나는 인생에서 다양한 사건과 마주했을 때 가짜 치아를 착용한 채로 살아가면서 경험할 수 있는 것들에 대해 포괄적으로 요약을 해 주었습니다. 이러한 포괄적인 요약 설명을 통해 그녀는 삶의 변화에도 불구하고 그녀가 의치와 함께 즐겁게 살아갈 수 있다는 것을 받아들일 수 있게 되었습니다.

10 최면에서의 신뢰

수용과 긍정적 기대를 통한 최면에 대한 두려움 완화

사람은 항상 두려움과 불안이라는 문제에 직접적으로 접근하며 부인하려 하지 않습니다. 두려움에 떨고 있는 사람에게 두려워 말라고 말하는 것은 의미가 없고, 불안해하지 말라고, 공포스러워하지 말라고 말하는 것도 의미가 없습니다. 왜냐하면 그 사람은 두렵고 불안하고 공포스러우니까요. 그는 그것을 알고 있고 이해하고 있으며, 그렇게 믿고 있습니다. 환자의 명백한 현실에 이의를 제기함으로써 얻을 수 있는 것은 환자의 불신과 불만을 불러일으키는 것뿐입니다. 무엇보다 여러분은 환자가 여러분을 믿기를 원하는데도 말입니다.

환자가 처음 여러분에게 올 때 그들이 반드시 최면을 이해하거나 믿을 필요는 없습니다. 하지만 앞에서 말씀드린 그 치과 환자는 달랐어요. 그녀의 여동생이 내 환자였고 최면에 대해 이야기한 적이 있었기 때문에 그녀는 준비되어 있었습니다. 최면을 믿지 않는 환자가 찾아왔다고 해서 "저를 믿으세요!"라고 말할 필요는 없다고 생각합니다. 최면에 대한 자신감을 자랑하지 마세요. 대신 "개인적으로 아직 경험해 보지 않았기 때문에 최면을 완전히 믿지는 않을 것이라고 예상해요."라고 이야기해야 합니다.

편저자

이 간단한 문장은 간접 암시(indirect suggestion)를 설명하는 최고의 걸작이다. 여기에는 최소한 세 가지 간접 암시가 포함되어 있다. 즉, 예 반응(yes set)으로 이어질 수밖에 없는 사실적 복합문장, 부정이 포함된 복합문장, 아직이라는 시간 구속적 의미가 포함된 복합문장이 그것들이다. ❺

아직 최면 경험이 없는데 어떻게 최면을 완전히 믿을 수 있을까요? 여러분이 그들에게 말하는 것을 그들은 경험할 것이고, 여러분이 정말로 그들이 경험할 것이라고 기대한다면 그들은 최면의 실제를 믿을 수 있습니다. 이것이 환자와의 첫 번째 진정한 소통입니다. 이러한 대화는 최면에 대한 상대방의 불신을 인정하는 동시에, 최면으로 도움받을 수 있을 것이라고 기대하게 합니다.

11 두려움 극복하기

학습 속도 향상을 위해 부정적 간접 암시와 긍정적 간접 암시 병행하기

모든 부정적인 주제는 명료하고 개방적으로 알리는 것이 훨씬 낫습니다. "저는 당신이 얼마나 빨리 배울 수 있는지 몰라요. 사람들의 학습 속도는 모두 다르지요."라는 식으로 말합니다. 지금 무슨 말을 하고 있는 걸까요? 여러분은 개개인이 얼마나 빨리 배울 수 있는지 몰라요. 하지만 사람마다 학습 속도가 다르다는 것은 잘 알고 있지요. 여러분은 긍정적인 진술을 부정적인 진술과 대조시키고 있는 중입니다.

"우리 중 어떤 사람은 타이핑을 빨리 배우지만 속기는 아주 느리게 배우고, 차 운전은 아주 빨리 배우지만 골프는 아주 느리게 배웁니다. 우리 모두는 학습 속도가 다르고, 학습의 종류에 따라서도 학습 속도는 다양합니다." 다시 말하지만, 이 문장으로 무엇을 설명하려는 걸까요? 학습 속도에 대한 의문을 제기하면서 속도라는 단어를 사용했지요. 학습의 느린 정도가 다르다고 말한 것이 아니라 학습의 속도 정도가 다르다고 말하면서 결국은 빠르기를 암시한 것입니다.

또 있습니다. "얼마나 빨리 두려움을 극복할 수 있는지 모르겠지만 너무 서두를 필요는 없습니다." 여러분은 얼마나 빨리 두려움을 극복할 수 있는지 모르겠지만 서두를 필요는 없다고 하면서 두려움이 있다는 사실도 강조하고, 환자가 두려움을 극복하게 될 것이라는 사실도 강조하고 있는 것입니다. 그들은 두려움을 극복하는 데 이 세상 시간을 다 쓸 수도 있겠지만, 여러분은 여전히 두려움 극복을 말하면서 속도를 말하고 있고, 서두름을 말하고 있습니다.

이 아이디어를 불안과 불신에도 적용해 볼 수 있습니다. 최면에 대한 불신은 종종 환자들이 자신이 처한 치료 상황에 대한 불안이나 두려움이나 불안정감과 불확실성을 은폐하고 있는 것입니다.

👥 편저자

"얼마나 빨리 두려움을 극복할 수 있는지 모르겠지만 너무 서두를 필요는 없습니다."라는 말은 몇 가지 간접적인 형태의 암시를 담고 있는 또 다른 문장이다. 모른다는 말은 환자로 하여금 자신의 내면을 탐색하게 만들고, "너무 서두를 필요는 없습니다."에서 사용한 부정적 표현은 "두려움을 극복할 수 있다"는 역암시(reverse suggestion)를 함축하고 있다.

12 엄지손가락 빨기

반응을 촉발시키는 아이디어 제시하기; 트라우마 증상이 아닌 습관적 반응

다음으로 논의하고 싶은 주제는 습관 교정에 관한 것입니다. 환자에게는 모든 교육 상황에서 본질적으로 동일한 방식으로 접근해야 합니다. 수술, 습관 교정, 최면상태 유도 등 목표가 무엇이든, 여러분은 환자가 반응할 수 있는 방식으로 아이디어를 제시해야 합니다.

엄지손가락 빨기를 생각해 볼까요? 여기 모인 청중은 의사와 치과의사가 반반이고, 나는 의사이자 정신과 의사이기 때문에 치과의사의 심리적 습관 교정이라는 주제에 대한 나의 의견을 자유롭게 표현할 수 있습니다. 나는 대부분의 습관은 습관적 반응 패턴에 근거하기 때문에 습관이 반드시 깊은 트라우마 경험에 따른 증상은 아니라고 생각합니다. 엄지손가락 빨기는 아이가 자신의 몸에 대한 약간의 실험적 탐구를 하면서 시작되고, 스스로 몸을 즐길 수 있다는 것을 발견하게 되면서 그러한 행동이 지속됩니다. 어른은 누군가의 이야기를 들으며 연필을 만지작거리는 습관이 있을 수 있습니다. 내가 앉아서 누군가의 이야기를 들을 때 연필을 만지작거리는 것은 나를 어쩔 수 없이 이렇게 하게 만드는 일종의 트라우마 경험이 있어서가 아니라, 그냥 단지 내가 그것을 할 수 있기 때문입니다. 꼭 연필만이 아니라 펜을 만지작거릴 수도 있고, 담배를 피운다면 담배나 성냥을 만지작거릴 수도 있기 때문에 그러는 것일 뿐입니다.

[13] 행동의 수용과 활용

암시에 대한 반응을 촉진하는 함축 표현: 치과 및 산부인과의 예

[이 부분에서 청중의 질문이 녹음에서 누락되었음]

이미 언급했듯이, 요점은 환자가 행동으로 보여 주는 모든 것을 수용하고 활용해야 한다는 것입니다. 치과 장면으로 다시 가 볼까요? 환자가 치과 진료실에 들어와 완전히 긴장한 채로 의자에 앉아 팔걸이를 잡습니다. 여러분은 그 환자가 긴장해서 양손으로 의자를 잡고 있는 것을 분명히 볼 수 있습니다. 이에 대해 그에게 손을 풀라고 요구하며 대응하는 것은 말 그대로 괴롭힘입니다. 그는 긴장하고 있고 의자를 꽉 쥐고 있으므로 "당신이 의자를 쥐고 있는 모습을 보면 손 힘이 매우 좋은 것 같네요. 이제 근육의 움직임을 보고 싶으니 조금 더 꽉 잡아 주시겠어요?"라고 하는 게 좋습니다.

환자에게 근육의 움직임을 보고 싶으니 의자 팔을 조금 더 세게 잡아 달라고 하는 것입니다. 여러분이 의자 팔을 잡으라고 요청하고 있으니, 이제 의자를 꽉 잡는 행동은 요청에 대한 반응이 된 것입니다. 따라서 여러분은 환자의 긴장, 즉 근육 수축을 당신에게 반응하는 행동의 일부로 만들었고, 이것이 바로 여러분이 원하는 것입니다. 여러분은 환자가 치과에서 보여 주는 모든 행동이 여러분에게 반응하는 것이기를 원합니다.

산부인과를 예로 들어 볼게요. 한 산부인과 환자가 발걸이가 있는 침대 위에 올라가 허벅지에 힘을 주기 시작합니다. 여러분은 어떻게 하시겠어요? 여러분은 그녀에게 손잡이를 잡고 새끼손가락에 조금만 더 힘을 주라고 부탁해야 합니다. 새끼손가락에 조금 더 힘을 주게 하는 이유는 무엇일까요? 새끼손가락에 힘을 좀 더 주라고 했을 때 환자가 새끼손가락에 힘을 더 주면, 집게손가락에 힘을 더 주라는 암시가 담긴 제안도 받아들일 것이고, 이두근을 조여 보라는 제안도 받아들일 것이고, 몸의 전체, 즉 허벅지를 포함한 몸 전체를 움직여 보라는 제안도 받아들일 것이기 때문입니다. 여러분은 단지 새끼손가락을 통제해 보라는 요청만으로도 그 모든 것을 분명하게 해낼 수 있습니다. 환자는 새끼손가락 쥐기를 받아들인 다음, 새끼손가락 이완도 받아들일 수 있습니다. 그런 다음 손 전체의 위치 이동을 암시할 수 있으며, 그녀가 순응하면 그녀의 모든 근육 행동을 암묵적으로 통제할 수 있습니다.

환자가 진료실에서 보여 주는 행동이 무엇이든 결코 싸우거나, 거부하거나, 대치하지 마세요. 대신 여러분은 그 행동을 보고, 검토하고, 그것을 어떻게 이용할지 고민한 다음, 구체적인 방법을 찾아내세요. 산부인과 환자에게는 손, 팔, 팔뚝의 근육을 긴장해도 되고, 동시에 얼굴을 이완해도 된다고 말해 줍니다. 이 말은 여기서는 근육을 긴장시키고 저기서는 이완시키라는 것을 함축하고 있는데, 이것이 바로 여러분이 원하는 것입니다. 왜냐하면 그녀의 신체 어느 특정 부위 근육은 긴장을 해야 하기 때문이지요.

여러분은 또한 치과 환자가 이완하기를 원하지만 몸을 앞으로 기울여 타구대에 적절하게 침을 뱉을 수 있을 만큼 근육을 긴장하기 원합니다. 여러분은 약간의 근육 긴장을 원합니다. 완전한 이완은 원하지 않습니다. 어떤 종류의 환자를 상대하든 여러분은 환자를 위한 목표 지향적 행동에 대한 통제력을 원합니다.

14 트랜스 재진입을 위한 장애물 극복

이전의 트랜스 상황을 회복하기 위한 질문

다음으로 여러분이나 다른 의사가 이전에 트랜스를 경험했던 환자에게 다시 트랜스로 유도하는 어려운 문제에 대한 접근 방식을 논의하고 싶습니다. 전에 당신이 트랜스로 안내한 환자가 지금 진료실에 와서 이렇게 말합니다. "선생님, 무슨 일이 일어났는지 모르겠어요. 어떤 이유에서인지 트랜스에 들어가지지 않아요."

또 이렇게 말하는 환자도 있습니다. "저는 아무개 의사에게 진료를 받았는데, 그가 다른 주로 이사했어요. 그 의사가 저에게 최면후 암시를 해서 다른 의사와는 트랜스에 들어갈 수 없게 됐어요. 선생님이 저를 최면에 들게 해 주셨으면 좋겠어요. 여러 의사에게 가 보았는데 그중 어느 누구도 저에게 최면을 걸 수 없었어요. 이사 간 그 의사에게 편지를 써서 트랜스에 들어갈 수 있게 허락을 받고 싶지만, 그의 주소도 몰라요."

유사한 또 다른 경우는 "예전에는 깊은 트랜스에 들어갈 수 있었지만, 지금은 가벼운 트랜스에만 들어갈 수 있어요."입니다.

다시 말해서, 때때로 아무 이유 없이 갑자기 다시 트랜스에 빠질 수 없는 환자를 만나게 될 것입니다. 이럴 때 여러분은 어떻게 하시겠습니까? 최근 내가 주최한 세미나에서 한 수강생은 다음과 같이 말했습니다. "저는 깊은 트랜스에 빠지곤 했지만, 그 능력을 잃었어요. 몇 년 동안 트랜스에 들어갈 수 없었고, 제가 다시 깊은 트랜스로 들어가는 법을 당신이 가르쳐 줄 수 있는지 궁금해요. 수년간 반복적으로 시도했지만, 깊은 트랜스로 들어가는 데 항상 실패했어요."

나는 그에게 당시 상황에 대해 몇 가지 질문을 하고 싶다고 말했습니다. "당신이 기억하기에 마지막으로 트랜스에 있었던 것은 언제인가요? 그때 어디에 앉아 있었나요? 덮개를 씌운 의자에 앉아 있었는지 기억할 수 있나요? 그것은 천이었나요, 가죽이었나요? 혹시 의사 진료실이었나요? 내과의사의 진료실이었을까요? 아니면 치과의사의 진료실이었나요? 당신이 앉아 있던 의자가 향하고 있던 방향이 동쪽인지 서쪽인지 북쪽인지 남쪽인지 기억하나요? 당신의 눈이 어디에 고정되었는지 기억하나요? 당신은 앉아 있었나요?"

환자는 빨간 가죽 의자에 앉아 있었고, 붙박이 책장이 있는 벽을 마주 보고 있었습니다. 그 의사는 그의 왼쪽에 앉아 그에게 부드럽게 말했습니다. 그리고 그 환자는 자신이 어떻게 깊은 트랜스로 들어갔었는지 말했고, 나는 계속해서 터무니없어 보이는 세부 상황에 대해 질문했습니다. "책장에 있는 책 중에 제목 하나를 말해 줄 수 있나요? 책장에 선반이 몇 개 있었지요? 책장의 넓이는 대략 어느 정도였나요? 벽에 그림이 걸려 있었나요?"

나의 모든 질문에 답변하면서 그 수강생은 그 세부사항을 하나씩 회상했고, 깊은 트랜스로 들어갔습니다. 그 트랜스는 나와의 신뢰관계에 기반하여 과거의 트랜스를 회복시켰고 현재의 트랜스로 변환시킨 것이었습니다. 이것이 그 모든 질문을 한 이유입니다. 나는 그가 그 질문에 대답하기 시작하면서 과거로부터 모든 트랜스 느낌을 다시 일깨울 거라는 것을 확실히 알고 있었습니다. 그는 문자 그대로 과거의 트랜스 상황을 되살릴 것이고, 따라서 그는 트랜스에 들어갈 것입니다. 그가 트랜스에 충분히 깊이 들어가자마자 나는 그에게 미래에 언제든지 트랜스에 들어가고 싶을 때 그렇게 할 수 있으며, 그 트랜스에 들어가는 것을 충분히 즐길 수 있다고 말했습니다. 나는 그가 방금 트랜스에 있었다는 말을 하지 않고 천천히 부드럽게 그를 깨웠습니다(그 방의 다른 수강생들은 그가 깊은 트랜스에 있던 것을 보았지만 그는 그것을 몰랐습니다). 그런 다음 나는 그가 트랜스에 정말 들어갈 수 없다고 생각하는지 물었습니다. 그는 대답했습니다. "마음이 바뀌었어요. 트랜스에 들어갈 수 있을 것 같아요."

환자의 경험을 과거 측면에서 기꺼이 다루겠다고 마음 먹는다면 이런 어려움은 얼마든지 넘어갈 수 있습니다.

15 L 박사 사례

암 통증의 신체적 · 심리적 · 성격적 구성요소를 구분하는 시간 왜곡: 신경–심리생리학적 반응 촉진하기

신체 병변의 치료에서 최면의 가치는 무엇일까요? 아주 최근에 발생한 실제 사례를 들어 말씀드리겠습니다.

청중 가운데 치과의사 중 몇몇 분은 애리조나주 피닉스의 John L 박사를 기억할 것입니다. 그는 다양한 치과 기구에 대해 수십 개의 특허를 보유한 나이 많고 노련한 전문가였습니다. 그는 최근에 전립선암으로 세상을 떠났습니다. 그는 매우 빠르게 진행된 전신 암종증으로 사망하기 전까지 엄청난 고통을 받았습니다. 여러분 중 일부는 웨인 대학교 치과대학의 Dave Harren 박사를 기억할 것입니다. Dave Harren 박사는 L 박사에게 최면을 걸어 보라고 내게 제안했습니다.

정신과 의사인 내가 환자의 몸 전체에 전이된 암종증에 대해 할 수 있는 일은 아무것도 없었습니다. L 박사는 죽어 가고 있었고 살 날이 단지 몇 주에 불과했고, 모르핀도 데메롤도 고통을 완화시키지 못했습니다. L 박사는 마약에 완전히 중독된 채로 마지막 남은 2주를 보낸다는 것이 마음에 들지 않았습니다. 그는 의식이 있는 상태에서 가족과 함께 2주를 보내고 싶어 했습니다. 나는 그에게 마약 없이 통증을 제어하고 싶어 하는 엄청난 동기를 보았습니다.

그의 통증이 신체적 통증이기 때문에 내가 할 수 있는 일은 별로 없었지만, 내가 할 수 있는 모든 것, 즉 인간이 할 수 있는 모든 것을 하겠다고 말했습니다. 먼저 나는 내가 할 수 있는 일이 많지 않다는 것을 인정했습니다. 나의 한계를 인정하는 편이 나았습니다. L 박사는 그의 통증이 신체적 통증이고, 자신이 암에 걸렸고, 암이 전이되었고, 자신이 죽어 가고 있다는 것을 알고 있었습니다. 그는 아무도 죽음을 통제할 수 없다는 것을 알았고, 나는 나의 보편적인 무력감을 인정했습니다. 그러나 그를 돕기 위해 가능한 한 나의 모든 노력을 다할 것이라고 덧붙였습니다.

나는 그에게 시간 왜곡을 설명하는 것부터 시작했습니다. 시간이 어떻게 매우 길거나 매우 짧게 보일 수 있는지 설명했습니다. 찌르는 듯한 고통이 있을 때는 통증이 몇 시간 동안 지속되는 것 같고, 통증에서 벗어난 순간은 아주 짧게 느껴질 것이라는 점을 강조했습니다. 그런 다음 시간 왜곡을 사용하여 통증의 기간은 아주 짧게, 통증에서 벗어나는 기간은 아주 길게 만드는 것이 더 나을 것이라고 제안했습니다. L 박사도 좋은 아이디어라고 생각했습니다.

다음으로 나는 신체적으로 문제가 있을 때, (1) 신체적 통증 자체를 가지고 있을 뿐만 아니라, (2) 그 통증에 대한 심리적 자각이 있고, (3) 통증에 대한 자신의 성격적 반응이 있다는 점을 지적했습니다. 나는 그에게 "그래서 실제로 당신은 (1) 신체적 통증을 가지고 있고, (2) 그 통증에 대한 심리적 반응은 신체적 통증 경험을 강화하고 증가시키고 확대하고 있지요. 그다음에 (3) 전체 상황에 대한 당신의 성격적 반응은 신체적 통증과 심리적 반응 모두를 더 민감하게 만들고 있어요."라고 반복해서 말했습니다.

L 박사는 나의 논리를 이해하였고, 그래서 나는 그의 통증을 실제 신체적 통증으로 한정지을 것을 제안했습니다. 단지 그것뿐입니다. 바늘에 찔리는 감각을 알아보고자 일부러 바늘로 손가락을 찌른다면, 이때 찔리는 감각이 얼마나 쉽게 국소화되는지 알게 될 것입니다. 찌르는 듯한 느낌이 들지만, 그것은 매우 일시적인 감각입니다. 그러나 만약 형이 여러분을 놀리려고 바늘로 찌른다면 그 감각은 오래갈 것입니다.

L 박사도 그 아이디어에 관심을 가져서 신체적인 통증을 단지 객관적인 신체적 통증으로만 줄일 수 있었습니다. 신체적 통증을 신체적 통증으로만 줄이기 시작하면 통증에 대한 반응을 최소화하여 그 통증을 줄일 수 있다는 것을 나는 알고 있었습니다. 알다시피, 신체적 통증 상황에서는 통증을 전달하는 신경 시냅스가 있습니다. 최면으로 불꽃을 뛰어넘기에는 매우 어려울 정도로 시냅스를 넓게 벌릴 수 있습니다. 그 시점에서 사람이 통증을 느끼려면 어느 정도의 최대 통증 자극이 있어야 합니다.

이러한 조치를 통해 L 박사의 통증이 줄어들기 시작하자, 그는 확실히 최면 마취에 영향을 쉽게 받았습니다. 나는 전체 상황을 신체적 통증, 신체적 통증에 대한 심리적 반응, 신체적 통증에 대한 성격적 반응으로 구조화했습니다. 그런 다음 나는 감각 신경에서 신경 시냅스의 분리를 유발하는 독특한 신경-심리생리학적 반응을 일으켜 통증 요소를 신체적 통증으로 제한하는 최면 마취를 유도하기 시작했습니다.

편저자

오늘날 우리는 이러한 '감각 신경에서 신경 시냅스의 분리를 유발하는 신경-심리생리학적 반응'이라는 표현을 암시에 의해 신경 전달 물질과 신경 내분비계에 나타나는 실제 변화에 대한 은유로 인식할 수 있다.[6]

그 결과, L 박사는 낮에 통증을 거의 또는 전혀 느끼지 않거나 통증을 느끼는 시간이 짧아지는 경향을 보였습니다. 따라서 그는 긴 시간 동안 통증에서 완전히 벗어나 있었습니다. 나는 저녁 6시 즈음에 나갔다가 10시 즈음에 돌아왔습니다. 그가 평화로운 밤을 보낼 수 있도록 11시나 11시 반 즈음에 돌아오기도 했습니다. 이는 그의 손자들과 자녀들이 모두 도착할 때까지 계속되었고, 이때 그는 가족 모두와 오랫동안 즐거운 대화를 나누었습니다. L 박사의 관점은 자신이 곧 죽게 될 것이니 가족 한 명 한 명과 만나서 충분히 좋은 시간을 보내는 것이 낫다는 것이었습니다. 이런 만남이 그를 지치게 할 것이라는 것을 알았지만, 가족과의 만남이 그의 생명을 한 시간 또는 하루를 단축시킬지라도 그는 모든 가족과 만나길 원했던 것 같습니다.

그는 모든 자녀와 손주들과 충분히 즐거운 시간을 보냈고, 하루 동안 휴식을 취한 후에 고통을 견디지 못하고 혼수상태에 빠져 사망했습니다. 그러나 그는 확실히 죽기 전 약 2주 동안은 편안하게 지냈습니다.

16 암의 통증 조절

최면 통증 감소를 '증명'하기 위한 암시와 행동 삼단논법: 몽유적 트랜스 해리

신체 병변 문제의 또 다른 예가 생각납니다. 이 환자는 자궁암이 복부, 엉덩이뼈 등에 전이된 상태였습니다. 담당 의사는 그녀에게 한 달 정도 살 수 있다고 말했습니다. 이 여성은 전이로 인해 극심한 요의를 느끼며 침대 가장자리에 앉아 밤낮을 보냈습니다. 그녀는 졸기 시작했다가도 곧바로 다시 깨곤 했습니다. 그녀는 큰 통증을 겪으며 침대의 가장자리에 앉아 이따금 쪽잠을 자면서 쉬었습니다. 그녀는 한 번에 5분 이상 눕지 못했습니다.

이런 상황이 2주째 계속되었고 그녀의 남편과 두 딸은 모두 지쳐 갔습니다. 그들은 그녀 옆에 앉아서 그녀가 잠들 때 침대에서 떨어지지 않도록 지켜보고 있었습니다. 담당 의사는 나에게 최면을 할 수 있는지 물었습니다. 그러더니 바로 모르핀도 데메롤도 도움이 안 됐고, 어떤 것도 도움이 되는 것이 없으니 최면도 소용없을 거라고 말했습니다.

나는 그녀를 만나러 갔습니다. 그녀는 집에서 죽기를 원했기 때문에 집에 있었습니다. 나는 그녀에게 최면에 대해 말했고 그녀는 자기가 최면을 믿는지 아닌지 모르겠다고 말했습니다. 나는 그녀에게 최면은 완벽하게 훌륭하고 건전한 도구라고 말했습니다. 그녀와 그녀의 남편은 9학년의 교육을 받았고, 19세인 딸은 고등학교를 졸업했고, 17세인 딸은 고등학교 졸업을 앞두고 있었습니다. 그래서 나는 그녀에게 최면을 믿지 않는다면, 아마도 최면이 괜찮은 치료 도구인지 알아내는 데 가장 좋은 방법은 딸들이 도서관에 가서 브리태니커 백과사전을 찾아보게 하는 것이라고 말했습니다. 나는 이미 방을 살펴보고 책장에서 다른 백과사전을 발견했기 때문에 그들이 백과사전을 신뢰한다는 것을 알았습니다. 그러나 그들의 백과사전에는 최면에 대한 내용이 없었습니다(게다가, 나는 브리태니커에 대해 약간의 사심이 있었습니다. 잠시 후에 그 이유를 알게 될 것입니다).

어머니는 생각을 해 보고 딸들을 도서관에 보내 브리태니커 백과사전에서 최면에 대한 내용을 읽게 하겠다고 말했습니다. 다음에 나는 딸들에게 내가 브리태니커 백과사전의 최면 내용의 저자라는 것과(나의 동기가 밝혀졌습니다.), 어머니가 그것을 확인하는 것이 좋겠다고 말했습니다. 이렇게 나는 두 딸과 어머니에게 신망을 얻었습니다. 결국, 백과사전에 글을 쓴 사람이 그 내용을 제일 잘 알 것이니까요.

나는 일주일 후에 다시 갔고, 어머니는 딸들이 읽은 내용에 매우 기뻐했고 기꺼이 협조하겠다고 말했습니다. 그러나 최면이 어떻게 그녀의 기분을 정말로 좋게 만들 수 있을까요? 그녀는 살 수 있다고 기대하지 않았습니다. 단지 하룻밤의 잠을, 죽기 전에 단 하룻밤의 깊은 잠을 원했습니다. 나는 그녀가 이해하지 못할 수도 있는 일을 그녀에게 해야 한다는 것과, 그것을 그녀의 딸에게 먼저 할 수 있다는 것을 이야기했습니다. 19세 된 큰딸에게 나의 최면 대상이 되어 달라고 했고, 그녀는 동의했습니다.

나는 딸에게 치마 속의 무릎 통증을 느끼라고 암시하면서 시작했습니다. 치마 속의 무릎 통증. 어머니의 암은 어느 부위에 있지요? 자궁암은 치마 속에 있습니다. 딸은 치마 속에서 통증을 느낍니다. 딸은 다소 심한 통증을 느낀다는 착각을 하고 있었고, 어머니는 그것을 전혀 좋아하지 않았습니다. 어머니는 이해하지 못했고, 나는 그녀가 이해하지 못할 거라고 말했습니다. 나는 그녀가 이해하기를 원하지 않았습니다. 그 고통이 딸의 치마 속, 무릎에 있더라도 그것이 천천히 사라졌다가 다른 쪽 무릎에 다시 나타나게 할 수 있다고 언급했습니다. 그리고 물론 그렇게 했습니다. 딸은 뛰어난 최면 대상이었습니다. 한쪽 무릎에서 다른 쪽 무릎으로 통증이 옮겨 가는 모습은 그것을 지켜보던 아버지와 둘째 딸에게 깊은 인상을 남겼습니다. 그것은 어머니에게도 깊은 인상을 남겼습니다.

다음으로 나는 딸에게 울고 싶을 만큼 심한 통증을 겪겠지만, 눈물을 참아 보라고 요청했습니다. 그리고 딸은 환각으로 인해 심한 통증을 호소하기 시작했고, 그녀의 일그러진 얼굴 표정에서 곧 울겠구나 싶었습니다. 그녀는 눈물을 약간 흘렸습니다. 어머니는 그것을 좋아하지 않았지만, 나는 딸이 그 통증으로 어머니를 가르칠 수 있게 되어 기뻐할 거라고 말했습니다. 그래서 어머니는 내가 계속하도록 허락했고, 이후 나는 딸의 통증을 제거했습니다. 그 결과, 어머니는 무릎에서 시작할 수 있다는 것을 알게 되었습니다. 또한 어머니는 내가 그녀의 어깨와 목에서 시작할 수 있고, 신체의 마취를 증가시켜 통증으로부터 해방시킬 수 있다는 것을 이해할 수 있었습니다. 그녀는 딸이 말 그대로 통증으로 눈물을 흘리는 것을 보았습니다. 환각 통증이었지만, 어머니는 그렇게 생각하지 못했습니다. 그녀가 알고 있는 것은 이제 곧 다시는 볼 수 없을 딸이 고통스러워한다는 것이었습니다. 그것은 어머니에게 매우 고통스러운 일이었습니다. 딸이 통증으로 고통스러워하는 것을 보는 것은 그녀 자신의 통증을 심리적으로 증가시켰습니다. 나는 딸을 통증에서 해방시킴으로써 그 통증을 덜어 주었고, 이로 인해 자신도 통증으로부터 자유로워질 수 있다는 것을 알게 되었습니다.

알다시피, 여러분은 전체 상황을 기꺼이 인식하려고 해야 합니다. 이해의 범위를 치아 한 개, 암의 한 부위에만 국한하지 말고 전체 상황으로 넓혀야 합니다. 내 논리를 다시 한번 강조하자면, 딸이 고통을 겪는 것은 어머니에게도 고통스러울 것입니다. 나는 딸의 통증을 덜어 줄 수 있고, 그래서 어머니의 통증도 덜어 줄 수 있습니다. 나는 무릎에서 시작할 수 있었고, 이미 딸에게 그렇게 했습니다. 무릎에서 시작한다는 것은 어깨나 목에서 시작할 수도 있다는 것을 암시합니다. 그래서 침대에 누워서 통증으로 인해 잊고 있었던 졸린 느낌을 모두 찾을 수 있을 것이라고 했습니다.

"자, 졸린 느낌은 어떤 걸까요? 등을 대고 누워서 손을 시트에 대고 누웠을 때, 오른손의 느낌은 어떤가요? 그 느낌은 무엇이지요?" 어머니는 그 느낌을 기억하고 회상하기 시작했습니다. 그녀는 방광의 통증과 고통으로 인해 배뇨가 절박하다고 전혀 생각하지 못했습니다. "당신이 잠들 때 왼쪽 손은 어떤 느낌인가요?" 나는 그녀의 주의를 손등에 고정시키고 싶었습니다. 나는 그녀의 오른쪽 손등, 왼쪽 손등, 발뒤꿈치, 머리 뒤, 어깨 뒤, 종아리 뒤쪽에 그녀의 관심을 집중시키고 싶었습니다. 그녀가 엉덩이의 편안한 느낌, 작은 등의 편안한 느낌, 무릎의 편안한 느낌 그리고 그 졸린 느낌을 느낄 수 있도록 내가 얼마나 세심하게 좁혀 들어갔는지 여러분은 알 수 있을 겁니다.

편안한 잠에 대한 모든 기억을 되살리고 회상하게 한 후, 나는 어머니에게 화장실에 들어가는 법을 가르쳤습니다. 나는 그녀가 적어도 3시간마다, 아마도 2시간 30분마다 화장실에 걸어가는 방법을 기억해야 한다고 강조했지만, 사실 솔직히 말하자면 나는 3시간 간격이면 충분하다고 생각했습니다. 어머니와 딸, 아버지가 깨닫지 못한 것은 어머니에게 5분 간격이 아니라 3시간 간격으로 소변 빈도를 주고 있었다는 것입니다. 나는 그녀가 그 암과 함께 살아가는 것이 좋을 거라고 생각합니다. 암으로 인해 그녀는 거의 5분마다 화장실에 가야만 했습니다. 너무 잦은 소변 욕구를 받아들일 수도 있지만, 그것을 통제해서 3시간짜리로 만드는 것도 좋을 것입니다.

다음으로 나는 어머니에게 몽유적(somnambulistic) 트랜스로 들어가는 방법, 이 몽유적 트랜스에 있는 동안 딸과 대화하는 방법, 한 방에서 다른 방으로 걸어가는 방법을 가르쳤습니다. 나는 왜 어머니가 걷길 바랐을까요? 그것은 그녀에게 완전히 쓸모없는 활동이었습니다. 그녀는 운동이 필요하지 않았습니다. 걷는 것은 화장실까지 가는 것 외에는 쓸데없는 에너지 소비였습니다. 하지만 걸을 수 있다면 앉을 수 있다는 뜻이고, 앉을 수 있다면 누울 수 있음을 의미합니다. 그래서 내가 그녀에게 걸으라고 할 수 있다면 그녀에게 누워서 자라고도 할 수 있다는 것을 암시하기 위해 그녀를 걷게 했습니다(나는 그녀가 걷기의 심리적 의미를 의식적으로 인식하지 못할 거라는 것을 알고 있었습니다).

어머니는 최면 마취가 잘되었습니다. 그녀는 3시간마다 소변 욕구를 느꼈고 화장실에 갈 때마다 기뻐했습니다. 그녀는 화장실에 가면서 과일 주스를 마셨고 화장실에 갈 때마다 통증을 겪었습니다. 그녀는 배뇨 시 통증을 느꼈는데, 나는 그녀가 통증을 느끼는 것이 더 낫다는 것을 알았습니다. 그녀는 암 환자라면 모두 통증을 겪는다고 확신했고, 나는 그녀의 생각에 따라 진행했습니다. 그것이 그녀가 이해한 것이었고, 나는 그것을 받아들이고, 그것을 따르는 것이 더 낫다고 생각했습니다. 그래서 그녀는 화장실에 갈 때마다 통증을 느꼈습니다. 그녀는 방광을 비웠고, 통증을 느꼈고, 화장실에서 나왔습니다. 그녀는 다시 침대로 돌아가거나 안락의자로 돌아갈 수도 있었고, 몽유적 트랜스로 들어가 딸들과 이야기할 수도 있었습니다. 그녀는 몽유적 트랜스에서 벗어날 수 있지만, 해리 작업에 의해 신체의 한 부분을 트랜스 상태로 남길 수 있었습니다. 요컨대, 그녀는 많은 일을 할 수 있었습니다.

어떤 신체적 문제라도 효과적으로 접근할 수 있습니다. 나는 앞에서 입술이 찢어진 Robert의 사례를 들었습니다. 나는 두 가지 암 사례를 병리학의 극단적인 예로 인용했습니다. 내가 환자에게 몽유적으로 해리된 상태를 가르친 또 다른 암 사례가 있습니다. 그 환자는 한 달 동안 온 가족을 방문하며 아주 즐거운 시간을 보내는 중에 갑자기 혼수 상태에 빠져 사망했습니다. 그러나 그녀는 마지막 4주 또는 5주의 생활을 즐겁게 보냈습니다.

모든 신체 문제에 동일한 접근 방식이 적용됩니다. 즉, 신체 문제를 받아들이고, 거기에 함축된 바를 모두 인식하고, 그것에 맞서 싸우지 말아야 하고, 환자에게 유리한 방식으로 사용하는 것입니다. 문제를 부정 혹은 논쟁하거나 반대하지 말아야 합니다.

17 최면에서 언어의 사용

심리적 · 신체적 삶에 영향을 미치는 말의 의미와 연관성 이해의 중요성

쉬는 시간에 이런 질문을 받았습니다. "당신은 자신이 말을 어떻게 사용하는지 알아차리고 계신가요?" 나는 확실히 알고 있습니다. 나는 여러분 모두에게 그 알아차림의 중요성을 강조하고 싶습니다.

최면에서 여러분은 오늘 환자의 심리적 삶에 영향을 미치는 말을 하게 될 것이고, 신체적 삶에 영향을 미치는 말을 할 것입니다. 또한 이 말들은 지금부터 20년 동안 환자의 심리적, 신체적 삶에 영향을 미치게 될 것입니다. 그래서 여러분은 스스로 하는 말을 잘 알고 있어야 합니다. 여러분은 자신이 하는 말을 기꺼이 숙고하고, 그 의미가 무엇인지 궁금해하고, 그것의 많은 연관성을 찾아내고 이해하는 것이 좋습니다.

내가 의대생이었을 때 몹시 당황했던 경험 하나가 기억납니다. 나는 손톱의 길이가 질병의 어떤 점을 말해 주고 있는지 인식하는 방법에 대한 글을 읽었습니다. 사람이 심각한 병에 걸렸을 때 손톱 전체에 손톱 줄이 어떻게 생길 수 있는지에 대한 글이었어요.

우리 반에 여성 의대생 한 명이 있었는데 우연히 그녀의 손톱을 보았습니다. 그녀의 모든 손톱에 손톱을 가로지르는 손톱 줄이 보였지요. 나는 즉시 "마지막으로 아팠던 게[1] 언제였어요?"라고 물었습니다. 이 부분에서 나는 말의 의미를 철저히 이해하는 법을 배웠습니다. 그녀가 나를 몹시 기분 나쁘다는 듯이 쳐다보았는데 뺨이라도 때릴 듯했거든요. 나는 가까스로 정신 차려서, "손톱에 줄이 있네요. 폐렴을 앓은 적이 있었나요?"라고 말했습니다. 그녀는 자신의 손톱을 내려다보았고, 내가 그렇게 말했던 이유를 이해했습니다.

그 경험 이후로 나는 내 말을 살펴보고 내가 하는 말들의 의미를 이해해 보려고 노력해 왔습니다. 만일 자궁암으로 죽어 가는 여인을 본다면 통증이 치마 속에 있다는 것을 알아차려야만 합니다. 그래서 만일 그 환자에게 통증에 대해 무언가 가르치고 싶다면,

---

1) 편저자 주: 그 당시에 '아픈(sick)'은 월경 기간을 나타내는 완곡어이다.

치마 속의 통증을 간단한 방법으로 다루기 시작하는 것이 좋습니다. 그리고 만일 죽어가는 여성의 딸을 최면대상자로 삼는다면, 점진적으로 접근하기 위해 딸의 무릎부터 시작하는 것이 좋습니다. 딸의 무릎도 좀 민감한 부분이긴 하지만 그래도 가르치기에는 안전한 영역입니다. 자신의 말을 검토하고 인식하려는 의지가 있어야 합니다.

18 최면 마취와 통각 상실

치과 마취를 위한 간접적 반대 대립: 입에서 손으로 과감각 이동하기

다음으로 나는 최면 마취와 통각 상실 기법에 대해 논의해 달라는 요청을 받았습니다. 환자에게 무엇을 암시하든지, 그것이 마취든, 통각 상실이든, 이완이든, 시어머니에 대한 태도든, 또는 무엇이든 간에 상관없이 여러분의 임무는 아이디어를 제공하는 것입니다. 그 사람이 여러분을 이해하고, 여러분이 특정 주제에 대해 말하고 있다는 것을 알고, 이를 기꺼이 경청하고 이해할 수 있도록 해야 합니다. 여러분은 다양한 주제를 다양한 방식으로 접근해야 한다는 사실을 인식해야 하고, 여러분이 선택하는 기법은 문제의 전체성에 대한 인식에 기초해야 합니다.

예를 들어 드리지요. 한 환자가 나의 친구인 치과의사에게 와서 말했습니다. "저는 치료할 게 많아요. 저는 최면에 잘 걸리니 최면치료를 하고 싶어요. 대학에서 항상 자원해서 최면 경험을 했지만, 최면상태에서 치과 치료를 받은 적은 없어요. 지금 치과 치료할 게 많아서 최면 마취를 받기로 마음먹었어요."

치과의사는 반가워하면서, 손 마취를 하여 손에서 아래턱으로 마취를 이동시키고자 했습니다. 환자는 완벽하게 손 마취가 되었지만, 그것을 아래턱으로 이동시키지는 못했습니다. 그래서 치과의사는 환자의 다른 손에 재빠르게 손 마취를 시도했지만, 그것 역시 아래턱으로 이동시키는 데는 실패했습니다. 다음으로 그는 마취를 오른손에서 왼손으로 그리고 아래턱으로 전이되도록 암시했지만, 잘 안 되었습니다. 환자는 발, 다리, 배, 견갑골, 손은 마취되었지만 입이나 얼굴은 마취가 되지 않았습니다. 그는 단지 할 수 없었습니다.

다른 치과의사가 시도했지만 실패했고, 그래서 할 수 있는 방법이 있을지에 대한 의문이 생겼습니다. 환자는 최면 연구회로 의뢰되었고 나는 이런 문제는 어떻게 접근해야 하는지에 대한 질문을 받았습니다. 환자는 입의 감각이 매우 예민해졌고, 그 점은 의심의 여지가 없었습니다. 그저 입술을 건드리기만 해도 의자에서 벌떡 일어날 지경이었습니다. 그의 입은 결코 마취에 걸릴 수 없었습니다. 나는 이 환자의 과민성에 대해 내가 어렸을 때 우리 집 농장에서 사용했던 것과 동일한 접근 방법을 사용할 것이라고 설명했습니다.

눈보라가 몰아치는 한겨울의 어느 날, 아버지는 송아지를 헛간으로 끌어넣으려고 했습니다. 송아지는 아버지의 노력에도 꿋꿋하게 버텼습니다. 어느 쪽도 진전이 없었고, 나는 거기 서서 둘을 보고 웃었습니다. 아버지가 말씀하셨습니다. "네가 그렇게 똑똑하다면, 네 손으로 송아지를 끌어넣거나 적어도 나를 도와다오!" 나는 "제가 혼자 송아지를 끌어넣을게요."라고 말씀드렸습니다. 그리고 나는 송아지 꼬리를 잡고 헛간 바깥쪽으로 잡아당겼습니다. 송아지는 나에게 보여 주었습니다. 즉, 송아지는 나를 헛간 안으로 끌고 들어갔고, 그것이 바로 우리가 원했던 것이었습니다. 이것이 내가 제안했던 기본 기법입니다.

🗨 편저자

> 말년에 Erickson이 이 이야기의 또 다른 버전에서 말하길, 어린 Erickson이 송아지 꼬리를 잡아당기고 있을 때 여전히 그의 아버지는 송아지를 헛간으로 넣으려고 애썼다. 이 버전에서 송아지는 Erickson을 헛간으로 끌어당기면서 아버지를 짓밟았다. 이 상황은 송아지에게 이중 구속이 되었고 송아지는 안 좋은 두 가지 중에 덜한 것을 선택한 것이다(송아지는 꼬리가 당겨지는 것보다 헛간 안으로 들어가는 것을 택했다). 물론 그것이 Erickson이 원했던 것이다.

좀 더 구체적으로 말하자면, 두 명의 치과의사에게 그 자리에서 자원한 두 명의 환자를 대상으로 이렇게 실시하라고 말했습니다. "다른 방으로 가서 그들의 손에 과감각을 일으키세요. 그렇게 하세요. 그들에게 기법을 제대로 써 보세요." 그래서 그들은 자원한 두 명의 환자를 다른 방으로 데려가 과감각 기법을 실시했습니다. 다음으로 나는 그들에게 말했습니다. "입이 마취되지 않는 환자를 데려가서 환자의 왼손에 완벽한 과감

각을 만들어 보세요. 당신이 환자에게 '손에 숨이 닿기만 해도 너무 아파 움츠러들 거예요.'라고 말할 정도까지 과감각을 일으켜 보세요."

그 환자는 자신의 손이 과감각된 것에 상당히 놀랐고, 그 과정에서 모든 과감각이 입에서 손으로 빠져나갔습니다. 여러분이 보시는 것과 같이 환자의 생각은 본질적으로 이러했습니다. "저의 입은 매우 예민해요. 저는 과감각을 계속 유지할 것이고, 의사인 당신도 어쩌지 못할 거예요." 여기서 내가 한 일은 과감각을 치과의사가 건드릴 이유가 전혀 없는 손으로 옮긴 것일 뿐입니다. 그래서 환자는 마취뿐만 아니라 과감각도 갖게 되었습니다(그는 케이크를 사 먹기까지 했습니다).

19 습관 문제 1

신체 경련 조절에서 공격성을 불러일으키는 직면 활용: "깔고 앉아요!"

다음으로 사람들이 지니게 된 불필요한 습관들, 예를 들어 말을 하면서 한쪽 눈을 깜빡거리거나 한쪽 귀를 잡아당기거나 손가락을 비트는 습관들에 대해 생각해 봅시다. 여러분은 "그것 좀 그만해요!"라고 말하게 될 수도 있습니다. 습관적으로 하는 온갖 종류의 자잘한 성가신 버릇들이 있는데, 사람들은 자동적으로 그렇게 합니다. 사람들은 자신의 그런 습관들을 인식하지 못합니다.

다소 극단적인 예를 생각해 볼 수 있습니다. 뇌염으로 인한 강직성 마비가 있는 환자가 나에게 왔습니다. 그녀가 앉아서 말을 할 때마다 왼팔을 사방으로 흔들고, 왼쪽 다리는 이야기하는 내내 왼손을 불규칙하게 흔들어서 대화를 시도하는 것이 너무 불편했습니다. 그녀는 나에게 최면을 통해 문제를 개선할 수 있는지 물었습니다.

나는 왼쪽 다리의 흔들림에는 신체적인 원인이 있고 왼손의 경련 운동도 신체적인 원인이 있다고 지적했습니다. 나는 그녀를 매우 조심스럽게 바라보면서 꼼꼼히 질문을 했습니다. 그녀는 확실히 공격적이었고, 다소 적대적이었으며, 자신의 과거사를 말하는 데 있어서 거부감이 많은 편이었습니다. 그녀는 나에게 과거사를 많이 묻기보다 불규칙한 움직임을 줄이기 위해 최선을 다해 달라고 말했습니다. 그녀는 내가 알아야 할 것은 그녀가 뇌염을 앓았다는 것이고, 나의 신경학적 및 심리학적 수련을 통해 병에 대해 스스로 충분히 알아낼 수 있을 텐데, 왜 추가적으로 병력을 알려고 하냐며 따져 물었습니다. 그녀는 내가 너무 많은 세부사항에 들어갈 필요가 없다고 생각했습니다.

나는 심리학을 전공하고 있고 적대감을 그렇게 자유롭게 표현하는 대학생이라면 그녀가 남에게 비판적인 만큼 자신에 대한 비판도 잘 받아들일 수 있을 것으로 생각했습니다. 그래서 이렇게 말했습니다. "당신은 적대적이고 공격적인 편이네요. 남을 비판하는 만큼 당신에 대한 비판도 받아들일 수 있나요?" 그러자 그녀는 말했습니다. "그럼요. 물론이지요. 제가 그렇게 하는 법을 배웠다고 생각하지 않으세요?"

그 분명한 대답을 듣고 나는 계속해서 말했습니다. "당신이 발을 흔드는 것도 핑계이고 손을 흔드는 것도 핑계라고 봐요. 오른발을 왼발 위에 걸쳐 놓으면 되고, 엉덩이도 크니 왼손을 깔고 앉아 누르면 되잖아요. 그렇게 한 다음 습관을 고칠 수 있는지 얘기해 봅시다."

이 여성은 이제 심리학 박사 학위를 받았습니다. 약 일 년 전에 그녀와 식사를 하러 간 적이 있습니다. 우리가 함께 식당으로 걸어 들어갔을 때, 나의 절뚝거림은 남들 눈에 띄었습니다. 웨이터는 그것을 알아보고 내 지팡이를 아주 친절하게 받아 주었습니다. 사실, 그는 내가 외투를 벗는 것도 도와주었지요. 그러나 함께 간 그녀에 대해서는 혼자 코트를 벗도록 내버려 두었습니다. 나중에 웨이터가 내 코트와 지팡이를 가져왔을 때 그에게 물었습니다. "이 여성분도 다리를 절고 있는데, 그녀가 코트를 벗을 때 도움이 필요하다는 것을 눈치 채지 못했나요?" 그는 의아해하며 나를 쳐다보았고 전혀 알아차리지 못했다고 말했습니다. 내가 다리를 저는 것은 알아보았는데 말이지요.

그녀는 여전히 팔을 약간 흔들지만, 거의 알아챌 수 없을 정도입니다. 내가 그녀에게 한 것이 무엇이었나요? 나는 단지 그녀가 엉덩이로 손을 깔고 앉아서 자신의 손 흔들림에 대해 스스로 무언가 할 수 있다는 사실에 주의를 환기시켜 주었을 뿐입니다. 문제를 표현하는 예의 바르고 사려 깊은 정중한 방법은 아니었지만 그녀에게는 적절했습니다.

20 재도식화를 통한 틱 치료

주의를 고정시키고, 의식을 고양시키고, 새로운 것을 발견하게 하는 질문들

여러분은 귀를 틀어막게 만드는 환자에게 어떻게 하시나요? 여러분은 그들의 주의를 가져올 필요가 있습니다. 무엇보다도 그들이 그러한 습관적인 행동을 하고 있다는 것을 분명히 인식하게 해야 합니다. 오른쪽 눈을 깜박이는 환자라면 자신이 한 시간 동안 오른쪽 눈을 너무 많이 깜박인다는 사실을 인식하게 하고, 그다음 틱에 대해 질문할 필요가 있습니다. 눈을 깜박인다는 것에 대한 질문이 아니라, 눈을 깜박일 때 어떤 근육을 사용하는지에 대해 질문을 하는 것입니다. 그 근육은 저작근일까요? 혹은 관형 하악근일까요? 또는 안구근일까요? 아니면 경련미소 근육일까요?

여러분은 지금 무엇을 하고 있는 건가요? 여러분은 환자에게 의학 용어로 질문을 하고 있습니다. 환자는 여러분이 말하는 근육이 무엇인지 조금도 이해하지 못하고 있기 때문에 일상 언어로 말해 주기를 간절히 바라게 됩니다. 그렇게 바라면서 그는 진정으로 눈을 감는 근육이 무엇인지, 또는 그 말이 턱뼈 윗부분에 작용하는 근육인지, 씹을 때 쓰는 근육인지, 누군가의 모자가 마음에 안 들 때 입꼬리를 올려 비웃는 근육인지 여러분이 확인해 줄 것을 요청하고 있는 것입니다. 환자가 의학적 용어를 쓰지 않기를 여러분에게 요청하면서, 물론 여러분도 그것을 쓰지 않기를 바라지만, 환자는 또한 그 기능적 틱에 대해 이야기해 달라고 요청하고 있습니다. 그는 새로운 발견을 위해 마음을 활짝 열고 있는 것입니다. 그가 1분에 한 번, 1분에 두 번 눈을 깜박이나요? 그는 그 움직임에 대해 얼마나 알아차리고 있나요? 그가 가장 먼저 느끼는 위치는 어디일까요? 귀 앞인가요, 코 가장자리, 눈썹 바로 아래인가요, 눈꺼풀 위인가요? 다시 말해, 틱 환자에게 그의 틱에 대해 자세히 이야기하도록 부탁하는 것이며, 또한 그 틱을 세분화하도록 부탁하는 것입니다.

치아에서 비롯된 기능적 틱을 가진 환자들에게도 같은 방식으로 접근할 수 있습니다. 즉, 환자의 주의를 끈 다음, 환자가 자신이 이해할 수 있는 언어로 여러분이 말해 주기를 바라도록 만드는 것입니다. 여러분의 단순한 태도가 핵심입니다.

🗩 편저자

환자로 하여금 치료자가 일상 언어를 사용해 주기를 바라도록 이 질문을 하는 과정에서 우리는 Erickson이 '참조들 전환' 또는 재도식화를 사용하기 시작한 기원을 다시 한번 짐작할 수 있다. 환자가 눈 깜박임을 의식하지 않으면, 그것은 자동적이고 무의식적인 습관이 될 수 있다. 어떤 근육이 사용되는지에 대한 질문은 환자가 자신의 습관을 좀 더 의식하게 하고 습관 상황에 새로운 경험적 변수들을 도입하여 환자가 조절 방법을 배울 수 있게 한다. 습관 문제를 다룰 때는 새롭고 통제 가능한 변수를 도입하여 재도식화하는 것이, 통증을 단순히 '무효화하거나 모순되게 하거나 주의의 초점에서 벗어나게 하는' 재도식화보다 훨씬 더 효과적이다. 따라서 다른 유형의 심리적 문제에는 다른 형태의 재도식화가 필요하다는 것이 분명해진다. 이것은 실제로 실험실과 임상 환경 모두에서 많은 연구가 필요한 새로운 치료적 접근 방식이다.

21 간접 최면 유도 기법

눈 맞춤과 목소리 톤을 통한 주의 고정 vs. 형식적 기법: 알아차림 없는 트랜스

지금까지 내가 논의하지 못한 문제는 트랜스를 언제 유도하고 어떤 기법을 사용해서 트랜스를 유도하는가입니다. 지금 여러분 가운데 내 말을 듣고 트랜스에 들어간 사람이 몇 분이나 될까요? 나는 여기 몇몇 분이 깊은 트랜스 상태에 있다는 것을 알아볼 수 있습니다.

진료실에서 환자와 이야기할 때, 나는 환자의 시선을 나에게 고정시키고, 내가 그에게 이야기하고 있으며, 내 말을 경청해 주기를 원한다는 것을 환자가 알 수 있도록 이야기합니다. 나는 진료실 밖의 소음인 하늘의 비행기 소리, 거리를 달리는 자동차 소리, 뒤뜰에서 지저귀는 새 소리에는 조금도 관심이 없습니다. 나는 바로 환자에게 이야기하고 있고, 바로 그의 주의를 끌고 있습니다. 그는 고정된 느낌이 들고, 경직된 느낌이 들지만, 내 목소리의 부드러움과 나의 직접적인 시선으로 인해 모든 관심이 나에게 집중되어 트랜스 상태에 들어가게 됩니다. 그것이 내가 일반적으로 사용하는 기법입니다. 나는 "이제 다리를 풀고 발을 바닥에 평평하게 둡니다. 이제 등을 기대고 시선을 고정합니다."와 같은 형식적인 암시 기법에 시간을 낭비하는 것을 좋아하지 않습니다. 그런 방법은 시간이 많이 걸리는 데다가 나는 환자와 해야 할 것이 많기 때문에 말을 간단하게 합니다. 환자가 얼마나 빠르게 배울 수 있는지, 얼마나 쉽게 이해할 수 있는지, 또는 최면이 그에게 얼마나 효과가 있을지 나는 모릅니다. 어떤 환자에게는 매우 빠른 효과가 있고 다른 환자에게는 더 느리게 작동합니다. 환자에게는 시간이 필요하며, 자신이 트랜스 상태에 있다는 것을 인식하는 것은 중요하지 않습니다. 그들의 무의식은 그것을 알 테니까요.

22 습관 문제 2

조건화된 대안을 통한 이갈이 치료: '서둘러서 포기해야 할 습관'

내가 이야기한 기능적 틱 외에도 다른 기법을 사용할 기회를 주는 이갈이 문제가 있습니다. 어른이나 혹은 아이들이 이갈이 문제를 가지고 찾아옵니다. 내가 성인에게 사용하는 기법은 간단한 것입니다. 모든 성인은 머리가 베개에 닿는 순간 잠이 든다는 것에 자부심을 가지기도 합니다. 혹은 베개랑 무관하게 머리를 내려놓는 순간 잠이 드는 것에 자부심을 느끼기도 합니다. 꽤 많은 사람이 베개를 베지 않고 잠을 자기 때문에 머리를 내려놓는 순간으로 암시하는 것이 더 안전한 방법입니다. 따라서 '머리가 베개에 닿을 때' 잠들라는 최면후 암시를 하지 않고 '머리를 내려놓을 때' 잠들라고 합니다. 그리고 성인 이갈이 환자에게 '머리를 내려놓는 즉시 잠든다는 것이 얼마나 좋은지, 자려고 하는 순간에 깊은 생리적 숙면에 들어가는 것이 얼마나 기쁜지'에 대해 얘기합니다. 생리적 숙면에 들어가는 것에 대한 환자의 정당한 자기애적 자부심을 구축한 후, 환자에게 다음과 같이 지시합니다. "생리적 숙면 상태에 들어갈 때마다, 오늘 밤 또는 내일 밤, 이번 주 또는 다음 주에 이를 갈 가능성이 있습니다. 그러나 이제부터 그런 일이 일어날 때마다……[녹음 자료 소실]." 여러분이 그 이갈이를 불쾌하고 불편하게 만드는 즉시 그 사람은 그것을 중지할 것이고, 그것이 여러분이 원하는 것입니다.

이를 갈 때마다 이갈이 환자가 깨어나도록 조건화하는 기법을 이용할 수도 있습니다. 먼저 손의 악력을 갖는 것은 매우 좋은 일인데, 사람들은 운동에 너무 게을러서 항상 맨

손체조를 건너뛴다고 지적합니다. "이를 갈 때마다 정말 좋은 악력을 얻을 때까지 주먹 쥐기 연습을 해야 해요." 이것은 특히 어린아이들에게 효과적입니다. 여러분은 아이들이 자신의 운동에 자부심을 갖게 하고 손을 쥐는 힘에 자부심을 갖게 합니다.

여러분은 지금 무엇을 하고 있는 것일까요? 이갈이와 운동을 조건화하면서, 환자에게 이갈이에 대해 호의적인 태도를 갖게 하도록 하고 있습니다. 그러나 동시에 여러분은 그 습관을 불편하게 만들고 있습니다. 누가 한밤중에 일어나서 주먹 쥐기 연습을 하고 싶겠어요? 환자가 밤잠을 자고 나서 아침에 주먹 쥐기 연습을 하도록 미룰 수도 있지만, 여러분은 여전히 환자가 잠을 깨도록 조건화하고 있는 것입니다.

어린아이에게는 고무 스펀지(sponge rubber)를 손에 묶어 주고 "고무 스펀지를 벌리는 게 도움이 되고 팔을 아주 강하게 해 준단다."라고 말하면서 고무 스펀지에 좋은 특성을 부여함으로써 이러한 암시들을 강화할 수 있습니다. 또는 내 주먹을 자랑하거나, 아이에게 내 팔의 피하 근육의 움직임을 보여 줄 수도 있습니다. 또 "내 왼손은 손힘이 아주 세단다!"라고 말하며 내가 지팡이를 아주 잘 잡는다는 것을 이야기해 줄 수 있습니다. 그러면 아이는 내가 진지하고 정직하게 말하고 있다는 것을 알 수 있습니다. 아이는 손 운동을 할 수 있고 강한 악력을 위해 지팡이를 들고 다닐 필요가 없다는 사실에 기뻐할 수도 있습니다. 아이는 강한 악력을 갖기 위해 이갈이나 절뚝거림과 같은 나쁜 습관을 가질 필요가 없다는 데 동의하고 있습니다. 치료자 여러분은 어린이 또는 성인에 대한 전체적인 이해를 일반화하고 있습니다.

다른 접근법은 이를 갈 때마다 잠에서 깨어나 볼과 치아 사이에 껌을 끼우고 잔다는 아이디어에 조건화시키는 것입니다. 여러분은 환자에게 이를 갈 때마다 껌을 치아 사이에 밀어 넣고 잠시 껌을 씹은 후에, 조심스럽게 치아와 볼 사이에 껌을 끼워 놓고 다시 잠자는 방법을 익혀야만 한다고 설명합니다. 그래서 환자는 껌을 씹고, 여러분은 이갈이를 껌 씹는 습관으로 변형시킨 것입니다. 하지만 한밤중에 껌 씹는 습관을 원하는 사람이 누가 있겠어요? 그것은 서둘러 포기해야 하는 습관이고, 더하여 이갈이 습관을 가장 불편한 행위로 만드는 일입니다.

손톱 물어뜯기 또는 엄지손가락 빨기에도 동일한 접근 방식이 효과적입니다. 즉, 특성상 나쁜 습관을 [행동의 가치 또는 기능을 변화시킴으로써] 변형시키거나, 환자의 주관적 체험 안에서 불쾌하고 불편하거나 결함이 있는 것으로 만들어서 변형시킵니다.

23 집단 최면치료

특별한 성격 및 치료적 고려사항

집단치료는 내가 논의하고 싶은 다음 주제입니다. 집단을 대상으로 작업할 때는 가장 먼저 자신의 성격이 집단을 다루는 데 적합한지의 여부를 염두에 두어야 합니다. 집단 치료를 시도하다가 제대로 되지 않는다는 것을 알게 되는 전문가가 아주 많습니다. [그들은 무엇이 잘못되었는지, 왜 그런지를 모릅니다.] 치료자들은 종종 중요한 질문을 간과하는데, 그것은 자신의 성격이 집단을 대상으로 작업을 수행하는 데 적합한가 하는 것입니다.

치료자로서 나는 개인적으로 집단과 함께 작업하는 방법을 잘 모릅니다. 나는 의사 A가 훌륭하게 집단 작업을 할 수 있다는 것을 알고 있습니다. 그런 성격을 정확히 묘사할 수는 없지만, 그는 그런 성격을 갖고 있습니다. 집단 작업을 고려하는 전문가라면 먼저 자신에게 질문해야 합니다. "내가 집단치료를 할 수 있는 사람인가?" 예를 들어, 나는 집단 상황에서도 교육을 할 수 있습니다. 즉, 큰 집단을 대상으로 교육을 할 수 있고, 소규모의 집단도 교육을 할 수 있고, 한 사람을 상대로도 교육을 할 수 있습니다. 하지만 나는 집단치료는 잘할 수 없을 것 같습니다.

집단 작업에 적합한 성격을 갖추는 것 외에도, 집단에 방향성을 제공하는 것 또한 여러분의 임무라는 것을 알아야 합니다. 때때로 집단의 방향성이 치료자 자신이 되기도 하고 때로는 그 방향성이 다른 사람이 되기도 합니다. 예를 들어, 임산부를 위한 최면 집단 작업에서 첫 번째 단계는 집단의 여성 중 한 명을 최면대상자로 해서 최면을 시연하는 것입니다. 어떤 여성을 선택해야 할까요? 내 생각은 이렇습니다. 나는 단순하고, 직선적이고, 꾸밈이 없고, 아주 유쾌한 초산 산모,[2] 즉 최면에 반응하는 여성, 꾸밈없고, 아주 부드럽고, 단순한 여성을 선택하고 싶습니다. 지능이 낮다는 뜻은 아니고요. 그보

---

2) 편저자 주: 초산 산모(primipara)는 처음으로 출산하는 여성을 가리키는 산부인과 용어이다. 다산 산모(multipara)는 두 명 이상의 자녀를 낳은 여성을 말한다.

다는 단지 꾸밈없고, 단순하고 직접적이라는 의미입니다. 그런 여성이 집단의 중심으로 삼기에 좋은 타입입니다. 왜냐고요? 그 집단의 다산 경험이 있는 모든 여성이 그녀를 좋아할 것이기 때문입니다. 그들은 그녀를 질투하지 않을 것입니다. 까칠하게 굴지도 않을 것입니다. 그래서 여러분은 집단의 다른 여성들이 그녀를 바라보고, 질투나 경쟁심을 느끼지 않을 수 있는 훌륭한 중심을 갖게 됩니다. 그녀는 초산 산모이고 다른 여성들은 모두 두 번 이상의 경험이 있는 다산 산모입니다. 그들은 초산 산모인 그녀보다 아는 것이 훨씬 더 많기 때문에 분명 그녀가 아는 것을 기꺼이 배우려고 할 것입니다. 그녀는 초산이고 그녀가 최면에 대해 그들보다 더 안다고 하더라도 실제로 중요한 문제인 아이 출산 문제에 대해 더 많이 아는 사람은 바로 다산 산모인 그들입니다. 따라서 여러분은 모든 집단원이 전적으로 수용할 수 있는 상황을 만들고, 그 안전한 젊은 산모와 함께 이런저런 학습의 본보기를 설정할 수 있습니다.

명심해야 할 또 다른 중요한 점이 있습니다. 집단치료에서는 항상 각 환자에 대한 학습의 분리성을 강조해야 합니다. 어떤 환자는 오른손으로 공중부양을 잘하지만 또 다른 환자는 왼손으로 공중부양을 잘합니다. 어떤 환자는 눈꺼풀이 일찍 감기고, 다른 환자는 삼킴 반사가 일찍 소실되는 모습을 보여 줍니다. 그래서 집단 상황에서 여러분은 항상 개인을 한 개인으로 정의하지만, 전체 집단을 염두에 두고 이렇게 말해야 합니다. "당신은 삼킴 반사를 일찍 소실하는 사람이고, 반면 그는 오른손 부양을 빨리 하는 사람입니다." 나는 단지 눈에 뜨이는 것을 예로 들고 있을 뿐입니다. 당연히 여러분은 특정 집단 상황에서 다루어지는 어떤 행동이든 활용해야 합니다. 집단 심리치료를 하고 있을 때에 그 점은 중요합니다. 여러 명의 치과 환자들에게, 재갈을 무는 것 같은 느낌 없이 의치를 착용하는 방법을 조건화하는 집단 상황이라면, 그때는 다르게 접근해야 합니다. 그러나 요점은 항상 개인을 한 개인으로도 정의하고, 그리고 그 개인을 집단의 한 구성원으로도 정의해야 한다는 것입니다.

시연 I

■ 최면대상자 선정을 위한 관념운동적 머리 움직임의 유도와 활용

E: 몹시 춥게 느끼시는 분은 일어나시겠습니까? 외풍이 있는 곳에 계신 분이 있네요. 일어나 주시겠어요? 일어서 주세요.

어디에 외풍이 있는지 궁금했을 뿐입니다. 생각하고 느낄 시간을 가지려고 그런 것입니다. 이제 최면대상자에게 다음의 질문을 하려고 합니다.

■ 트랜스 상태를 확인하는 이중 구속 질문

E: 당신이 트랜스에 있다는 것을 알고 있다면, 고개를 이렇게 끄덕이세요. 혹시 모르겠다면 고개를 이렇게 좌우로 흔드세요.

편저자

여기에서 Erickson이 매우 천천히, 고개를 약간 끄덕이며 '예'를, 고개를 좌우로 저으면서 '아니요'를 보여 준다. 자발적으로 고개를 끄덕이거나 흔드는 등의 반응을 보인다면, 그러한 유형의 무의식적이고 아주 느린 움직임 자체가 트랜스의 특징이기 때문에 그런 행동은 그 사람이 트랜스 상태에 들어 있음을 확인시켜 주는 것이다. 최면대상자가 아니라고 고개를 저으면, 그것은 단순히 그녀가 그것을 인식하지 못한 채 트랜스에 있다는 것을 의미한다.

그녀는 트랜스에 아주 잘 들어가 있습니다. 지금은 11시 정각입니다. 내가 하려는 것에 대한 집단의 엄청난 관심에 주목해 주세요. 바로 지금, 여러분 가운데 트랜스에 있는 사람들에게 간단한 테스트를 해 보는 것은 어떨까요? Brody 박사, 당신이 나에게 한 말을 청중에게 전해 주시겠어요?

Brody 박사: 10시 30분 강의 시작 전에 Erickson 박사가 저에게 몇 명이 트랜스 상태에 있는지 알고 있느냐고 물었습니다. 저는 대략 몇 명이 있다는 것은 알았지만 정확한 숫자는 몰랐지요. 그래서 11시에 몇 명인지 파악하기 위해 청중을 살펴보았습니다. 그 시각에 열여섯 분 내지 열일곱 분이 중간 정도에서 깊은 정도의 트랜스에 있다고 생각했습니다.

E: 바로 지금, 아주 깊은 트랜스에 있는 사람이 한 분 있습니다. 하지만 그 사람은 자신이 깊은 트랜스에 빠져 강의를 듣고 있다는 것을 모르고 있습니다. 그러나 그는 여전히 트랜스를 유지하고 있으며 그 트랜스를 계속 유지할 것입니다.

Brody 박사: 여기 트랜스에 들어 있는 의사가 한 분 있어요. 그런데 그는 **절대로** 트랜스에 들어갈 수 없다고 말합니다. 아무도 그에게 최면을 걸 수 없었어요. Harold, 지금 당신 이야기를 하고 있어요. 손을 들어 보세요. Harold.

■ 학습 및 회상 촉진하기

강의 자료 이해와 기억을 위해 청중 최면 활용하기

E: [외풍이 있는 곳에 있는 Margie에게 말한다.] 트랜스에 들어 있어도 괜찮나요? 당신은 하루 종일 트랜스 상태에서 내 말을 들을 수 있습니다. 알고 있었나요?

Margie(M): 아니요.

E: 맞아요, 당신은 그것을 몰랐어요. Margie. 당신은 강의 동안 내내 트랜스에 있었지요. Brody 박사가 저에게 질문을 했기 때문에 당신이 트랜스에 들어갔다는 것이 정말 기쁩니다. 그것은 제가 여러 번 마주한 질문이에요. Margie, 원한다면 나중에 녹음기를 가지고 앉아서, 그냥 재미로 제 강의를 한번 떠올려 보면 좋겠어요. 트랜스 상태에 들어가서, 제 강의를 떠올리면서 녹음해 보세요. 오늘 아침 첫

부분에 제가 말한 것, 아침 늦은 시간에 말한 것을 그대로 녹음기에 말해 보세요. 당신이 모든 자료를 다룰 수 있는 전문적인 훈련을 받지 않았다는 것을 알아요. 하지만 다음 주에 제가 말한 것에 대해 이해한 바를 기억해 내어 녹음기에 말할 수 있다는 것, 당신이 그것을 아주, 아주 멋지게, 매우 적절하게 할 수 있다는 것을 저는 분명히 알고 있어요. 당신은 그 일을 당신 자신이 이해한 대로 하면 됩니다.

정확히 같은 방식으로, 청중 가운데 전문가 여러분은 다음 주나 다음 달에 녹음기 앞에 앉아서 꽤 많은 분량까지 자신의 기억을 떠올려서 기록할 수 있을 것입니다. 여러분이 발견할 수 있는 또 다른 점은 한 달 후에 자신이 받아 쓴 녹음을 재생하면서, 트랜스에 들어가지 않은 상태에서도 다음에 나올 내용을 기억할 수 있다는 것입니다. 여러분은 다음 문장이 무엇인지 축어록에 쓰여 있는 그대로 알 수 있을 겁니다.

■ 자발적 청중의 트랜스 특징

지금, 나는 여러분에게 말하고 있고, Margie는 트랜스 상태로 서 있습니다. 그녀가 얼마나 완전히 굳어 있는지, 어떻게 눈을 깜박이지 않고 있는지, 어떻게 손을 그런 상태로 유지하고 있는지, 어떻게 삼킴 반사가 없는 상태로 있는지 보이시나요? 그녀는 가능한 한 움직이지 않는 부동의 상태에 있습니다. 그리고 내가 보기에 여러분 중 상당수가 같은 상태에 있습니다. 대략 열여섯 분 정도는 그럴 거라고 생각합니다. 그리고 여러분 중에는 가끔 트랜스에 들어갔다가 다시 나오는 사람들도 있습니다. 왜일까요? 기꺼이 경청하고 트랜스에 들어가고자 하는 의지가 있기 때문입니다.

■ 알아차림 없는 트랜스와 학습

무의식적 학습 촉진을 위해 예상치 못한 트랜스 상황 구조화하기

Margie는 내가 오늘 늦게 그녀를 트랜스에 들어가게 할 거라고 예상했습니다. 오

늘 아침 그렇게 일찍 트랜스에 들어갈 것이라고는 예상하지 않았습니다. 나는 그녀가 그런 예상을 하지 않을 것을 알고 있었습니다. 이런 이유 때문에 나는 진료실에서 종종 그저 환자들이 관심을 갖고 있는 일에 대해 얘기하면서, 그들이 트랜스에 있다는 것을 얘기하지 않고 트랜스를 유도합니다. 그들은 내가 손 부양에 15분 정도를 허비할 것이라고 예상할 수도 있겠지만, 이렇게 하면 그들은 듣고 배우고 이해할 수 있습니다.

Margie가 방금 실험 상황에서 매우 훌륭하게 보여 준 유형을 사용할 수도 있습니다. 내가 웨인대학교 의과대학과 웨인주립종합병원에 있을 때 나는 정신과 레지던트들에게 어떻게 트랜스에 들어가는지를 가르쳤습니다. 그때 나는 사례 기록을 가져와 매우 긴 시간 동안 그것에 대해 논의했습니다. 몇몇 레지던트들은 트랜스에 있었고 몇몇은 트랜스에 있지 않았어요. 한 달 후에 나는 평소처럼 예고 없이 시험을 보겠다고 하면서 이렇게만 이야기했지요. "오늘 시험을 보겠습니다. 사례 X, Y, Z에 대해 이해한 바를 요약해 주기 바랍니다." 한 달 전 내 실험 강의 중 트랜스에 들어 있지 않았던 레지던트들은 "예, 교수님. 하지만 저희는 최근에 복습을 안 했는데요."라고 했고, 강의 중에 트랜스에 있었던 레지던트들은 "저희는 그런 사례를 본 적이 없어요. 교수님은 그런 사례에 대해 논의한 적이 없습니다. 저희는 그 사례에 대해 아무것도 모릅니다!"라고 했습니다. 그래서 나는 이렇게 말했습니다. "글쎄요, 그 사례들에 대해 아는 사람이 있어요. 그런 사람이 있다면 모두 그것을 알아야 하는 것이고, 내가 전에 과제를 낸 적이 있다는 말이 되지요. 과제를 못한 사람이 있다면 그건 그 사람이 운이 나빴던 것이에요. 거기 종이도 있고 의자도 있고 책상도 있어요. 앉아서 시작하세요."

트랜스에 있었던 사람들은 자리에 앉았고, 몇 분 후에 한 가지 생각이 떠올랐고, 다른 생각이 떠오르고, 또 다른 생각들이 떠올랐습니다. 그들은 곧바로 써 내려갔습니다. 이 트릭을 그들에게 몇 번 시도한 후에 그들은 시험에 대해 걱정하지 않게 되었습니다. 그들은 자신의 무의식이 그 자료를 인식할 것을 알았으니까요. 즉, "지금이 바로 내가 무의식으로 획득한 지식을 가져와서 내 의식이 이용할 수 있게 해야 할 때야."라고 말이지요.

나는 학생들에게 그 놀랍고 충격적인 경험을 단지 두 번밖에 끌어낼 수 없었습니다. 그 후 그들은 자신들의 무의식이 해낼 것임을 알았습니다. 여러분 모두가 알아야 할 것은 무의식이 학습임을 알리지 않고도 학습할 수 있다는 것과, 그렇지만 적절한 시간과 적절한 상황일 때에 무의식이 핵심 지식을 의식 속에 밀어 넣는다는 점입니다.

■ 식욕 조절을 위한 최면후 암시

E: 자, Margie, 제안 하나 할게요. 그 제안은 전체 집단을 위한 최면후 암시가 될 것입니다. 우리는 점심을 먹을 거예요. 저는 당신이 식사를 맛있게 하기 바랍니다. 여러분 중 소량만 먹어야 하는 분은 그 적은 양을 완전히 즐겨서, 마치 그 양의 열 배를 먹는 것처럼 식욕을 만족시키기 바랍니다. 다시 말해, 다이어트에 신경 써야 하는 사람들이 아주 적은 양의 음식을 완전히 즐기기를 바랍니다.

좋아요, Margie, 앉으세요. 그리고 깨어나세요. 완전히 깨어나세요. 안녕하세요, Margie! 이제 휴식 시간입니다.

24 일상생활에서의 자기최면

목표를 향해 곧바로 순환적 연상 따라가기: Erickson 부인의 망각된 과제

이제 무의식적 학습과 기억의 문제에 대한 개인적인 경험을 예로 들겠습니다. 나는 자기최면(autohypnosis)을 사용합니다. 나의 아내도 자기최면을 사용하고요. 아내의 경험 하나를 인용하겠습니다.

어느 일요일 오후 내 아내 Erickson 부인은 일요일 신문을 읽고 있었습니다. 가족들은 각자 흩어져 자기 일을 하고 있었는데, 갑자기 아내가 일어서며 말했습니다. "오늘 오후에 해야 할 일이 있어요." 나는 "음. 그게 뭐지요?"라고 물었습니다. 그녀는 "모르겠어요. 하지만 오늘 오후에 해야 해요."라고 대답했습니다. 나는 "당신이 그것을 알아내려면 시간을 많이 허비하게 될 거예요."라고 했습니다. 그녀는 "나는 시간을 허비하지 않을 거예요. 무의식에 맡기겠어요."라고 말한 뒤 미소를 지으며 이렇게 덧붙였습니다. "당신도 알다시피 나는 어제 세탁을 했어요. 차고에 나가서 세탁기가 아직 거기 있는지 봐야겠어요."

누가 세탁기를 훔쳐 가겠어요? 그것은 완전히 우스꽝스럽고, 어리석은, 무의미한 말이었습니다. 하지만 그녀는 차고로 나가서 살펴보았고 세탁기는 여전히 거기에 있었습니다. 그녀는 그것을 보고 나서, 우연히 차고 끝에 있는 작업대가 엉망인 것을 알아차렸습니다. Allan이 거기에서 일을 해 왔는데, 그는 도구를 단 하나도 제자리에 걸어 두지 않았습니다. 그래서 그녀는 Allan이 작업대를 정돈해야 한다고 마음속으로 기억해 두었습니다.

세탁기가 아직 거기에 있다는 것을 확인하고, 우연히 작업대가 지저분하다는 것을 알아차리는 그 기념비적인 일들을 하고서, 그녀는 뒤뜰의 반대편으로 가서 물고기가 있는 연못이 아직 거기에 있는지 살펴보았습니다. 연못은 거기 있었습니다. 아무도 물고기 연못을 훔쳐 가지 않았기 때문에 그녀는 집으로 돌아왔습니다. 이제 그녀는 편안히, 아무렇지 않게, 무심하게 뒷문을 통해 들어왔습니다. 뒷문으로 들어왔을 때 그녀는 우연히 책장을 보게 되었습니다. 당연히 책들이 줄이 맞지 않게 꽂혀 있었기 때문에, 그녀는 여기저기 돌아다니며 책을 정리하다가, 우연히 책 한 권을 바닥에 떨어뜨렸습니다. 그녀는 그 책을 집어 들어 제목을 읽고서는, 혼자 미소를 지으며 다른 방으로 걸어가서 이렇게 말했습니다. 그녀는 "Allan, 여기 네가 읽을 책이 있어. 네 아버지와 내가 몇 년 전에, 네가 고등학교에 다닐 때쯤이면 이 책을 읽고 충분히 이해할 수 있을 거라고 생각했어. 여기 있어. 재미있게 읽을 수 있을 거야." 하면서 그에게 책을 건네주었습니다. 지금 Erickson 부인은 하려고 했으나 잘 기억할 수 없었던 일을 하고 있습니다.

그녀의 기억의 배경은 무엇이었을까요? 금요일 오후에 Allan은 학교에서 성적표를 가지고 집으로 돌아왔습니다. 우리는 그것을 별 생각 없이 봤습니다. 성적이 상당히 좋았고 그것이 우리가 그의 성적에 대해 생각한 전부였습니다. 성적은 꽤 괜찮았습니다. 그리고 금요일 저녁이 지나갔고, 토요일을 지나, 토요일 저녁이 되었고, 일요일 아침을 지나, 일요일 오후가 되었습니다. 아내는 할 일이 있었지만 기억이 나지 않았습니다. 뭐였을까요? 그래서 그녀는 세탁기가 아직 거기 있는지 살펴보기 위해 일어났습니다. 세탁기는 물을 사용합니다. 그것은 분명히 물을 사용합니다. 작업대. Allan이 했어야 했으나

하지 않은 일로 Allan의 작업대는 엉망이었습니다. 물고기 연못으로 가서…… 그것은 연못(a body of water)입니다. 연못은 여전히 거기에 있었고, 그 안에 물고기가 있었고, 그녀는 물속을 들여다보았습니다. 작은 몸체(body)들이 있는 연못, 다음으로 그녀는 집 안으로 들어와 우연히 정리가 안 된 책장을 보게 되었고, 책들을 정리하러 갔습니다. 우연히 또는 무의식적으로 그녀는 어떤 책을 떨어뜨렸습니다. 그 책의 제목은 『존재한 적 없는 사나이(The Man Who Never Was)』로, 제2차 세계 대전을 배경으로 한 스파이에 관한 책입니다. 한 남자의 시신(body)이 대서양으로 던져져서 바닷물에 밀려와 스페인 해안에서 발견되었고, 독일인들에게 넘겨졌습니다. 독일군은 그 시신을 수색하여 이탈리아 침공에 대한 완벽한 계획을 알게 되었고, 그래서 그들의 군사 작전을 수정했습니다. 그것은 연합군이 독일군을 방심하도록 만든 작전이었습니다. 엄청나게 중요한 것, 그것은 물에 빠진 몸입니다.

아내와 나는 몇 년 전에 그 책을 읽었고, Allan이 그것을 이해할 수 있을 만큼 나이가 들었을 때 그것을 읽게 해야겠다고 생각했습니다. 금요일 오후에 고등학교에서 받아 온 Allan의 성적은 그가 그 책을 읽고 이해할 수 있을 만큼 충분히 나이가 들었고 고등학교 교육을 충분히 잘 이행했다는 것을 보여 주었습니다. [하지만 적절한 시기에 Allan에게 책을 주기로 한 결정에 대한 기억은 여전히 내 아내의 무의식 속에 남아 있었습니다.] 그래서 그녀는 물을 사용하는 세탁기, 작업대, Allan, 하지 않은 어떤 일, 몸체들(물고기)이 들어 있는 연못(물), 책장과 그 책을 연상하면서 순전히 무의식적인 방식으로 그 기억들을 회복하려고 했습니다. 그리고 그것을 해냈습니다. Erickson 부인은 방으로 걸어 들어가 Allan에게 그 책을 건네주었습니다.

그녀는 무의식을 이용하고 있었습니다. 그녀는 단지 마음에 떠오르는 연상을 따라갔을 뿐입니다. 목표를 향해 곧바로 나아가야 한다는 믿음을 고수하여서, 무의식을 직접적인 방식으로 이용하려는 사람들이 너무나 많습니다. 내 아내 Erickson 부인이 거기 앉아서 의식적으로 '그게 뭐였지? 내가 무엇을 해야 했더라? 어떻게 해야 하지? 뭔가 있는데……' 하며 고민했다면 얼마나 많은 시간을 보내게 되었을까요? 그녀는 어디서 그것을 기억해 냈을까요? 그녀는 자신에게 무의식을 따라갈 자유를 주었습니다. 여러분은 항상 자신의 무의식을 존중할 필요가 있습니다.

25 Erickson의 미완성 원고

무의식과 관련된 의식의 잠정적 역할

두어 시간 여유가 있던 어느 날, 아내가 나에게 말했습니다. "출판사가 원고를 재촉하고 있어요. 끝내시는 게 어떻겠어요?" 나는 말했습니다. "음, 두 시간 남았는데. 그러는 게 좋겠어요." 그래서 나는 진료실 문을 닫고 트랜스에 들어가기로 했습니다. 나는 내가 트랜스에 들어가면 원고를 쓸 수 있다는 것을 매우 잘 알고 있었고, 그 글을 쓸 때 확실히 내 무의식을 사용할 여유가 있었습니다. 두 시간이 끝날 무렵 나는 깨어났습니다. 그때 예약 환자가 도착했고, 나는 그 두 시간 동안 무슨 일이 있었는지 전혀 생각하지 않고 하루의 일을 마쳤습니다.

다음 주에 아내는 "지난주에 원고를 다 완성했나요?"라고 내게 물었습니다. 나는 "아 맞다. 완전히 잊고 있었네요."라고 대답했습니다. 그녀는 "작업은 하긴 했나요?"라고 물었고, 나는 "모르겠는데, 찾아봅시다."라고 대답했습니다. 나는 네 곳 중 한 곳에 원고를 보관합니다. 네 곳을 다 찾아보았는데 원고는 없었습니다. 아내도 네 군데 모두를 살펴보았지만 역시 원고는 없었습니다. 그녀는 "나는 치워 놓지 않았는데 없어요."라고 말했습니다. 나는 말했습니다. "아마도 내가 두었을 거예요. 신경 쓰지 말아요. 출판사가 계속 곤란하도록 놔두지요"

약 한 달 후에 내가 글을 쓰던 날 만났던 그 환자가 검진을 받기 위해 다시 왔습니다. 그가 진료실에 들어섰을 때, 나는 그의 진료 기록을 꺼내 들었는데 잃어버린 원고가 거기 있었습니다. 나는 원고를 바라보고, 환자를 바라보았습니다. 나는 이 환자를 통해 그 원고에 추가할 또 다른 내용이 있다는 것을 깨달았습니다. 한 달 전부터 내 무의식은 출판사에 보낼 원고를 그 상태에서 마무리해서는 안 된다는 것을 알고 있었고, 한 달 후 환자가 올 때까지 기다려야 한다는 것을 알고 있었습니다. 그래서 내 무의식이 원고를 숨겼던 것입니다. 그 두 시간 동안 내가 뭘 했는지 모르겠습니다. 아마도 생리적인 수면에 들어갔을 것입니다. 아마 트랜스 상태로 앉아서 나의 사례를 분석한 것 같습니다. 왜냐하면 나는 트랜스 상태에서 사례를 많이 분석하기 때문입니다. 나는 보통 깨어 있는 상태보다 트랜스 상태에서 더 빠르고 분명하게 생각합니다.

알다시피, 여러분은 자신의 무의식을 사용해야 합니다. 단지 시간, 장소 그리고 상황만을 제공하면 됩니다. 그리고 여러분의 무의식이 여러분 자신만큼 영리하다는 것을 명심하시기 바랍니다. 사실 무의식은 여러분보다 더 영리합니다. 왜냐하면 여러분은 항상 외부 현실과의 관계에 의해 자신을 불리하게 만들기 때문입니다. 여러분의 무의식은 본질적인 가치에 훨씬 더 관심이 있습니다. 의식적으로 자신의 무의식을 방해하려 할 때 곤경에 처하게 되고, 그러면 무의식은 무의식 작업의 선한 가치를 방해한 여러분에게 벌을 줍니다. 여러분은 시간과 장소, 상황을 제공하고, 무의식이 여러분이 해야 할 수만 가지 일 중에서 가장 중요한 일을 선택하게 두면 됩니다.

26 무의식의 문제 해결 능력

만화의 명료성과 창의성 활용: Huey, Dewey, Louie

한 논문을 쓰던 중 막히는 부분이 있었습니다. 나는 내 환자 중 한 명의 비논리적인 모습을 어떻게 묘사해야 할지 알 수가 없었습니다. 나는 그 사례를 다룰지 다른 사례를 다룰지 고민하면서 트랜스에 들어갔는데, 나중에야 내가 그 시간에 만화책을 읽으며 시간을 보냈다는 것을 알게 되었습니다. 나는 만화책을 보느라 시간을 다 써 버렸던 것입니다.

다음번에 논문 작업을 할 기회가 왔을 때 깨어 있는 상태에서 나는 몹시 만족하며 작업을 하고 있었습니다. 나는 드디어 내가 묘사할 수 없었던 어려운 부분에 도달했습니다. 맞습니다. Heuy, Dewey, Louie와 Donald Duck의 만화에 바로 그 상황, 특정 논리가 다른 표현으로 실려 있었습니다! 내 무의식은 내가 원하는 정확한 해석을 찾을 때까지 나로 하여금 만화책 상자를 뒤져 보게 했던 것입니다. 만화책에서는 행동을 아주 극도로 명료하게 하고, 때로는 명료하게 만든 행동이 매우 복잡합니다. 그러므로 나는 만화책을 읽느라고 시간을 낭비한 것이 아니었습니다.

27 막힌 예술가의 사례

자기최면을 통한 무의식의 창조적 활용: 트랜스의 자율적 관념운동

한 친구가 내게 와서 이렇게 말했습니다. "3년이나 예술적 영감이 떠오르지 않아요. 저는 하루에 8시간씩 작업하는데 단 한 점의 작품도 창작하지 못했지요. 저는 예술 창작에 대해 생각하기 시작할 때마다 멍해져요. 저는 자기최면을 배우고 싶어요. 아무도 저에게 최면을 걸지 않았으면 좋겠어요. 저는 자기최면을 배우고 싶어요." 그는 최면에 걸리는 것을 단호히 거부했고, 그래서 내가 그에게 알려 준 기법은 그의 하루 일과가 끝난 후 20분 정도 의자에 앉아 휴식을 취하는 것이었습니다. 단지 머리에 힘을 빼고 의자에 털썩 주저앉아 휴식을 즐기고, 무의식이 좋아하는 대로 하도록 내버려 두라는 것이었습니다.

👥 편저자

이것은 실험실 연구에서 심리생리학적 상관관계가 입증되기 전에 Erickson이 자기최면을 촉진하기 위해 울트라디안 리듬(ultradian rhythm)[3]을 어떻게 활용했는지를 보여 주는 예로 보인다.❼

그 진료는 11월 말이었습니다. 다음 해 1월에 그 친구가 나를 찾아와서 이렇게 말했습니다. "알다시피, 당신이 저에게 지시한 일을 아주 규칙적으로 해 왔어요. 하루도 빠트리지 않았어요. 저는 20분간 휴식을 취해요. 때로는 30분이나 1시간 정도 휴식하기도 하지요. 종종 그 시간 동안 생리적으로 잠을 잔 것은 아닌가 궁금해서 제가 어떻게 이완하는지 당신이 보게 해야겠다고 생각했어요." "당신의 예술 작업은 어떤가요?" 나는 물었습니다. "글쎄요." 그가 말했습니다. "제가 의식적으로 몇 가지를 알아냈어요. 제가 하

---

3) 역자 주: 울트라디안 리듬(ultradian rhythm)은 생물마다 타고난 자율적 생물활동의 주기적 변동이며 하루보다 짧지만 한 시간보다 긴 주기(1일 이하의 주기)를 말한다.

고 있는 새로운 조각 작품이 있어요. 그것에 대해서는 나중에 말씀드리겠지만 제 무의
식 속에서 나온 것은 아무것도 없어요."

그리고 그는 의자에 털썩 주저앉았고, 나는 그의 엄지손가락이 뭔가 이상하고 특이한
일을 하기 시작하는 것을 보았습니다. 나는 연필과 종이를 가지고 그의 엄지손가락이
무엇을 하고 있는지 선으로 그려 보았습니다.

약 20분 후에 그가 일어나서 이렇게 말했습니다. "보시다시피, 저는 그냥 이완해요.
고개에 힘을 빼고 움직이지 않아요. 머릿속이 하얘졌을 뿐 자기최면에 대해 배운 게 없
는 것 같아요."라고 말했습니다. 그러고 나서 그는 계속했습니다. "자, 제가 작업하고 있
는 조각에 대해서요. 저는 제가 사용하고 있는 새로운 리듬 패턴을 개발했어요. 저는 의
식으로 그것을 해결했어요. 제 무의식은 그것과 아무 상관이 없었어요. 종이와 연필을
주세요. 그러면 리듬 그림을 그려 드릴게요." 나는 내가 그린 그림을 그에게 건네주며,
"이 리듬 그림은 마음에 들까요?"라고 물었습니다. 그는 그것을 보고 말했습니다. "좋은
데요. 그런데 이건 어디서 나셨나요?" 나는 "그냥 생각났어요."라고 말했습니다. 그는
그것을 살펴보고 이렇게 말했습니다. "이것이 바로 제가 연습한 리듬이에요. 이건 아주
독특한 패턴인데, 어떻게 비슷하고 독특한 패턴을 만들었는지 궁금하네요!" 나는 그 질
문을 회피하고, 다른 주제에 대해 이야기했습니다.

집에 돌아간 그는 미네르바의 샘처럼 자신이 무의식 속에서 완전히 형성한 그 특별한
조각품을 완성했습니다. 이제 그는 회화와 조각에 관한 문제에 있어서 단지 하나의 엄
청난 아이디어 공간을 생각해 낸 것처럼 보였습니다. 그는 몇 가지 새로운 기법을 개발
했으며 예술적 아이디어를 많이 가지고 있습니다. 그리고 그가 나에게 마지막으로 한
말은 "아마 저는 자기최면 트랜스에 들어간 것 같아요."였습니다. 맞아요. 그는 해냈습니
다. 나는 그가 엄지손가락으로 그 리듬을 보여 주는 것을 보았지만 그에 관한 다른 모
든 것―반사신경의 상실, 얼굴의 부동성, 내가 책상 위 물건을 건드리며 내는 소리에 대
한 무반응, 내가 일어나 방 안을 걷거나 내가 어떤 것을 해도 알아채지 못했다는 것―은
그가 트랜스에 들어 있음을 알려 주고 있었습니다. 자기최면이란 단지 자신에게 무의식
과 함께 일을 할 기회를 주는 것일 뿐입니다.

28 자기최면 기법

환각 인물 'Joe'를 활용한 유도; 무의식을 신뢰하기; 자기최면에서 다양한 학습 속도와 스타일 수용하기

자기최면을 사용하고 싶은 사람은 조용히 앉아서 자신에게 기회를 주어야 합니다. 어떤 기법을 사용할 수 있을까요? 심리학에 관심이 있는 많은 대학생에게 가르친 기법 중 하나는 이렇습니다. 나는 그들에게 저쪽 의자에 앉아 있는 내 친구 Joe—그 작은 남자는 실제로는 거기에 없습니다—를 보게 합니다. 나는 Joe에게 손 공중부양을 실시하라고 그들에게 말합니다. 나는 그들에게 Joe의 손이 그의 얼굴에 닿을 때까지 공중에 올리게 하고, Joe가 눈을 감고 심호흡을 하고 깊이 잠드는 것을 지켜보라고 말합니다. 그러면 그들은 혼자 자신의 집에서 그 기법을 사용해 봅니다. 그들은 앉아서 Joe라는 가상의 남자가 의자에 앉아 있다고 상상하고, 손을 무릎에 얹고 앉는 방법을 Joe에게 아주 조심스럽게 보여 줍니다. 그리고 나서 그들은 손 공중부양, 눈꺼풀 감기, 점점 더 깊은 트랜스를 암시하기 시작하면서, 그들 자신만의 트랜스로 들어갑니다. 나는 대개 그들이 잘 이해했는지 확인하기 위해 나의 사무실에서 한 번 해 보게 합니다.

이 접근 방식에 엄청난 관심을 보이는 심리학과 학생들이 있습니다. 그들은 정신과 의사에게 진료비를 낼 돈이 없습니다. 그들이 매우 빨리 배울 수 있는데, 시간을 낭비할 필요는 없지 않을까요? 만족스러운 트랜스에 들어가기 위해 필요한 것은 보통 거기 앉아서 하는 경험 한 번이 전부입니다. 그들이 트랜스에 들어간 후에 그들에게 가르쳐야 할 다음 것은 자신의 무의식을 존중하는 것입니다. 예를 들어, 그들은 기하학을 공부하려고 미리 마음을 정하고 자기최면 트랜스에 들어갔는데, 고대 역사나 다른 과목을 공부하게 된다는 것을 알게 됩니다. 왜냐하면 그들의 무의식은 그런 지시를 받아들이지 않기 때문입니다. 그래서 그들이 트랜스에 들어갈 때 무의식이 그들을 위해 제대로 선택했음을 믿어야 한다는 것을 이해하게 됩니다.

이 자기최면의 마지막 논의는 자신의 속도대로 배우겠다는 태도입니다. 왜 Joe가 Anne의 속도로 배워야 한다고 결심해야 하나요? 우선 Joe는 Anne이 아닙니다. Anne이

Joe의 속도로 배워야 하는 이유가 있을까요? Anne은 Joe가 아닙니다. 사람은 각자 자신만의 방식으로 배웁니다. 어떤 사람은 손 공중부양을 먼저 배울 수 있지만 다른 사람은 마지막에 배울 수도 있습니다. 또 다른 사람은 트랜스 상태에 대해 다른 어떤 것을 배우기 전에 자동 글쓰기(automatic writing)를 배울 수도 있습니다. 우리는 의지를 가져야 합니다. 내가 어떤 것을 점점 더 명확하게 시각화할 수 있다는 것을 발견할 수도 있고, 무의식의 학습 및 수행 능력의 결점을 찾지 않으면서 내가 시각화할 수 있는 어떤 특정한 것을 즐겨야 합니다.

29 생각과 행동 분리하기

일상적 의식을 교란시키고 트랜스를 유도하기 위한 역세트 설정하기: "당신의 이름은 John Jones인가요?"

다음 주제는 트랜스 심화 기법에 대한 것입니다. 그러나 사전에 논의하고 싶은 또 다른 주제가 있습니다. 그것은 다양한 상황에서 트랜스를 유도하고 자기최면에 대해 배울 수 있는 자신의 능력을 발견하는 것입니다. Brody 박사에게 "당신의 이름은 Joe Blow입니까?"라고 묻는다면, 그는 "아니요."라고 대답할 것입니다. 그는 아마도 자신의 이름이 Joe Blow라는 생각을 받아들이지 않을 것입니다. Brody 박사는 자신의 이름이 Blow로 불리는 것을 좋아하지 않을 것입니다.

여러분은 환자가 의식적으로 이해한 것을 확고부동하게 고수하는 것을 종종 발견할 것입니다. 나는 Brody 박사와 Joe Blow의 이름을 이용하여 이러한 의식적 이해가 가져올 수 있는 파급 효과에 대해 설명해 왔습니다. 그러나 알다시피, 트랜스로 들어갈 때, 트랜스를 심화시킬 때, 저항하는 최면대상자가 트랜스에 이르도록 가르칠 때, 때때로 여러분이 가르치거나 스스로 배워야 하는 것은 바로 생각과 행동의 차이입니다.

얼마 전 한 환자가 진료실에 와서 말했습니다. "수십 명이 저에게 최면을 시도했지만 트랜스에 들어갈 수 없었어요. 그냥 안 됐어요." 나는 그 최면대상자의 마음이 명료해지면 트랜스에 들 수 있을 거라는 느낌이 들어서 일련의 질문을 시작했습니다.

"당신의 이름은 무엇인가요?" 내가 물었습니다.

"제 이름이 뭔지 잘 아시잖아요." 그가 대답했습니다. "저는 당신에게 제 이름을 말했고 당신은 진료카드에 제 이름을 적었어요. 당신은 제 이름뿐 아니라 주소도 썼어요. 제 이름을 이미 알고 있으면서 왜 묻는지 모르겠네요."

"지금 무엇을 해야 하는지 알고 있나요?" 내가 말했습니다.

"물론이죠." 그가 대답했습니다.

"제가 당신 이름을 알고 있다는 것을 당신은 아나요?" 나는 물었습니다.

"그렇습니다." 그가 대답했고, "당신이 그것을 알고 있다는 것을 제가 알고 있는데, 저에게 질문하는 이유를 모르겠어요."

"이름을 바꿔도 될까요?" 나는 물었습니다.

"아니요, 당신은 제 이름을 변경할 수 없어요."라고 대답했습니다. "이름을 바꿀 수 있는 사람은 저밖에 없는데, 법적으로 해야 해요. 법원에 가서 변경 신청을 해야 해요."

"그럼 이름을 못 바꾸나요?" 나는 말했습니다. "좋아요, 그렇지만 이렇게 말해 봐요. 당신 이름이 John Jones라고 말해 보세요."

그는 "제 이름은 John Jones가 아닙니다."라고 쏘아붙였습니다.

"그건 저도 알아요."라고 나는 말했습니다. "하지만 당신의 이름이 John Jones라고 말해 주세요."

"글쎄요. 그렇게 하지 않겠어요. 제 이름은 John Jones가 아닙니다."

"제가 그것을 아나요?" 나는 물었습니다.

"분명하게 알고 있죠."

"당신도 그것을 알고 있나요?"

"그럼요."

"좋아요." 나는 계속 말했습니다. "당신 이름이 John Jones라고 말해 주세요."

"그것이 아니라고요!"라고 그가 힘주어 대답했습니다.

나는 그에게 그가 자신의 이름이 John Jones가 아니라고 몇 번을 설명했느냐고 물었습니다. 그는 내가 그것을 알고 있다고 정말로 믿었을까요? 그는 자신의 이름이 John Jones라고 말해 줄 수 있었을까요? 그가, '내 이름은 아무개(George Washington)야.'라고 생각하면서도 내 질문에 고개를 끄덕일 수 있다는 것을 이해하는 데는 꽤 오랜 시간이 걸렸습니다. 마침내 내가 "당신의 이름은 John Jones인가요?"라고 물었을 때, 그는 자신이 아무개(George Washington)라고 생각하면서 고개를 끄덕일 수 있었습니다. 그 남자는 목 근육의 움직임과 생각의 차이를 알 필요가 있었습니다. 다시 말해서, 그는 그의 목 근육 활동이 그의 이름을 바꿀 수 없다는 것을 확실히 알아야 했습니다.

이제 나는 그에게 "나는 당신 이름을 몰라요. 그렇지요?"라고 물었습니다. 그렇다고 고개를 끄덕이는 것은 그에게 너무나 힘든 일이었지만, 머리의 움직임과 생각의 대답이 상반되는 일련의 질문들에 답하게 한 후에, 나는 그의 머리 움직임과 그의 생각이 일치하는 질문, 즉 "지금 당신은 트랜스에 있지 않아요. 그렇지요? 하지만 당신은 트랜스에 빠지고 싶지요. 그렇지 않나요?"로 슬그머니 넘어갈 수 있었습니다. 그렇게 하여 나는 나의 질문에 일치하고 그의 이해와 욕구에 일치하는 긍정이나 부정의 대답을 얻을 수 있었습니다. "그리고 당신은 당신이 트랜스에 들어가고 있다는 것을 알지 못해요. 그렇지요?"

👥 **편저자**

> 이것은 이중 구속 질문이다. 환자가 '예'라고 대답하면 그는 자신이 트랜스에 빠지고 있다는 사실을 모른다는 것을 인정하는 것이다. 이것은 말 그대로, 자신도 모르는 사이에 트랜스에 빠져들고 있다는 것을 의미한다. 환자가 아니라고 대답하면 말 그대로 자신이 트랜스에 빠지는 줄 몰랐다는 뜻인데, 이는 다시 말해서 환자가 사실상 트랜스에 들어가고 있다는 것을 의미한다.

그는 모른다고 고개를 저었습니다. 그는 자신이 그러는 줄 몰랐습니다. 그런 종류의 질문입니다. 나는 그에게 그의 생각과 행동을 분리시키도록 했고, 따라서 그의 행동은 곧 그의 반응이었습니다. 내가 그의 반응으로부터 그의 생각을 분리시키자마자, 나는 그 상황에 맞는 긍정적인 혹은 부정적인 반응을 얻을 수 있었습니다. 그리고 아니나 다를까 그는 아주 만족스럽게 트랜스로 들어갔습니다. ❽

30 트랜스 심화

트랜스 심화를 위한 단순하고 제한된 반응의 누적

여러분이 알아야 할 중요한 점은 이렇습니다. 여러분이 남성인지 여성인지, 서 있는 지 아니면 앉아 있는지를 나에게 주장하는 것은 그다지 중요하지 않다는 것입니다. 여러분은 어떤 생각도 가능할 뿐 아니라 유능하게 잘 대처할 수 있습니다. 트랜스를 심화하는 데 있어 여러분의 필수 과제는 환자에게서 반응을 더욱더 많이 이끌어 내는 것입니다.

또한 중요한 것은 반응의 중요성이 아니라는 점을 명심해야 합니다. 반응만 많이 얻을 수 있다면 단순하고 한정된 반응도 중요할 수 있습니다. 예를 들어, 환자에게 몸 전체에서 긴장을 풀도록 강요하는 대신, "새끼손가락에서 힘을 빼 보세요. 편안하게 느껴진다면 손가락을 조금 흔들어 보세요."라고 말합니다.

그런 후 환자의 넷째 손가락을 이완시키고, 중지, 검지, 엄지손가락도 이완시킵니다. 지금이 일요일 오후라는 것을 알면 고개를 끄덕여 달라고 말하자, 환자는 다시 고개를 끄덕이고, 그는 자신이 고개를 끄덕인 것을 알고 세 번째로 고개를 끄덕입니다. "머리를 끄덕이는 것은 어렵지 않았지요. 어려웠나요?" 어렵지 않다는 뜻으로 그는 고개를 가로저었습니다. 그렇게 차례대로 작은 반응들을 더해 나가면 됩니다.

31 산술적 수열을 통한 트랜스 심화

여러분이 환자에게 이끌어 내기 원하는 또 다른 관점은 산술적 수열에 대한 인식입니다. 즉, 이번 주에 1페니, 다음 주에 2페니, 그다음 주에 4페니, 그다음 주에 8페니, 그런 후 다시 16, 32페니 등등 그렇게 두 배로 하기를 52회 반복한 후 일 년이 되었을 때를 계산해 보면 미국 내에서 제일 큰 돈이 될 것입니다. 제 아들 중 하나는 그 돈이 천 달러는 될 것이라고 생각했습니다. 그래서 나는 그 아이에게 계산을 해 보라고 했고, 그 아이는 그것이 얼마나 어려운지 알게 되었습니다. 그 숫자를 도저히 읽을 수가 없었기 때문입니다. 그 아이처럼 여러분도 환자에게 트랜스에서 1만분의 1 정도 더 깊이 들어가라고 요청해 보세요. 양을 두 배로 하는 개념을 만든 다음, 그것을 다시 더해서 환자가 산술적 수열을 이해하도록 합니다. 여러분은 환자에게 아주 작은 수준으로 반응하고 있다는 느낌을 갖게 하고 있지만 트랜스가 두 배로, 또 두 배로, 또 두 배로 증가하고 있기 때문에 실제로는 매우 빠른 속도로 깊어지고 있습니다. 심화 기법이란 좀 더 쉬운, 실행하기 더 쉬운 반응을 더 많이 끌어내는 일일 뿐입니다.

32 손 공중부양을 통한 트랜스 심화

의식에서 대답할 수 없는 질문을 활용한 손 공중부양 촉진

환자의 무의식이 실제로 기능하는 상황을 만드는 기법이 있습니다. 예를 들어 보겠습니다. 환자에게 손 공중부양을 아는지 묻습니다. 그리고 오른손이 위로 올라갈 수 있고 왼손도 위로 올라갈 수 있다는 것을 보여 줍니다. 느리면서 점차적인, 자동적인 움직임이 있은 뒤 그는 실제로 손 공중부양에 대해 많이 알지 못하지만 그것을 배울 수 있습니다. 그런 뒤 여러분은 그가 의식적으로 대답할 수 없는 질문을 할 수 있습니다. 의식적으로 대답할 수 없는 질문들은 많습니다. 손을 예로 들어 보겠습니다. 의식은 '나는 오른손을 먼저 들고 싶다.'라고 생각할 수도 있고, 혹은 '왼손을 먼저 들고 싶다.'라고 생각할 수도 있습니다. 하지만 무의식이 무엇을 선택할지는 모릅니다. 무의식은 이쪽 손을 선택할 수도 있고, 저쪽 손을 선택할 수도 있고, 두 손을 다 선택할 수도 있고, 아래쪽으로 내릴 수도 있습니다. 거기엔 적어도 네 가지 가능성이 있습니다. 즉, 오른손을 내리는 것과 왼손을 들어 올리는 것, 또는 그 반대로 하는 것입니다. 여러분은 단지 무의식이 무엇을 할지 모르기 때문에, 환자에게 손을 바라보면서 무의식이 고려하는 답이 무엇인지 보라고 할 수 있습니다. 환자가 자신의 손을 바라보면서 무의식이 오른손을 올릴지, 왼손을 올릴지 결정하는 것을 기다릴 때에 전면으로 나오는 것은 그의 무의식이고, 통제를 하는 것도 그의 무의식이고, 그 손을 지켜보는 것도 의식뿐 아니라 그의 무의식입니다.

그런 다음 "당신은 트랜스에 들어 있나요?"라고 질문할 수 있고, 환자는 의식적으로 "아뇨, 트랜스에 들지 않았어요."라고 대답할 수 있습니다. 환자의 의식이 "아뇨, 저는 트랜스에 들지 않았어요."라고 필사적으로 믿고 싶어 할 수 있지만, 무의식이 그의 손을 올리고 있기에, 그는 자신도 모르는 채 트랜스에 들어 있는 것입니다.

33 알아차림 없는 트랜스

간접 기억상실과 망각된 약속

이것은 전문가인 여러분 모두가 인식해야 하고, 여러분의 많은 최면대상자가 인식할 필요가 있는 또 다른 관점입니다. 그것은 바로 알아차리지 못하고 트랜스에 들어갈 가능성입니다. 예를 들어 보겠습니다.

한 환자가 나에게 말했습니다. "저는 꽤 오랫동안 당신 환자였어요. 저는 당신에게 최면을 걸어 달라고 계속해서 요청했지요. 당신은 제가 최면을 걸기에 적합한 환자가 아니고, 최면은 제게 사용하기에 적당한 기법이 아니라고 말했어요. 그렇지만 저는 최면에 들고 싶어서 저를 트랜스에 들어가게 하고, 더 이상 저에게 어떤 논쟁도 하지 말아 달라고 요구했지요. 저는 최면에 들고 싶어요. 지금 그렇게 해 주세요."라며 그는 의자에서 자세를 바로잡고, 팔짱을 끼고, 말 그대로 거만하게 앉아 있었습니다.

"예, 좋아요. 당신은 최대한 긴장을 풀고, 아주 고요하고 편안하고, 나른해져서 서서히 잠이 듭니다."라고 나는 말했습니다.

그는 "그렇게 부드럽게 하지 말고요. 강력하게 힘을 써 주세요."라고 말했습니다.

나는 계속했습니다. "천천히, 부드럽게 당신의 눈꺼풀이 감기고, 당신은 점점 잠이 들 것입니다."

"자, 들어 보세요. 저는 제대로 된 암시를 원해요. 강렬하고 힘 있게 해 주세요!"라고 그는 요구했습니다.

그러나 그가 나에게 요구하는 순간에도 나는 계속했습니다. "천천히 점점 더 노곤해지고, 점점 더 잠에 빠져 들어갑니다."

그는 나를 계속 방해했으며 제대로 하라고 강력하게 요구했고, 50분이 지나 내가 시계를 보았을 때, 그는 "당신은 제 돈과 시간을 낭비했군요. 그리고 당신은 저를 트랜스에 들어가게 하지 못했어요. 저는 이번 상담 회기를 처음부터 끝까지 다 기억해요. 당신이 저를 트랜스에 들어가게 하려는 힘없고 쓸데없는 말을 들으면서 마치 제가 달래 주어야 하는 불쌍한 노파가 된 것처럼 그 시간 내내 저는 여기 앉아 있었어요. 당신이 했던 모든 쓸데없는 말을 그대로 기억할 수 있어요!"라고 말했습니다.

"예, 그렇군요" 나는 인정했습니다. "당신은 제가 말했던 모든 것을 기억할 수 있어요. 당신은 2미터도 안 되는 거리에 앉아 있었지요. 당신은 여기 진료실에 있고, 진료실에서 제가 했던 말을 그대로 기억할 수 있어요. 당신은 여기 있었고 당신은 기억할 수 있지요."라고 나는 동의했습니다.

👥 **편저자**

이 복합적 암시의 두 부분은 모두 명백한 사실에 대한 것이다. 따라서 환자의 의식은 숨겨진 의미를 인식하지 못하고 전체적인 암시를 받아들인다. "당신은 여기 진료실에 있고"라는 앞 부분은, "당신은 제가 했던 모든 말을 분명히 기억합니다."라는 후반부에 대한 제한을 의미한다. 그 기억은 실제로 "당신은 여기 진료실에 있어요."로 제한된다. 이 암시의 형태는 다른 곳에서 설명된 일반적인 간접 암시 형태들보다 더 특별한 사례를 실제로 보여 준다. ❾

그는 "다음에 제가 여기 오면 트랜스에 들어가고 싶고 증거를 원해요."라고 쏘아붙였습니다.

나는 "다음에 당신이 오면 증거를 보여 줄게요."라고 말했습니다.

그는 "글쎄요. 지금 당신은 증거를 가지고 있지 않군요! 저는 당신이 했던 모든 말을 기억해요."라고 똑 부러지게 말했습니다.

나는 "예. 당신은 여기 진료실에 있고, 당신은 제가 했던 모든 말을 분명히 기억합니다."라고 동의했습니다. 그리고 나는 다가오는 수요일로 그와 약속을 잡았습니다.

수요일에 나는 대기실로 나가 그를 만났습니다. 그는 안으로 들어와 나를 뚫어지게 바라보며, "제가 지난 월요일 약속을 지켰나요?"라고 물었습니다.

"왜 물으시나요? 만약 당신이 약속을 지켰다면 분명히 당신은 그것을 알고 있을 텐데요."라고 나는 말했습니다.

"저는 제가 약속을 지켰는지 아닌지 기억할 수가 없어요."

"당신이 기억하는 것은 뭘까요?" 나는 물었습니다.

"저는 제 차에 앉아 있었던 것을 기억해요." 그가 말하기 시작했습니다. "저는 당신을 만나고 막 돌아오는 길이었는지 아닌지, 혹은 제가 당신의 진료실까지 운전을 하려고 차에 막 타는 중이었는지 아닌지를 기억할 수가 없어요. 시계를 봤더니 6시 반이었어요. 너무 늦었다는 것을 알고서, 제가 약속을 깼다고 생각했어요. 하지만 어찌 됐든 당신에게 치료비를 지불해야 한다는 것은 알고 있어요."

나는 "진료실로 들어가시죠."라고 말했습니다.

진료실 안으로 들어가는 문턱을 넘어서자마자 그는 "저는 제 약속을 잘 지켰어요! 저는 여기 있었고, 당신은 저에게 최면을 걸려고 애썼고, 저는 당신이 했던 말, 당신이 너무 약하게 노력했던 모든 것을 기억할 수 있어요."라고 말했습니다.

"예, 맞아요. 그런데 대기실에 당신에게 보여 주고 싶은 잡지가 있어요. 같이 가서 볼까요?"라고 나는 말했습니다.

우리는 대기실로 나갔고, 그는 "제가 월요일 약속을 지켰나요?"라고 물었습니다. 그래서 우리는 다시 그 질문으로 되돌아갔습니다. 그런 다음 우리는 진료실 안으로 돌아갔고 그는 약속을 지켰던 것을 기억해 냈습니다. 진료실에 세 번째로 돌아온 그는 "이번이 세 번째예요. 왜 저는 다른 방에서는 기억할 수가 없지요?"라고 물었습니다.

나는 "다른 방으로 가 볼까요?"라고 제안했습니다. 그러나 그는 다른 방에서는 기억해 낼 수가 없었습니다. 그다음에 우리는 진료실로 돌아갔고, 당연히 그는 모든 것을 기억할 수 있었습니다. 나는 그에게 그 상황을 지적했고, 이제 그는 그 상황을 알게 되었기 때문에 그의 강력한 요구는 끝이 났습니다.

어떤 환자는 그런 식으로 반응하리라는 것을 알아야 합니다. 환자들은 저마다의 목표가 있으니 여러분이 실패했다고 생각할 필요는 없습니다. 스스로를 믿고, 환자가 특정 목표에 도달할 것이라고 기대해야 합니다. 나는 기꺼이 환자가 나를 조롱하도록 내버려 두었습니다. 나는 그가 알아차림 없이 서서히 깊은 트랜스에 들어가도록 했습니다. 그리고 그가 자신만의 특별한 방식으로 깊은 트랜스에 들어가도록 놔두었습니다. 진료실에서 그는 우리가 했던 상담 회기에 대한 모든 것을 기억할 수 있었지만, 대기실과 그

외의 다른 곳에서는 그 상담 회기에 대해 완전히 기억을 상실했습니다.

환자에게 진료실에서는 기억하게 두고, 진료실 밖에서는 기억을 상실하게 두고, 진료실에서는 특정 현상을, 진료실 밖에서는 또 다른 특정 현상을 경험하게 두고, 지금은 한 가지 유형의 경험을, 나중에는 다른 유형의 경험을 하게 두어 최면의 성공과 실패의 차이를 나타내게 합니다. 환자가 진료실에서 기억을 상실하지 않았지만 그 외의 다른 곳에서는 은연 중에 기억을 상실하도록 내버려 두었습니다. 부분 기억상실이 그의 행동을 완전히 다르게 했습니다. 그는 기억상실에 대한 명백한 증거를 갖게 되었고, 그래서 그 증거를 흔쾌히 받아들였습니다. ❿

34 집단 최면

모든 우발적 상황 속에서 자기 및 타인과 라포를 형성하는 자기최면 기법

집단 상황에서 자기최면을 가르치는 문제로 넘어가 봅시다. 우리가 집단을 진행 중이라 여러분이 집단 최면에 대해 배우기 딱 좋습니다. 사실 여러분 중 어떤 분은 오늘 나의 오전 강의를 활용했던 것처럼 오후 강의를 활용해서 트랜스에 들어갔습니다. 여러분은 오늘 아침과 오후에 트랜스에 들어갔는데, 그건 여러분을 트랜스에 들어가게 하려는 내 노력에 의해서가 아니고, 트랜스에 들어가려는 여러분 자신의 관심 덕분입니다. 여러분은 내가 여기에 있다는 것을 활용했을 뿐입니다. 나의 강의를 정향점으로 활용하여 의식의 주의를 다른 데로 돌리고 무의식이 트랜스로 들어가는 기회로 삼았습니다. 그리고 트랜스에 들어갔던 여러분은 전부 자기최면(autohypnotic) 트랜스와 이형최면 (heterohypnotic)[4] 트랜스 양쪽 모두에 들어갔습니다. 여러분은 무엇보다도 자신과의 라포를 통해 트랜스에 들어갔습니다.

이제 트랜스에 들어갈 때, 원하면 언제든 깨어날 권리가 여러분 자신에게 있고, 원하면 언제든 트랜스로 돌아갈 권리가 여러분 자신에게 있다는 것을 여러분 본연의 무의식

---

4) 역자 주: 자기최면은 스스로 자신에게 최면을 실시하는 것을 말하며, 이형최면은 한 사람이 다른 사람에게 최면을 실시하는 것을 말한다.

은 알고 있습니다. 다시 말하자면, 여러분은 여러분 자신과 라포를 형성하고 그 관계를 실천하면서, 친절하게 나와도 라포를 형성했습니다.

자기최면에서 여러분은 오직 여러분 자신과의 라포 안에서 트랜스로 들어갈 수 있고 만약 여러분이 원하면, 여러분은 X와 Y 그리고 Z와도 라포를 형성하여 트랜스로 들어 갈 수 있습니다. 심지어 갑자기 문 앞에서 벨을 누르는 사람, 즉 여러분의 전체 트랜스 상황에서 특별한 역할이 없는 사람과도 라포를 형성하여 트랜스에 들어갈 수 있고, 전화로도 라포를 형성하여 자기최면에 들어가서, 있을 수 있는 모든 우발적 상황에도 적절한 반응을 할 수 있습니다.

정리해 봅시다. 자기최면 트랜스로 들어가는 이 문제에 있어서 여러분의 첫 번째 정향은 여러분의 상황에 맞추어야 합니다. 즉, 트랜스에 들어가고 싶어 하고, 어떤 식으로든 자신을 방해하길 원치 않아야 하고, 초인종이나 전화나 진료실에 들어오는 사람에게 응대할 수 있도록 무의식에 의지해야 합니다. 요컨대, 여러분은 좋든 싫든 어떤 우발적 상황을 만날 수 있습니다. 일단 여러분이 우발적 상황을 만날 수 있다고 생각하면, 가능성이 높건 낮건 자기최면 트랜스에 들어갈 수 있고, 일반적으로 깨어 있는 상태에서처럼 효과적으로 일을 처리할 수 있습니다. 따라서 여러분은 자기최면이 잘된 사람을 교통체증이 심각한 도심지로 보낼 수도 있습니다. 그리고 어떤 우발적 상황에도 대처할 수 있다는 것을 이해하기만 하면 그는 아주 안전하게 운전할 수 있습니다. 사실 그는 운전에 집중할 것이기 때문에 아마 훨씬 더 안전하게 운전할 수 있습니다. 그리고 그는 우리가 습관적으로 활동할 때 많은 사람이 그렇듯 우물쭈물하는 방식으로 하지 않을 것입니다.

35 자기최면 활용하기

최면 학습에서 기대감의 중추적 역할: 25센트 학생 실험

나는 여러분 중에 많은 사람이 자기최면과 그 활용에 관심이 있다는 것을 알고 있습니다. 또한 나는 여러분 중 대부분은 자기최면을 공개적으로 활용하는 것에 전혀 관심이 없고, 반면 어떤 사람은 자기최면을 활용하고 있지만 그 사실을 알지 못하고 있다는 것에 주목하고자 합니다. 여러분은 안면 경직, 안구 경직, 관련 동작 수행 실패, 주변 장애물 적응 실패를 전혀 알아차리지 못하고 있습니다. **⓫**

나는 자기최면 학습을 해냈던 분들이 모두 학습을 지속했으면 합니다. 여러분이 오늘 배운 것을 앞으로도 반복해서 활용할 수 있으며, 자신이 원하는 방향으로 학습을 발전시킬 수 있다는 사실을 인식하기 바랍니다. 자신이 유능하다는 사실을 여러분은 인정할 필요가 있습니다. 노력의 결과에 대한 기대와 의지의 역할에 대해 여러분이 얼마나 잘 이해하는지 모르겠습니다만, 그것과 관련되어 반복적으로 수행된 심리학 실험 하나를 생각해 봅시다.

여러분은 100명의 학생들을 모아서 A집단과 B집단, 두 개의 집단으로 나눕니다. 그런 다음 어느 쪽에도 치우치지 않는 한 명의 조교를 뽑습니다. 여러분은 이 조교를 방에 격리시킨 채 A집단에게 다음과 같이 설명합니다. "여기에 A집단과 B집단이라는 두 개의 학생 집단이 있어요. 저는 A집단원 여러분 중 한 명을 B집단원 한 명과 함께 차례대로 방으로 보낼 거예요. 여러분은 다른 사람과 이야기하지 말고 그냥 가볍게 방 안에서 걷기만 하면 됩니다. 2분 정도 후에 세 번째 사람이 그 방에 들어갈 거예요. 그 사람도 말을 하지 않을 것이고요. 여러분은 계속해서 가볍게 주변을 돌아다니면 됩니다. 그리고 몇 분이 지난 다음에 그 사람은 여러분에게 다가가서 25센트 동전 하나를 건네줄 거예요."

그런 다음에 B집단에게도 "2분 정도 후에 세 번째 사람이 여러분에게 다가가서 1달러짜리 지폐를 건넬 거예요."라는 말만 다르게 하고 나머지는 똑같이 설명합니다.

여러분은 자신을 돕고 있는 조교에게 설명합니다. "당신은 반복해서 이 방으로 들어가야 해요. 매번 당신은 그곳에서 학생 두 명을 보게 될 거예요. 당신은 가볍게 그들을 볼 것이고, 가볍게 방을 돌아다니고, 절대 말을 하지 마세요. 몇 분 후 한 사람에게 가서 25센트 동전을 주고, 또 다른 사람에게는 1달러짜리 지폐를 주면 돼요." 다시 말해서, 그 조교에게는 아무런 단서를 주지 않았습니다.

전체 시도 중 약 80%에서 A집단의 학생들은 25센트를 받았고, B집단의 학생들은 1달러를 받았습니다. 왜 그랬을까요? A집단은 25센트를 기대했고, B집단은 1달러를 기대했기 때문입니다. 한 집단은 다른 집단보다 상대적으로 더 큰 돈을 기대했지만, 그 조교는 25센트 동전을 누구에게 주어야 할지, 1달러를 누구에게 주어야 할지 몰랐습니다. 그러나 그는 더 큰 기대에 대한 아주 작은 신호에 반응했던 것입니다. 하지만 그는 어떤 일이 일어났는지를 인식조차 하지 못했습니다. 이것은 잘 통제된 실험입니다.

기대하는 태도가 얼마나 철저하게 구체적인 방식으로 스스로를 드러내는지 명심한다면, 자신에 대해 기대하는 태도 역시 같은 결과를 가져올 수 있다는 것 또한 명심하는 것이 좋습니다. 그것이 여러분 자신이 자동 글쓰기를 할 수 있다고 스스로에게 기대해야만 하는 이유입니다. 여러분은 분명히 글 쓰는 방법을 압니다. 여러분은 분명히 자동차 뒷좌석에 앉아 있다가 자기도 모르게 브레이크를 밟았던 적이 있고, 분명히 상대가 말을 더듬을 때 자신의 입과 목, 성대에 힘을 주었던 적이 있고, 분명히 입을 벌리지 않는 아기에게 음식을 주려고 자신의 입이 아플 정도로 입을 크게 벌린 적이 있을 것입니다. 여러분은 이러한 모든 사항을 알고 있으므로 분명히 자동 글쓰기를 할 수 있다고 기대할 수 있습니다.

36 청각 촉진을 위한 시각 차단

최면학습을 위해 감각의 상호연합과 상호의존 활용하기

시각화에 대해 살펴보자면, 어떤 사람들은 시각화를 할 수 있는 능력을 지니고 있지만 어떤 사람들은 그렇지 않다는 것을 기억해야만 합니다. 어떤 사람들은 시각 양식으로 시각화할 수 있지만 청각 양식으로는 시각화를 할 수 없습니다. 어떤 사람들은 청각적 환각은 가능하지만 시각적 환각은 일으킬 수 없는 반면, 다른 사람들은 시각적 환각은 가능하지만 청각적 환각은 일으킬 수 없습니다. 또 어떤 사람들은 여전히 무딘 감각을 발달시키는 것을 어려워합니다.

이제 이 문제와 관련하여 염두에 두어야 할 또 다른 측면이 있습니다. 오늘 아침에 나는 마취를 유도하기 위한 과감각의 사용을 언급했습니다. 발가락뼈가 발뼈에 연결되어 있고, 발뼈는 발목뼈에 연결되어 있듯이, 사람들의 심리적 기능이 그렇게 연결되어 있다는 것을 명심하기 바랍니다. 따라서 시각화 능력은 청각적 이미지를 형성하는 능력과 연결되어 있고, 시각화 능력은 때때로 청각과 또 다른 방식으로 연결되어 있습니다. 여러분 모두는 라디오 오케스트라 프로그램에 귀 기울이고 앉아서, 눈을 감고 목관 악기인지, 금관 악기인지, 바이올린이 몇 개인지 분간하려고 애쓰며 라디오 쪽으로 최대한 귀를 기울였던 경험이 있을 것입니다. 그렇게 들을 때 시각 정보를 제거할 수 있기 때문이지요. 그래서 가끔 여러분은 좀 더 나은 청각적 환상을 만들어 내기 위해 시각을 차단하거나 눈을 감기도 하고, 가끔 환자의 시각화 능력을 강화시켜 환자를 최면적으로 귀머거리가 되게 할 수 있습니다.

여러분은 다양한 행동양식 간의 상호작용을 염두에 두어야 합니다. 이것이 내가 여러분 모두에게 서로 간에, 그리고 일반 대학생들과 협력하여 다양한 행동 유형을 실험해 보라고 권고한 이유입니다. 다양한 행동 유형의 상호연관성(interassociation)과 상호의존성(interdependency)에 대해 더 많이 배울수록 최면과 최면 사용에 관한 지식이 더 향상될 것입니다.

✳ 시연 II ✳

이제 여러 사람을 불러 트랜스 유도에 대한 몇 가지 시연을 하겠습니다.

■ 편안하게 트랜스로 들어가기

트랜스 유도를 위한 주의력 반응, 알지 못함, 관념역동적 편안함, 이완 및 안녕감 활용하기; 트랜스를 위한 울트라디안 주기, 부교감 신경 및 우반구 반응 준비성 활용하기

Erickson(E): 이제 말해 보세요. Paul, 오늘 트랜스에 들어갔나요?

Paul(P): **모르겠어요.**

E: 트랜스에 들어갔는지 모르는군요. 어떤 것 같아요? 어떻게 생각하세요?

P: **많이 이완되었어요.**

E: 많이 이완되었군요. 다른 것이 또 있을까요?

P: 없어요.

E: 이완된다는 게 무슨 의미일까요?

P: 아주 편안했어요.

E: 아주 편안했군요.

P: 안녕감이요. 아주 편안하게 느껴졌어요.

 편저자

　　이것은 '편안함' '이완' 및 '안녕'에 대한 다소 가벼운 잡담 정도로 보일 수 있지만 실제로는 훨씬 더 많은 것이 관련되어 있다. Erickson이 시연의 마무리 요약에서 밝힌 것처럼, 그는 청중으로부터 이 최면대상자를 신중하게 선정했다. 왜냐하면 그가 이미 '반응 주의력'과 '평범한 일상의 트랜스'라는 이완된 행동의 특징을 보여 주고 있었기 때문이다. 즉, Paul은 Erickson의 최면에 대한 강의를 주의 깊게 들으면서 이미 변화된 의식상태(altered state)로 빠져들어 갔다.

　　여기에는 트랜스 유도에 대한 관념역동적 원리가 포함되어 있다. 즉, 최면과 분리, 변화된 의식상태에 대한 강의를 단순히 듣는 것만으로도 우리 모두가 일상에서 경험한 변화된 의식 상태의 개인적 연상과 기억을 불러일으킬 수 있다. 이 연상과 기억들은 그다음 지금 여기에서의 실제 트랜스 행동 경험을 불러일으키는 경향이 있다. 이것은 우리가 울트라디안 주기에서 부교감 신경과 우반구가 가장 우세한 시기에 있다면 특히 더 일어나기 쉬운 것 같다. '편안함'과 '이완', 그리고—만일 우리가 허용만 한다면—'안녕감'은 모두 울트라디안 주기 중 이 시기의 매우 큰 특징이다.

　　Erickson의 첫 번째 질문에 Paul이 "모르겠어요."라고 반응했을 때, Paul은 자신도 모르게 이미 변화된 의식상태에 있음을 입증하고 있다. 모른다는 감각은 좌반구의 기능이 일시적으로 중단되었음을 의미한다. 물론 이것은 분명하게 울트라디안의 이완 기간(우반구 우세)에 들어 있을 때 기대할 수 있을 것이다.

■ 트랜스에 대한 저항

무의식적 방어를 의식적 협력으로 전환하기와 라포 형성을 위해 저항 활용하기: 행동의 동요에 대한 작은 단서

　E: 지금 기분이 어떠세요?

P: 별로 편안하지 않아요.

E: **당신이 지금 별로 편안하지 않다는** 것을 어떻게 알지요?

P: 모든 사람이 저를 빤히 바라보고 있어요.

E: **당신이 편안하지 않다고** 사람들에게 알렸나요?

P: 언제요?

E: 당신이 처음 앉았을 때요.

P: 아니요.

E: 안 했군요. 지금 **당신이 불편하다는 것을** 청중에게 알리는 무언가를 하고 있는 걸까요? 예, 맞아요. 그 말이 맞다고 하는 것 같네요. 그렇지 않나요? 당신은 동요되어서 손가락에 낀 반지를 만지작거리고 있어요. 그렇지 않나요?

P: 예, 맞아요.

E: 동요되어서, 그리고 **저는 일부러 당신을 동요시켜서 불편하게 하고 있네요.** 지금 그러고 있지 않나요? 신경 쓰이세요?

P: 아니요.

E: **하지만 당신은 신경 쓰이지요, 그렇지 않나요?**

P: **전혀 그렇지 않아요.**

E: **신경 쓰인다고 생각해 볼 수 있겠어요?**

P: **예, 그렇게 할 수 있어요.**

E: 예, 신경이 쓰이는군요. 하지만 **당신은 불편하지는 않군요.** 그렇지요? 당신이 오늘 아침에 느꼈던 어떤 감정들이 떠오르기 시작하나요?

P: 조금은요.

E: 최면을 얼마나 사용했나요?

P: 많지는 않아요.

E: 당신은 치과의사인가요?

P: 예.

편저자

　처음에는 최면대상자가 편안하게 보였음에도 불구하고 Erickson은 Paul이 무심코 반지를 만지작거리는 것에서 작은 동요 행동이 나타나는 것에 주목했다. 이 동요가 앞으로 있을 최면 작업을 방해할 수 있으므로 Erickson은 동요를 다루는 적절한 조치를 취한다. 이 적절한 조치의 첫 단계는 Paul이 동요한 원인이 Erickson 자신이라는 사실을 인정하는 것이다. 동요되는 것에 신경이 쓰이냐는 질문에 Paul이 "전혀 그렇지 않아요."라고 반응한 것은 Paul이 자신이 경험하고 있는 분리된 상태를 무시하고 있는 것이다. 관념운동 수준에서 그는 많은 청중 앞에서 반지를 만지작거리며 동요를 드러내고 있지만, 언어적 수준에서 그는 동요의 경험을 '신경 쓰고' 있다는 것을 인정할 수 없었다. 그때 Erickson은 "신경 쓰인다고 생각해 볼 수 있겠어요?"라는 질문으로 Paul의 움직임과 언어적 수준 간의 분리를 연결하기 위해 작은 노력을 한다. Erickson은 조금 더 편하게 질문을 했고, Paul은 "예, 그렇게 할 수 있어요."라고 대답한다.

　그 후 Erickson은 계속 "하지만 당신은 불편하지는 않군요, 그렇지요?"라는 질문으로 최면 목적으로 되돌아오기 위해 분리를 허용했다. 원래 자동 방어기제에 따른 무의식적 분리가 이제 의식적 선택으로 전환된 것이다. 이는 최면대상자가 많은 사람의 익숙하지 않은 시선 속에서도 Erickson과 편안하게 협력하기를 허용하게 함으로써 최면 과정을 용이하게 한다.

　Erickson은 Paul의 무의식적 저항을 의식적 선택으로 바꾸어 협력하도록 도왔다. 여기서 우리는 Paul이 하고 싶지 않은 것을 하도록 조종하지 않았다는 점에 주목해야 한다. 오히려 Erickson은 Paul의 모든 부분이 서로 협력하여 더 보람 있는 삶의 경험을 하도록 도왔다. Erickson은 최면이 사람들이 하고 싶지 않은 어떤 일을 하게끔 조종하기 위해 이용될 수 있다고 생각하지 않았고, 그는 이에 대한 충분한 실험 증거를 제공했다고 믿었다.[12]

　이 짧은 상호작용 방식은 저항과 방어를 다루는 Erickson의 탁월한 천재성을 보여 준다. 민감하지 않은 최면치료자는 Paul의 준비 정도를 단순히 협조적인 최면대상자로 인식하여 자축하고, 쥐꼬리 만한 약간의 성공으로 최면을 계속해서 진행했을지도 모른다. Erickson은 아무리 작은 저항일지라도 놓치지 않았고, 좀 더 적절한 라포를 촉진하기 위한 첫 번째 단계로 저항을 드러내거나 활용하도록 주의를 기울였다. 그 라포는 나중에 훨씬 더 심오한 최면 경험의 기초가 될 수 있다.

■ 손 공중부양

이중 구속 질문, 조건부 암시, '알지 못함'

E: 좋아요. 손을 허벅지 위에 올려 보세요. 발은 바닥에 가지런하게 놓습니다. 그리고 이제 당신의 손을 보세요. **어느 손이 먼저 올라갈까요? 아시겠어요?**

P: 모르겠어요.

E: 당신은 정말 모르는군요. 올라갑니다, 올라갑니다. 오직 당신의 무의식만이 알고 있습니다. 점점 손이 올라가기 시작할 겁니다. 올라갑니다. **눈을 감기 전에 손이 올라갈까요?** 당신은 정말 모르는군요. 손이 점점 편안해집니다. 손이 올라가고 올라갑니다. 손이 올라가기 전에 눈은 감겨 있습니다. 좋아요. 심호흡을 하세요. 두 손 중의 한 손을 계속해서 들어 올립니다. 점점 올라가고 올라갑니다. **당신이 눈을 감으면 손이 올라갈 것입니다.** 그리고 저는 청중에게 당신에 대해 말할 것입니다.

편저자

Erickson은 이 손 공중부양을 유도하면서 한 쌍의 이중 구속 질문을 사용한다. "어느 손이 먼저 올라갈까요?"라고 질문할 때, Erickson은 이중 구속을 도입하고 있는 것이다. 어느 쪽 손이 올라가든지 트랜스는 나타나게 될 것이다. 그는 또 곧바로 "아시겠어요?"라는 질문으로 Paul의 주의를 돌리게 한다. Paul이 "모르겠어요."라고 반응할 때 이것은 그의 의식이 어느 쪽 손을 들어 올릴 것인지 결정하기를 포기했다는 것을 보여 준다. 이는 그가 이제 그의 무의식에게 자신을 맡기고 있다는 것이다.

Erickson은 "눈을 감기 전에 손이 올라갈까요?"라는 또 다른 이중 구속 질문을 도입한다. 이 질문은 Paul 자신의 체계가 결정할 자유를 허용하면서 가능성에 초점을 두고 있다. 그렇다 할지라도 이 질문은 이중 구속이다. 다시 말해, 트랜스는 어떤 가능성이 선택되었든 촉진되었을 것이기 때문이다. 분명히 Paul이 눈을 먼저 감기 시작했기 때문에 Erickson은 손 공중부양을 촉진하려고 이 질문을 활용했다. 그는 그다음 "당신이 눈을 감으면 손이 올라갈 것입니다."라는 수반성 암시를 덧붙였다.

■ 간접적인 최면후 암시

트랜스 준비와 저항에 대한 최소 단서; 자기최면 학습을 위한 미묘한 최면후 암시

E: [청중에게] 자, 저는 이분을 앞으로 나오도록 했습니다. 그가 **훌륭한 최면대상자 였기 때문입니다.** 그의 시선은 온전히 저에게 고정되었고, 그는 주변 사람들을 인식하지 못했기 때문에 사람들이 그의 주의를 끌려고 움직였을 때도 그는 알아차리지 못했습니다. 그리고 그는 계속해서 저를 바라보았고, 제가 자기최면에 대한 질문을 했을 때 그는 자의식이 고취되었습니다. 저는 그가 나와서 굉장한 동요와 저항을 드러낼 것이라고 느꼈고, 그리고 그는 아주 멋지게 해냈습니다. 그는 아주 확실하게 해냈습니다. 그다음 저는 그의 손을 올리라고 하면서 대안으로 눈 감기를 제시했습니다. 매우 극적인 호흡, 그런 다음에 그의 두피의 움직임, 눈썹의 움직임, 눈을 감기 시작했을 때 눈의 깜박임, 그리고 삼킴반사 반응이 증가한 것을 보았는데, 그것은 그가 이 상황에 저항했기 때문입니다. 그리고 저는 의도적으로 제가 자의식이 있었다는 사실을 매우 강조했고, 그에게는 참을 수 없는 상황으로 보였기 때문에 저는 그의 자의식을 더 고취시켰습니다. 이 상황에서 그가 무엇을 할 수 있을까요? 그는 전문적으로 훈련된 사람이고 이 집단은 전문가 집단입니다. 나쁜 의도나 악의는 없습니다. 그는 이 상황이 무의식이 풍부한 이해를 조직할 수 있도록 이끌어 내는 교육적 상황이라는 것을 알고 있습니다. 그래서 그가 주의를 기울였던 좋은 방식으로, 그리고 그가 테이블에 앉아 있는 동안 자기최면 트랜스를 잘 발달시켰다는 사실 때문에 저는 그를 선정했다고 생각했습니다. **교육을 위한 최면대상자로서 그는 약간의 저항을 보여 주었지만, 그가 여기 이 상황에서보다 내일, 또는 다음 주, 또는 다다음 주에 스스로 더 많은 학습을 하게 될 것임은 의심할 여지가 없습니다.**

편저자

청중을 향한 이 지적인 설명에서, Erickson은 사실 "그는 뛰어난 최면대상자였습니다."라고 발언하는 것으로 그 최면대상자를 간접적으로 강화하고 있다. 청중에게 한 이 말은 실제로 Paul에게 자기최면 학습을 더 하도록 하기 위한 간접적인 최면후 암시이다. 문장의 앞부분인 "교육을 위한 최면대상자로서 그는 약간의 저항을 보였다."라는 말은 그 최면대상자가 수용할 수 있는 사실이다. 이 수용은 "그가 내일, 또는 다음주, 또는 다다음 주에 스스로 더 많은 학습을 하게 될 것임은 의심할 여지가 없습니다."라는 문장의 뒷부분을 수용하는 '예 반응'으로 이끄는 경향이 있다. 이것이 간접적인 최면후 암시이다.⑬

■ 불수의적 관념운동 움직임

트랜스에 대한 환자의 자기 발견을 나타내는 고개 끄덕임과 미소 짓기

여러분도 알다시피, 나는 여러분에게 Paul에 대해서 자유롭게 이야기했고, 그의 자의식을 자극하는 말을 했음에도 불구하고 그의 안면 근육이 퍼지기 시작하고, 트랜스로 들어간다는 것에 주목하십시오. 그의 호흡이 좀 더 규칙적으로 되고 훨씬 더 편안해진 모습이 보이시나요? 그리고 곧, 내가 그에게 더 편안해졌다고 말할 때, 그는 자신의 의견을 표현하기 위해 천천히, 서서히 고개를 끄덕이거나 흔들 것입니다. 이제 머리를 흔들며 웃고 있는 Paul을 주목해 보세요. 여러분은 그 이유를 알 것입니다. 그리고 이제 그는 나에게 동의하거나 동의하지 않는다면 머리를 끄덕이거나 흔들 수 있습니다. Paul은 자기도 모르게 머리를 끄덕이고 약간 놀랐습니다.

E: 그것이 당신이 웃는 이유인가요?
P: ['예'라고 고개를 끄덕인다.]

맞습니다. 갑작스런 미소, 곧 명백한 저항은 최면대상자 입장에서 자신이 트랜스로 들어가고 있다는 것에 대한 인식이라는 점을 여러분 모두 알 필요가 있기 때문에 나는 이 점을 강조하고자 합니다. 특정 순간에 그 특정 미소를 지었다는 것은, 고개를 끄덕이는 행동이 부분적으로 무의식적인 행동, 즉 글자 그대로 그의 의지와는 상관없었다는 것을 그가 발견했다는 것입니다.

> P: [분명히 그는 고개를 끄덕이고 흔드는 두 가지를 모두 한다.]
> E: 예, 그렇군요, 아니네요, 맞아요.

이 상황에서 그에게 시간 왜곡 문제가 별로 중요하지 않을 수 있지만, 전문가로서 시간 왜곡을 이해하는 것은 중요합니다. 그리고 그것은 정말 중요한 문제인데, 그를 사실상 혼란스럽게 하는 것은 바로 진실 혹은 사실입니다.

■ 반응 지연의 이해

트랜스 지표인 시간 왜곡과 관념운동 신호

이것은 나의 주의를 또 다른 문제로 이끌고 있습니다. 여러분은 암시한 그 순간에 암시한 대로 되지 않는다고 해서 동요하거나 흥분하거나 불안해하지 말고 기다려야 합니다.

> E: 손이 점점 더 높이 올라가고 있습니다. 오른손이 더 더 높이 올라가고 있어요. 특히 팔꿈치가 구부러지는 느낌이 들 때 그것을 즐겨 주었으면 합니다. 손이 올라갈 때 팔꿈치를 구부려야 한다는 것을 기억하세요.

이 지연 반응은 종종 소중하게 다루어야 합니다. 왜냐하면 지연 반응은 환자가 학습할 것임을 알려 주는 것이고, 환자가 자신의 시간과 학습 속도를 인식하는 것이 중요함을 말해 주는 것이기 때문입니다. 여러분이 그에게 손을 올리라고 암시했다고 해서 그가 바로 손을 올리지는 않을 것이기 때문입니다.

지금 얼마나 지연되고 있는지 그가 모른다는 것을 지켜보면서 그가 뚜렷하게 시간 왜곡을 경험하고 있음을 알 수 있습니다. 그렇지만 나는 그것이 중요하지 않다고 생각해서 그에게 질문에 대답해 달라고 말할 수 있고, 그는 고개를 끄덕이거나 좌우로 흔들어서 긍정이나 부정으로 대답할 수 있습니다.

E: 시간이 얼마나 걸리는지를 알고 모르고가 당신에게 정말 중요한가요?

■ 최면 암시의 3단계

최면 반응을 촉진하고 빠르게 하기 위한 알지 못함, 질문 및 기대

[Erickson은 두 번째 최면대상자를 무대로 데려와 두 사람을 대상으로 번갈아 가며 작업을 이어 나간다.]

E: 계속 더 깊게 더 깊게 잠을 자도록 하세요. 더 깊게 더 깊게 잠이 듭니다. Joe. 물론 당신은 궁금하겠지요. **당신은 정말로 몰라요. 자신이 트랜스 상태에 있는지 아닌지 알지 못해요.** 어떤 때는 눈을 뜨고 있고 어떤 때는 눈을 감고 있어서 **모든 것이 불확실합니다.**

[최면대상자 바꿈] 그리고 Paul, 계속 자고 있도록 해요. **저는 당신에게 왼손을 올리라고 부탁할 것이고**[멈춤], **이제 당신 왼손이 올라가기 시작할 거예요.**

우리는 이미 Paul이 시간이 걸린다는 것을 알고 있습니다. 우리는 그것을 시연에서 보았고, 그래서 나는 "저는 당신에게 왼손을 올리라고 부탁할 것입니다."라고 말했습니다……. 처음에 나는 왼손을 올리라고 부탁할 것이라고 말했는데 그렇다고 꼭 올려야 한다는 뜻은 아니었습니다. 그런 다음 나는 "이제 당신 왼손이 올라가기 시작할 거예요."라고 말했는데, 거기에 그는 훨씬 더 빨리 반응할 수 있었습니다.

천천히 반응하는 편인 환자들에게 어떻게 더 빨리 반응하도록 가르칠 수 있을까요? 이런 방법으로 하면 됩니다. 그들이 무엇을 할 수 있는지 묻고, 그들이 그것을 할 것으로 기대한다고 말한 다음, 그렇게 하라고 말합니다. 그런 식으로 하면 반응이 훨씬 빨라질 것입니다.

E: Paul, 이제 당신의 오른손이 내려갈 수도 있어요.

그의 오른손이 얼마나 더 빨리 내려갔는지 보입니까? 거의 바로지요. 나는 그에게 훨씬 더 빨리 반응하는 방법을 가르치고 있습니다.

■ 최면후 암시

불가피성을 연상 단서로 활용하기

E: 당신 오른손은 점점 더 높이 올라갈 수 있어요. 즐기세요. 맘껏 즐기세요. 제 말에 방해받지 마시고요. 그냥 온전히 즐기세요. [멈춤] 좋아요, Paul. 당신은 자리에 앉은 뒤에 편안히 학습할 만큼 경험을 충분히 했다고 느끼나요? 이제 편안히 있어도 돼요, Paul. 어떻게 최면후 암시를 따라가야 하는지 자신이 알고 있다고 느끼나요? 여기 강단에서 이것을 복습하는 날로 다음 주 금요일은 어떨까요? 금요일이 좋다고요? 좋아요. 그렇게 하도록 하겠습니다. 이제 자리로 돌아갈 수 있을 만큼 깨어서 자리로 돌아가 앉아 주시겠습니까?

📢 편저자

Erickson이 최면후 암시를 불가피한 미래의 특정 시간과 주의 깊게 연결하고 있음에 주목하라. 금요일이 오는 것은 불가피하다. 금요일이 되면 그것은 Paul이 최면후 암시를 받아들이는 연상 신호(associative cue)가 될 것이다.

■ 트랜스 상태의 혼란과 알지 못함

E: [최면대상자 바꿈] 좋아요, Joe, **당신도 일어나서 자기 자리에서 배운 것을 복습하셔도 됩니다.**

J: 제가 제자리로 가길 바라시나요?

E: 제가 당신이 한 말을 청중에게 되풀이해도 될까요? "제가 제자리로 가길 바라시

나요?"라고 그가 물었습니다. 저는 당신에게 대답하지 않았어요, 그렇지요, Joe?

J: 혼란스러워요.

E: 당신은 혼란스럽군요. 왜 그런지 궁금해요. 당신은 잘하고 있어요. 아주 훌륭하게 하고 있어요. 우리가 시연을 더 잘할 수는 없었다고 생각해요. 왜 그걸 물었나요, Joe?

J: 모르겠어요.

E: 당신은 몰라요. 당신은 진짜로 모릅니다. 그렇지요? 그런데 Paul이 여기 위에 있었다는 것을 알고 있었나요? 그가 어디 있지요?

J: 자리로 돌아갔어요.

E: 왜요?

J: 당신이 그에게 말했어요.

E: 제가 그에게 말했군요. 저는 여러분 모두 이것이 후속 사고의 실패라는 걸 알아보고 있다고 생각합니다.

🗨 **편저자**

　Joe가 일어나서 자기 자리에서 배운 것을 복습해도 된다는 Erickson의 말은 그가 자리로 돌아가야 한다는 의미를 함축하고 있다. 하지만 Joe는 혼란스러움과 알지 못함으로 반응한다. 왜 그럴까? Joe는 Erickson이 앞에 한 암시[2절 앞의 내용]—"당신은 정말로 몰라요. 자신이 트랜스 상태에 있는지 아닌지 알지 못해요…… 모든 것이 불확실합니다."—에 여전히 영향을 받고 있을 수 있다. 알지 못하고 불확실하다는 이 말이 여전히 Joe 안에 남아 있어, 자리로 돌아가도 된다는 Erickson의 말에 함축된 의미를 잡아내지 못한다. Erickson은 이것을 "후속사고의 실패"라고 말하고 있다.

■ 최면 기억상실을 촉진하는 기법

기대 vs. 직접 암시; 트랜스 경험 확인하기

여러분의 질문 중 하나는 어떻게 기억상실(amnesia)을 유도하는가입니다. 대개는 기억상실을 유도할 필요가 없습니다. 최면대상자가 기억상실을 보여 주도록 그냥 두면 됩니다. 최면훈련생들은 기억상실에 대한 기대로 기억상실을 유도하는 대신, '이것이 내가 당신이 잊기를 바라는 것'이라고 이름 붙이고, 꼬리표를 붙이고, 강조하는 경우가 너무 많습니다.

> E: 그나저나 Joe, 최면으로 당신이 기억상실될 수 있다고 생각해요?
>
> J: 모르겠어요.
>
> E: 그래요. 당신은 정말로 모르는군요. 괜찮아요. Paul이 자기 자리로 돌아가라는 말을 들었다는 것을 기억하나요? 지금 무슨 생각을 하고 있나요?
>
> J: 아무것도요.

여러분 모두는 자신이 무슨 생각을 하는지 잘 알고 있겠지만, Joe는 기억을 상실하고 있습니다. 그는 기억상실한 채로도 잘하고 있고, 나는 기억상실에 대해 이야기할 수 있고, 기억상실과 관련한 이야기도 할 수 있는데, 그래도 여전히 그는 기억을 상실하고 있습니다. 지금 내가 이 점을 지나치게 강조하고 있다고 생각할지 모르지만, 나는 말이 무엇을 의미하는지, 아이디어에 어떻게 접근하는지를 여러분이 알 필요가 있다는 것을 확실히 하고자 합니다. 여러분 모두는 전문적인 작업에서 과학적 정확성이 필요하다는 것을 인식할 수 있습니다. 여러분 작업의 어떤 측면에서는 1mm도 너무 멀거나 너무 가까워지지 않는 것이 매우 중요합니다. 인간의 본성, 인간의 심리, 인간의 미래를 다루는 일에서는 도구로 쓰이는 말이 정확해야 하므로 말의 효과에 대해 더 많이 알수록 더 나은 결과를 얻을 수 있습니다.

> E: 무슨 생각을 하고 있나요, Paul?
>
> P: 모르겠어요.
>
> E: 당신은 당신이 아는 한 백일몽을 꾸고 있었어요. 그렇지 않나요?
>
> P: 예. 그런데 무엇이었는지는 기억이 안 나요.
>
> E: 무엇이었는지 기억할 수 없네요. 맞아요. 왜냐하면 그것이 시작될 때 당신이 트

랜스에 들어가 있었거든요. 여기 없었나요, Paul?

P: 아니요. 있었어요.

E: 그럼 왜 떠났나요? [멈춤] 왜 떠났어요? 제가 그러라고 부탁했지요. **당신은 그것을 기억할 수 있습니다.**

P: 예. 그것을 기억할 수 있어요.

E: 당신은 그것을 기억할 수 있어요.

실제로 내가 그에게 무엇을 말했나요? 내 말에 함축된 것은 그가 기억할 수 있다는 것이었고, 그의 대답은 "예. 그것을 기억할 수 있어요."였습니다. 그의 무의식이 그를 대신해 응답한 것인데, Paul이 기억을 상실하고 있었기 때문입니다. 나는 지금 그를 자신의 기억상실로 주의를 돌리게 하여 자칫 기억상실을 깨뜨릴 위험을 무릅쓰고 있습니다. 하지만 Joe는 여전히 이 의자에 있었기 때문에 내가 편히 말할 수 있는 상황이었습니다. 그 의자는 그가 트랜스에 들어갔던 자리입니다.

■ 치료적 트랜스

수용성과 반응 주의력, 경직; 부적 환각 훈련과 전신 마취 훈련

E: 당신이 트랜스에 들어 있었다는 것을 알고 있었나요, Joe?

J: 확실하지 않아요.

E: 확실하지 않군요. 당신은 오른손잡이인가요, 왼손잡이인가요?

J: 오른손잡이요.

E: 그런데 [당신이 트랜스 상태에 있었다는 것이] 확실하지 않은가요? 어떻게 알 수 있나요? 알아낼 수 있는 방법이 있을까요?

J: 제 손이 부양했다는 것은 알고 있어요. 그게 표시였지요.

E: 그게 표시였군요. 또 다른 것은요?

J: 느낌이 달랐어요.

E: 느낌이 달랐군요. 그 밖에는요?

J: 여기 사람들 앞에 앉아 있다는 걸 의식하지 못했어요. 전혀 구별하지 못했어요.

E: 사람들 앞이라는 걸 다 잊었나요? **어느 정도로요?**

J: 완전히요.

E: 눈을 뜨고 있었는데도 사람들 앞이라는 걸 잊었네요. 그런가요?

J: 예.

E: 아마 당신은 트랜스 상태였을 것입니다. 맞아요. 당신은 지금 트랜스 상태에 들어가 있는 것 같은데 그걸 모르는군요.

나는 Joe가 트랜스 상태에 있다는 것을 여러분 모두가 알고 있을 거라 생각합니다. 그에게는 무반응과 일종의 경직성이 보이고 있습니다. 여러분이 보통 큰 수술을 할 때의 그런 트랜스 상태는 아니지만, 수술과 관련해 그에게 꽤 많은 사소한 일을 할 수 있을 정도의 트랜스 상태입니다. 나는 이것이 치과 치료라면 그에게 꽤 여러 가지를 할 수 있다고 생각합니다. 심리치료에서도 그와 많은 작업을 할 수 있을 텐데, 치료자의 말에 귀 기울일 것이기 때문입니다. 그는 치료자의 말을 듣고, 이해하고, 적용하고, 또 자기 주변의 방해물에 주의를 기울이지 않을 것입니다. 이것이 내가 광범위하게 사용하는 트랜스 유형이고, 나는 여러분 모두 그가 트랜스 상태에 있음을 잘 알고 있을 것으로 생각합니다. 그리고 이것은 시험용이나 부적절한 목적으로 사용하는 트랜스는 아닙니다. 경직이 와 있고, Joe는 점차로 천천히 자신 주변의 모든 것에 대해 시각, 청각 수준에서 절대적인 부적 환각(negative hallucination)을 유지할 수 있음을 알아차리게 될 것입니다. 조만간 그는 몸이 완전히 무감각해질 수 있습니다.

👥 편저자

다시 청중에게 지적인 설명을 하는 척하면서 Erickson은 실제로는 절대적 부적 환각과 무감각을 유지하는 방법을 배우기 위한, 간단하고 간접적인 암시를 Joe에게 하고 있다. Joe는 "여기 사람들 앞에 앉아 있다는 걸 의식하지 못했어요."라고 말하면서 부적 환각을 경험할 준비가 되었음을 보여 주었다. 그는 트랜스 상태에서 "느낌이 달랐어요."라고 하면서 몸이 완전히 무감각을 경험할 수도 있음을 시사했다. 따라서 이것은 자발적 최면 현상의 최소 징후를 인지한 다음 최대화하는 방법에 대한, Erickson으로서는 예외적으로 명확한 설명이다.

■ 트랜스의 종료

구간화 경직 현상

E: Joe, 이제 곧 당신은 최면후 암시에 대해 무언가를 배우고 싶어 할 것입니다. 당신은 최면후 암시에 대해 뭔가를 배우고 싶어 해요. 그렇지만 먼저 당신이 훨씬 더 많이 배워야 할 필요가 있는 것이 있는데, 그것은 삼각근의 경직, 어깨 근육의 경직이에요. **저는 당신이 깨어난 후에도 어깨 근육의 경직을 적극적으로 느끼기를 바랍니다.** 알겠어요, Joe? 맞아요. 이제 눈을 감고, 심호흡을 하고, **편하게 깨어나세요. 오른쪽 어깨를 빼고요. 깨어나요, Joe.** 깨어났나요? 지금 자리로 돌아가고 싶은가요? 그러시겠어요?

👥 편저자

Erickson은 시간 구속적 최면후 암시를 하며 Joe와의 작업 단계를 끝낸다. "이제 곧 당신은 최면후 암시에 대해 무언가를 배우고 싶어 할 것입니다." 이것은 곧 이어질 더 직접적인 암시에 대한 준비이다. "당신은 최면후 암시에 대해 뭔가를 배우고 싶어 해요." 이것은 다음에 오는, "저는 당신이 깨어난 후에도 어깨 근육의 경직을 느끼길 바랍니다."라는 놀랍고 구체적인 암시에 대한 준비이다. 왜 그럴까? 우리는 Joe가 알지 못한 어깨의 일종의 비자발적 경직을 Erickson이 알아차렸다고 추측할 수 있다. Joe가 깨어난 후 이를 인식하게 하는 것이 이를 다루는 첫 번째 단계일 수 있다.

그런 다음 Erickson은 "편안하게 깨어나세요. 오른쪽 어깨를 빼고요. 깨어나요, Joe."로 마무리한다. Erickson은 그가 때때로 '구간 트랜스(segmented trance)'라고 부르는 것을 사용하는 것으로 보인다. 즉, 치료적 목적으로 몸의 어떤 부분을 제외한 몸 전체가 깨어나는 것이다. Joe의 어깨는 '구간화된 경직'[14] 형태로 남아 있을 것이다. Erickson이 이 시점에서 Joe와의 작업을 갑자기 끝내는 것처럼 보이기는 하지만, 녹음은 안 되었으나 그다음에 이어서 치료를 하고 마무리 지었을 것이라고 짐작할 수 있다.

■ '비협조적'이 되라는 미묘한 이중 구속

E: [Erickson은 이제 청중 중 한 사람을 소개한다.] 자. Bernice, 이쪽으로 와 주실래요? 말해 보세요, Bernice. **완전히 비협조적인 환자가 되어 주시겠습니까?**

B: 비협조적이요?

E: 예 맞아요. 당신은 무엇에 대해 생각하세요?

B: 기다리고 있어요.

E: 신경 쓰지 마세요. 당신은 비협조적으로 될 겁니다.

B: 비협조적으로 생각해야 하나요?

E: [청중에게] 그녀는 비협조적으로 생각해야 하는지 알고 싶어 합니다. [최면대상자에게] 당신은 왼팔의 소매를 걷어 올렸지요. 그렇지요? **싸우러 나가는 사람처럼 걷어 올렸네요.** 오른쪽은 어때요. 오른쪽 소매를 올려 볼까요?

B: 이미 말아 올렸어요.

E: 충분히 말아 올렸나요?

B: 더 말아 올리길 바라나요?

E: 당신은 아주 빠르게 힘이 빠지고 있습니다.

B: 눈을 감아야 할 것 같아요.

E: 왜요? 눈을 감으면 더 저항적인 건가요? **그럼 눈을 감아 보세요.**

그녀가 눈을 감는 것에 대해 질문을 했는데 그녀가 눈을 감지 않아서 내가 "눈을 감아 보세요."라고 했습니다. 내가 간단하게 그 상황을 정리했지요? 나는 그녀를 비협조적이게 하고 싶습니다.

편저자

Erickson은 미묘한 이중 구속이라고 명명하지는 않았지만, 미묘한 이중 구속으로 어떻게 '간단하게 그 상황을 정리'했는지에 주목하게 하고 있다. Bernice에게 비협조적이 되라고 말함으로써 그는 실제로 그녀의 행동을 통제하고 있는 것이다. Bernice가 Erickson의 명령에 따라 비협조적으로 행동할 때, 그녀는 실제로 그에게 협조하고 있는 것이다. 그녀는 그렇지 않은 것처럼 행동함에도 불구하고 그에게 협조하고 있는 것이다. 따라서 그녀는 이중 구속에 들어 있다. Erickson은 다음 절에서 이중 구속 암시를 계속해서 추가해 나간다.

■ 최면 유도에서 저항의 활용

증상 처방: 역설적 암시나 역암시 및 놀라운 질문

E: 제가 일을 다 맡게 하지 마세요. 웃을 수도 있겠지요. 그거예요. **어깨를 흔들며,** **가만히 앉아 있지 않도록 애써 보세요.** 그렇죠. **가만히 앉아 있지 않도록 애써** **보세요.** 가만히 앉아 있고 싶군요. 물론, 그것이 당신이 하길 바라는 일이지요. **당신은 오른손 또는 왼손을 적당히 잘 쥐고 있습니까?**
B: 원하시면 그렇게 할게요.
E: 당신은 제가 원하는 대로 할 겁니다.

나는 질문을 했습니다. "당신은 오른손 또는 왼손을 적당히 잘 쥐고 있습니까?" 지금 내가 여기서 무엇을 하고 있는 걸까요? 나는 최면대상자에게 자신의 오른손을 살펴보게 시키고, 또 왼손을 살펴보게 시키고, 이런 것을 하도록 시키고 있습니다. 보다시피, 이 질문 목록에서 내가 살펴볼 것 중 하나는 환자의 저항을 어떻게 이용하는가 하는 것입니다. 대답은 절대 그것을 극복하려고 하지 않고 그것을 이용하라는 것입니다.

🗫 편저자

Erickson은 저항 통제를 위해 증상을 처방하면서 "제가 일을 다 맡게 하지 마세요…….
가만히 앉아 있지 않도록 애써 보세요."라고 말함으로써 일종의 억설적 또는 역암시(reverse suggestion)를 사용하고 있다. 그는 최면대상자가 자기 자리에서 차분하지 않거나 움직이고 있다는 것—아마도 저항의 드러남—을 분명히 알아보았다. 그는 그것을 계속하라고 암시하여, 저항을 Erickson의 암시에 저항한 것이라기보다는 암시를 따른 것으로 만들어서 이 드러남을 이용한다. 그런 다음 그는 "오른손이나 왼손을 적당히 잘 쥐고 있습니까?"라고 질문하여 계속 그녀의 주의를 끈다. 이 독특한 질문은 그녀가 하고 있었을 다른 의식적 몰두를 약화시키고, 어느 손을 더 잘 쥐고 있는지를 알아보기 위해 감각 경험을 내적으로 탐색하게 할 수 있는 놀라운 질문이다. 따라서 트랜스 유도의 미세역학 첫 세 단계가⑮ 일어났으며, 상호작용은 "원하시면 그렇게 할게요."라는 최면대상자의 진술로 마무리된다. 이것은 그녀가 이제 Erickson을 협조적인 태도로 따르고 있음을 분명하게 보여 준다.

■ 트랜스 유도에서의 관념운동 움직임

손 공중부양에 대한 수반적 암시와 질문; 경직에서 혼란의 역할

B: 제 심장은 꽤 빨리 뛰고 있어요. 저를 진정시켜 주세요.

E: 제가 당신을 조금 진정시켜야 하는군요. 심장이 얼마나 느려졌으면 좋겠어요?

B: 적당한 정도로요.

E: 적당한 정도로. 이 상황에 적당한 정도.

B: 꽤 느리게요.

E: 너무 느리지는 않지만 이 상황과 당신이 해야 할 작업에 알맞은 정도요. **오른손을 들면 심장이 조금 느려질까요?** 천천히 들어 올리면서 알아봅시다.

B: **아직 그 정도가 아니에요.**

E: 아직 그 정도는 아니네요. [청중에게] 그녀는 **아직** 그 정도는 아니라고 말하고 있으니, 곧 그 단계가 되어 갈 것이라는 뜻으로 약속을 한 셈입니다.

B: 그러고 싶어요.

E: 당신은 그러고 싶어요. 맞아요. 그리고 당신 손이 천천히 올라오고, **제가 당신의 손목을 잡을 겁니다.**

B: **손을 올릴까요?**

E: 좋아요.

B: 왜냐하면 제가 원하는 건 당신이……．

E: 당신은 제가 당신에게 말해 주기를 원하는군요.

그녀는 자발적으로 손을 들어야 하는지 질문을 했습니다. 이제 그녀가 자발적으로 손을 멈추기를 내가 원하는가 하는 의문이 생겨납니다. 지금 그 의문을 다룰 수 있습니다. 무엇이 맞다 틀리다를 이야기할 수도 있고 이런저런 주장을 할 수도 있지만 사실 아직은 그 질문에 대답하지 않았습니다. 그리고 내가 이야기하는 내내, 그녀는 그것을 어떻게 할 수 없었기 때문에 손을 계속해서 올린 채 있었습니다.

편저자

Erickson이 "제가 당신 손목을 잡을 겁니다."라고 말할 때 그는 실제로 다양하고 미묘한 터치로 그녀의 손을 위쪽으로 안내하고 있다.[16] 최면대상자들은 대개 Erickson의 촉각 신호를 그들의 팔 움직임의 근거로 알아차리지 못하므로, 이를 자주 자동적이거나 불수의적인 것으로 경험한다. 이런 신체 움직임의 불수의적 측면은 그들에게는 이해 불가한 것이고, 최면 상황이라는 맥락 때문에 그들은 이것을 변화된 의식상태나 최면상태에 들어간 증거로 간주한다. 하지만 이 사례에서 최면대상자는 Erickson에 의해 혼란스러워서 "손을 올릴까요?"라고 묻는다. 청중에게 "그녀는 그것을 어떻게 할 수 없었기 때문에 손을 계속해서 올린 채 있었습니다."라고 하는 그의 언급은("그녀가 그것[그녀가 받고 있는 미묘한 신호와 모든 복잡한 문제]을 어떻게 할 수 없었기 때문에") 경직 현상이 적어도 부분적으로 혼란에 의해 매개된다는 그의 믿음을 드러낸다.

■ 저항적 트랜스

역효과의 법칙; 트랜스를 확인시켜 주는 불안 반응 및 관념운동적 머리 움직임, 손의 경직

B: 저는 그냥 거기에 안 들어가려고요.

E: 당신은 그냥 그것에 충분히 들어가지 않았지만, 아주 잘하고 있어요. 당신은 우선적

<u>으로</u> 트랜스에 들어가기 위해 여기에 왔어요, Bernice. 저는 당신을 통해 저항과 그 저항의 활용에 대해 설명하고 있어요. 당신은 고개를 끄덕이거나 흔들어 대답할 거예요. 제 요점을 설명하기 위해 당신은 다른 유형의 트랜스에 들어갔어요. 맞나요?

B: 아니요……. 잘 모르겠어요. 저는 당신이 저를 트랜스에 들어가게 해 줬으면 해요.

E: 예. 당신은 제가 당신을 익숙한 종류의 트랜스 상태로 들어가게 하기를 바라고 있어요. 그렇지 않나요?

B: 그냥 그 느낌이 어떤지 알고 싶어요.

E: 당신은 그것이 어떤 느낌인지 알고 싶군요. 당신은 지금 트랜스 상태에 있다고 생각하나요?

B: 아닌 것 같아 걱정돼요.

E: 당신은 아닌 것 같아 걱정되네요. 이제 제가 당신의 머리를 만질 거예요.

B: 아직도 심장이 너무 빨리 뛰는 것 같아요.

E: 당신은 심장이 여전히 너무 빨리 뛴다고 느끼고 있네요.

B: 심장이 천천히 뛰었으면 좋겠어요.

E: 당신은 심장이 천천히 뛰기를 바랍니다.

B: 피가 너무 빨리 돌아요.

E: 당신은 피가 너무 빨리 돌아요. 그리고 또 뭐지요?

B: 진정되면 트랜스에 들 수도 있을 것 같아요.

E: 진정되면 트랜스에 들 수 있을 것 같다고요? 당신은 너무 애쓰는 것 같아요. 지금, 당신은 트랜스에 있나요? '예' 또는 '아니요'로 고개를 <u>끄덕이세요.</u>

B: 이렇게요?

E: **어느 방향으로 고개가 끄덕여지는지 기다려 봅시다.** 당신은 트랜스에 있습니까? 이제 기다려 봅시다. 당신은 기다리지 않았어요. 당신은 지켜보고 있어요. 당신은 트랜스에 있습니까? 당신의 고개가 끄덕여지는지 지켜보세요. 무의식이 얼마나 빨리 일을 처리할 수 있고 무의식이 어떻게 일에 빠져들 수 있는지 깨달은 적이 있나요? 당신 고개가 '예'라고 끄덕였어요. 그렇지요? 예, 그랬어요. 근본적으로 당신은 트랜스에 있어요. 당신은 처음부터 트랜스에 있었습니다.

B: 제가요?

E: 당신은 몰랐지만, 저는 당신이 저항을 보여 주길 바랐지요. 저는 의사들이 알아야 하는 트랜스 유형을 당신이 보여 주길 바랐어요. 그것은 환자가 "저는 트랜스에 있지 않아요."라고 단언하는 트랜스, 즉 환자가 주장하고 논쟁하면서도 여전히 자신이 확신할 정도의 경직을 유지할 수 있는 트랜스예요. 종종 심리치료에서 환자들은 이런 식의 것을 해야 해요. 흔히 산부인과에서 환자들은 이런 식으로 복부와 골반이 쉽게 트랜스 상태로 들어가게 할 수 있지요. 인간 행동에서 이 해리 요소는 매우 큰 의미가 있어요.

B: **손을 내려놓을 수가 없어요.**

E: 음, 왜 손을 내려놓을 수 없나요?

B: **별로 자연스럽지 않은 것 같아요.**

🗣 편저자

따라서 그녀의 의식은 어떻게 또는 왜 그런지 이해하지 못한 채, Bernice의 무의식은 심장을 너무 빨리 뛰게 함으로써 "완전히 비협조적인 환자가 돼라."라는 Erickson의 원래 지시를 수행했다. 이것은 트랜스 행동에 대해 Bernice가 의식적으로 이해한 것과 분명히 반대였다. 이러한 과잉행동은 환자의 의식에 트랜스 상태가 아니라는 증거로 포착되는 경우가 많다. 일반적으로 (그리고 잘못 알려져서) 트랜스 행동은 잠처럼 항상 고요하다고 생각한다. 그러나 그녀의 심장이 뛰는 것은 그녀가 '완전히 비협조적'이 되라는 Erickson의 원래의 암시에 대한 자동적인 반응—그녀 자아의 통제 밖의—이었다. 자아가 통제하지 못하는 자동적이고 자율적인 반응인 그녀의 행동, 그것이 사실 최면 암시의 핵심이다.

심지어 Bernice가 자연스럽지 않아서 손을 내려놓을 수도 없다는 사실은 그녀가 자신의 상태를 의식적으로 이해하지 못한 채 사실상 트랜스, 즉 암시에 자동적으로 반응하는 상태에 있었다는 것을 확인시켜 준다.

무의식이 의식적 이해와 반대되는 행동을 보이는 일종의 '저항적 트랜스'는 이른바 최면에 대한 불안 저항의 상당히 흔한 형태이다. 그런 환자들은 Baudouin의 역효과의 법칙—저항하면 할수록 최면상태에 더 들어 간다—을 보여 줌으로써 최면 시의 주문에 걸려 있음을 입증한다.❿

■ '목적이 있는' 해리

자동 글쓰기와 무감각, 기억상실

이제 해리에 대해 살펴봅시다. Brody 박사에게는 한 손으로는 어떤 퇴행된 나이에서 자동적으로 글을 쓰고, 또 다른 손으로는 다른 퇴행 수준에서 글을 쓰는 퇴행 환자가 있습니다. Brody 박사, 그녀는 글을 쓰면서 말도 할 수 있나요?

Brody 박사: 잘 모르겠어요. 시도해 보지 않았어요.

E: 한 손으로는 한 수준으로 퇴행하고 다른 손으로는 다른 수준으로 퇴행하는 [이중 수준] 자동 글쓰기라는 것이 있습니다. 해리가 되는 것이지요. 여러분도 보다시피 최면대상자는 스스로 통제력을 잃었다고 느끼는, 병원이나 치과 치료에서 접하는 일들을 모두 해낼 수 있습니다. 최면상태에서 환자는 통제력을 갖고 목적 지향적 행동을 수행하고 있습니다. 히스테리성 무감각(anesthesia)에 대해 생각해 보세요. 그것은 통제불능의 무감각이며 좋은 목적이 없습니다. 히스테리성 기억상실은 좋은 목적이 없는 기억상실이고 통제불능입니다. 히스테리성 기억상실은 좋은 목적이 없는 통제불능의 기억상실이지만, 최면대상자의 기억상실은 통제가 되면서 목적이 있는 기억상실입니다.

■ 트랜스 심화와 근육 이완

상호 강화하는 수반적 암시의 주기 구축

[Erickson은 이제 오전 세션에서 시연한 Margie를 무대에 올린다. Bernice도 무대에 남아 있고, Erickson은 여러 유도 기법을 시연한다.]

E: 자, Bernice, 당신을 깨우고 싶습니다. 일어나세요, 완전히 깨어나세요. 완전히.

B: 그냥 떠 있는 것 같았어요.

E: 당신은 떠 있는 것처럼 느꼈어요. 맞아요, 그리고 다시 그럴 수 있습니다. 그렇죠? 저기 앉으시겠어요? Margie, 올라오시겠어요? 앉아요, Margie. Bernice, 당신이

여기에 있는 동안 저는 당신을 매우 깊은 트랜스에 들어가게 하고 싶습니다. 그리고 당신이 오늘 일찍 저에게 한 말을 사람들이 알아도 괜찮을까요?

B: 예 괜찮아요.

E: 알겠습니다. 자 잘 들어봐요, Bernice. 당신이 여기에 앉아 있을 때 저는 당신이 천천히, 점차적으로 근육 균형을 바꾸고 변화시켜 당신의 등이 점점 더 편안해지도록 하고 싶습니다. **편안할수록 더 깊은 트랜스에 들어가게 됩니다. 그리고 트랜스에 더 깊이 들어갈수록, 등의 느낌을 더 쉽게 바꿀 수 있습니다.** 트랜스에 아주 깊이 들어가세요. Bernice, 당신의 등이 점점 더 편안해질 테니 트랜스를 충분히 즐기세요.

■ 트랜스 깨우기 기법

눈뜬 트랜스 경험에서 '깨어나기' 위한 눈 감기 암시

E: 자, Margie, 언제 트랜스에 들어갔나요?

M: 모르겠어요.

E: 모르는군요. 저는 Bernice와 이야기하고 있었어요. 알고 있었나요?

M: 뭐라고요? 아, 죄송합니다.

E: 괜찮아요. 당신은 트랜스에 들어 있어요, Margie. 그리고 Bernice도 마찬가지입니다. Bernice는 점점 더 깊어지고 있습니다. Margie, 당신이 하고 싶은 일이 무엇인가요?

M: 배우고 싶어요.

E: 당신은 배우고 싶군요. 좋아요. Margie, 깨어나라고 부탁할 거예요. 저는 당신에게 곧 깨어나도록 요청할 것이고, 오늘 아침 여기로 오는 길에 그랬던 것처럼 깨어 있기를 바랍니다. 당신에게 깨어 있기 과제를 주고 싶어서요. 할 수 있겠어요? 좋아요. 눈을 감으세요. 바로 그거예요. 깊이 호흡하세요.

마지막 부분에 대해 질문이 있으면 설명하겠습니다. 최면대상자들은 자신이 잠들어 있다는 것을 모르는 경우가 아주 많습니다. 그들은 눈을 뜨고 있기 때문에 자신이 트랜스 상태에 있다는 것을 모릅니다. 그래서 여러분이 그들에게 눈을 감고 깊이 잠들라고 한 다음, 깨어나라고 하면 훨씬 더 쉽고 편안하게 깨어납니다.

E: 자, Margie, 오늘 아침에 여기 오는 길에 그랬던 것처럼 깨어났으면 좋겠어요. 깨어나세요, Margie.

M: 예, 깨어 있어요.

■ 환각 인물 'Joe'를 통한 자기최면 유도

E: Margie, 오늘 오전 저는 청중에게 어떻게 스스로 자기최면상태에 들어가게 하는지에 대해 질문했습니다. 저는 당신이 그 시점에서 아마 트랜스에 들었다고 생각해요. 하지만 당신이 지금 청중에게 그 기법을 보여 준다고 가정해 봅시다. 깨어 있으세요.

M: 트랜스에 들어가려면 그것에 대해 생각해야 해요.

E: 그냥 생각해 보면 돼요. 하지만 저는 의자에 앉아 있는 몽유병 환자인 제 친구 Joe[5]를 트랜스에 들어가게 하는 기법에 대해 설명했지요. 손 공중부양을 아시나요?

M: 예.

E: 저기 있는 Joe와 이야기한다고 가정해 보세요.

M: 오! 기억나요. 예, 당신은 여기에 없던 그 작은 친구를 말하는 거네요! [Margie는 Joe에게 '그의' 손을 들어 올리라고 지시하는 방법을 떠올린 다음, 그것을 실시하면서 목소리가 느려지고 트랜스에 들어간다.]

E: Joe는 트랜스에 들었어요, 그렇지요? Joe는 트랜스에 들었지요, 그렇지요? 그래

---

5) 편저자 주: 이것은 환상에서 만들어 낸 '친구'를 의미하며 이전에 최면대상자였던 Joe라는 실제 인물을 말하는 것이 아니다.

요, 맞아요. Joe는 트랜스 상태에 들어갔고 Margie도 트랜스에 들어갔음을 알수 있어요. 그리고 당신은 그것에 대해 아주 재미있어 해요, 맞지요, Margie?

편저자

이것은 트랜스 최면의 관념역동 원리의 또 다른 예이다. Margie가 상상의 대상에게 손 공중부양에 대한 암시를 하면서 그녀 내부에서 떠오르는 아이디어와 연상은 그녀 안에 트랜스를 불러일으킨다. 특히 그녀가 자신에 대한 Erickson의 트랜스 기대에 '편승'하려 할 때 더욱 그렇다.⓲

■ '자발적' 환각 경험 촉진

질문, 알지 못함, 함축; 트랜스와 경직을 심화시키기 위한 최면대상자의 방어를 보호하고 보장하기

M: 예, 알고 있어요.

E: 당신은 그것을 알고 있어요. 맞아요. 당신이 어디 있는지 알고 있나요, Margie?

M: 시골 마을이요.

E: 들어봐요, Margie, 거기 해변에 앉아도 괜찮을까요? 돌을 물에 던져 보세요.

M: 물이요?

E: 예. 해변에 앉아서 물에 돌을 던져 봅시다. 재미있을 것 같아요, 그렇지요?

M: 예.

E: 좋아요. 알다시피, 모래가 아주 좋아요. 저기 돛단배인가요? 거기 멀리요. 저기 있는 게 돛단배인가요?

M: 모르겠어요.

E: 모르는군요. 저는 여기 처음 왔어요. 이 해변의 이름을 몰라요. 당신은요?

M: 물이 무서워요.

E: 당신은 물을 무서워해요. 수영도 잘 못하고요. 음, 우리는 물에 들어가지 않을

거예요. 그런데 저게 돛단배인가요?

M: [모르겠어요.]

E: 당신은 모르네요. 아마도 더 가까이 오면 우리는 그것을 볼 수 있을 거예요. 그 돌을 거기에 던져 보는 건 어떨까요?

M: **손을 움직일 수 없는데 어떻게 돌을 던질 수 있나요!**

E: 할 수 있을 것 같아요. 당신은 어떻게 그런 소리를 하나요? 손도 못 움직이다니요?

M: **모르겠어요.**

E: 당신은 모래사장에 있으니 돌을 볼 수가 없군요. 미안해요, 거기에 돌이 있는 줄 알았어요. 그것은 모래네요. 예, 맞아요.

M: 아마도 더 내려가야 할 것 같아요.

E: 아마도 좀 더 내려가야 할 거예요. 여기서 잠시 머물러요. 저는 저 아래 물의 모습이 너무 보기 좋아요.

M: 무서워요.

E: 당신은 무섭군요. 전 그렇지 않아요. 정말 좋아요. 제가 좋아서 기쁘지 않아요?

M: 기뻐요.

E: 물에서 첨벙거리는 게 아주 좋아요. 정말 좋아요.

M: 당신은 그럴 수도 있겠네요!

E: 맞아요. 뭐든지 그렇지요. 제가 남학생회와 여학생회에 느끼는 것도 마찬가지예요. 누구든 그럴 수 있어요. 하지만 저는 남학생회와 여학생회를 좋아하지 않아요. 누구든 원하는 것이 있으면 그렇게 할 수 있지요. 핀받는 것(pinning)도 포함해서요.

M: 예. 저는 뭐든 꽂는(pin) 것을 좋아하지 않아요.

E: 당신은 뭐든 꽂는 것을 좋아하지 않는군요.

M: 저는 제 이름표를 꽂는 것을 좋아하지 않아요.

E: 당신은 이름표를 꽂는 것을 좋아하지 않는군요.

M: 좋아하지 않아요, 당신은요? 당신은 아마 웃을 거예요.

E: 제가 왜 웃을까요? 재미있는 건가요?

M: 이유가 우습지만, 저는 괜찮아요.

E: 이유가 우습지만 당신에게는 괜찮군요.

M: 예.

E: 남들이 그 이유를 알아도 괜찮을까요?

M: 예.

E: 이유가 무엇인가요?

M: 제 이름이 알고 싶으면 저한테 물어보면 될 것 같아요.

E: 오! 물어볼 수 있겠네요. 당신은 핀(pin)을 좋아하나요?

M: 아니요.

E: 남들에게 그 이유가 무엇인지 말해 줄 수 있어요?

M: [녹음 중 응답 없음]

E: [녹음 중 응답 없음]

M: 재미있네요.

E: 당신도 알다시피, 때때로 사람들은 모래에 물건을 떨어뜨려요.

M: 맞아요.

E: 여기 모래 속에 핀이 있다고 생각하세요?

M: 잘 모르겠어요.

E: 신경 쓰이세요?

M: 아니요.

E: 우리가 잘못해서 그 위에 앉게 된다면 알게 되겠지요!

M: 너무 끔찍한 일이에요. 아직은 어려워요.

E: 왜 제가 재미있다고 생각하세요?

M: 당신은 하나도 놓치질 않는군요.

E: 제가 하나도 놓치지 않는다고요? 그게 무슨 뜻인가요?

M: 저는 당신이 유머러스하다고 생각해요.

E: 제가 유머러스하다고 생각하는군요.

M: 예.

E: 제 아이들이 뭐라고 하는지 알아요? 옥수수 아빠래요.

👥 편저자

이것은 Erickson이 최면대상자에게 환각 경험을 불러일으키는 방법의 전형적인 예이다. 그는 단순히 특정 감각 경험이 존재한다는 것을 암시하는 이야기로 시작한 다음, 최면대상자가 환각의 지속적인 실재를 확인하게 하는 질문을 던진다. 이러한 유형의 환각 경험의 가장 큰 특징은 Margie의 물에 대한 공포와 같은 최면대상자의 특성이 드러난다는 것이다. 따라서 건설적이고 긍정적인 경험을 촉진하면서 트라우마를 피하는 방식으로 환각적 상황을 계속 구조화하는 것이 최면 기법의 중요한 부분이다. Margie가 "손을 움직일 수 없는데 어떻게 돌을 던질 수 있나요!"라고 말하면서 자발적인 경직이 일어남을 보여 주는 것은 흥미롭다. Erickson이 손을 움직일 수 있다고 주장하려고 할 때, 그녀는 "모르겠어요."라고 대답할 수밖에 없었다. 이로써 그녀는 최면현상을 경험하고 있는 깊은 트랜스 최면대상자에게 매우 전형적인, 알지 못함이라는 현상을 보여 준다. 왜 Margie는 이러한 운동 억제를 일으켰을까? 우리는 Erickson이 이 문제를 탐색하지 않았기 때문에 추측만 할 수 있다. 환각에서 본 물에 대한 두려움 때문에 그녀가 할 수 있는 최면방어를 붙잡게 되었을까? 그녀는 방금 Bernice가 경직을 보이는 것을 목격했다. Margie는 이제 자신을 방어하기 위해 그 행동을 따라 했을까?

이 시연이 청중 앞에서 진행되기 때문에, Erickson은 "남들이 당신의 이유를 알아도 괜찮을까요?"라고 조심스럽게 물었다. Erickson은 항상 최면대상자의 개별성을 충분히 존중했다. 트랜스가 더 심오하고 깊어질수록 그의 행동은 더욱 조심스럽고 보호적이었다. 물론, 그러한 보살핌에는 명백하고 최우선적인 윤리적 이유가 있다. 그러나 또한 최면치료자가 환자들이 자신을 방어할 필요가 없을 정도로 적절한 보호를 했을 때만 환자가 방어를 포기할 것이라는 현실적이고 전문적인 이유도 있다.

■ 자기 환각

시간 회귀, 기억상실 및 해리를 위한 노력; 최소 치료 구성요소의 총화를 촉진하는 긍정적 기대

E: 그런데 오늘이 무슨 날인지 아세요?

M: 토요일이요.

E: 연, 월, 일을 바꿔도 될까요?

M: 괜찮아요.

E: 1957년, 1957년 3월이고, [실제로는 1958년 2월] 토요일이에요. 당신은 곧 1957년 3월 토요일에 깨어날 거예요. 1957년 3월, 토요일에 깨어날 것입니다. 깨어나세요. 지금이 언제지요?

M: 1957년이요.

E: 저는 누구인가요?

M: Erickson 박사예요.

E: 어떻게 알았나요?

M: 그냥 알아요.

E: 그냥 알고 있군요.

M: 전에 만난 적이 있어요.

E: 어디서요?

M: 치과 회의에서요. 그 전엔 당신을 만난 적이 없었어요, 그렇지요?

E: 아마도요.

M: 무슨 요일인지 생각이 안 나요.

E: 글쎄요, 무슨 요일이지요? 무슨 요일인가요?

M: 아는데, 생각이 안 나요.

E: 무슨 요일인가요?

M: 일요일이요.

E: 아니요. 그런데, 당신은 이름표를 안 꽂았네요. 그것을 꽂아야(pin) 한다고 생각하지 않나요?

M: 아니요.

E: 저는 꽂아야 한다고 생각해요, 그렇지 않아요?

M: 그게 어디 있는지 모르겠어요.

E: 하나 만들 수 있어요.

M: 왜 해야 하지요?

E: 모두 하나씩 꽂고 있으니까요.

M: 제가 좀 별나서 그래요.

E: 음, 그건 쉽게 고칠 수 있어요.

M: 당신이 원한다면 고칠 수 있지만, 저는 이대로가 좋아요.

E: **오늘 저녁에 수영하러 가는 게 어때요?**

M: 갈 거예요, 하지만 **두려워요.**

E: 당신은 가겠지만, 두려워해요. 그러지 않아도 돼요. **저는 당신이 수영장에 있는 누군가를 봤으면 해요. 멋진 수영장이군요. 그렇죠?** 아주 멋진 수영장이에요. 수영장의 벽을 아름답게 칠했네요. 그것은 물을 새롭게 보이게 해요. 그렇지요? 큰 수영장이에요. 그렇지요? 그리고 저기 수영장 저쪽에 우리를 등지고 있는 여성을 보세요. **그녀가 입고 있는 수영복은 정말 눈에 띄네요.**

M: 안 보여요.

E: 저기 보세요, 그녀가 천천히 돌아서고 있어요. 그녀 이름은 Margie지요. 바로 Margie에요. 물 속에 있는 Margie요. Margie예요.

M: 물 속에요?

E: 예, 보세요, 저기 Margie가 있어요. 저 사람은 Margie이고, 여기로 오고 있어요. **그녀는 수영장에서 아주 천천히 나오고 있네요. 그녀는 수영장에서 아주 천천히 나오고 있고, 곧 여기로 넘어올 것이고, 그리고 올라가서 물 밖으로 나올 거예요. 그녀는 물에서 나온 것을 정말 기뻐할 것이고, 물에서 나온 것을 정말 기뻐할 거예요.** 맞아요. 그리고 수영복을 벗고 옷을 입고 무릎에 손을 얹고 의자에 앉았을 때 아주 기뻐하며 **의자에 편안하게 앉아 있을 거예요.** 옷을 입고, 아주 편안하게, 그리고 나서 깨어날 거예요. 자 일어나세요, 완전히 깨어 있나요, Margie?

M: [녹음 중 응답 손실]

E: 전혀 없어요. 그건 그렇고, 당신이 핀을 두려워한다고 제게 말해 준 사람이 있나요?

M: 저는 그것을 두려워하지 않아요. 단지 싫을 뿐이에요.

E: 그냥 핀을 싫어하는군요. 급할 때는 괜찮지요. 물도 좋아하지 않는군요.

M: 특별히 좋아하지 않아요.

[녹음에서 약 4줄의 대화가 사라짐]

편저자

이 자료의 일부가 녹음에서 사라졌기 때문에, 우리는 그 최면대상자가 실제로 시간 회귀, 기억상실, 해리 그리고 Erickson이 분명히 연구했던 자기 환각(self-hallucination)을 얼마나 경험했는지 모른다. Erickson은 환자가 미래의 어느 시점에 이미 문제를 해결한 것처럼 시각적으로 환각을 느끼게 함으로써 행동 문제와 공포증에 접근하는 것이 일반적이었다.[19]

Erickson이 Margie와 함께 이 절에서 한 작업은 그가 과거 1년 전에 그녀가 수영에 성공한 것처럼 환각을 일으키게 하려고 시도한다는 점에서 조금 특이하다. 우리는 자기 환각의 가능성을 촉진하기 위한 이러한 노력에서 Erickson의 접근법 중 일부를 연구해 볼 수 있다. 그는 "오늘 저녁에 수영하러 가는 게 어때요?"라는 질문으로 시작하는데, 이것은 Margie의 주의를 가능성에 집중시킨다. 그녀가 "두렵다."라고 대답했기 때문에, 그는 조심스럽게 그녀가 '아주 멋진 수영장'에서 '누군가'를 볼 수 있다는 가능성을 조심스럽게 격려한다. 여기서 Erickson은 가능한 한 매력적이고 아름다운 환경을 만들려고 노력하고 있고, 그는 계속해서, "그녀가 입고 있는 수영복은 정말 눈에 띄네요."라고 말한다. "안 보여요."라고 Margie가 대답하자, Erickson은 그녀에게 환각을 일으킬 시간을 더 주어야 한다는 것을 깨닫는다. 그는 "저기 보세요. 그녀는 천천히 돌아서고 있어요……. 그녀는 수영장에서 아주 천천히 나오고 있네요. 그녀는 수영장에서 아주 천천히 나오고 있으며, 곧 여기로 넘어올 것이고……." 라고 말하며 있을 법한 환각 경험을 구성하여 환각을 촉진한다. 그는 행동을 천천히 하고 그녀의 심리신경생리적 기관에 환각 경험을 생성할 시간을 주기 위해 환각을 미래로 이끈다.

그런 다음 Erickson이 물에 대한 두려움을 어떻게 활용하여 환각을 더욱 자극하는지 주목해 보자. "그녀는 물에서 나온 것을 매우 기뻐할 것이고, 물에서 나온 것을 정말 기뻐할 거예요……. 의자에 편안하게 앉아 있을 거예요. 물에서 나온 것을 정말 기뻐할 것이고, 물에서 나온 것을 정말 기뻐할 거예요……. 의자에 편안하게 앉아 있을 거예요……." 물에서 나와 기쁘다는 것과 편안히 앉아 있다는 긍정적인 느낌들은 시각적 환각을 경험하는데, 혹은 적어도 과거에 그런 기억을 가지고 있다고 믿게 하는 데 긍정적 강화가 된다. 트랜스 최면의 기본 관념역동적 원리는 비록 최면대상자가 환각을 '실재하는 것'으로 완전히 경험하지 않더라도 의식-무의식 시스템 내 어느 수준에서는 아무리 미미하더라도 그것이 실재하는 것임을 확인시켜 준다(단순히 과거 삶의 상황을 말로 설명하는 것만으로도 심리-신경-생리적 경험을 불러일으키는 경향이 있다). 이 기본적인 관념역동적 원리 때문에, Erickson은 최면대상자가 환각 경험의 트랜스 주문에 완전히 빠지지 못했을 때 낙담하지 않았다. Erickson은 최면대상자의 의식이 그것을 부정하더라도 경험의 일부 구성요소가 활성화되었다고 항상 가정했다. 종종 경험의 이러한 최소 구성요소는 환자의 무의식 내에서 활발하게 유지되어 환자의 의식적 알아차림 없이 천천히 치료 잠재력을 구축한다. Erickson이 이러한 최소 구성요소를 충분히 활성화했을 때, 그 최소 구성요소들은 '총화'되어 환자의 의식에 극적이고 명백하게 갑작스런 치료적 변화를 보여 줄 것이다. 의식이 낙담하여 도움을 못 주더라도, 치료 결과에 대한 Erickson의 긍정적 기대는 종종 환자의 무의식 속에서 총화되어 '최소 치료 구성요소'를 강화하는 유일한 원천이었다.

■ 실패를 성공으로 바꾸기

'신앙 치유'와 '기적 치료'의 근거로서 최소 무의식적 치료 구성요소의 갑작스러운 총화

E: 아시나요, Margie. 당신이 최면을 사용하여 누군가에게 무언가를 하기 원할 때, 특히 당신이 의료인, 치과의사 또는 심리학 실험실의 실험자인 경우라면 그 사람이 과제를 하게 한 다음 그가 실패하도록 설정하는 것이 아주 중요해요.

M: 왜요?

E: 왜냐고요? 실패하는 사람이라 할지라도 성공하기를 원하기 때문이에요. **당신은 하나의 작업을 설정하고 실패를 가져오는 동시에, 성공에 대한 매우 큰 열망을 불러일으키고 있는 것입니다.**

그것이 내가 여러분에게 강조하고 싶은 기법 중 하나입니다. 이제 확실히 여러분 모두는 Margie가 핀과 물, 그리고 전체 상황에 수반되는 모든 상황에 대해 심각하게 기억을 상실하고 있음을 알고 있습니다. 예, 그녀는 물을 좋아하지 않아요. 예, 그녀는 핀도 좋아하지 않지요. 그래서 나는 그녀에게 분명히 고통스러운 것을 다루었습니다.

👥 **편저자**

우리의 녹취록이 불완전하기 때문에, "Margie는 핀과 물에 대해…… 심각하게 기억을 상실하고 있다."라는 Erickson의 진술에 대한 증거를 찾을 수 없다. 그러나 우리는 실패와 성공에 대한 그의 흥미로운 전략과 통찰력 중 하나를 관찰할 수 있다. "당신은 하나의 작업을 설정하고 실패를 가져오는 동시에, 성공에 대한 매우 큰 열망을 불러일으키고 있는 것입니다." Erickson은 지금 실패가 성공을 동기화한다고 합리화하여 그의 명백한 실패를 성공으로 바꾸려는 시도를 하는 사기꾼에 불과한 것일까? 아니면 모든 실패는 결국 성공을 위한 신선하고 최소한의 무의식적 요소를 불러일으키는 걸까?! 이러한 동기부여 및 치료 구성요소들의 갑작스러운 총화가 신앙치료사, 심령술사, 샤먼들이 행하는, 겉보기에 기적처럼 보이는 치료의 근거로 작용할 수 있을까? 성공의 힘을 다른 사람에게 투사함으로써, 환자는 실패할 것이라는 부정적 신념을 약화시키고 무의식적으로 '치료'에 필요한 치유의 본질적인 요소에 '자유 통치권'을 부여한다. 그러면 치료는 다른 사람에 의해 중재되는 것처럼 보이지만, 사실 다른 사람은 환자의 '최소한의 무의식 구성요소'를 활성화하고 총화하는 데 필요한 성공의 투사를 '전달'하는 역할을 했을 뿐이다. 우리는 의인성 질병(iatrogenic disease) 및 치유현상에서 동일한 과정이 덜 극적으로 나타나는 것을 볼 수 있는데, 의사의 부정적 또는 긍정적 기대가 환자의 신체적 결과의 과정을 분명히 변화시킨다는 것이다.

비록 Erickson이 그것을 공식적으로 언급한 적은 없지만, Erickson 자신이 '작은 단서'를 신중하게 활용하고 총화하여 최면 유도와 간접 암시의 본질로 여겼다는 강력한 근거를 제시할 수 있다. 실제로 그는 아마도 그것이 최면치료의 성공뿐만 아니라 '기적의 치료' '마음 읽기' 그리고 소위 많은 심령 현상이라 불리는 것의 실제 '심리-신경-생리적'(Erickson의 표현) 근거 역할을 했다는 데 동의했을 것이다.[20]

■ 연상의 차이 및 주의 산만

기억상실과 무감각 마취의 구축과 해체

E: Margie, 제가 무슨 말을 했는지 알고 싶어요?

M: 예.

E: 당신은 제가 무슨 말을 하는지 몰라요. 제 딸이 남학생회로부터 핀을 받았을 때 (pinned) 제 기분이 어땠을 것 같아요?

M: 모르겠어요.

E: 모르는군요.

M: 당신이 어떻게 느꼈는지 모르겠어요.

E: 당신은 제가 남학생회나 여학생회에 대해 어떻게 생각할 것 같아요?

M: 그들에 대해 뭔가 말씀하셨어요.

E: 그들에 대해 뭔가 말했었지요, 그렇지요?

M: "누구든 원하는 대로 할 수 있지만 나는 그것을 좋아하지 않아요."라고 말씀하셨어요.

E: 제가 남학생회에 대해 뭐라고 했나요?

M: 그들이 가입할 수 있다고 하셨어요.

E: 그렇게 말했나요? 누가 무엇을 가질 수 있다고요? 누가 무엇을 가질 수 있다고요? 글쎄, 우리가 무슨 얘기를 하는 건가요? 해변의 모래? 제 딸이요?

M: 만약 당신 딸이 남학생회에서 핀을 받았다면 기분이 어떠실까요?

E: 저는 그 애가 실질적으로 그런 방식으로 삶을 시작했다고 딸에게 말했습니다.

M: 따님에게 진전이 있었기를 바라요. 무례하게 하려는 것이 아닙니다. 정말이에요.

우리는 남학생회와 여학생회 그리고 여기까지 오는 과정에 대해 이야기하고 있습니다. 산만하게 하는 것이 바로 아이디어입니다. 먼저 나는 기억상실을 없앨 수 있고, 그런 다음 최면대상자의 주의를 산만하게 하고 기억상실을 다시 일으킬 수 있습니다. 여러분은 여러분이 원하는 기억의 어느 부분에서나 기억상실을 일으키고, 그것을 무너뜨리고, 다시 확립할 수 있도록 행동을 조작하는 방법을 배우려고 해야 합니다.

마취의 경우에도 마찬가지입니다. 여러분은 마취에서 깨어나고, 들어가고, 깨어나게 할 수 있습니다. 마취의 의학적 사용에서 매우 중요한 것 중 하나는 마취과 의사가 트랜스를 재유도하고 마취에 다시 들게 하려는 의지입니다. 종종 수술을 받는 환자가 갑자기 트랜스 상태에서 깨어나서 "이게 무슨 일이야? 아야, 아파!"라고 합니다. 여러분은 간단한 말 한마디로 환자의 주의를 분산시키고 성공적으로 트랜스 상태를 다시 재유도할 수 있음을 알아야 합니다.

■ 핀 공포증의 극복

최소 접근, 함축 및 혼란의 활용

E: 핀을 잡는 것을 거부하시나요?

M: 아니요. 단지 몸에 핀을 꽂고 싶지 않아요.

E: 단지 핀을 꽂고 싶지 않군요.

M: [녹음 중 응답 손실]

E: 제가 거기에 핀을 꽂는 것은 중요하지 않았군요. 그렇죠?

M: 당신은 이해하지 못하는군요. 저는 핀을 좋아하지 않아요. 저에게 무언가를 꽂는 것을 좋아하지 않아요.

E: 자신에게 무언가를 꽂는 것을 좋아하지 않는군요.

M: 저는 제 이름표를 저에게 꽂는 것을 좋아하지 않아요.

여기서 중요한 것은 무엇일까요? 환자에게 접근할 때는 항상 최소한으로 접근해야 한다는 것입니다.

E: 당신은 자신에게 이름표를 꽂는 것을 좋아하지 않아요. 당신은 그냥 싫어할 뿐 이죠.

M: 당신의 유별난 점이 마음에 들어요.

E: 괜찮아요. 그건 당신의 이름표가 아니지요. 만약 당신의 이름표가 아니라면, 제가 이것을 핀으로 꽂아도 괜찮을 거예요. 그리고 혹은 제가 이것을 핀으로 꽂지 않는다 해도 괜찮겠지요?

M: 예.

E: 좋아요. 물론 괜찮아요. 핀도 있고 이름표도 있어요. 좋아요.

M: 제가 꽂지 않아도 괜찮을까요?

E: 그럼요. 저는 이것을 제게 꽂을 거예요.

M: 예.

E: 그래도 되지 않을까요. 괜찮지요? 당신은 무슨 생각을 하고 있나요?

M: 저는 무슨 생각을 하고 있는 거지요?

E: 저는 무슨 생각을 하고 있는 걸까요?

정말 멋진 시연이었습니다. 그녀의 이름이 적힌 이름표를 내게 꽂는 것은 옳지 않습니다. 맞습니다. 그것을 나에게 꽂는 것은 옳지 않습니다. 그것의 함축된 의미는 그녀가 이름표를 꽂아야 한다는 것입니다. 그래야 했기에, 나는 그녀가 약간 고민할 수 있을 만큼 충분히 기다렸습니다. 그러나 최면상태에서는 그러한 시간이 허락되지 않습니다.

E: 제가 이것을 당신에게 꽂는 것을 원하지 않나요?

M: 하고 싶지 않아요.

그녀가 그 의미를 어떻게 따랐는지 생각해 보세요. "하고 싶지 않아요."라고 말했어요. 여러분은 그녀의 반응을 보고 있습니다. 내가 그녀에게 그렇게 물었던가요? 내가 물어보지도 않았는데 그녀가 그렇게 대답하고 있습니다.

M: 안 하고 싶어요.

E: 당신은 하고 싶지 않네요. 그리고요?

M: 절망적이네요.

E: 절망적이라는 것은 어떤 것인가요?

M: 당신은 제가 이것을 꽂고 있기를 원하는 것 같아요.

좋습니다. 그리고 그녀가 어떻게 이런 말을 했는지 알아주셨으면 합니다. 만약 내가 그녀에게 핀을 꽂으려 했다면, 정말 절망적이었을 겁니다. 하지만 그녀의 말에 함축된 뜻은 내가 그녀에게 그것을 핀으로 꽂을 수 있다는 것입니다.

그것은 더 이상 '나는 그것을 원하지 않는다'의 문제가 아니라 서서히 '만약 당신이 원한다면, 나는 그렇게 할 수 있다'는 문제가 되었습니다. 그러면 이것은 그녀가 핀을 꽂은 것이 아니라 내가 꽂은 것이 됩니다. 이것이 무엇이든 간에 트라우마의 의미를 약하게 하고 감소시키며, 환자는 그 일이 그렇게 나쁘지만은 않다는 것을 발견할 기회를 얻습니다.

■ 트랜스 재유도

이전의 연합된 네트워크를 환기시키는 질문을 통한 시각적 환각의 촉진: "저것은 돛단배인가요?"

E: 그건 그렇고, 저것은 돛단배인가요? 그냥 대답해 주세요.

M: 그렇게 생각하지 않아요.

E: '그렇게 생각하지 않는다'는 것이 무슨 뜻인가요?

M: 어떻게 생겼는지 모르겠어요.

E: 어디에 있나요?

M: 바다에 있어요.

E: 무슨 바다요?

M: 우리가 있던 곳이요.

E: [녹음 중 응답 손실]

M: 바닷가 모래 위에요.

E: 우리는 바닷가 모래 위에 있었습니다.

M: 우리는 실제로 바다에 있지 않지만 저는 그렇게 생각했어요.

E: 당신은 우리가 거기에 있다고 생각했군요. 물에 돌을 던진다는 아이디어는 어디서 얻었나요?

M: 모르겠어요. 우리는 모래사장에 있었어요.

E: 우리는 모래사장에 있었죠. 맞아요. 우리는 여전히 거기에 있지요? 모래사장이 아주 아름답다고 생각해요. 그렇지요? 저 갈매기들을 보세요. 갈매기들이 정말 우아하게 날고 있군요.

M: 무슨 말씀을 하시는지 모르겠어요.

E: 모래, 바다, 갈매기.

M: 갈매기가 안 보여요.

E: 하지만 보세요. 돛단배의 바로 이쪽입니다.

M: 갈매기가 안 보여요.

E: 돛단배의 이쪽이에요.

M: 돛단배가 없어요.

E: 우리는 지금 어디 있나요?

M: 저는 여기 있어요.

E: 저기 돛단배를 보세요.

M: 하지만 저는 아무것도 보이지 않아요. 제가 말씀드렸지요.

E: 자, 이제 바다와 돛단배를 보세요. 맞아요. 저 멀리 보이는 것이 돛단배 아닌가요? 갈매기가 날아가는 모습이 우아하지 않나요?

M: 모르겠어요.

E: 모르는군요. 당신은 구름을 볼 수 없고, 저것이 돛단배인지 아닌지도 몰라요. 여기에 물에 던질 돌이 있으면 좋겠네요. 그렇지 않나요?

M: 무서워요.

E: 당신은 물을 무서워하네요.

M: 차라리 여기 해변에 머물고 싶어요.

E: 여기 해변에 머물러도 돼요. 괜찮아요. 물에 들어가지 맙시다.

이제, 여러분이 살펴보기 원하는 것은 다음과 같습니다. 환자는 많은 저항을 보이며 "돛단배가 보이지 않아요. 우리가 여기 있다는 것을 알아요."라고 논쟁할 수 있습니다. 그러나 여러분은 끈기 있게 진행하려는 의지, 연상의 일부를 재정립하려는 의지, 이전 트랜스의 조건화를 가지고 트랜스 상태를 재형성할 수 있습니다.

■ 트랜스에서의 신체 접촉

조건화 요소로서 촉각 지속성의 중요성; 손 공중부양 및 경직 유도를 위한 촉각적 암시

앞서 말씀드린 것처럼, 수술 도중 환자가 공포에 질려 마취에서 깨어날 수 있습니다. 나는 환자가 겁에 질리고 두려워하며 불쾌해하는 것보다는 나를 비웃더라도 그런 태도로—그런 식으로 나에게 저항하는—웃고 즐거워하는 것을 더 좋아합니다. 지금은 교육 상황이지만, 여러분은 수술실에서도 웃음을 다루는 것과 정확하게 같은 방식으로 두려움과 공포에 대해 다룰 수 있습니다. 여러분의 인내심과 의지로 조건 반응에 의해 트랜스 상태를 유지하고 재설정할 수 있습니다.

환자와의 작업에서 신체 접촉은 항상 조건화 과정의 한 측면으로 해야 합니다. 접촉을 할 때 작은 터치로도 손을 움직이고, 손을 올린다는 것을 명심해야 합니다. 여러분은 손을 잡고 당기는 대신 움직임을 암시하면 됩니다. 그냥 엄지손가락을 부드럽게 만지면서 손을 들어 올린 후 위로 움직이거나 손가락 끝으로 엄지손가락 끝을 자극하는 방식으로 아래로 움직입니다. 손을 들어 환자에게 그 자세를 유지하도록 권하는 것은 경직을 암시하는 것이 아닙니다. 그런 식으로 발생한 경직은 종종 환자의 순종적 태도 때문입니다. 경직을 암시하는 방법은 손을 잡고 천천히 접촉을 최소화하는 것입니다. 환자의 손등에 엄지손가락이 닿는 것을 최소화하거나 여러분의 손가락을 환자의 손가락 끝으로 당겨 여러분 손의 지지를 조금씩 차츰 줄여 갑니다. 그런 다음 손을 경직된 상태로 두는 것입니다.㉑

■ 트랜스 확인하기

트랜스 지표로서의 해리와 경직; 최면상태 경직을 유발하는 질문: 최면후 암시

E: 어디 있나요, Margie?

M: 시골에요.

E: 눈을 감습니다. 깊이 잠이 듭니다. 이제 일어나시겠어요? 깨어나세요. 안녕하세요!

M: 안녕하세요.

E: 깨어났나요, Margie?

M: 예.

E: 확실한가요?

M: 제 팔을 깨우는 것을 잊으셨어요.

E: 당신 말은 제가 뭔가를 잊었다는 거네요. 맞아요.

여러분이 이해해 줬으면 하는 것은 이것입니다. 최면 행동의 많은 부분을 설명한다고 알려진 해리라는 요소가 있으며, Margie의 팔은 매우 많이 해리되어 있고, 여전히 트랜스에 남아 있을 수 있다는 것입니다. 즉, 그녀의 무의식은 그녀의 손을 상당히 엄격하게 통제할 수 있습니다.

E: Bernice, 저 팔을 바라보세요. 당신의 허리에도 그러한 방법으로 적용할 수 있다는 것을 알았으면 해요.

B: 허리는 괜찮아요.

E: 허리는 괜찮군요. 어쨌든, 당신은 오늘 트랜스에 들어갔나요?

B: 확실히는 모르겠어요, 두 번 정도는 그러기를 원했던 것 같아요.

E: 확실하진 않네요. 당신은 두 번 정도 원했군요. 어떻게 생각해요, Margie?

M: 좋네요.

E: 당신은 좋군요. **다른 부분은 모두 깨어났나요? 분명한가요? 걸을 수 있어요?**

M: 잘 모르겠어요. 걸어야 하나요?

E: 그냥 궁금했어요. 걸을 수 있나요?

M: 걷고 싶은지 모르겠어요.

E: 걷고 싶나요? 깨어난 기분은 어떤가요?

M: 모르겠어요.

E: Brody 박사, 그녀에게 일어나라고 개인적으로 요청해 주시겠어요?

Dr. B: Margie, 일어서 주시겠어요? **일어나 주세요.**

M: 안 돼요, 정말 못해요.

E: 음, 이유가 뭔가요.

M: 모르겠어요.

E: 힘내 보세요.

M: 몸이 너무 무거워요.

E: 몸이 너무 무겁네요.

M: 왜 그러는지 모르겠어요.

그녀가 일어서지 못하는 이유를 아시는 분 있나요? 그녀는 팔의 경직에 대해 알고 있지만 다리의 경직에 대해서는 모릅니다. 그리고 여러분은 그녀가 일어나면서 발을 끈다는 것을 알고 있습니다. Margie는 깨닫지 못했지만 그녀의 다리는 경직되어 있습니다. 그녀의 다리는 확실히 경직되어 있습니다. 여러분은 항상 환자의 행동을 테스트하고 분석할 기회가 있어서 그 연관성을 알 수 있습니다.

E: Margie, 눈을 감아 보시겠어요. 그리고 깊게 깊게 잠이 듭니다. 그리고 Paul, 눈을 감아 보시겠어요. 이제 아주 깊이 잠이 듭니다. 맞아요. 그거예요. 이제 저는

당신이 편안하게, 깊게, 평화롭게 푹 쉬기를 바랍니다. 여덟 시간 동안 푹 잔 것처럼 편안하고 상쾌하고 활력이 넘치는 느낌으로 깨어났으면 좋겠어요. 그리고 Joe, 당신이 깊은 트랜스에 빠지고 싶을 때는 원한다면 언제든지 그렇게 할 수 있다는 것을 알았으면 해요. 그리고 Bernice, 원하는 때에 언제든지 깊은 트랜스에 빠질 수 있다는 사실을 깨달았으면 좋겠어요. 좋아요, 깨어나요, Margie. 깨어나요, Paul. 깨어나요, Joe, Bernice, 깨어났나요?

B: 노력 중이에요.

🗨 편저자

이 흥미로운 절에서 Margie는 먼저 Erickson에게 그녀의 팔을 깨우는 것을 잊었다고 알려 준다. 이것은 그녀가 신체 일부를 움직일 수 없는 경직 또는 해리의 경험을 설명하는 방식이었다. 확실히 그녀가 방금 깨어 있다고 말로 표현했음에도 불구하고 여전히 변화된 의식상태에 있다는 것을 알려 준다. Erickson은 이 기회를 이용하여 청중에게 해리 현상에 대한 지식을 전달한다. 그의 말은 Bernice에게 그녀가 무의식적 상태에서 그녀의 허리 문제를 돕기 위해 같은 일을 할 수 있다는 것을 간접적으로 암시하는 것이기도 하다. 그런 다음 그는 Bernice에게 직접적으로 같은 암시를 하기 위해 돌아섰고 그녀는 그녀의 허리가 "괜찮다."라고 대답했다.

다음에 Erickson은 Margie에게 일련의 질문을 던진다. "당신의 다른 부분들은 모두 깨어 있나요? 확실한가요? 당신이 걸을 수 있는지 궁금해요." 이 모든 질문은 Margie가 자신이 완전히 깨어 있는지 궁금해하고 의심하도록 만든다. 이 질문에 내포된 최면 암시는 그녀가 깨어 있지 않고는 걸을 수 없다는 것이다. 사실 그녀는 일어설 수도 없다. 그녀는 자신이 '몸이 무거운' 이유조차 모른다. 물론, 몸을 무겁게 느끼는 것은 실제로 어떤 사람들이 이러한 형태의 트랜스 특징인 깊은 이완을 경험하는 또 다른 방법일 뿐이다.

그런 다음 Erickson은 눈을 감고, 깊은 잠을 자고, 상쾌하고 활기차게 깨어나는 것을 암시하는, 그의 전형적인 방법으로 모든 최면대상자의 시연을 마무리한다. 하지만 Bernice는 '노력 중'임에도 불구하고 여전히 깨어나는 데 어려움—또 다른 트랜스 지표—을 겪고 있다.

질의 응답

■ 엄지손가락 빨기

증상 처방: 역설적 암시 또는 역암시, 그리고 재도식화

Q 어린아이들의 가벼운 엄지손가락 빨기에 대한 간단하고 짧은 치료법을 제안해 주시겠어요?

A 아이가 엄지손가락을 빠는 것에 대해 칭찬해 보세요. 아이가 인생에서 얻는 첫 번째 교훈 중 하나는 이것과 저것의 순서를 선택해야 한다는 것입니다. 그리고 아시다시피, 왼쪽 엄지손가락을 빠는 데 순서가 필요하듯 오른쪽 엄지를 빠는 데에도 순서가 필요합니다. 작은 손가락도 순서가 필요하고 다른 작은 손가락들, 검지와 중지도 그렇습니다. 그리고 아이가 한 번씩 손가락을 다 빨면, 잘했다고 칭찬해 줍니다. 아이에게 손가락 빨기를 잘한다고 칭찬해 준다면 아이는 곧 모든 것이 지루해질 겁니다.

나는 "이건 제 엄지손가락 빨기를 싫어하게 만들어요!"라고 할머니에게 말한 어린 소년을 알고 있습니다. 할머니는 좋아하는 것이 재미없어지면 무엇을 하고 싶은지 물었습니다. 소년은 "다른 많은 것들요!"라고 말했고요. 맞아요. 소년은 스스로 예후를 말한 것입니다. 그것이 나쁜 습관이 있는 아이를 격려하는 간단한 기법입니다.

Q 보통 얼마나 자주 아이를 만나야 하나요? [당신은 이런 절차대로 치료하고 있나요?]

A 나는 부모교육을 합니다. 사실 아이를 두 번, 세 번, 네 번 정도쯤 본 후 아이를 칭찬합니다. 부모가 협조하도록 해 보세요. 아이가 번갈아 가면서 [모든 손가락을 하나씩 빠]는 것을 확인해 보세요.

편저자

Erickson의 엄지손가락 빨기에 대한 활용 접근법은 『논문집(Collected Papers)』(Vol.1)과 『최면을 통한 치유(Healing in Hyphosis)』(이 시리즈의 1권)에 자세히 설명되어 있다. 요점은 아이가 열 손가락을 모두 빨아야 하는데 금방 싫증이 나서 엄지손가락 빨기를 포기한다는 것이다. 습관 문제에 대한 대부분의 Erickson의 개입이 그렇듯이, 이 경우도 증상 처방이나 역설적 암시 또는 재도식화를 하는 것으로 볼 수 있다. '아이가 자신의 엄지를 빠는 것에 대해 칭찬하는 것'은 역설적 암시이거나 역암시이며, '엄지손가락 빨기를 포기하기'보다는, '모든 손가락에 동등한 주의를 기울이는 것'으로 상황을 재구성하는 과정이다. 어느 경우든 치료의 결과는 순전히 불편함 때문에 습관이 사라졌다는 것이다.

■ 최면에서의 약물과 위약

Q 더 어려운 문제가 있을 때 최면을 돕기 위한 약물을 사용하는 것에 대해 어떻게 생각하십니까?

A 개인적으로 나는 약물 사용을 좋아하지 않습니다. 나는 모든 것을 시도해 봤습니다. 내가 생각하기에 좋은 유일한 약은 30분 전에 마시는 약 1온스의 C_2H_5OH[에틸 알코올−위스키]입니다. 어떤 때는 치료자가, 어떤 때는 환자가요! 농담입니다. 나는 약물 투여를 보조 수단으로 많이 고려하지 않습니다. 환자가 약을 고집한다면 위약을 사용하는 것이 가장 좋습니다. 만약 여러분이 약물을 사용한다면 여러분은 환자와 더불어 약물 효과까지 다루어야 합니다. 그러니 가능하면 위약을 사용하세요.

■ 무의식의 탁월한 판단력

Q 무의식으로 작업하는 것은 어떻습니까? 무의식적 수준에서의 에너지 사용이 사용 가능한 총 에너지에 영향을 줄까요? 즉, 최면상태에서 무의식으로 작업하는 일이 자주 있다면 환자에게 해가 될까요?

A 　여러분이 자신을 혹사하자마자 무의식은 여러분을 극도로 졸리게 만들고 일하다 말고 자러 가게 할 가능성도 매우 커집니다. 하지만 여러분이 의식적으로 종종 형편없이 판단할 때만큼 무리가 되지는 않을 것입니다. 무의식은 판단력이 의식보다 훨씬 나으니까요.

■ 산술적 수열을 통한 불면증 치료

Q 　불면증 환자를 치료하기 위한 단회기 기법을 설명해 주시겠습니까? 얼마나 자주 환자를 만나야 하나요?

A 　불면증 치료에 즐겨 사용하는 기법 중 하나를 예로 들겠습니다. 어떤 남자가 나에게 말했습니다. "저는 밤에 두 시간만 자요. 제 침실에 있는 시계가 1시를 치면 잠이 들고, 3시를 칠 때 깨어납니다."

　그가 침실에서 그 시계를 꺼내게 할 수 있는 것은 이 세상에 어떤 것도 없었어요. 나는 거의 한 시간을 들여서 그에게 이 산술적 수열에 관한 문제를 열심히 설명했고, 그는 마침내 2시간 1분 1초, 2시간 1분 2초, −4초, −8초, −16초, −32초, −64초, 그리고 2시간 2분 동안 자는 것에 동의했습니다. 그리고 우리가 이런 식으로 더해 봤을 때, 그는 "초 단위가 아니라 분 단위로 더하면 어떨까요?"라고 말했습니다. 그래서 우리는 마침내 그가 적당한 시간, 즉 하룻밤에 6시간에서 10시간까지, 아마도 평균 7시간 반에서 8시간 사이의 잠을 잘 수 있다는 것에 동의했습니다.

　나의 방법은 먼저 그가 산술적 수열의 개념을 받아들이도록 하는 것이었습니다. 그런 후 그가 2시간을 잤든 2시간 1초를 잤든 아무런 차이가 없다는 것을 인정하게 하는 것이었지요. 그가 그 1초를 받아들이게 한 것이 치료적 승리를 만들었습니다. 불면증 치료를 위해 무감각을 사용하든 신경증 치료를 위해 무감각을 사용하든 이러한 일은 종종 일어납니다.

■ **두통 치료**

환자의 동기부여 정도에 따라 결정되는 증상의 제거 정도

Q 신경쇠약 후 우울증에 걸리기 쉬운 사람에게 자기최면은 얼마나 도움이 될까요? 그리고 분명한 생리적 이유가 없는 두통을 조절하는 데에도 최면이 유용한가요?

A 신경쇠약 후 우울증에 대해 정신과적 도움을 제안하고 싶습니다.

자기최면으로 심인성 두통을 다룰 때에는, 환자가 두통을 유지하려는 뜻이 있는지를 먼저 파악해야 합니다. 전인격(total personality)이 증상을 유지하려는 의지로 증상을 원하고 있음을 인식해야 합니다……. [이 점을 인식하고] 환자에게 이렇게 질문하면 됩니다. "두통을 얼마나 오래 앓고 싶으세요? 2초나 3초 동안 두통을 원하시나요? 2분이나 3분 동안 두통을 원하시나요?"

1년 중 약 3개월 정도를 심한 두통으로 병상에 누워 있는 환자가 한 명 있었습니다. 언제 두통이 생길지 몰랐기 때문에 어떤 사회적 모임에도 참석할 수 없었습니다. 그녀는 나를 네 번만 만나려 했기에 나는 이러한 방법으로 해결했습니다. 즉, 그녀는 매주 월요일 아침에 두통이 있었는데, 그때가 대개 제일 편한 시간대였습니다. 그 두통은 60초 내내, 90초까지도 내내 지속되는 다소 심한 두통입니다. 아주 심한 통증이지요. 그녀는 누워서 두통을 겪고 그다음에 일어납니다. 때로는 화요일까지 두통을 연기해야 할 때도 있었습니다.

환자가 두통을 유지하려는 마음이 있을 때는 필요한 모든 심리치료에도 불구하고 두통을 놓지 않으려 할 것입니다. 두통을 유지하려는 마음에는 두통을 통제하려는 의지가 들어 있는 것입니다. "저는 아주 조그마한 증상도 없기를 원해요."라고 말하는 환자는 여러분에게 다소 어려운 문제를 제시하고 있는 환자입니다.

■ 트랜스 및 깨어난 상태에서의 카타르시스

의식과 무의식을 별개의 '개체'로 다루기

Q 일단 트랜스 상태에서 환자에게 일종의 카타르시스를 시행했다면, 결과를 강화하기 위해 깨어 있는 상태에서 상황을 검토해 보는 것이 좋을까요?

A 나는 치료적 목적의 트랜스 경험에서 카타르시스를 겪은 환자는 트랜스 상태의 경험을 이해하는 것이 지극히 중요하다고 생각합니다. 그래서 트랜스 상태에서 여러분은 그 경험을 깨어 있는 상태에서도 기억해야 한다고 환자에게 말해야 하고, 작업할 시간과 상황을 선택해야 한다고 말해야 합니다. 진료실이든 다음 약속에서든, 무엇이 되었든 환자가 깨어 있는 상태에서 카타르시스를 되풀이해야만 한다는 것을 이해하도록 도와야 합니다. 여러분은 Margie가 했던 것처럼, 즉 몸의 다른 부분은 다 깨어 있지만 팔은 깨어 있지 않도록 해리시켰던 것처럼 그도 할 수 있다는 것을 알려 줌으로써 그를 안심시켜 줄 수 있습니다. 깨어 있는 상태에서의 카타르시스도 마찬가지입니다. 의식이 견딜 수 있는 트라우마의 일부를 경험하고, 그 후에 추가적인 부분을 경험하고, 트라우마가 해결될 때까지 또 다른 부분을 경험합니다. 그런 다음 환자를 다시 트랜스 상태로 되돌린 후 트랜스 상태와 깨어 있는 상태에서 모두 카타르시스가 있었다는 사실을 알려 줍니다. 마지막으로, 여러분은 그를 깨운 후에 그에게 깨어 있는 상태와 트랜스 상태에서 모두 카타르시스가 있었다는 것을 알려 줍니다. 즉, 무의식과 의식을 한 사람의 이익을 위해 기능하는 두 개의 분리된 개체로 취급하는 것입니다.

■ 생리적 기능에 대한 심리적 통제

일상생활에서의 경험적 학습 활용

Q 출혈이나 침 흘리기 같은 정상적인 생리적 기능에서 최면 조절에 대한 당신의 이론이나 설명은 무엇인가요?

A   여러분이 대학생이라고 가정해 볼까요? 오늘은 당신의 생일이고, 당신은 집배원이 오는지 보기 위해 창문 밖과 길 아래를 보고 있습니다. 당신은 책을 받기로 했지만, 집배원이 사탕을 가져올 가능성도 아주 높다는 것을 알기 때문에 당신은 자신의 아랫 입술을 핥으며 침을 흘리기 시작합니다. 오래전에 당신은 사탕과 침을 연관시키는 법을 학습했기에 집과의 유일한 연결망인 집배원만 봐도 침을 흘립니다. 당신은 집배원이 당신의 생일과 관련된 여러 가지 일을 생각나게 했기 때문에 침을 흘리는 것입니다. 당신은 많은 심리적 힘에 생리적 차원으로 반응했던 평생의 경험이 있습니다.

  지금, 여러분 상당수는 [생리적 힘과 심리적 힘의 상호관계]에 대해 잘 모릅니다. 예를 들어, 지금 여러분의 사고방식으로는 혈액의 흐름을 조절하거나 출혈을 줄일 수 있다고 믿지 않습니다. 하지만 여러분 모두는 지금 한마디의 말이 모두의 얼굴을 붉게 할 수 있다는 것을 알고 있습니다. 맞습니다. 왜냐하면 여러분의 몸은 혈액의 흐름을 조절하는 경험을 많이 했기 때문입니다. 그리고 그것은 매우 쉽고 간단합니다. 만약 여러분이 얼굴의 혈류를 조절할 수 있다면, 왜 목의 혈류를 조절할 수는 없을까요? 여러분의 목은 붉어지고, 이마도 붉게 변할 것입니다. 그렇다면 조금 더 아래는 왜 안 되겠어요? 무서운 것을 생각하면 몸이 창백해지던 경험을 생각해 보세요. 몸이 열을 받아 붉어지고, 추위로 인해 몸이 하얗게 변했던 경험을 생각해 보세요. 몸은 많은 경험을 지니고 있습니다. 모세혈관의 혈류를 조절하기 위해 최면상태를 구축할 수 있고, 모세혈관의 흐름으로 침샘을 조절하거나 분비샘을 자극할 수 있다는 기대를 뒷받침하는 실제 생리적 경험은 매우 풍부합니다. 여러분은 누군가에게 눈물을 자아낼 한마디를 할 수 있습니다. 그 눈물들은 눈물샘의 혈류 변화를 필요로 하지요. 여러분은 눈물샘이 어떻게 혈액을 공급받는지도 모릅니다. 여러분이 전혀 알지 못하는 여러분의 몸에 존재하는 풍부한 지식은 적절한 심리적 또는 생리적 자극이 주어지면 드러날 것입니다.

👥 **편저자**

'여러분의 몸에 존재하는 풍부한 지식'은 정상적인 생활 과정에서 심리적, 생리적 상태가 연합되었을 때 발생하는 모든 자동적이고 무의식적인 조건 반응으로 형성된다. Erickson은 보통 이 현상을 '경험적 학습(experiential learning)'이라고 불렀고, 최면 반응을 유도할 수 있는 원재료로 생각했다. ㉒

■ 치과에서 국소 마취하기

Q 한 개의 치아에 급속 마취하는 방법은 무엇일까요?

A 나는 치아 하나만 급속 마취를 하지 않습니다. 그렇지만 환자에게는 그렇게 말하고 나서 그쪽 입 안의 치아 전부를 급속 마취하기로 정합니다. 다음으로 나는 이것이 내가 원하는 치아라는 것을 환자에게 알려 줄 것이고, 보통 즉각적인 상황에 맞게 아주 근사한 주의 산만 기법을 쓸 것입니다. 만약 내가 특정 환자를 치료한다면—예를 들어 Gale에게—나는 그에게 어깨를 꼬집을 수도 있다고 말하여 그의 주의를 분산시키려 할 것입니다. 그것은 그가 원하는 것이 아닙니다. 그는 아래턱의 왼쪽에 통증이 없기를 원하지요. 나는 그에게 [어깨를 꼬집어서] 그런 식으로 일반적 마취를 시작하는 데 동의하도록 요청할 것입니다.

■ 최면과 학습

학습 동기 증진; 환자의 개인 권리를 위한 윤리적 고려사항

Q 단순히 공부할 의지가 없는 중·고등학생에게 어떻게 동기부여를 할 수 있을까요?

A 순전히 이기적인 목적만을 위해 최면을 사용하려고 한다면, 여러분은 실패할 것입

니다. 자신의 아들 Johnny를 대상으로 최면을 실시했던 한 의사가 생각나네요. Johnny
는 열두 살이었어요. Johnny가 성적표를 집으로 가져왔는데 D가 하나, C는 많았고,
B는 하나뿐이었지요. 아버지는 Johnny를 트랜스에 들게 한 후 B와 A를 받아야 한다
고 말했습니다. 그러고 나서 아버지는 Johnny가 다시는 아버지를 위해서 트랜스에 들
지 않을 것임을 깨달았습니다. 왜냐하면 아버지는 Johnny가 아버지의 명령을 따르도록
하기 위해 최면을 사용하려고 했기 때문입니다. 그건 옳지 않습니다. 그것은 불공평하
고 부당하지요. 그것은 Johnny를 침해하는 것이고 Johnny의 무의식을 침해하는 것이니
까요.

　나는 아버지에게 Johnny의 성적을 올려보겠지만 그와는 다른 방법으로 해 보겠다고
했어요. 나는 Johnny를 트랜스에 들게 한 후 이렇게 말했지요. "Johnny, 네 아버지는 네
가 전부 A와 B를 받아야 한다고 하셨지. 이것에 대해 정직해 보자. 솔직하고 진지하게
말해 보자. Johnny, D학점도 그렇게 기분 나쁘진 않았어, 그렇지? 넌 그게 중요하다고
생각하지 않았어. 너는 C학점에 대해서도 그렇게 나쁘게 느끼진 않았지. 그것도 정말
좋은 성적이야. 그것은 좋은 성적이고 평균 성적이지. 그리고 너는 실제로 B학점에 만
족했잖아, 안 그래?"

　Johnny는 B학점에 정말 만족했어요. 나는 거기서 멈추었습니다. 나는 그의 성적이
좋다고 인정했습니다. 그의 C학점을 인정해 주었고, 그가 D학점을 별로 신경 쓰지 않았
다는 것을 동정하면서 강조했고, 또 그는 내가 그렇게 믿고 있다고 생각했습니다. 결과
적으로 그는 D학점에 대해 더 이상 동정받고 싶지 않고, B학점을 받아 정서적 만족을 얻
고 싶었고, 그것이 바로 그의 바람이었기 때문에 성적을 **올렸습니다**. 그것이 그가 실제로
원했던 것입니다. 나는 그에게 B를 받는 것도 괜찮다고 말했으며, 그는 더 많은 B를 받
기 시작했습니다. 그의 아버지처럼, 그에게 "너는 A학점을 더 많이 받아야 해."라고 말
하는 것은 Johnny의 개인 권리에 대한 부당한 침해였을 것입니다.

■ Robert의 트라우마: 트럭 사고 사례

적극적인 참여와 정교화, 재도식화로 아동의 악몽 치료하기

Q 잠을 깨우는 악몽에 대한 해결책이 있나요?

A 내 아들 Robert는 7세 때 트럭에 치였습니다. 양쪽 허벅지가 부러지고 골반이 골절되고 뇌진탕이 있었고, 다른 끔찍한 손상도 있었습니다. 그 아이가 몸에 깁스를 하고 병원에서 집으로 돌아왔을 때, 악몽을 꾸기 시작했습니다. 끔찍한 악몽이었지요. 나는 그 아이의 침대에 앉아 비명 소리에 귀를 기울였습니다. 그 아이가 비명 지르는 순서를 완전히 파악할 때까지, 그 아이가 악몽에서 쓰는 단어를 귀 기울여 들었습니다. 이런 식으로 나는 그 악몽의 내용과 순서, 즉 '트럭이 오고 있다, 트럭이 나를 치려고 한다, 트럭이 나를 죽이려고 한다, 악! 하고 쓰러진다'는 것을 알게 되었습니다.

그 순서를 알고 난 다음 Robert가 악몽을 꾸었을 때, 그 순서를 그대로 따라갔습니다. 즉, 그가 "트럭이 온다!"라고 소리를 지르기 시작하자마자, 나는 "트럭이 온다, 그리고 점점 가까워지고 있어."라고 동의했습니다. 그때 나는 단지 악몽을 빠르게 한 것이고, 그 아이는 "악!" 하고 쓰러지는 지점에 빨리 도달하게 되었습니다. 곧 Robert는 내가 그 악몽에 동참하는 것에 약간 의지하게 되었고, 그래서 나는 "또 다른 트럭이 오고 있지만, 길 건너편에 있어."라고 말할 수 있게 되었습니다. 그렇게 나는 그의 악몽에 다른 요소, 즉 길 건너편에 있는 다른 트럭을 도입했습니다. 그 이후 계속해서 나는 길 건너편에 있는 트럭이 그를 지나쳐 간다는 아이디어를 도입할 수 있었습니다. 그 아이디어가 심어지자마자, 나는 "트럭이 너를 치겠지만, 너는 곧 회복될 거야."라고 말했습니다. 그 시점에서 나는 악몽을 꽤 잘 구성해 냈습니다. 이 절차를 몇 주 더 거친 후 Robert는 내가 수정하고 교정하여 추가한 내용으로 악몽을 꾸게 되었고, 더 이상 악몽을 꿀 필요가 없다는 것을 깨달았습니다.

다른 아이들에게 나는 "그래 너는 이런 일도 있었고, 저런 일도 있었어."라고 말하면서 그들의 꿈을 수정하고 그 꿈에 참여합니다. 여러분이 더 잘 참여하기 위해서는 악몽을 통제하기 위해 탐탁지 않은 요소라도 사용하는 것이 좋습니다. 단지 Robert를 안심시키려고 하는 노력은 사실에 어긋나는 일입니다. 트럭이 그를 치었기 때문에 나는 그 사실에 따라 행동했습니다. 여기에서 아이디어는 이해한 것에 참여하고, 이해한 바를 정교화하고, 확장하고, 그리고 향상시키고자 하는 것입니다.

■ 치과 최면에서의 금기사항

파괴적 성격장애 인식하기

Q 치과에서 최면 사용 시 금기사항을 알려 주시겠어요? 치과의사가 환자에게서 인식해야 할 좋지 않은 상태의 징후가 있나요?

A 잠재적인 정신증 환자가 내 진료실에 처음 왔을 때 그 환자를 식별하는 것이 얼마나 어려운지를 고려해 본다면, 정신과 수련을 받지 않은 치과의사에게 최면에 적절하지 않은 성격장애 환자를 보게 한다는 것은 참 곤란한 일입니다. 그것은 아주 명백한 경우에만 바로 알아볼 수 있기 때문에 매우 곤란합니다. 나는 진료실에서 아주 착하고 상냥한 사람들을 본 적이 있습니다. 나는 그들을 관찰했고, 그들에 대해 곰곰이 생각해 보았지만, 목표 달성에 완전히 실패했습니다. 그들 모두에게 급성 정신증이 드러났기 때문이지요. 내가 환자들을 처음 봤을 때 정신증이라고 볼 만한 실제 증거가 없었습니다. 그래서 나는 누가 내 진료실에 들어오든지, 그 사람을 살펴보고 그 사람이 치료를 잘 따를지, 내가 확실한 답을 할 수 있을 때까지 의문을 가지는 편입니다. 일반적으로, [극단적인 상황]이 명백할 때는 최면을 피하세요. 그렇지 않으면 여러분은 나처럼 몇 번이나 그 표식을 놓치게 될 것입니다.

■ 성 문제 치료

심리적 재정향 및 재도식화

Q 불감증이나 발기부전 치료를 할 때, 만일 환자가 심리적 접근을 거부한다면 직접 암시로 치료하시겠습니까?

A 나는 어떤 직접적 암시도 하지 않을 것입니다. 사실 나는 발기부전이나 불감증을 치료하기 위해 최면을 사용하지 않을 것입니다. 왜냐하면 발기부전과 불감증은 둘 다 몸에 대한 잘못된 태도, 몸에 대한 잘못된 지향, 일반적으로 성과 감정이라는 주제에 대한 많은 혼란스러운 이해와 깊은 관련이 있기 때문입니다. 그러므로 나는 다른 심리적 접근을 제공할 목적으로 최면을 사용할 것입니다.[23]

■ 트랜스 유도에서 자신감의 역할

Q 최면대상자를 트랜스에 들게 하는 데 최면치료자의 자신감이 중요할까요?

A 거의 대다수의 사례에서, 최면을 유도할 수 있게 하는 것은 여러분이 기꺼이 발휘할 수 있다고 여기는 자신감입니다. 그것은 여러분이 할 수 있다는 것을 알려고 하는 의지입니다. 나는 의대생들을 대상으로 실험을 했는데, 그 실험에서 한 집단의 학생들에게는 특정 피험자가 트랜스 유도에 매우 적합하지 않은 대상이라 최면 유도에 완전히 실패했다고 말하고, 반면 다른 집단의 학생들에게는 같은 피험자에 대해 트랜스 유도에 매우 적합한 사람이라 최면 유도에 성공했다고 말했습니다.

실험이 끝난 후, 이 두 집단의 의대생들 중 한 집단은 "저는 최선을 다했지만, 그 피험자에게 트랜스를 유도할 수 없었습니다."라고 말했습니다. 진짜 문제는 무엇이었을까요? 그들은 자신감이 부족했던 것입니다. 이 집단에 대해 내가 말한 것은 피험자가 트랜스를 유도하기에 적합하지 않으며, 단지 불가능하다고 했을 뿐입니다. 그런데 이러한 인식이나 믿음 때문에 그들은 자신감이 부족했습니다. 그러나 내가 "이 피험자는 아주 훌륭하고 트랜스에 쉽게 들어가고, 쉽게 무감각해질 것입니다."라고 말했던 학생들은 자신감을 가졌고, 좋은 결과를 얻었습니다. 실험적으로 이러한 결과를 얻을 수 있다면, 여러분의 실습에서도 같은 결과를 얻을 수 있습니다. 나는 자신의 직업적 능력에 대한 자신감과 믿음이 있어야 한다고 생각합니다.

■ 기억하기 vs. 망각하기

트랜스 사건에 대한 기억과 기억상실의 바람직성 결정

Q 환자에게 트랜스에 대한 완전한 기억 또는 기억상실을 언제 암시하는 것이 가장 좋을까요?

A 난 항상 "당신이 원한다면 이것을 기억할 수도 있고, 당신이 원한다면 이것을 잊을 수도 있어요."라고 말합니다. 또는 [직접적으로 말하지 않더라도] 나는 그것을 어떻게든 암시합니다. 내 말은 보통 이런 아이디어에 중점을 두고 있습니다. 즉, "의식적으로 또는 무의식적으로 당신이 이해할 필요가 있는 것이 무엇이든, 그것이 바로 제가 당신이 이해하기를 바라는 것입니다. 다시 말해, 저는 당신이 필요로 하는 것이 무엇이든 의식적으로 이해하기를 바라고, 당신이 필요로 하는 것이 무엇이든 무의식적으로 이해하기를 바랍니다." 그래서 나는 환자의 어깨에 책임을 부여합니다. 만약 그들이 트랜스 경험의 75%를 무의식적 수준에서 이해할 필요가 있다면, 그들은 75%의 기억상실을 경험하게 됩니다.

■ 강박증 치료

Q 강박적인 음주자나 흡연자에게 최면을 사용할 수 있을까요?

A 최면은 강박 환자에게 자주 사용되며, 아마도 강박을 활용하여 적용하는 것이 가장 좋을 것입니다. 예를 들어, 여러분은 강박적인 흡연자에게 아주 쉽고 자연스럽게 금

연에 대한 강박과 담배 맛을 잃게 할 강박을 만들어 갈 수 있습니다.

강박적으로 담배를 피우던 시카고의 한 의사가 있었습니다. 그는 담배를 하루에 네 갑에서 여섯 갑 정도 피웠고, 다 핀 담배를 버리자마자 두 번째 담배를 입에 넣을 준비가 되어 있지 않으면 매우 고통스러워했습니다. 나는 그에게 "주머니에 담배 한 갑은 꼭 채워 있어야 하지 않겠어요?"라고 말했습니다. 나는 그 강박을 만들고 나서 두 번째 강박을 만들었습니다. "당신은 언제 담배를 끊을지 몰라요. 그날이 7월 초순이 될지, 7월 중순이 될지, 아니면 7월 하순이 될지 당신은 몰라요. 하지만 당신은 그 일이 8월 15일 이전에 일어날 것이라고 매우 확신하고, 그날을 알기 위해 당신의 영혼이라도 바치려 할 거예요."

그래서 그는 자신이 언제 담배를 끊을지 알아야 한다는 엄청난 강박 관념이 생겼고, 그것을 알기 위해 그렇게 오래 기다릴 수 없었기 때문에 그날이 바로 8월 15일 이전이어야 했습니다!

9월에 그는 나에게 이렇게 말했습니다. "당신은 저에게 아주 영리한 속임수를 썼어요. 당신이 저를 금연에 너무 강박적으로 관심을 갖게 해서 그날을 기다릴 수 없었어요. 그래서 해치워 버렸지요. 8월 중순까지 버틸 수 있었지만, 그러지 않았어요. 7월 20일경에 담배를 끊었고, 지금은 9월입니다."

나는 10월에 그를 다시 보았는데 그는 여전히 담배를 피우지 않았습니다. 그는 "알다시피 전 아직도 담배에 대한 강박이 있어요."라고 말했습니다. 그는 호주머니에 손을 넣어 담배 한 갑을 꺼냈습니다. "저는 담배 한 갑을 꼭 채워 가지고 다녀야 한다는 강박이 있어요. 한 갑이 꼭 차 있지 않을까 봐 차마 그것을 열 수 없어요. 더 많은 건 상관없어요."

그래서 그는 꼭 채운 담배 한 갑을 들고 다닙니다. 강박적 욕구지요. 나는 그에게 자신의 강박행동에 대해 어떻게 생각하는지 물었습니다. 그는 말했습니다. "괜찮아요. 하루에 담배 4갑에서 6갑을 피우려면 저의 머리를 점검해야 하지만 이렇게 하면 제 주머니만 점검하면 돼요."

■ **신경피부염**

심리적 재정향을 통한 최면치료: 부분적 증상 제거: '얼마나 가져가길 원하나요?'

Q 최면이 신경피부염 치료에 유용한가요?

A 신경피부염 치료에서는 실제 신체적 문제에 대한 심리적 반응과 성격적 반응이 있기 때문에 여러분은 최면을 사용하여 환자가 실제로 필요한 신경피부염의 양을 순전히 신체를 근거로 하여 재정의해야 합니다. 초등학교와 중·고등학교 내내 침대에 누워 있느라 가정학습을 받아야 했던 한 환자가 있었습니다. 때때로 그는 4주에서 6주 정도 증상이 완화되곤 했지요. 그 완화 기간 동안 그는 나를 방문했습니다. 그의 신경피부염에 대한 나의 치료법은 모두 다음 아이디어에 중점을 두어 이루어졌습니다.

"당신은 이 신경피부염을 얼마나 가져가길 원하나요? 분명히 메이요 클리닉이 틀릴 리가 없지요. 당신이 갔던 다른 클리닉도 틀릴 리가 없습니다. 하지만 당신은 심리적으로나 성격적으로 반응하고 있네요. 자, 이 신경피부염은 치료법이 없는데 신경피부염을 얼마나 가져가길 원하나요?" 그 환자는 이마, 목, 손목, 팔꿈치, 그리고 양쪽 허벅지 앞면의 반점을 받아들였습니다. 그는 이런저런 일에 화가 났을 때에 가슴에 반점이 생깁니다. 그런데 그가 정말로 정말로 정말로 화가 났을 때는 복부에 손바닥만 한 크기의 반점이 생깁니다. 여자 친구가 그를 차 버렸을 때 그의 복부에는 굉장히 큰 반점이 생겼습니다. 그는 정말로 정말로 정말로 광분할 때를 위해 그의 복부를 남겨 둡니다. 그냥 보통 화날 때는 가슴만으로도 충분합니다. 그는 현재 신경피부염이 거의 다 나았습니다. 그는 생애 처음으로 학교에 다녔습니다! 그는 동아리 회장이었고 뛰어난 학생이었으며, 대학을 최우등으로 졸업했습니다.

■ 소양증

재도식화를 통한 최면치료: '굳어진 신경'의 의사-개념

Q 통증이나 소양증을 치료할 때, 감각을 다른 증상으로 대체하시나요, 아니면 환부의 강도를 낮추거나, 또는 다른 무엇을 시도하시나요?

A 통증 치료는 일반적으로 동일한 패턴을 따르므로 우선 소양증의 경우를 살펴봅시다. 먼저 환자에게 소양증을 솔직하고 직접적이고 직설적으로 받아들이라고 요청합니다. 소양증에 대해 몹시 작은 부분까지 극도로 솔직하게 나누어, 치통이 불편한 병이듯 귀앓이도 인후염도 불편한 병일 뿐이듯이, 소양증도 불편한 병일 뿐이라는 것을 환자가 인식할 수 있게 합니다.

일단 소양증을 정상적인 의학 수준에 두고, 지난주 언젠가, 아마도 3초 정도 소양증이 가라앉았다는 사실에 의문을 제기하며 신경 피로 문제를 가져올 수 있습니다. 그리고 나서 여러분은 아마도 다른 어떤 때는 1분 정도 소양증이 진정되었다는 것을 지적할 수 있습니다. 사실 환자에게 말하는 강도와 그의 주의를 조절하는 방법으로 그가 당신과의 대화 도중 소양증이 가라앉았다가 다시 돌아왔다는 것을 증명할 수 있습니다. 발에 신은 신발에 대한 알아차림이 왔다 갔다 할 수 있는 것처럼 소양증이 나타났다가 사라지기도 하고 악화되었다가 나아지기도 한다는 아이디어를 받아들이도록 합니다. 이제 여러분은 더 나아지는 단계를 강조하고 더 나빠지는 기간을 단축합니다. 여러분은 환자에게 신경과 신경의 말단 기관에 굳은살을 발달시키는 방법을 학습하는 개념을 구축하며, 신경이 고통스러운 소양증에 너무 익숙해져서 [환자의 전인격이] 그것을 알아차리지 못하게 합니다. 또한 보일러 공장 노동자가 공장 소음에 익숙해져서 동료들에게 평범한 대화 톤으로 말하면 동료들도 비슷하고 평범한 목소리로 대답하고, 그 지독한 소음에도 불구하고 서로의 말을 잘 알아듣는다는 예를 들 수도 있습니다.

■ 청중 최면 유도

강의 학습의 무의식적 검토와 활용을 위한 암시: 미래 자기최면 경험을 위한 최면후 암시

Q 여기에 계신 많은 분이 당신에게 이 집단에 집단 트랜스를 유도하여 자기최면 암시뿐 아니라 오늘 우리에게 제공한 정보를 모두 기억할 수 있도록 암시해 줄 수 있는지 질문해 왔습니다.

A 의자에 등을 기대어 눈을 감고 내 말에 귀를 기울여 주시기 바랍니다. 어떤 분은 트랜스에 들어가는 데 관심이 없을 수도 있고, 그리고 그것을 알고 있을 수도 있고, 어떤 분은 트랜스에 들어가는 데 관심은 있지만 관심이 있다는 것을 전혀 알지 못할 수도 있습니다. 그러니 여러분 모두 등을 기대고 눈을 감고 귀 기울여 들어야 합니다. 필요하다면 눈을 감고도 귀 기울이고 깨어 있을 수 있기 때문입니다. 하지만 정말로 트랜스에 들어가기를 원한다면 여러분은 그렇게 할 수 있습니다.

내가 이 집단을 위해 사용해야 할 기법은 무엇일까요? 나는 하루 종일 여러분에게 강의했습니다. 최면을 주제로 이야기했고, 여러분은 최면의 이런 기법, 저런 기법에 매우 친숙합니다. 트랜스 최면에 들어간다는 것은, 여러분이 잘 들으면서 자신에게 어떤 일이 일어나게 두는 것, 자신의 느낌에 관심을 갖게 되는 것, 외부의 것이 중요하지 않다는 점을 인식하는 일입니다. 눈을 감고 편안하게 앉아 있으면서, 오늘 아침에 했던 생각 몇 가지를 다시 검토해 보세요. 나는 여러분 자신의 무의식이 그것을 검토하기 바랍니다. 그것을 생각하고 기억하고 이해하는 것을 의식적으로 알게 하지 말고 무의식의 영역에서 그것을 하기 바랍니다. 여러분의 무의식이 두려움과 불안, 그리고 다양한 증상의 완화에 대해 내가 말한 모든 것을 검토하기 바랍니다. 나는 여러분의 무의식이 내가 말한 모든 것을 검토하기 바랍니다. 여러분의 무의식이 이런 문제에 대해 여러분 스스로 이해한 것을 검토한 다음, 우리가 다루었던 다음 주제, 즉 기법에 대한 질문, 최면의 적용, 여러분이 했던 모든 생각으로 넘어가기 바랍니다.

여러분이 내 말을 경청하고 있는 동안 주변 환경을 잊어버렸던 그 시간에 여러분은 한

인격체로서 여러분 자신의 학습에 관심을 갖고, 이 특정 유형의 모임에 대한 자신의 무의식적 반응에 관심이 있었다는 것을 명심해 보세요. 그리고 여러분이 오늘 오후에 일어난 일, 특히 트랜스 시연과 최면대상자들이 트랜스에 들어갔다는 것, 그들이 자신의 학습을 성취했다는 것, 그리고 여러분도 그들과 함께 학습했다는 것에 대한 알아차림을 검토하기 바랍니다.

여러분이 무언가를 배우기 위해 명확하게 직접적으로 노력할 필요가 없다는 것을 명심하세요. 다른 상황에서도 우연히 무언가를 배우려는 여러분의 의지만으로도 충분합니다. 즉, 환자를 관찰함으로써, 환자의 말을 경청함으로써, 환자가 성취하고 있는 학습을 봄으로써, 여러분 스스로를 위하여 트랜스에 들어가 무언가를 배우려는 의지만 있으면 됩니다. 여러분은 잠을 잘 때 꿈속에서 자신의 경험과 수련을 통해 얻은 모든 것과 다양한 회의와 강의에서 학습한 모든 것에 대해 검토하는 데 무의식을 이용할 수 있다는 것을 인식하면 됩니다.

여러분의 교육적 배경 및 훈련과 더불어, 여러분이 해야 할 일은 의자에 조용히 앉아서 긴장을 풀고 여러분 스스로를 지도하고 인도하기 위해 무의식에 의지하는 것이라는 것을 깨닫는 것입니다. 그것은 여러분에게 자기최면 트랜스에 들어가는 것에 대해 많은 것을 가르쳐 줄 것입니다. 여러분이 그것을 할 수 있을 만큼 충분히 알고 있다는 것을 깨닫기 바랍니다. 몇 분 동안 깊고 편안한 휴식을 취하세요. 자신의 경험에 관심을 가져 보세요. 그 경험은 여러분에게 속해 있고, 여러분의 무의식에 속해 있으며 필요할 때마다 무의식에 의해 이용될 수 있는 것으로 이렇게도 할 수 있고 저렇게도 할 수 있다는 확신, 즉 그런 일들이 전개되는 대로 여러분이 이해할 수 있다는 느낌을 가지고 관심을 가져 보세요. 그리고 이제 단 몇 분 안에, 휴식과 상쾌함을 느끼며 천천히 깨어날 것입니다.

사진으로 보는 Milton Erickson의 일생

▶ 위스콘신주 로웰에 있는 가족의 집에서 자매 Florence(서 있는 사람)와 Winifred와 함께 있는 어린 Milton Erickson. 1910년경.

▶ 위스콘신 대학교에서 학부 시절을 보낸 성실한 Milton Erickson. 1922년경.

▶ 미시간주 엘로이즈에 있는 웨인 카운티 종합병원에서 연구에 전념하던 젊은 Erickson 박사의 사진. 1938년.

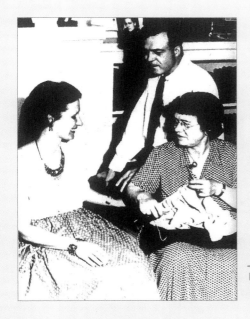

▶ Erickson 박사 부부의 가족같이 특별한 친구, Margaret Mead 박사와 함께, 1950년.

▶ 자택 진료실에서 한곳을 응시하고 있는 Erickson.
1957년.

▶ 1958년 피닉스에서 추수감사절 가족 사진. 온 가족이 찍은 단 두 장의 사진 중 하나.
뒷줄(왼쪽에서 오른쪽으로): Elizabeth Erickson 부인, Carol, Betty Alice, Lance, Erickson 박사, Allan, Albert. 앞줄: Kristina, Roxana, Robert.

▶ 1975년 미국 임상최면학회의 과학 회의에 참석한 Erickson 박사와 그의 초기 학생 및 공동 연구자들.
서 있는 사람(왼쪽에서 오른쪽으로): Robert Pearson, Franz Baumann, Bertha Rodgers.
앉아 있는 사람들: Erickson 박사, Erickson 부인, Marion Moore, Kay Thompson.

▶ 사색에 잠긴 Erickson. 연대 미상.

제 2 부

건설적 활동을 통한
문제의 재도식화

1958년 10월 일리노이주 시카고
미국 임상최면학회 강연.

1 간접 최면 유도 시연

**트랜스 기억 재생을 통한 재유도; 미래 트랜스 경험을 위한 열린 암시;
요구하지 않은 연령 회귀**

오늘 오후 강의는 간접 유도 기법에 관한 것입니다. 여기서 질문은 간접 유도 기법의 구성요소가 무엇인가 하는 것입니다. 자, 이제 간접 유도 기법으로 시작해 보겠습니다.

E: [Erickson은 거기에 있는지 확신하지는 못하지만 청중 속에 있기를 희망하는 두 최면대상자에 대해 언급할 때 목소리가 트랜스 톤으로 부드럽게 되었다.] 청중 가운데에는 제가 이전에 트랜스에 들게 했던 최면대상자가 두 명 있습니다. 한 명은 여기, 또 다른 사람은 다른 곳에 있었지요. 저는 어떤 사람을 트랜스에 들게 할 때 이런저런 이야기를 하는데요. 호숫가에 앉아 있는 것에 대한 이야기, 물을 보는 것에 대한 이야기, 그리고 수영하는 사람들을 바라보는 것에 대한 이야기, 돌을 줍는 것에 대한 이야기, 물속으로 그 돌을 던지는 것에 대한 이야기를 하기도 합니다. 즉, 일상적인 대화를 합니다. 그곳에서 한 사람이 낯선 사람을 만나 이런저런 이야기를 나누고 성냥 한 통을 건네기도 했지요. 올라와서 이 의자에 앉으시겠어요? [긴 멈춤]

알다시피, 나는 그 사람이 이 방에 있는지 모릅니다. 그래서 다른 사람에게 접근해 보겠습니다. 하지만 그 사람 또한 이 방에 있는지 모르겠습니다.

E: [부드러운 톤으로] 다른 어떤 세미나에 참석해서 발표한 적이 있었는데요. 저는 사람들 사이에 있는 당신에게 트랜스에 들어갈 것을 암시했었지요. 천천히, 여유롭

게, 당신은 점점 더 깊고 깊은 트랜스에 들어갔어요. 제가 지금 말하는 모든 것은 많은 사람에게 적용됩니다. 그리고 당신이 점점 더 깊은 트랜스에 들어갔을 때, 팔 문제로 제 진료실에 왔었지요. 이제 천천히 일어나서 앞으로 나오시겠습니까? [Bernie Gorton 박사가 최면대상자로 천천히 앞으로 걸어오는 동안 잠시 멈춤] 여기 앉으시겠어요?

여러분 모두 어젯밤 Bernie Gorton 박사가 이 집단에서 발표하는 것을 들으셨을 것입니다. 적어도 들으셨기를 바랍니다. 간접 유도 기법이 무엇일까요? 그것은 단순히 상기시키는 과정입니다.

> E: 우리는 어디 있나요. Bernie?
> B: 멤피스인가요? [사실 그들은 시카고에 있다.]
> E: 예. 우리는 멤피스에 있어요.

나는 Gorton 박사가 트랜스에 들어갔던 곳이 기억이 나지 않아서 Seymour와 Pat에게 물었는데 알아낼 수가 없었습니다. 그런데 그것은 멤피스였군요. Gorton 박사는 내가 청중에게 말하면서 이전 트랜스 경험을 회상해 보라고 요청했을 때 트랜스에 들어갔습니다. 지금 내가 이 특별한 유도 기법을 시연하는 데는 그럴 만한 이유가 있습니다.

> E: Bernie, 무릎 위에 팔을 올려놓아 보세요. 깊고, 고요하게 그리고 편안하게 잠을 즐겨 보세요. 멤피스에서 아주 좋은 시간을 보냈지요.

이따금, "저는 다른 어떤 사람에 의해서는 최면에 들었는데 당신 앞에서는 최면에 들수 있을지 확신이 없네요."라고 말하는 환자가 여러분에게 올 겁니다. 그렇게 말하는 사람들과 논쟁할 필요가 있을까요? 그렇지 않아요. 전혀 그럴 필요가 없습니다. 그 사람에게 물어보세요. "당신은 언제 최면에 들었을까요? …… 누구에 의해서? …… 그가 어떻게 했나요? …… 그가 뭐라고 하던가요? …… 당신은 의자에 앉아 있었나요? …… 당신은 창밖을 보고 있었나요? …… 그 의사가 당신에게 뭐라고 하던가요? ……."

그 환자가 질문에 답할 때 그는 점점 더 많은 기억을 되살릴 것입니다. 그리고 곧 그는 다른 의사가 그에게 했던 것과 같은 트랜스에 빠지게 될 것입니다. 다시 말해, 그것은 원래의 트랜스가 재생된 것입니다. 마치 Gorton 박사가 맴피스에서 경험했던 트랜스를 지금 여기서 재생시킨 것과 같아요. 그는 지금 맴피스에 있습니다. 예전의 트랜스가 재생된 것이지요. 그렇게 하면 여러분은 많은 어려움을 넘길 수 있습니다.

어떤 의사가 환자에게 지혜롭지 못하게도 "다른 의사가 당신을 최면에 걸게 하지 마십시오. 당신은 제 환자예요."라고 얘기한다고 생각해 보세요. 그 환자는 분개하면서도 최면후 암시에 따라 행동은 하겠지만 트랜스에 들어가는 데 어려움을 겪을 수 있습니다. 경험이 더 많아지면 여러분은 가끔 환자가 "오늘 제게 무슨 문제가 있는지 모르겠지만 당신이 저를 트랜스에 들게 할 수 없을 거라는 느낌이 들어요."라고 말하는 것을 듣게 될 것입니다. 환자의 어리석은 변덕일 수도 있지만 그것은 맞는 말입니다. 매우 직접적인 방법으로는 그 환자를 트랜스에 들게 할 수 없습니다. 그럼 어떻게 해야 할까요? 여러분은 그에게 오히려 간단하게 대놓고 질문해 보세요. "자, 봅시다. 제가 당신을 마지막으로 트랜스에 들게 했던 것이 2주 전이었네요. 당신은 이 의자에 앉아 있었지요. 우리는 벽에 걸린 그림에 대해 이야기하고 있었어요. 그리고 또 봅시다. 제가 당신에게 손 부양을 암시했을 때가 생각나세요?" 여러분은 환자에게 단지 이전의 트랜스를 회상시킬 뿐입니다. 일단 환자가 트랜스에 들어가면 여러분은 "계속해서 트랜스에 있고 싶으면 그렇게 해도 되고, 깨어나고 싶으면 그렇게 해도 되어요. 원하면 언제든지 트랜스에 들어갈 수 있고 원하면 언제든지 트랜스에서 나올 수 있다는 것을 아셨으면 해요."라고 매우 개방적이고 정직하게 말해 줄 수 있습니다.

이제 회귀의 문제는 쉽게 해결할 수 있습니다. Gorton 박사가 맴피스로 돌아갔습니다. 트랜스 재생은 실제로 누군가에게 회귀를 요구하지 않고도 회귀를 일으키는 매우 좋은 방법입니다.

E: 그런데, 제가 누군가와 얘기하고 있었나요, Bernie? 제가 누군가와 이야기하고 있었지요?

B: 언제요?

E: 지금 방금이요.

B: 그런 것 같아요.

E: 중요한 건 아니지요? [긴 멈춤] 편안한가요? 이제 저는 당신이 깨어나서 편안함과 상
쾌함을 느끼고 기쁨을 느끼도록 하겠습니다.

이러한 간접 유도는 어렵지 않습니다. 여러분 누구나 할 수 있습니다. 내가 한 일은
과거에 있었던 일에 대해 이야기를 한 것뿐이었습니다. 우리는 모두 추억을 회상할 수
있습니다. 이제 다른 남성분에게 시도해 보겠습니다.

2 두 번째 재유도 시연

이전 트랜스 기억의 재생; 현재를 미래로 재정향하기

E: [부드러운 목소리로] 호숫가에 앉아 봅시다. 물결은 벨벳처럼 부드럽습니다. 저 너머
에 있는 것은 보트일까요? 아니면 사람들이 수영하고 있는 걸까요? 당신은 여기가
낯선가요? 이 성냥갑을 보세요. 뭐라고 써 있나요? 호텔 몽르몽. 담배 피우시나요?
천천히 일어나서 저를 향해 천천히 천천히 다가와 주시겠습니까? [긴 멈춤] 저 호수
좋아 보이죠? [멈춤] 당신은 저에게 [들리지 않음] ~할 수 있기를 바라지 않습니까?
조금 춥네요. 예. 그러네요. 그건 그렇고, 제 소개를 했나요?

S(최면대상자): 아니요.

E: 저는 당신을 만나고 싶은데 당신은 저를 만나고 싶은지 모르겠어요. 제 이름은
Erickson입니다. 당신은요?

S: [이름을 알려 준다.]

E: 어떻게 오셨어요?

S: 가족 모임이 있어서요.

E: 가족 모임은 즐거우신가요? 그런데, 언젠가, 정확히 언제인지 모르지만 1958년 10월
쯤이 될 거예요. 당신은 시카고의 한 호텔에서 Erickson 박사를 만날 것입니다. [멈춤]
당신은 그에게 뭔가 말을 하고 있습니다. 그 후에 당신은 낚시에 대해 매우 편안한
느낌을 갖게 될 것입니다. 제가 무슨 말을 하는지 모르겠지요? 괜찮습니다. 당신은

1958년 10월 컨티넨탈 힐튼 호텔에서 Erickson이라는 의사를 만날 것입니다. 저는 당신이 그와 이야기하는 것을 좋아할 거라 확신해요. 그도 당신과 이야기하는 것을 좋아할 것입니다. 당신은 낚시라는 주제를 떠올리고 낚시에 대해 새롭고 즐겁게 이해하게 될 것입니다. [멈춤] 괜찮지요? 다른 모든 것이 펼쳐질 거예요. 예. 좋아요. 이제 눈을 감고 깊고 고요하게 잠이 듭니다. 좋아요. 눈을 감아요. 좋습니다. 낯선 사람과 그렇게 하는 것은 어려운 일이지요. 그렇지요? 하지만 함께 노는 것은 좋지 않을까요? 이제 다 되었습니다. 당신의 손이 무릎으로 내려갑니다. 아무것도 해가 되는 것이 없어요. 숨을 깊게 쉬세요. 휴식을 취한 느낌으로 깨어날 것입니다. 그리고 상쾌함과 활력을 느낄 수 있습니다. 안녕하세요!

S: [부드럽게 웃는다.]

E: 무슨 일이 있었나요?

S: 당신이 제게 헛소리를 하였지요. [청중 웃음]

E: 그게 바로 간접 기법이에요! [더 큰 웃음]

S: 아주 이상한 경험을 했어요. 저는 여기서 당신이 성냥에 대해 처음 이야기했을 때 아무런 기억을 떠올리지 못했지요. 기분이 이상했어요. 그런데 몽르몽 호텔을 언급한 순간 모든 것이 떠올랐어요.

E: 기억이 떠올랐군요. 몽르몽 호텔.

S: 그 호텔 이름을 어떻게 기억했나요? [웃음]

E: 글쎄요. 저는 이 작고 중요하지 않은 것들을 엄청나게 많이 머릿속에 기억하고 있을 뿐이에요. 필요할 때 매우 유용하지요. [웃음] 감사합니다.

S: 천만에요.

나는 최면대상자들에게 이러한 방식으로 말하며 그들의 기억을 되살렸습니다. 나는 그들이 바로 지금 여기에서 할 수 있는 대답을 이끌어 냈습니다. 알다시피, 나는 간단하고, 빠르게, 한 번에 할 수 있을 때에는 좀처럼 정교한 재정향 과정을 거치지 않습니다. 이것이 간접 유도 기법에 대한 나의 결론입니다.

👥 **편저자**

> 분명히 Erickson은 이전에 몽르몽 호텔에서 이 최면대상자에게 트랜스 최면을 건 적이 있었다. 그 최면대상자가 "당신이 몽르몽 호텔을 언급한 순간 모든 것이 떠올랐어요."라고 말했을 때 그는 분명히 Erickson과의 이전 만남을 언급하고 있었고 이전 트랜스의 주관적인 감각을 재경험하고 있었다.

3 재유도 기법과 유도 기법의 유사점

내가 언급하고 싶은 두 가지 이야기가 있습니다. 모두 Pattie 박사와 관련됩니다. 그는 내가 했던 시연이 간접 재유도 시연이었다고 했습니다. 즉, 환자들은 이전에 트랜스 상태에 있었고 나는 단지 그들을 재유도했을 뿐입니다. 나는 이 교육 상황에서 청중에게 더 명확하게 하기 위해 전에 트랜스에 있던 사람들을 이용하기로 선택한 것입니다. 여러분은 완전히 낯선 사람에게, 여러분이 결코 가 본 적 없었지만 그 사람들이 예전에 가 본 적이 있는 어떤 장소에 대해 말해 달라고 요청하면서 같은 기법을 사용할 수 있습니다. 여러분은 그 사람에게 어떤 특정한 장소에 대해 이야기하도록 하고 나서, 그 사람에게 물이나 나무, 꽃 또는 그 장소에 있을 때 바라보았던 무엇이든 보라고 암시할 수 있습니다.

4 실수하기

언어 오류와 무의식적 수정 능력 활용하기; 부정사 분리하기

또 다른 이야기 중 하나는 Mann 박사의 아주 훌륭한 사례입니다. 그것은 단어는 오류이지만 교육적으로는 오류가 아닌 이야기입니다. Mann 박사는 지금 내가 무슨 말을 하는지 궁금해하며 귀를 쫑긋 세우고 있을 것입니다. 그는 "산들바람을 시각화하세요."라고 말했습니다. 우리는 자신의 오류에 대해 너무 지나치게 염려합니다. 환자를 대할 때 제발 실수해서는 안 된다는 태도를 취하지 마세요. 때때로 최면 기법에서 중요한 점은 언어 오류를 통해 나타날 수 있습니다.

내가 부정사를 분리해서 사용한다고 지적했던 스미스 대학교의 한 학생이 떠오르네요. 그녀의 아버지는 영어 교수였고 그 집에서는 부정사를 분리하지 않고 사용했습니다. 그런데 분리 부정사(split infinitive)[1] 문제가 등장하자, 그녀는 내가 어떻게 나의 치료를 망치고 있는지, 내가 부정사를 분리하지 않는다면 자신이 얼마나 더 쉽게 반응할 수 있는지 설명하는 데 매우 관심을 보였습니다. 그리고 그녀의 말 하나하나가 내 관심을 불러일으켰습니다. 그 대화 이후 나는 내가 부정사 분리하기를 사용해야 한다는 것을 깨달았습니다. 왜냐하면 그녀는 내 말을 듣는 것을 힘들어했고 내 말을 듣지 않으려고 트랜스에 빠졌으니까요. [웃음] 그녀는 심리학 박사학위를 가지고 있었기 때문에 그녀의 반응에 대해서는 나중에 함께 논의했습니다.

요점은 여러분이 실수를 해도 된다는 것과 사과를 하지 않고 계속 진행해도 된다는 것입니다. 무의식은 똑똑해서 사람들이 산들바람을 시각화하지 않는다는 것을 인식할 것이며, 따라서 여러분은 환자들의 무의식이 여러분의 작은 실수를 자동적으로 수정하는 것을 통해서 참여하게 하는 것입니다.

5 │ 언어 표현 방법

이제 나는 나에게 큰 감동을 주었던 Mann 박사의 발표에 대해 마지막으로 언급하겠습니다. 나는 여러분이 초기에 언어로 표현하는 방법을 학습하는 경험이 중요하다고 생각하며, 이를 통해 여러분은 자신의 관찰 능력을 활용하고 환자와 간단하게 말할 수 있는 방법을 배울 수 있을 것입니다. Mann 박사는 "얼굴 근육을 이완하고, 입 주위 근육을 이완하고, 턱 주위 근육을 이완하세요."라고 말했습니다. 즉, 그는 같은 말을 세 가지의 다르고 아주 간단한 방법으로 반복했습니다. 여러분은 같은 말을 다른 방식으로 할 수 있습니다. 할 말이 없어 고민할 필요가 없습니다. 중요한 점은 환자의 행동은 옳다는 것을 수용하려는 여러분의 태도입니다.

---

1) 역자 주: to 부정사를 이루는 to와 동사원형은 분리되지 않는 것이 문법적 원칙이나, 실제 구어체에서는 to와 동사원형 사이에 부사를 넣어 사용하기도 한다. 이를 분리 부정사 혹은 분할 부정사라고 한다.

6 ─ 협력으로서의 최면

환자와 치료자의 자유로운 성격 표현과 관련된 최면기법 개발; 기법과 판단의 필요성

이 최면 고급 과정 세미나에서 우리는 우리의 경험, 우리의 교육, 우리 일의 이점을 확장시키고자 합니다. 초기 세미나에서 다루지 못한 몇 가지 새롭게 이해한 것을 말씀 드리겠습니다.

고급 집단에서 때때로 내가 다루었던 문제 중 하나는 최면 기법에 관한 질문이었습니다. 우리는 트랜스를 유도하는 다양한 방법을 가르치기 위해 매우 주의를 기울였습니다. 가능한 한 많은 기법을 아는 것이 매우 중요하다고 생각합니다. 왜냐하면 여러분 자신의 기법을 개발할 수 있는 유일한 방법은 많은 다양한 기법을 아는 것뿐이니까요. 그것이 집-나무-사람 기법이건, 코인 기법이건, 이완 기법이건 혹은 그 무엇이든 간에 그렇습니다. 알다시피, 최면은 환자와 여러분과의 협력의 문제입니다. 그 협력을 얻을 수 있는 유일한 방법은 환자가 자신의 개성을 자유롭게 표현하고 여러분이 자신의 개성을 자유롭게 표현하는 것입니다.

여러분 모두는 다양한 측면의 성격이 있습니다. 그러므로 이 사람에게는 이렇게 반응하고 저 사람에게는 저렇게 반응합니다. 여러분은 다양한 방식으로 다양한 성격에 반응하기 때문에 성격의 각 측면을 표현하는 기법을 가지고 있어야 합니다. 고압적인 기법을 요구하는 환자를 만날 수도 있으므로 다른 사람을 흉내 내는 것이 아니라 여러분 자신이 표현할 수 있는 고압적인 기법을 숙지해야 합니다. 그러므로 여러분은 모든 다양한 기법을 알고 있어야 하고 그것을 연습해야 합니다. 이 모든 기법을 어떻게 사용할지 배우는 데에는 약간의 시간이 걸립니다. 그런데 여러분 모두는 바쁩니다. 환자 한 명 한 명에게 할애할 시간이 없습니다. 그런데 초보자이기 때문에 가능하면 많은 환자에게 최면을 걸거나 시도를 해 봐야 합니다. 여러분은 두 가지 이유 때문에 그렇게 해야 합니다. 첫째 이유는 최면이 안 걸리는 환자를 알아내야 하기 때문이고, 둘째 이유는 최면이 필요 없는 환자를 알아내야 하기 때문입니다.

7 아이디어에 반응하는 최면

이완과 수용을 촉진하기 위한 호기심, 의심, 내적 탐색을 불러일으키는 손 부양 기법: '그는 내 손이 무엇을 하기를 원하는 걸까?'

기법을 발전시키기 위해 생각해 볼 수 있는 몇 가지 발견점들이 더 있습니다. 치과의사인 내 친구는 그가 최면을 처음 사용하기 시작했을 때 진료실에 오는 모든 환자가 트랜스에 들도록 매우 열심히 노력했다고 말했습니다. 그러나 이제는 최면의 적절성과 필요성 여부를 결정하기 위해 단순히 환자를 보고 몇 마디 말만 건네는 방식으로 접근법에 변화를 주었습니다.

그는 또 다른 아주 멋진 발견을 했습니다. 그것이 바로 오늘 내가 여러분에게 알려 드리려고 하는 것입니다. 그는 환자를 이완시키려 하지 않습니다. 코인 기법을 시도하지도 않습니다. 그는 환자를 의자에 앉게 하고 팔을 의자 팔걸이에 올려놓아도 되는지 묻습니다. 즉, 환자의 손을 잡아도 되는지, 환자의 손목을 잡아도 되는지를 묻고 의자 팔걸이에 팔을 아주 조심스럽게 올려놓습니다. 그렇게 하면서 환자의 손을 이렇게 위아래로 움직이면서 환자에게 단순하고 무심하게 말을 합니다. 사실 그가 하고 있는 것은 팔을 조작하도록 허락을 받는 것이고 그다음 팔을 조작해 나가는 것입니다.

요점은 환자가 그러한 행동에 대한 어떤 특별한 이유, 어떤 특정한 목적을 알 수 없기 때문에 그는 그렇게 하는 이유를 궁금해하고 추측하며, 제시되는 아이디어에 말 그대로 활짝 열려 있게 된다는 것입니다. 최면에서 여러분이 환자에게 원하는 것은 아이디어에 반응하게 하는 것입니다. 환자를 대하는 방법, 환자와 대화하는 방법, 환자의 주의를 확보하는 방법, 환자가 상황에 맞는 아이디어를 수용할 수 있도록 환자의 마음을 활짝 열어 두게 하는 방법에 대해 배우는 것은 여러분의 할 일이자 책임입니다.

내 친구가 환자의 손목을 잡고 천천히 위아래로 움직이기 시작할 때, 환자는 의아해합니다. '그가 나를 쉬게 하려고 테스트하는 걸까, 아니면 의자 팔걸이 끝에 나의 손을 맞추려고 하는 걸까? 그는 내 손이 무엇을 하기를 원하는 걸까?' 하며 의아해할 것입니다. 그리고 환자가 '내 손이 무엇을 하기를 원하는 걸까?'라고 생각할 때 치과의사는 "계속해서 좀 더 긴장을 푸세요."라고 말할 수 있습니다. 이 기법에는 약 10~30초가 걸립니다. '내 손이 무엇을 하기를 원하는 걸까?'라는 내면의 질문을 하는 순간, 환자는 어떤 아이디어가 제시되든 완전히 받아들일 준비가 됩니다. 그때 그는 "계속해서 좀 더 긴장을 푸세요."라는 대답을 듣습니다.

여러분 모두 내가 지원자의 손목을 잡고 팔을 들어 그에게 깊은 트랜스에 빠지도록 암시하는 것을 본 적이 있습니다. 그것은 이 치과의사가 사용하는 것과 똑같은 종류의 기법입니다. 나는 최면이라는 깊은 현상을 좀 더 빠르게 보여 주기 위해서 집단 앞에서 시연합니다. 그러나 여러분이 환자의 주의를 끌려는 의지가 있고, 환자가 그 특정 상황에서 무슨 생각을 하고 무엇을 해야 할지에 대한 정신적 의심을 허용할 뜻이 있다면, 그에게 하는 어떠한 암시도 즉시적 상황에 맞게만 제시된다면 환자들은 순응할 것입니다. 최면은 단순히 반복한다고 되는 것이 아닙니다. 최면은 환자가 아이디어를 받아들이고 그 아이디어에 반응해야 가능합니다. 아이디어가 풍부할 필요는 없습니다. 환자가 그것에 온전히 집중할 수 있도록 적절한 순간에 제시되는 아이디어 하나면 됩니다. 환자를 대할 때 여러분의 전반적인 목적은 환자의 주의를 끌고 협력을 확보하며 환자가 반응을 확실히 하도록 하는 것입니다.

8 의식과 무의식 설명하기

무의식으로 듣기; 의식적 정신 활동의 부적절성; 의식적–무의식적 이중 구속

내가 강조하고 싶은 또 다른 고려사항은 다음과 같습니다. 최면을 처음 시작하는 수련자는 환자에게, '당신은 피곤하며 곧 잠이 들 것이고 점점 더 긴장을 풀고 있다'고 말하면서 끊임없이 반복적 암시들로 의식을 잠재우려고 노력합니다. 초보자들은 그렇게 하기보다 환자의 주의를 충분히 사로잡도록 이야기하여 그가 무의식으로 귀 기울일 수 있도록 하는 것이 주요 과업임을 인식할 필요가 있습니다. 마음에는 '앞'이 있고 '뒤'가 있다는 것을, 즉 마음에는 '의식'과 '무의식'이 있다는 것을, 환자 당신은 알 것이라고 환자에게 말해 주는 것이 중요하다고 생각합니다. 환자의 무의식이 다른 일로 바쁠 때는 의식으로 들을 수 있고, 의식이 다른 것들로 꽉 차 있는 동안에는 무의식으로 듣는 것이 완벽하게 가능하다고 말해 주어야 합니다. 여러분은 대부분의 환자에게 무의식이 무엇을 하는지 혹은 무엇을 할 것인지, 혹은 무엇을 생각할 것인지에 대해 알 수는 없다고 설명해야 합니다. 그리고 의식이 무슨 생각을 하고 무슨 행동을 하든지 무의식은 독립적으로 활동할 것이라고 말해 줘야 합니다. 환자에게 이 사실을 설명하는 데 시간이 그리 오래 걸리지는 않습니다. 환자가 원한다면 의식으로 내 말을 들어도 괜찮지만, 환자가 의식하지 못하는 무의식으로 내 말을 듣기를 원한다고 말해 줍니다. ❶

9 의식과 무의식 분리하기

암시를 행동적 필연성과 연결하기; 무의식적 학습을 개인의 필요와 능력에 맞추기

이제 이것이 마치 내가 마음이 두 개의 분리된 실체로 구성된 것처럼 취급하여 심리적 이분법을 말하는 것 같이 들릴 것이라는 것을 알고 있습니다. 기능 면에서 보자면, 무의식과 의식은 종종 별개입니다. 나는 환자들에게 의식으로 내 말을 들을 필요가 없다고 말합니다. 내 목표는 그들이 나에게 힘들게 주의를 기울일 필요가 없다는 것을 분명히 하는 것입니다. 그들은 의식이 떠돌게 할 수 있습니다. 그리고 의식이 떠돌게 할 수 있지만, 그들에게 그렇게 말함으로써 나는 문자 그대로 그들이 무엇을 할 것인지에 대한 지시와 암시를 하고 있습니다. 그들은 어쨌든 그것을 할 것이지만, 내가 그것을 언급했기 때문에 내 암시에 대한 응답으로 그렇게 할 것입니다. 그리고 그들이 그 암시를 받아들인 채 의식이 떠돌게 내버려 둔다면, 내가 이미 그것을 언급했기 때문에 그들은 무의식으로 내 말을 들어야 할 의무감을 느끼게 됩니다. ❷

나는 환자들에게 그들이 무의식으로 내 말을 들으면서 필요한 모든 것을 학습할 수 있다고 설명합니다. 그들은 자신이 학습하고 있다는 것을 의식적으로 인식할 필요가 없습니다. 사실 그들은 무의식적으로 학습한 것을 자신의 필요에 가장 적합한 시간과 장소에서 사용할 수 있는 특권을 가지고 있습니다. 환자들은 자신에게 일어나는 일이 그들의 실제 필요와 능력에 맞게 일어날 것이라는 확신을 가져야 합니다. 환자 대부분이 치료자가 그들을 압도해야 한다거나 의식적인 수준에서 풍부한 아이디어를 많이 얻어 가야 한다는 생각을 가지고 진료실에 옵니다. 나는 빠르게 일하는 것을 좋아하기 때문에 그런 특정 접근 방식을 피하고 싶고, 모든 종류의 암시를 반복하며 시간 낭비하는 것을 좋아하지 않습니다. 최면을 처음 사용하기 시작했을 때 나는 모든 종류의 암시에 대해 매우 정교하고 광범위한 기법을 연구했습니다. 그러나 경험이 쌓일수록 그러한 암시의 횟수를 더 많이 줄였습니다.

⏹10⏹ 알아차림 없는 최면

최면 깊이보다는 최면 목적에 초점 두기

이제 여러분에게 깊은 인상을 남기고 싶은 또 다른 문제는 알아차림에 관한 것입니다. 환자 자신이 최면에 걸렸다는 것을 정말 알아야 할까요? 환자를 트랜스에 들게 했다는 것을 환자가 알게 하는 것이 여러분이나 여러분 환자에게 도움이 될까요? 환자가 정말로 필요로 하는 것은 무엇일까요? 환자에게는 주로 최면상태의 반응성과 수용성이 필요합니다. 환자는 자신이 트랜스 상태에 있다는 것을 알 필요가 없습니다. 환자는 최면에 걸린 경험 이외의 다른 이유로, 의학적 또는 치과적인 이유로 거기 있습니다. 교육 상황에서는 환자가 자신이 최면상태에 있다는 것을 알고 싶어 할 수도 있지만, 의료 또는 치과 치료를 위해 오는 환자는 자신이 가벼운 트랜스에 들었는지, 중간 정도, 아니면 깊은 트랜스에 있거나 그 사이의 중간에 있었는지 관심이 없습니다. 왜냐하면 그는 아마도 봉합사를 제거하기 위해 거기에 있기 때문에 그 외의 다른 목적은 없습니다.

또 다른 예는 열상을 꿰매기 위해 여러분에게 오는 아이입니다. 그 아이가 가벼운 트랜스 또는 중간 트랜스나 깊은 트랜스에 있다는 것을 아는 것이 중요할까요? 아이가 알아야 할 중요한 것은 열상을 꿰매는 것을 즐길 수 있다는 것입니다. 아이디어는 아이에게 완전하고 완벽하게 즐거운 것처럼 들리도록 제시되어야 합니다. 아이가 트랜스를 인식하여, "예, 저는 트랜스에 있어요. 깊이 잠 들어 있어요."라고 말하게 되는 그런 트랜스 상태가 필요하지 않습니다. 그 아이가 알아야 할 것은 봉합을 할 것이고, 바늘이 들어오고 나가는 것을 보게 될 것이라는 것입니다. 아이는 어머니가 무엇을 하고 있는지, 의사가 무엇을 하고 있는지, 간호사가 무엇을 하고 있는지 지켜볼 것입니다. 아이는 단지 전체적인 상황에 관심을 가지면 됩니다. 아이는, '내가 지금 트랜스에 있는 건가? 트랜스가 더 깊어질까? 내가 경직되는 건가? 주변을 의식하지 못하는 건가? 한 가지에만 주의를 기울이고 있는 건가? 아니면 다른 많은 것에 주의를 기울이고 있는 걸까?'에 대해서 관심을 가질 필요가 없습니다.

의료 및 치과 진료에서 환자가 트랜스 상태에 대해 너무 많이 인식하게 하려고 애쓰는 경우가 참 많습니다. 최면의 목적 달성에 관심을 쏟기보다 최면의 정도를 확인하느라 환자의 비판적 능력을 집중시키는 데 노력을 너무 많이 기울입니다. 최면은 성취해야 할 과업을 중심으로 이루어져야 합니다. 한 가지 심리 상태나 다른 심리 상태에 대한 인식을 중심으로 이루어져서는 안 됩니다.

11 환자의 주의를 다른 곳으로 돌리기

산만, 고정 및 일반화 과정으로서의 최면

자, 그런 종류의 일을 어떻게 다루나요? 반복적인 암시로 하나요? 환자의 주의를 분산시켜서 그렇게 하나요? 아니면 환자의 주의를 고정시켜서 하나요? 나는 여러분이 최면에 대한 인식을 통해 고정의 중요성과 산만함의 중요성을 예리하게 인식하게 된다는 것을 명심해야 한다고 생각합니다.

최면 훈련을 받지 않은 간호사는 "저는 피하 주사를 맞을 때 항상 기절해요."라고 말하는 환자와 마주하면 환자의 삼각근이나 삼두근 위의 피부를 아주 자연스럽게 꼬집으며 "피하 주사를 여기 놓아야 할까요, 아니면 여기에 놓아야 할까요? 글쎄요, 저기 주사기가 있지만, 먼저 당신의 삼각근과 삼두근을 만져 보겠습니다."라고 말합니다. 환자는 자신의 삼각근이 느껴지고 있다는 것, 삼두근이 느껴지고 있다는 것을 알고 있으며, 근육이 느껴지는 감각에 주의를 기울이고 있습니다. 간호사는 피부에 손가락이 닿는 느낌, 피부 조직을 누르는 이 문제로 환자의 주의를 완전히 분산시켰습니다. 그리고 결국에 그녀는 환자의 시야에서 벗어난 주사기를 집어 들고 환자의 주의가 꼬집기에 고정되어 있는 동안 피하 주사를 놓습니다. 물론, 환자는 그녀가 사용할 것이라고 생각한 '저기'에 있는 또 다른 주사기를 보고 있습니다. 이것이 주의를 분산시키는 명백한 산만 기법입니다.

그런데 진료실 방문의 전체 목적은 무엇입니까? "이제 피부 조직을 쥐겠습니다." "저는 주사기를 집어들 거예요." "이제 바늘을 피부에 찌를 것입니다."라고 환자에게 설명하는 것입니까? 그것은 환자의 이해나 협조를 증진시키는 데 알맞은 목적이 되지 못합니다. 환자는 여러분이 그에게 피하 주사를 놓을 것을 알고 있습니다. 환자는 그 목적을 위해 온 것입니다. 그것이 피하 주사 바늘을 피부 조직으로 밀어 넣기 위해 필요한 모든 협력입니다.

여러분이 필요한 또 다른 협력은 환자가 '저기'에 있는 주사기(실제로는 사용하지 않았음)를 응시하고 '바로 여기' 그의 피부 조직에 닿아 있는 간호사의 손가락 느낌으로 주의를 집중시키는 것입니다. 피하 주사를 맞기 위해 환자가 할 수 있는 협력은 이것이 전부입니다. 산만함을 이용해야 합니다. 여러분은 간접적인 방법으로, 행동이나 의견 또는 질문 제기를 통해 상황을 설명해야 합니다. 환자가 온 목적을 달성하기 위해 그가 해야 할 특정한 일들로 환자의 주의를 끌 필요가 있습니다.

치과의사가 환자의 손과 손목을 잡을 때, 환자의 팔을 의자 팔걸이에 올려놓아 편안하게 이완시킬 때, 치과의사는 무엇을 하고 있는 걸까요? 그는 환자의 주의를 환자의 목에서, 얼굴에서, 몸에서, 다리에서 분산시키고 있으며, 환자가 이완이 무엇인지 이해하도록 하고 있습니다. 팔, 손목 및 손에서 환자가 이완을 보이며 이완이 무엇인지 알게 되면, 치과의사는 "이제 몸 전체에 긴장을 푸세요."라고 말함으로써 이완을 일반화할 수 있습니다. 환자는 이미 이완에 모든 주의를 기울이고 있습니다. 여러분은 단지 그가 그의 팔과 손목과 손에서 경험하고 있는 이완을 그의 몸 나머지 부분에 퍼뜨리라고 하면 됩니다. 즉, 치과의사는 먼저 환자의 주의를 입에서 벗어나게 하고, 주의를 이완 감각에 다시 집중시킨 다음, 입을 포함한 몸 전체에 걸쳐 이 이완을 일반화합니다.

12 아이디어의 수용과 반응

궁금함과 질문을 불러일으키는, 아이디어에 환자를 고정시키기: 답변의 필요성 활용

이제 문제는, '그것이 최면인가?'라는 것입니다. 무엇보다도 최면은 환자가 아이디어를 수용하고 아이디어에 반응하도록 하는 것입니다. 환자가 아이디어에 반응하도록 하는 다양한 방법이 있습니다. 하나는 끈질기게 환자가 그것에 주의를 기울일 때까지 아이디어를 강조하는 것이고, 또 다른 하나는 부드럽고 호소력 있는 방식으로 아이디어를 제시하여 즉시, 그리고 완전히 그의 관심을 불러일으키는 것입니다.

'주의 끌기'의 다른 측면은 고정 영역에 있습니다. 환자의 주의를 산만하게 하고 이런저런 특정한 것에 간접적으로 주의를 기울이게 할 수 있습니다. 하지만 사람마다 다른 방법으로도 할 수 있지요. 이완 기법을 가르칠 때, Aston은 천장이나 벽의 한 지점을 바라보는 것의 중요성을 설명했습니다. 코인 기법에서는 엄지 손톱을 보고 손가락의 움직임에 주의를 기울이게 합니다. 주의를 고정시키는 방법에는 여러 가지가 있습니다. 초보자나 방금 배운 사람들에게는 연습이 필요합니다. 벽의 특정 지점, 엄지 손톱, 밝고 빛나는 것, 허벅지에 손을 얹은 느낌, 손에 코인이 놓여 있는 느낌, 머릿속에 떠오르는 시각적 이미지 등 몇 가지 집중할 고정 지점이 필요합니다.

여러 주의를 고정시키는 방법 중 가장 좋은 것은 무엇일까요? 가장 좋은 방법은 외부 실제나 외부 실제의 시각적 이미지에 의존하지 않는 것입니다. 그보다는 환자가 아이디어나 생각에 집중하게 해 보세요. 지금 여러분은 다소 정교한 몸짓을 보고 있습니다. [Erickson이 연필을 공중에서 움직인다.] 여기에 어떤 특별한 목적이 있는 것일까요? [그는 다시 같은 방식으로 몸짓을 한다.] 여러분이 그런 식으로 행동할 때 환자가 할 수 있는 것은 궁금해하는 것뿐입니다. "그 의미는 무엇일까? 어떤 설명을 하려고 저렇게 움직이는 걸까? 의사가 연필에 대해 궁금해하고 있는 걸까? 그는 책상 위의 특정 위치에서 그것을 하기를 원하는 건가? 이 모든 것의 의미는 정확히 무엇일까?" 하고 궁금해하는 것입니다. 그리고 그것은 마치 의미, 가치가 있어야 하는 것처럼 보입니다. 환자는 그 연필에 대한 어떤 아이디어를 받아들이기 위해 소위 말해서 '활짝 열린' 상태이고, 그는 정보를 원합니다. 여러분은 고의적·의도적으로 연필에 주의를 기울이게 하였습니다. 그리고 여러분이 연필을 다시 본 다음 그것을 여기저기로 옮기면, 환자는 그 연필의 움직임을 따라갈 수밖에 없게 됩니다.

13 아동의 주의 고정시키기

주의 산만과 궁금함을 활용하기

그 기법을 가장 효과적으로 적용할 수 있는 환자는 어린아이입니다. 진료실에 오는 어린아이는 흰 가운을 좋아하지 않고, 벽에 있는 그림도 좋아하지 않으며 그 상황에 대해 아무것도 좋아하지 않아요. 아이는 여러분이 자신에게 '주사'를 놓는 것을 좋아하지 않습니다. 그는 아무것도 좋아하지 않습니다. 이제 그 아이에게 무엇을 하시겠습니까?

여러분에게 뚜껑이 달린 회중 시계가 있다고 해 봅시다. 여러분은 뚜껑을 조심스럽게 열고 신중하게 시간을 봅니다. 시계 뚜껑을 닫았다가 다시 엽니다. 여러분은 아이의 시선을 그 시계에 고정시키고 있습니다. 시계를 풀어 여기에 내려놓고, 여기에서 다시 저기로 옮깁니다. 아이는 아마도, '의사가 그 시계에 대해 생각하느라 주사를 놓지 않아서 기쁘다.'라고 생각할 것입니다.

아이가 시계에 대해 생각하게 하고, 자신과 원래 자신의 생각에서 벗어나 내가 제시하는 것에 대해 생각하게 하고, 한 초점에 시선을 고정시켜 그 하나의 초점에 온전히 주의를 기울이게 하는 것이 내가 하려는 것입니다. 그렇게 되면 나는 아이에게 의식과 무의식에 대해 생각하도록 요청할 수 있고, 내가 요청한 방식으로 주의를 기울이라고 제안하는 말을 할 수 있는 위치에 있게 됩니다.

14 의료 장면에서의 성공적인 최면

불쾌한 외부 현실에서 벗어나 유익한 내부 과정에 주의 집중하기

내가 환자의 주의를 확보하여 조금 주의를 움직일 수 있게 되면, 나는 곧바로 환자의 엄지손가락과 새끼손가락이 각각 허벅지에 얹혀 있을 때의 무게 차이를 알아차리라고 할 수 있게 됩니다. 그러면 환자는 그 점에 주의를 기울이는데, 그 이유는 그것이 자신에게 벌어지는 일이기 때문이지요. 이제 나는 환자가 외부 현실, 즉 내 시계, 책상 위의 종이 무게, 벽의 한 지점에 주의를 고정하기를 원할까요? 아니면 그가 자신의 내면의 경험적 사건, 자신의 정신적 과정과 감각에 주의를 기울이기를 원할까요? 나는 환자의 주의가 자신 안으로 집중되기를 바랍니다. 그가 자신 안에서 일어나는 과정에 주의를 고정시키기를 바랍니다. 여러분이 정신과, 피부과, 산부인과 또는 치과나 어떤 분야에서 일을 하든 상관없이, 환자가 여러분이 환자에게 외부에서 하는 일을 생각하게 하기보다 자신의 내부에 일어나는 과정에 주의를 기울이도록 해야 합니다.

환자가 주의를 기울여야 할 내부의 과정은 무엇일까요? 상처를 봉합할 때 여러분이 그에게 밀어 넣을 주사 바늘에 주의를 기울이기를 바라나요? 아니요. 그것은 여러분이 외적으로 그에게 할 일입니다. 대신 여러분은 그가 몸이 건강해지고 다시 다치지 않을 것이라는 충만한 기대의 선함과 친절함에 주의를 기울이기를 원합니다.

여러분이 산부인과 환자에게 원하는 것이 무엇인가요? 환자가 또 다른 통증이 있다고 간호사에게 말할 수밖에 없는 느낌을 갖기를 원하나요? 환자가 분만 수축의 고통에 주의를 기울이기를 원하나요? 아니면 자신의 몸 안에서 움직이는 느낌에 주의를 기울이기를 원하나요? 환자가 고통스러워서 손잡이를 꽉 잡는 느낌을 갖기를 원하나요? 아니면 팔뚝 근육이 수축하는 느낌을 갖기를 원하나요? 여러분은 환자가 자신에게 가장 큰 도움이 되는 곳에 주의를 기울이기를 원합니다. 인체의 기능에는 환자가 주의를 기울여야 할 수많은 좋은 과정, 즉 즐거운 과정이 있습니다. 여러분은 그녀를 불안하게 하거나 괴롭힐 외부 요인에 어떤 식으로든 그녀의 주의가 향하는 것을 원하지 않습니다. 인체의 기능에는 무슨 일이 있어도 환자가 참여할 수 있는 충분한 좋은 과정, 즐거운 과정이 있습니다. 여러분은 환자들이 불쾌한 일로부터 주의를 돌리고, 그들이 여러분과 협력하는 데 도움이 되는 바람직하고 유익한 과정으로 환자의 주의를 돌리기를 원합니다.

15 최면의 시간적 고려사항

환자에 대한 '삼중 인식'을 통해 적절한 시간 요구 사항 설정하기: 사람, 환자 그리고 문제

이제 최면에서 고려해야 할 또 다른 점은 시간 가치에 대한 인식입니다. 많은 분이 최면에 시간이 많이 걸린다고 생각합니다. 여러분의 목소리 톤, 환자를 보는 방식, 말을 시작하는 방식, 책상 위 시계에 대한 반응 등 모두가 어느 정도 시간이 걸릴 것이라고 예상하게 합니다. 하지만 그것보다는 환자가 원하는 시간 전부, 환자가 필요로 하는 시간 전부, 필요한 시간 전부를 제공할 것이라는 느낌을 주는 것이 중요합니다.

먼저 '환자가 원하는 시간 전부'라는 말에 대해 설명하겠습니다. 환자는 여러분이 서두르는 걸 원치 않습니다. 환자는 여러분이 여유 있게 하는 걸 바라지요. 시간은 환자와 상관이 없습니다. 그것은 여러분의 시간이고 환자는 그 시간에 대해 돈을 내고 있으니 여러분이 시간을 충분히 쓰기를 원할 뿐입니다. 여러분은 환자가 필요로 하는 시간으로 초점을 옮겨 갑니다. 환자는 시간이 얼마나 필요할까요? 그는 여러분의 시간 전부가 필요하지 않습니다. 그는 이미 그 사실을 알고 있습니다. 이제 그가 원하는 것은 여러분의 시간의 일부, 여러분의 시간의 일부 조금만을 원하는 것이 됩니다. 그래서 여러분은 그가 원하는 시간 전부에서 그가 필요로 하는 시간만큼 옮겨 가는데, 즉 그 시간은 그가 한 사람으로서, 한 환자로서 그가 필요로 하는 시간 전부입니다.

이제 우리는 시간이 얼마나 필요한가를 생각하게 됩니다. 여러분은 의사의 시간 전부와 환자가 필요로 하는 시간 전부에서, 환자가 여러분에게 찾아온 특정 절차에 필요한 시간으로 요구 사항을 줄였습니다. 부드럽게, 눈에 거슬리지 않게, 실제 진료 절차에 필요한 시간으로 시간 요구 사항을 줄인 것입니다. 이렇게 하면 전체 상황을 한 사람이 다른 사람을 만나는 것에서 한 환자가 한 전문가를 만나는 것, 그리고 두 사람이 함께 문제를 해결하는 것으로 전환할 수 있습니다. 이것이 바로 여러분이 제공해야 하는 방향성입니다.

하지만 무엇보다도 과정을 거쳐야 합니다. 처음에는 여러분을 전문가로 대하는 다른 사람에 대해 정향성을 가져야 하고, 그다음 한 사람, 즉 아픈 사람인 환자에 대해 정향성을 가지고, 그런 다음에 동료 시민으로서 여러분을 찾아온 이 환자의 구체적 문제에 대해 세련된 인식을 가져야 합니다. 그렇게 해서 여러분은 환자에 대해 한 사람으로, 한 환자로, 현재 드러나는 문제로서 삼중으로 인식을 하게 됩니다. 이 점들을 명확히 인식하면 진료 시간을 줄이는 데 도움이 되고, 환자에게 할당된 진료 시간이 정확하고 원하는 적절한 시간이라는 것을 이해시킬 수 있습니다.

16 아이디어를 무의식으로 이끌기

팔 공중부양으로 주의 가져오기와 반응 준비성 불러일으키기: 반응 준비를 촉진하는 혼란과 이해 부족

여러분이 무의식과의 대화를 활용하면서 여기에 주의 고정과 주의 분산을 결합시키려고 할 때에, 환자의 의식이 여전히 귀를 기울이고 있을지도 모른다고 두려움에 사로잡힐 필요는 없습니다. 환자의 무의식이 귀를 기울이고 있으니 여러분이 해야 할 일은 환자에게 아이디어를 받아들이고 아이디어에 반응할 기회를 주는 것이라고 편안하게 가정해도 됩니다. 여러분은 의식을 제거해야 할 필요에 대해 점점 더 걱정을 덜하게 될 것입니다. 의식을 제거하는 데 시간을 써야 한다는 점에 대해서도 점점 더 걱정을 덜하게 될 것입니다. 무의식의 주의를 가져오는 데 시간을 쓰는 편이 더 낫습니다. 그래서 나는 팔을 부드럽게 들어 올리기와 같이 주의를 집중시키는 절차를 쓰는 것을 좋아합니다. 내가 그 행동으로 의도하는 바를 정확히 아는 환자는 없습니다. 내가 하고 있는 것을 사전에 경험하거나 배웠거나 이해한 적이 없으니까요. 이해 부족은 반응 준비에 개방적이 되게 해 줍니다. 이런 상황에서 무의식은 확실하게 주의를 기울일 것입니다.

17 목소리 역동

주의 고정 및 반응 촉진

환자에게 접근할 때 고려해야 할 점은 환자를 대할 때의 강압적인 태도입니다. 여러분은 환자에게 "점점 더 피곤해지고…… 점점 더 피곤해져요……. 점점 더 피곤해져요……. 더 졸리고, 더 졸려요." 등의 말을 하면서 환자의 주의를 끌기 위해 정면으로 공격하는 경우가 너무 많습니다. 이것은 다소 강압적인 방법입니다. 자신의 청각장애 때문에 거의 들리지 않을 정도로 말하는 청각장애인들과 이야기하면서 그들의 말을 듣느라 긴장해 본 적이 있나요? 환자의 주의를 끌려면, 여러분은 그의 주의를 완전히 집중시킬 수 있도록 환자와 이야기해야 합니다. 너무 큰 소리로 말하지도, 너무 낮은 소리로 말하지도 않는 게 좋습니다. 여기 이 물 주전자는 빼고 단지 그에게만 말하는 것처럼 그 사람에게 말하려고 해 보세요. 여러분의 목소리는 여러분에게서 바로 여기 그 환자에게만 전달되며 더 이상 전달되지 않을 것입니다. 여러분은 환자를 다루는 특정 방식에 대한 자신의 반응을 이해하고 분석해야 합니다. 그것은 환자가 계속해서 여러분에게 주의를 고정시키게 합니다. 너무 낮은 목소리는 환자를 힘들게 할 수 있으니 절대 그렇게 말하지 마세요. 결코 환자를 과도하게 긴장하지 않게 하세요. 단지 환자에게 최소한의 노력을 요청하여 환자의 모든 에너지가 아이디어의 수용과 이해 그리고 반응에 쓰이도록 합니다.

18 의식 분산시키기

손 공중부양 및 경직 접근법: 상향 운동을 암시하는 촉각 단서

이제 저는 이 점을 다른 방식으로 설명하겠습니다. 여러분 모두 내가 환자의 팔을 잡고, 들어 올리고, 여러 가지 방법으로 움직여서 트랜스를 유도하는 것을 보았을 것이라고 생각합니다. 나는 여러분에게 손목을 잡는 법, 손을 잡는 법을 가르치려고 했습니다. 손에 힘을 주어 손목을 잡는 것이 아닙니다. 여러분이 해야 하는 일은 손목을 아주 살짝 잡아 손목 쥐기를 암시하는 것입니다. 그러나 실제로 잡지는 않고 손목의 움직임과 손의 움직임 그리고 상향 운동을 암시합니다. 어떻게 상향 운동을 암시할까요? 여러분은 엄지손가락에 살짝 힘을 주면서 동시에 이 손가락을 이쪽으로 움직여 균형을 잡습니다. 여러분이 이런 식으로 손가락을 옆으로 움직이면서, 환자는 손을 들어 올리는 여러분의 엄지손가락, 즉 손을 들어 올리는 것을 암시하는 엄지손가락에 주의를 기울입니다.

이제 환자는 의식적으로는 그의 손 윗부분에 가해지는 단단한 압력에 주의를 기울이고, 무의식적으로는 그의 손 아래에 있는 여러분의 엄지손가락의 터치에 주의를 기울였기에 여러분의 암시를 따르는 경향이 있습니다. 그 부드러운 터치는 부드러운 터치로 남아 있어야 한다는 것을 보여 주며, 단단한 터치는 환자의 손을 위로 올립니다. 단단한 터치를 단단하게 유지할 수 있는 유일한 방법은 손을 터치의 반대 방향으로 계속 위로 움직이는 것이며, 엄지손가락의 아래쪽 터치를 손의 부드러운 터치로 유지할 수 있는 유일한 방법은 손을 터치에서 계속 멀어지도록 움직이는 것입니다. 그래서 여러분은 단단한 터치를 유지하기 위해 단단한 터치에 대한 상향 운동을 암시하고, 부드러운 터치를 유지하게 하기 위해 부드러운 터치로 손을 위로 움직일 것을 암시합니다. 여러분은 이 기법을 몇 번이고 반복해서 연습해야 합니다. 그것은 의식적 주의를 분산시키고 무의식의 주의를 확보하는 가장 빠르고 쉬운 방법 중 하나입니다. 기회가 있을 때마다 손목이나 손을 잡는 연습을 해야 한다고 생각합니다. ❸

[19] 무의식의 도움을 신체적으로 확장하기

통증 분산 기법으로 경직에 대한 촉각적 암시 활용; 경직과 무감각의 전신 확대

그러한 방법으로 어떻게 경직을 암시할 수 있을까요? 여러분은 그런 방법으로 손을 들어 올립니다. 이제 내 엄지손가락이 그의 엄지손가락에서 언제 떨어질까요? 나는 손가락을 머무르게 하고, 머무르게 하여 거기에 여운을 남겨 둡니다. 또는 환자가 내 손의 여운을 기분 좋고 편안하게 느낄 수 있도록 하면서 손을 빼낼 수도 있습니다. 여러분은 환자의 손에 집중하고 싶어 합니다. 여러분은 근육 긴장 상태를 만들고 싶어 합니다. 왜냐하면 일단 근육 긴장이 경직 상태에 도달한다는 것은 환자의 몸 전체가 무의식의 도움을 받았다는 것을 의미하기 때문입니다. 한 손에 경직이 생겼다면 다른 손에도 경직이 생길 가능성이 높습니다. 그리고 만약 여러분의 다른 한 손이 경직 상태라면, 아마도 오른발, 왼발, 얼굴, 목, 그리고 몸 전체에도 경직이 생겼을 것입니다. 근육이 균형 잡힌 긴장성을 가진 경직 상태가 되자마자 환자는 어떤 불안한 감각도 인식하지 못하는 신체 상태를 가지게 됩니다. 균형 잡힌 근육 긴장을 유지하면서 동시에 통증에 주의를 기울이는 것은 매우 어렵습니다. 여러분은 환자가 근육 긴장에 모든 주의를 기울이기를 원합니다.

그것이 여러분에게 토요일 오후 세션이 필요한 이유 중의 하나입니다. 나는 여러분이 풍부한 최면 현상을 깨닫게 하기 위해 깊은 트랜스 현상을 아주 광범위하게 시연으로 보여 드렸습니다. 만약 여러분의 오른팔에 근육 긴장과 경직이 생긴다면, 왼팔도 그렇게 될 것이고, 몸 전체 근육도 그렇게 될 것입니다. 몸 전체가 근육 긴장이 되고, 몸 전체가 경직이 되고, 경직을 유지하기 위한 몸 안의 감각이 둔화됩니다. 그리고 환자는 다른 많은 아이디어에 반응적이게 됩니다. 만약 내가 산부인과 마취를 하게 된다면, 환자들에게 가르쳐 주고 싶은 것 중 하나는 근육 긴장에 대한 문제, 즉 경직의 문제일 것입니다. 나는 환자의 팔이나 손에서 경직을 느끼거나 부분적으로 얼굴, 눈꺼풀에서 경직을 느끼기 바라기에, 나의 요청에 따라 환자가 몸의 다른 감각들에도 관심을 기울이도록 지시할 것입니다. 이러한 감각들은 환자의 것이며, 나는 환자가 집중해야 할 것들을 집어낼 수 있습니다. 다양한 최면 현상에 더 많이 접할수록, 여러분은 환자에게 더 쉽게 지시할 수 있습니다.

20 최면을 통한 통증 조절 1

심리적 기제와 정신적 기제의 상호관계 활용: 주의 분산 및 관련없는 일상 사례를 통해 통증 기억상실 가르치기

근육 긴장에 대해 이야기해 봅시다. 환자가 무감각 상태가 될지 안 될지는 알 수 없습니다. 여러분은 모든 심리적 현상이 서로 연관되어 있으며 이를 활성화할 다양한 방법이 있다는 것을 이해할 필요가 있습니다.

나는 이 무감각에 대한 문제를 여러 고급 과정에서 논의했습니다. 고통스러운 암으로 죽어 가는 환자를 위해 어떻게 무감각 상태로 가게 할 수 있을까요? 여러분은 쇼를 보거나 서스펜스 영화를 보면 치통을 잊을 수 있다는 것을 알고 있습니다. 여러분은 서스펜스 영화를 보러 가서 두통에 대해 잊을 수도 있습니다. 아주 기뻐하여 놀랄 때에는 즐거운 시간을 보내며 티눈의 고통을 잊을 수 있습니다. 여러분은 왜 통증이 있을 경우 반드시 마취나 진통제로 치료해야 한다고 생각하시나요? 여러분은 모두 아픔을 잊었던 경험이 있습니다. 즉, 기억상실을 유발함으로써 통증을 치료할 수 있고 주의 분산으로도 통증을 치료할 수 있습니다. 치과나 일반 병원에서 최면을 할 때 인지해야 할 것은, 어떤 특정한 목표를 달성하기 위해서 인간 마음의 다양한 기능을 활용할 수 있다는 것입니다.

통증에 대한 기억상실이 있을 때, 그것은 정확하게 통증에 어떤 영향을 미칠까요? 한 암 환자가 있었습니다. 이 환자는 약 10분마다 한 번씩 반복되는, 짧고 찌르고 쑤시는 듯한 몹시 괴로운 통증을 겪었습니다. 그 통증의 경험, 즉 통증 그 자체의 경험은 무엇이었을까요? 그것은 진정한 통증이었습니다. 그 통증에는 통증의 심리적인 반사 반응이 모두 포함되어 있었습니다. 게다가 환자는 곧 10분 안에 또 다른 통증을 느낄 것이라는 것도 알고 있었습니다. 그는 10분 전에 그가 고통스러웠다는 것 또한 알고 있었습니다. 1분, 2분…… 3분…… 4분…… 5분이 지나면 그는 이제 또 다른 통증이 올 시간이라는 것도 알고 있었습니다. 그의 통증의 3분의 2는 방금 전 통증, 그 끔찍한 경험을 기억하는 것, 그리고 곧 닥쳐올 통증을 예상하는 것이었습니다. 그리고 나머지 3분의 1은 실제 통증을 경험하는 것이었습니다.

내가 이 환자를 위해 한 일 중 하나는 그에게 기억상실을 가르치는 간단한 과정이었습니다. 의료 및 치과 최면에서는 문제의 핵심에 바로 다가가지 않기 때문에 나는 간단한 것에 대한 기억상실을 가르쳤습니다. 맹장염에 대한 복부 검사를 위해 복부를 촉진(觸診)할 때는 아픈 지점에 바로 촉진하지 않습니다. 복부의 반대편으로 가서 통증이 있다고 생각되는 곳으로 조금씩 이동합니다. 아픈 허리도 같은 방법으로 검사합니다. 통증 부위를 바로 찔러서 부위 전체를 민감하게 만드는 대신에, 통증이 있는 부위에 부드럽게, 천천히, 조심스럽게 다가가 실제 통증 부위를 밝혀냅니다.

심리적으로 여러분은 같은 방식으로 환자에게 접근합니다. 여러분은 그에게 다음과 같이 말하면서 기억상실을 할 수 있도록 접근합니다. "저는 당신이 간단한 것을 기억하게 하려고 해요. 숫자 네 개를 말할 거예요. 4…… 7…… 81이라는 네 개의 숫자를 기억해 주시겠어요?"

내가 무엇을 한 걸까요? "네 개의 숫자, 4…… 7…… 81." 환자는 81을 8과 1로 분석해야 합니다. 여러분은 네 개의 숫자를 말했습니다. 그렇지요? 여러분은 그를 잠깐 멈추게 만들고, 모든 관심을 4와 7이 아니라 8과 1에 집중시켰습니다. 그래서 그는 81에 집중하고 있습니다.

그때 여러분은 "81이 아니라 '8과 1'이라고 말할 걸 그랬다."라고 사과합니다. 그리고 환자는 사과를 받아들입니다.

그런 후에 "자, 다른 두 숫자는 무엇이었나요?"라고 묻습니다. 환자는 81에 너무 많은 관심을 쏟기 때문에 4와 7을 잊어버리기 쉽습니다. 여러분이 이 마지막 두 자리를 자꾸 반복했기에 환자는 4와 7을 잊어버릴 수도 있습니다. 이렇게 여러분은 주의를 집중하는 방법을 가르친 것입니다. 주의를 분리하는 법을 가르친 것입니다. 하나의 아이디어를 받아들이도록 가르쳤고, 과제의 다른 모든 부분으로부터 주의를 가져와서 한곳에 집중하도록 가르친 것입니다. 그런 후에 여러분은 그가 매우 빠르고 쉽게 기억을 상실한 사실을 칭찬해 줍니다.

어떻게 기억을 상실하게 할 수 있을까요? 아주 쉽습니다. 여러분은 대여섯 명 정도의 사람들을 빠르게 소개받을 수 있습니다. 소개가 끝나면 누가 누구인지, 첫 번째 사람의 이름이 무엇이었는지 생각이 안 나서 그것을 알아내려고 하다가 두 번째 사람의 이름을 잊어버리기도 합니다. 만약 두 번째 사람의 이름이 생각나도, "아, 세 번째 사람의 이름은 뭐였지?"라고 하게 됩니다. 그래서 여러분은 소개한 사람이 시간을 충분히 갖고 소개해 주길 바라게 됩니다. 그렇지만 그것은 기억상실을 만드는 아주 좋은 방법입니다.

21 최면을 통한 통증 조절 2

주관적 경험을 바꾸기 위한 시간 왜곡, 개별적 시간 가치 및 부정적 요소의 활용: 통증을 줄이고 즐거움을 늘리기

의학적 최면과 치과적 최면에서는 먼저 환자가 매우 단순한 수준에서 아이디어를 받아들이도록 한 다음에 진행을 계속합니다. 나는 이 암 환자에게 망각의 중요성을 가르쳤고, 그는 찌르는 듯한 통증에 대해 기억상실을 할 수 있었습니다. 그것은 그가 통증을 겪을 것을 예상할 수 없다는 것과, 이미 경험한 고통을 뒤돌아볼 수 없다는 것을 의미했습니다. 매번 재발하는, 찌르는 듯한 통증은 완전히 새롭고 놀라운 경험이었습니다.

그렇다면 통증은 얼마나 지속될까요? 만약 여러분이 그것에 모든 주의를 집중한다면 고통은 오랫동안 지속됩니다. 욱신거리는 치통에 집중할수록 통증은 더 커지고 길고 느려집니다. 즉, 고통스러운 시간이 엄청나게 증가하기 때문에 일반 환자나 치과 환자에게 그 시간을 줄이는 것이 중요하다는 것을 가르쳐야만 합니다.

나는 이 암 환자에게 통증이 매우 짧은 시간이라는 것을 이해시키고 통증이 너무 짧아서 그가 놓칠 수도 있다는 것에 집중하도록 부탁했습니다. 멋진 아이디어지요. 하지만 나는 환자가 통증이 너무 짧아서 그것을 그가 놓칠지도 모르기(he might miss it) 때문에 통증을 집중해서 느껴 보라고도 격려했습니다. 내 소망은 환자가 통증을 놓치는 것이었습니다. 환자는 자신이 통증을 놓칠 수 없다는 것을 알고 있었지만, 나는 통증이 너무 짧아서 한순간의 부주의로도 통증을 놓칠지 모르니 통증에 주의를 집중해야 한다며 아이디어를 부정적인 방식으로 제시했습니다. 이러한 방법의 효과는 환자가 자신의 통증이 정말로 짧다는 것을 확신하게 하는 것이었습니다.

Erickson이 '~할지도(might)'라는 단어를 교묘하게 사용하여 환자의 통증에 대한 예측을 확실성에서 한낱 가능성으로 간접적으로 전환했다는 점에 주목해 보자.

여러분은 어떤 치과적 또는 의료적 절차를 수행하든지 환자가 경험한 그 시간의 길이를 인식해야 합니다. 여러분은 환자가 오랫동안 불쾌한 경험을 하는 것을 원하지 않습니다. 그러므로 여러분이 할 수 있는 어떤 방식으로든 불쾌한 경험의 주관적인 시간을 단축시킬 수 있는 아이디어를 그들에게 제시하세요. 아이에게 상처를 봉합할 때 바늘이 얼마나 **빨리** 피부를 통과하는지 지켜보라고 해 보세요. 여러분은 아이가 바늘이 얼마나 **빨리** 지나가는지에 집중하기를 바랍니다. 아이들은 바늘이 너무 빨리 지나가서 그 순간을 놓칠 수도 있기 때문에 아주 주의를 기울여야 합니다. 여러분은 아이들이 매우 **빠르게** 그 순간을 경험하도록 이끌어 줄 수 있습니다.

손이 눈보다 빠르다고 말하는 마술사를 예로 들어 보겠습니다. 마술사는 손이 눈보다 빠르다는 것을 매우 설득력 있게 보여 줍니다. 그러나 그는 이미 여러분에게 손이 매우 빠르게 움직일 것이라고 기대하도록 입력한 것입니다. 여러분이 느리고 우아한 손의 움직임을 보도록 입력한 것이지요. 마술사는 너무 빠르게 손을 움직이지 않도록 매우 조심할 것입니다. 왜냐하면 여러분은 이미 손이 빨리 움직일 것이라고 예상하고 있기 때문입니다. 그는 여러분의 예상과 달리 훨씬 더 느리게 움직여서 여러분의 눈이 손의 움직임보다 미리 앞서가기에 여러분은 모든 동작을 볼 수 없습니다.

여러분은 의료 또는 치과 경험의 주관적인 시간의 길이를 바꾸려고 노력합니다. 아주 즐거운 일을 경험하는 것은 매우 좋은 일입니다. 그래서 의학적 최면, 치과적 최면에서 여러분은 환자가 즐거운 시간을 길게 늘리고 증가시키기를 바랍니다.

여러분은 아이에게 "거의 볼 수 없을 정도로 빠르게 바늘로 피부를 꿰매고 있는데, 이제 꿰매는 사이사이에 편안하고 길면서도 천천히 호흡할 수 있을 거야."라고 말합니다.

봉합하는 간격 사이에 길고 긴 시간이 있다는 것을 암시하는 것이지요. '편안하고, 길고, 깊은' 호흡과 호흡 사이에는 피부를 꿰매지 않는다는 것, 그렇게 암시를 바꾸는 방법으로, 환자는 치료가 무엇이든 기분 좋으면서도 즐거운 주관적인 시간을 증가시킬 수 있습니다. 치과의사가 "이제 천천히 몸을 앞으로 숙이고 입을 조심스럽게 헹구세요."라고 말하면, 환자는 그렇게 합니다. 그는 입을 헹구는 기분 좋은 휴식 시간에 집중되어 있습니다. 환자는 주관적인 시간에 집중하고 있기 때문에 어깨에 살짝 손을 대기만 해도 환자의 몸은 더 빠른 속도로 앞으로 움직일 수 있습니다.

나는 그 암 환자에게 통증을 경험하는 동안, 시간의 짧음, 주관적인 시간을 가르쳤습니다. 통증에서 벗어난 시간을 연장하는 것도 알려 주었습니다. 하지만 나는 그에게 통증이 없다고는 말하지 않았습니다. 그래서 이렇게 말했습니다.

"당신이 그렇게 편안하게 느끼는 것은 오랜만인 것 같군요."

통증은 언급하지 않았습니다. 왜 그래야 하나요? 나는 그가 기억상실이 되길 바라며 이렇게 말했습니다.

"당신이 편안하게 쉬는 시간이 아주 긴 것 같습니다."

나는 그가 기억상실이었으면 했습니다. 그래서 또 이렇게 말했습니다.

"당신 다리가 오랫동안 베개 위에서 편안하게 쉬고 있네요. 편안한 시간이 놀라울 정도로 길었지요?"

환자에게 환자의 특정 상황에 맞는 시간적 가치를 설정하기 바랍니다.

22 최면 유도 1

최면 유도를 촉진하기 위한 분할적 접근: 환자의 참여를 '아주 조금만' 요청하기, '1,000분의 1인치'만큼 트랜스 구축하기

진통 시간이 정말 좋고, 길고도 편안한 경험이었고, 진통이 빨리 끝날 때마다 깜짝 놀랐다고 했던 산부인과 환자를 떠올려 보세요. 진통의 멈춤은 매번 그녀를 몹시 놀라게 했습니다. 먼저 그녀는 진통을 경험하기 위해 주관적인 시간을 연장했습니다. 진통이 점점 더 강해지면서 그 시간을 단축시켰습니다. 그녀는 진통의 더 가벼운 부분에 전적으로 주관적 가치를 두었고, 더 강한 부분에는 주관적 가치를 거의 두지 않았습니다.

이제 환자에게 통증에 대한 주관적인 시간 가치와 기억상실에 대해 가르쳤기 때문에, 나는 환자와 무감각과 통각 상실 문제를 다룰 수 있습니다. 그런데 여러분은 의료 및 치과 최면에서 너무 미리 앞서 나가고 너무 많은 것을 성취하려고 합니다.

"유감스럽지만 많은 의사가 저를 트랜스에 빠지게 하려 했지만 실패했고, 당신도 저를 트랜스에 들게 할 수 있다고 생각하지 않아요."라고 말하는, 저항이 큰 환자를 예로 들어 봅시다. 여러분은 스스로 해낼 수 없다고 하는 환자에게 동의할 수는 있습니다. 하지만 그가 트랜스에 빠지는 방법을 1%의 1,000분의 1이라도 배웠을지, 또는 1%의 2,000분의 1이라도 배웠을지 질문할 것입니다. 이제 환자들은 그들이 트랜스 상태에 빠지는 법을 1% 정도는 배웠다는 것을 기꺼이 인정합니다. 그것은 아주 작은 양, 최소의 양입니다. 여러분이 환자들에게 원하는 것은 무엇인가요? 여러분은 단지 아주 조금이라도 수용하고 받아들이겠다는 마음을 원합니다.

민간 전승에는 그런 예가 아주 많습니다. 여러분은 모래 폭풍 속 낙타와 아랍인에 대한 이야기를 알고 있을 것입니다.

낙타가 말합니다. "주인님, 제 콧구멍은 매우 부드러워요. 그러니 제 코를 텐트 안에 넣어도 될까요? 부탁드려요……. 제발, 주인님, 제 눈은 아주 부드러워요. 텐트 안에 넣어도 될까요?…… 주인님, 제 귀, 제 목, 제 어깨는 아주 부드러워요……."

얼마 지나지 않아 아랍인은 텐트 밖으로 나갔고, 낙타가 텐트 안으로 들어갔습니다. 이제 그 아랍인은 이렇게 말했습니다. "제발, 낙타야, 내 코는 매우 부드러워……. 내 코를 텐트 안에 넣어도 될까?"

여러분은 1인치를 분할하여, 1,000분의 1인치를 제시하고, 그다음에 1,000분의 2인치로 옮겨 가고, 1,000분의 4인치, 그리고 1,000분의 8인치로 갑니다. 다만 환자에게 그것이 쌓여 가는지 확인하세요.

환자는 "음, 당연히 저는 가벼운 트랜스에는 들어갈 수 있어요."라고 말합니다. 그러면 여러분도 "음, 만약 정말 필요하다면, 가벼운 트랜스 상태로 만들어 봅시다."라고 말해야 합니다. 그런 후에 환자는 완전한 트랜스에 들어갈 것입니다. 항상 인간의 본성을 인식해야 하고 협력하고자 하는 환자의 의지를 인식해야 합니다.

왜 환자에게 강요를 해야 할까요? 환자가 최면의 사용과 관련된 이 문제에 참여할 기회를 갖게 하는 것은 어떨까요? 알다시피, 그것은 의료 또는 치과 최면에서 너무 자주 간과되는 것 중 하나입니다. 환자를 참여시키는 것은 매우 중요합니다. 왜 여러분이 그 상황을 책임져야 하나요? 중요한 것은 환자가 참여하여 전문가로서의 여러분과 환자로서의 환자, 양쪽의 공동 목적에 도달하려는 공동의 목표를 수행하는 것입니다. 여러분은 환자의 협조가 필요하기에 환자가 정말로 요구하거나 요청하지 않는 한 억지로 시키거나 강요하지 마세요. 여러분은 환자가 말하는 대로 공손하게 행동함으로써 모범을 보이시면 됩니다.

23 최면 유도 2

트랜스 유도에 대한 권위적인 참여 접근

어떤 의사의 딸이 생각나네요. 그녀가 와서 말했습니다. "들어 보세요. 제 아버지는 의사예요. 아버지는 매우 권위적이고 매우 지배적인 사람이에요. 평생 동안 저는 아버지의 명령에 익숙했어요. 선생님이 최면을 사용하는 것을 지켜봤는데, 부드럽고 다정해 보였어요. 저는 그런 것에 익숙하지 않아요. 제게 말할 때는 아버지처럼 명령을 내려 주세요!"

명령받은 대로, 나는 그녀의 곁에 서서 "더 이상 시간 낭비하지 말고, 트랜스에 들어가!"라고 말했습니다.

그녀가 나에게 부탁한 일은 그것입니다. 나는 매우 고분고분하게 행동했습니다. 하지만 그녀는 패턴을 설정했고, 참여했고 나는 명령을 따라 명령을 내렸습니다. 명령을 받아들이는 내 능력을 보여 주자 그녀 역시 똑같이 그녀의 능력을 보여 줄 수밖에 없었습니다. 나는 명령을 따를 수 있었고 그녀도 그렇게 할 수 있었지요. 이런 식으로, 그녀도 참여하고 나도 참여하게 되었습니다.

종종 "우리가 함께 무엇을 할 것인가?"라는 태도를 갖기보다는 "내가 너에게 할 일은 이것이야."라는 태도를 갖는 경향이 있습니다. 환자가 마침내 트랜스에 들어갈 수도 있겠다는 것을 인식했을 때, 여러분은 아주 가벼운 트랜스 상태를 요청합니다. 그러면 환자는 자발적으로 가벼운 트랜스로 들어가겠다고 할 기회가 생깁니다. 그때 환자가 중간 정도의 트랜스에 들어가고 싶어 하더라도 여러분은 기꺼이 가벼운 트랜스에서 마무리하려고 해야 합니다. 그런 다음 그 주제를 다룹니다. 심지어 환자가 기꺼이 약간 중간 트랜스로 들어가겠다고 하더라도 여러분은 가벼운 트랜스에서 마무리하려 하고, 그러면 환자는 왜 중간 트랜스에 들어가면 안 되는지 의문을 가지게 됩니다. 그렇게 해서 여러분은 환자에게 전체 과정에서 협조하고 참여할 기회를 제공하고 있는 것입니다.

24 최면을 통한 통증 조절 3

통증을 줄이기 위한 부분적 접근 방법의 활용; 부적 방법을 통해 한계를 설정하여 의심을 해소하고 동기부여를 높이기

내가 한 암 환자에게 둔하고 욱신거리고 지속되는 통증에 대해 1%의 1,000분의 1 정도를 줄여 보자는 아이디어를 받아들일 수 있겠느냐고 물었을 때, 그는 둔하고 욱신거리고 지속되는 통증의 1%의 1,000분의 1 정도를 줄이는 것은 쉬울 것이라고 말했습니다. 나는 그가 아마 통증의 1%의 1,000분의 1이 감소한 것을 알아차리지 못할 것이라고 말했습니다. 환자는 어려울 것이라는 점을 인정하고 나서 1%의 1,000분의 5까지 줄여 보자고 했습니다. 이제 그는 스스로 1%의 1,000분의 5를 언급한 것입니다. 나는 그가 더 하겠다고 말하기를 바랐고, 그에게 그런 기회를 주었던 것이지요. 그는 알아차릴 수 있는 감소량이 얼마인지 말했고, 이제 환자의 모든 욕구는 둔하고 쑤시는 통증을 감소시키는 방향으로 향했습니다. 그는 찌르는 듯한 통증에 대한 기억상실이 일어났습니다. 우리 둘은 협력하여 1%까지, 10%까지, 그리고 20%까지 해 나갔습니다. 그리고 나는 이렇게 질문했습니다. "우리가 80%를 넘을 수 없다는 것을 알고 있나요?" 이제 통증의 80%를 넘어서는 것의 어려움이 주제가 되었습니다.

여러분은 먼저 자신이 무엇을 성취하고 싶은지 알아야 합니다. 나는 그 환자를 가능한 한 모든 통증에서 해방시키고 싶었습니다. 나는 **통증 감소를 최소한으로 시작**해서 5%까지, 또 10%까지 눈에 띄게 증가시켰습니다. 그런 후, 나는 그의 통증을 80% 이상 제거하는 것은 불가능하다는 매우 큰 어려움을 제기했습니다. 이제 전적으로 다른 문제가 된 것이지요. 나는 통증의 20%만 다루려고 하였고 이제 질문은, "그 20%에 대해 제가 무엇을 할 수 있을까요?"가 되었습니다. 80%는 이미 해결된 상태였습니다.

25 최면을 통한 통증 조절 4

환각 해리 촉진을 위한 꿈의 활용 및 심리적 과정 간의 상호관계 활용: 마취를 위한 과거 경험 학습 되살리기와 변화시키기

　그것이 여러분이 시도하는 일종의 분할 접근법(fractional approach)입니다. 내가 이 모든 것을 강조하는 이유는 여러분이 최면의 과학적 발전에 있어 이 모든 문제를 검토할 필요가 있다는 것을 이해하고, 그것들을 분석해서 여러분이 하려는 접근이 어떤 종류인지 알아야 한다는 것을 이해해야 합니다. 그 암 환자는 마취와 통각 상실에 대한 이런 아이디어를 가지고 있었지만, 문제는 다른 심리적 과정이 관련되어 있다는 것입니다. 발가락뼈가 발뼈와 연결되어 있듯이 발목뼈도 다리뼈와 연결되어 있고, 기억상실은 기억과 연결되어 있고, 기억도 느낌과 연결되어 있으며, 느낌은 느낌 없음과 연결되어 있고, 느낌 없음은 통증과 연결되어 있고, 통증은 위치 감각과 연결되어 있으며, 위치 감각은 실제로 어떻게 존재하는지를 인식하는 것과 연결되어 있습니다. 여러분의 모든 심리적 과정은 증상의 총체적 유입과 여러분이 받고 있는 자극의 총체적 분석이라는 일반적인 배경과 상호 연관되어 있습니다.

　그래서 나는 죽어 가는 이 남자에게 그가 방의 한 귀퉁이에서 통증을 느낄 수 있는지 아닌지 질문했습니다. 나는 그가 침대에 누워 있는 한 거실에서의 통증을 전혀 느끼지 않을 것이라고 생각했습니다. 그는 점차 내 아이디어, 즉 '이제 당연히, 내가 침대에 누워 있을 때에는 나는 분명히 다른 방, 다른 자세에서 느꼈던 통증을 느낄 수는 없어.'라는 아이디어를 이해하기 시작했습니다. 나는 꿈속에서 그가 침대에도 보트에도 비행기에도 숲속에 있을 수 있다는 것, 그리고 그가 수영을 할 수도 있고, 친구들을 만날 수도 있고, 온갖 주관적 반응을 경험할 수많은 곳에 갈 수 있다는 것을 이해하는 것이 중요하다고 말했습니다. 꿈에서 그는 무의식에 속하는 기억의 유형, 사고의 유형을 사용할 수 있었습니다. 그는 자동차를 운전하는 꿈을 꾸면서 분명히 침대, 베개, 침대 헤드, 침대 난간을 지각하지는 않았을 것입니다. 왜냐하면 그는 꿈속에서 자동차를 타고 있을 것이고, 꿈속의 이미지를 구성하기 위해 과거의 경험적 가치를 끌어내어 자동차의 시각적 ·

정신적 이미지를 활용하고 있을 것이기 때문입니다. 과거의 경험적 가치는 모든 실제가 진짜인 것만큼 진짜입니다. 그리고 그것은 환자를 이해시키고 아이디어를 전달할 때 명심해야 할 중요한 고려사항입니다.

　피닉스를 떠나기 바로 직전에, 나는 나의 한 환자를 방문했고 그녀가 거실에 앉아 있을 때 그녀가 느꼈던 모든 감정을 설명하라고 했습니다. 사실 그녀는 침대에 누워 있었습니다. 그녀는 거실의 휠체어에서 느꼈던 모든 감정을 아주 생생하게 이야기해 주었습니다. 자, 그녀가 휠체어에 앉아 있다는 것이 어떤 것인지 정확하게, 휠체어의 팔걸이가 어떻게 느껴지는지 정확하게, 휠체어 등받이가 척추에 어디에 기대어 있는지 정확하게, 텔레비전 화면을 볼 때 눈의 위치를 정확하게, 휠체어에서 주변 시야로 얼마나 볼 수 있는지 정확하게 나에게 설명해 주면서 좌골과 척추의 암으로 인한 지속적이고 둔하며 고통스러운 통증을 그녀가 조금이라도 느낄 수 있었을까요? 그녀는 그럴 수 없었습니다. 휠체어에 앉은 것에 대한 경험적 학습을 되살리는 것에 너무나 관심이 있었으니까요. 물론 그녀는 휠체어에 앉아 있는 것을 묘사하면서 말 그대로 통증과 해리되었습니다.

　따라서 통증 때문에 마취를 유도할 때, 여러분은 기억상실뿐 아니라, 무감각과 통각상실뿐 아니라, 주관적 시간 가치의 변화뿐 아니라, 주관적이고 감각적인 학습 및 경험의 변화를 통해서도 마취를 유도하고자 합니다. 이 환자는 침대에서의 통증을 잊었습니다. 마치 거실에 나가 텔레비전을 보고, 거리로 통하는 스크린 도어를 보고, 테이블 위에 있는 꽃을 보고, 거실 소파에 앉아 있는 나를 바라보는 듯했습니다. 그녀는 매우 완벽하고 기분 좋게 해리가 되었습니다.

26 최면을 통한 통증 조절 5

해리를 위한 점진적인 암시: 주관적 시간적 가치 및 함의, 신체적 상호관계의 체계적 활용

　하지만 여러분도 알다시피, 그러한 해리를 처음 구축하기 위해서는 하나씩 하나씩 시작해야 합니다.

"휠체어 팔걸이에 팔을 얹었을 때 어떤 느낌인지 조금만 말씀해 주시겠어요?"

나는 내가 무엇을 의도하는지 알고 있었고, 환자는 내가 무엇을 의도하는지 몰랐음에도 협조하고 싶어 했습니다. 환자는 휠체어의 팔걸이에 있는 손의 감각에 대해 기억할 수 있는 사소한 것 모두를 나에게 말하면서 협조하고 싶어 했습니다. 그다음에는 당연히, 발걸이에 있는 오른발로 진행할 수 있었습니다. 오른발을 언급하는 것은 중요합니다. 왜냐하면 "이것은 당신이 지금 오른발과 관련해서 하는 작업입니다."라고 하면서 나중에 왼발로 진행할 것임을 간접적으로 암시하기 때문입니다.

그것은 암시를 제시하는 일입니다. 여러분은 여러분이 원하는 모든 일에 대해 인식할 필요가 있습니다. 여러분은 그것들을 매우 신중하고 체계적으로 안내합니다. 만약 암으로 죽어 가고 있는 그 여성에게 그리고 그 남성에게 해리를 일으키려면, 손의 감각과 주관적인 가치를 다루는 것이 좋습니다. 그다음 오른손부터 시작했으니 오른발을 다루고, 그다음에는 암시한 대로 왼발을 다루며, 그다음에 환자의 다른 한쪽에서 환자의 또 다른 쪽으로 이동하며 진행합니다. 남성은 전립선암, 여성은 좌골로 전이된 자궁암이 있었기 때문에 나는 중앙에 집중하며 이쪽 끝에서 저쪽 끝까지 작업을 마무리했습니다. 환자는 몰랐지만 나는 알았습니다. 그것은 환자를 더 완전하고 포괄적으로 바라보려 하는 여러분 자신의 의지의 문제입니다.

[27] 증상 교정의 우선순위

근본 원인보다 외부 증상 치료하기, 발모증 치료에 대한 간접적 접근법; 주의 산만, 질문, 궁금증을 통한 최면 및 재도식화: '어느 쪽 속눈썹이 더 빨리 자랄까?'

질문은 다음과 같습니다. "발모증을 다루는 방법은 무엇인가요?"

발모증은 모발을 강박적으로 뽑는 것입니다. 소아에게서 가장 흔히 볼 수 있으며, 성인의 경우 특정 히스테리 유형, 특정 정신병 유형에서 많이 일어납니다. 이 발모증은 두피일 수도 있고, 눈썹일 수도 있고, 속눈썹일 수도 있습니다.

소아의 발모증은 보통 일종의 항의 반응으로 발전합니다. 부모는 즉각적으로 제재하려 하고, 아이는 자신의 소유인 머리카락을 자기가 뽑을 수 있다는 것을 보여 주려 합니다. 부모는 "그렇게 하면 안 돼!"라고 말하고, 아이는 "그렇지만 나는 내 마음대로 할 수 있어요."라고 하며 계속해서 그것을 거듭 증명합니다. 이제 이 문제는 부모와 아이 사이의 싸움의 원천이 됩니다. 그래서 부모가 아이를 아동 지도 클리닉에 데려가기로 결정하면, 아이는 자기 손으로 자신의 머리카락을 뽑을 수 있는 특권을 부모가 빼앗으려고 그곳에 데려간다고 생각합니다. 그래서 아이는 더 강하게 저항합니다.

이런 종류의 문제가 있는 아이에 대한 최선의 접근은 아이가 필요로 하는 만큼, 그리고 여러분이 그 모든 느낌이 무엇인지 알아내는 데 걸리는 시간만큼, 아이가 머리카락 뽑기를 계속하도록 격려하는 부모의 의지와 관련됩니다. 자, 이제 아이는 머리털 뽑기에 귀중한 시간을 얼마간 낭비하게 될 겁니다. 왜냐하면 아이는 이 머리털 뽑기에 대해 탐구하고 그 학습으로 소진될 것이기 때문입니다. 만약 뽑고 있는 털이 눈썹이나 속눈썹이라면, 아이가 외모의 손상을 싫어하기 때문에 이것은 또 다른 문제가 됩니다. 그러나 아이는 뒷머리의 탈모 반점은 걱정하지 않습니다. 이 머리털 뽑기를 여러분이 허용하게 되면 아이는 그것을 탐구하게 됩니다. 여러분은 아이에게 말합니다. "너는 분명히 앞으로 몇 달 동안 그것을 계속해야 할 거야." 그런데 아이는 애초에 무엇을 하려고 한 걸까요? 여러분이 방해할지 모르니까 아이는 자기가 그것을 할 수 있다는 것을 보여주고 있는 것입니다. 여러분은 아이에게 앞으로 3~4개월, 아마도 더 길게 그것을 계속해야 한다고 말합니다. 여러분은 아이에게 계속해서 머리카락을 뽑아야 한다고 말했습니다.

알다시피, 정신과 의사로서 나는 증상 발현을 교정하기 전에 근본 원인을 분석하여 얻을 수 있는 것이 별로 없다고 생각합니다. 여러분은 원인을 찾는 동안 증상 발현이 계속되고 악화되기를 원치 않을 것입니다.

또 다른 접근법은 문제를 완전히 무시하고 대신 아이가 다른 유형의 머리 모양에 관심을 갖도록 하는 것입니다. 어린 소녀가 한 갈래로 묶은 머리를 할 만한 나이인가? 아니면 땋은 머리를 할 만한 나이인가? 그녀는 정말로 프랑스식 땋은 머리를 할 만한 나이인가? 여러분은 그 질문에 대해 진지하게 열심히 토론하고, 마음으로 심각하게 받아들여야 합니다. 여러분의 토론이 가식이 되어서는 안 됩니다. 알다시피, 아이가 아직 머리 모양에 관심이 없기 때문입니다. 따라서 여러분은 정직하고, 올바르고, 진지하게 질문을 제기합니다. 아이가 프랑스식 땋은 머리를 할 만한 나이인가?…… 평범하게 양갈래로 묶은 머리를 할 만한 나이인가?…… 하나로 묶은 머리를 할 만한 나이가 되었는가?…… 앞머리를 할 만한 나이인가? 이것들은 진지하고 정직한 질문입니다. 왜냐하면 아이는 이미 머리 모양에 관심이 없다는 것을 보여 주었기 때문입니다. 그리고 여러분은 아이가 머리 모양에 관심을 갖게 되기를 원합니다. 그런 다음 여러분은 심층적이고 근본적인 어떤 문제도 다룰 수 있습니다.

편저자

> 이 두 단락에서 Erickson은 증상 변화 이전에 근본 원인을 탐색하는 전통적인 분석이 먼저 증상 행동을 건설적인 목표로 재도식화함으로써 반전될 수 있으며, 그런 다음 "여러분은 심층적이고 근원적인 어떤 문제도 다룰 수 있습니다."라고 분명히 말하고 있다.

그러나 내가 말했듯이, 아이가 눈썹이나 속눈썹을 뽑을 때는, 그것은 다른 문제입니다. 나는 아이의 그 습관을 아주, 완전히, 힘든 일로 만들려고 합니다. 눈썹 뽑기를 어떻게 힘든 일로 만들 수 있을까요?

"자, 여기서 하나를 뽑고, 그다음 정확히 한가운데에서 다른 하나를 뽑고, 그다음 끝에서 다른 하나를 뽑아야 한다. 그런 다음은 저기서, 그다음에는 저기서, 그다음 저기에서 다시 시작해. 그렇게 하나의 리듬, 패턴, 변화를 만들게 되지. 그리고 실제로 그것은 네가 필요로 하는 한, 너의 성장의 일부가 되게 해야 한단다. 그리고 네가 할 수 있는 최선의 방법으로 그것을 해야 해. 지금 이건 내 생각이야. 그런데 너는 다른 방법을 생각해 낼 수 있을 거야."

여러분은 아이가 눈썹 털을 뽑을 수 있는 어떤 방법을 알아내도록 협력합니다. 아이에게서 자신의 눈썹을 처리할 권리를 빼앗지 않으면서, 아이가 만족스러운 방법을 찾도록 도와줍니다. 무슨 일이 일어날까요? 아이가 자신만의 방법을 찾고, 여러분이 승인하고, 아이는 여러분의 승인을 누립니다.[2]

---

[2] 편저자 주: Erickson이 간접적으로 아이에게 성인과 긍정적이고 협력적인 관계를 맺는 체험을 제공하고 있음을 주목하자.

그러나 일단 체계적이고 질서정연한 방법이 정해지고, 아이가 그 일에 전념하게 되면, 그것은 지루한 과업이 됩니다. 그것은 아이에게 대충 얼버무리고 싶은 일입니다. 그는 오늘 그것을 건너뛰고 내일은 잊어버릴 텐데, 애초에 왜 그 이야기를 꺼냈나요? 아이는 다른 것을 하느라 바빠집니다. 다시 말해서, 아이는 그 힘든 일을 그만두고 싶어하기 시작합니다.

속눈썹의 경우에도 동일한 절차가 적용됩니다. 완전히 맨 눈꺼풀을 가지고 있는 한 어린 소녀가 기억납니다. 그 여자아이는 속눈썹이 하나도 없었습니다. 많은 사람이 그 아이의 눈꺼풀이 보기 흉하다고 생각하겠지만, 나는 그것들이 흥미로워 보인다고 그녀에게 말했습니다. 그러자 그 아이는 기뻐했고 나를 믿었습니다. 나는 정말로 그 아이의 눈꺼풀이 흥미롭다고 생각했습니다. 왜냐하면 나는 그것을 아이의 관점에서 보았기 때문입니다.

그리고 나는 그 아이의 속눈썹이 여기에 하나 있고 이쪽 여기에 하나가 있으면 눈꺼풀이 훨씬 더 흥미롭게 보일 것인지에 대한 의문을 제기했습니다. 그리고 다음 질문은 "중간에 하나 더 해서 3개의 속눈썹은 어떨까?" 하는 것이었습니다. "얼마나 길어질까? 중간 속눈썹이 양쪽 두 속눈썹보다 더 빨리 자랄까?" 그 질문은 내가 열광했던 또 다른 흥미로운 질문이 되었습니다. 왼쪽 눈꺼풀의 속눈썹이 오른쪽보다 빨리 자랐을까요? 글쎄요, 그것들이 자라도록 놔두지 않고 그 질문에 답할 수 있을까요? 그리고 나는 실제로 그 성장이 궁금했습니다. 그 소녀는 내가 그녀의 아이디어에 관심이 있다는 것을 알고 있었고, 나의 도움으로 그녀는 여러 가지 흥미로운 아이디어를 만들어 냈습니다.

일반적으로 제기되는 질문은 "제가 언제 그 소녀에게 최면을 걸었나요?"입니다. 내가 그녀의 주의를 산만하게 했을 때, 그녀의 주의를 고정시켰을 때, 그리고 그녀의 눈꺼풀에 속눈썹이 자라는 문제를 다룰 때 최면을 걸었습니다. 그 소녀는 뒤뜰에 있는 세발자전거, 침실에 있는 작은 인형, 소꿉놀이 접시나, 어머니의 잔소리나 아버지의 혐오, 그리고 그 어떤 것도 생각하지 않았습니다. "어느 쪽 속눈썹이 더 빨리 자랄까?" 소녀는 속눈썹과 속눈썹의 성장 패턴에 대한 이 질문에 엄청난 관심을 가지고 몰두해 있었습니다.

[28] 두피 궤양 치료의 간접적 접근법

역설적인 질문을 통한 문제 재도식화를 위해 환자의 관점과 성취 욕구 활용하기: "어느 손이 더 나은 결과를 얻습니까?"

다음 질문은 "두피에 궤양이 생길 때까지 머리를 긁고, 그런 다음에는 궤양을 뜯어서 계속 궤양을 달고 지내는 성인을 어떻게 하겠습니까?"입니다.

내가 발모증에 대해 지적한 것이 바로 그 답이라고 생각합니다. 그런 문제는 대부분 비슷합니다. 그 문제를 환자의 입장에서 보아야 합니다. 의료인으로서 궤양에 대한 여러분의 생각은 개인적인 견해로 접어 두세요. 여러분은 자신의 견해를 적절히 이해할 수 있지만 환자는 그렇지 않습니다. 그러나 환자가 무엇을 생각하고, 무엇을 느끼고, 그 특정 문제를 어떻게 원하는지 여러분은 꼭 이해해야 합니다. 그렇다면 문제는 환자가 두피의 궤양에 충분히 만족하도록 어떻게 도울 것인가 하는 것입니다.

두피의 염증으로부터 어떤 만족감을 얻을 수 있을까요? 두피에 염증이 생겼다가 조금씩 나아졌다는 사실에 굉장한 만족감을 얻을 수 있습니다. 그 안에 성취감이 있습니다. 오른쪽 눈과 왼쪽 눈에 듬성듬성한 속눈썹들의 상대적인 성장을 비교하면서 그 어린 소녀가 얼마나 큰 성취감을 느꼈는지 생각해 보십시오. 석사 학위를 가진 26세의 남성이 있었는데 그는 손톱이 다시 자라나는 것을 관찰하기를 정말 좋아했습니다. 같은 접근 방식입니다. 환자의 실제 관심이 환자 자신에게 이익이 되는 쪽으로 전환될 수 있는 상황을 만들려고 노력합니다. 상식적인 수준으로 그러한 상황을 만들려고 하지 마세요. 환자들이 필요한 모든 상식을 알고 있다면 여러분은 사무실 임대료 때문에 다른 곳을 찾아야 할 테니까요! [웃음]

나는 두피 궤양을 뜯는 아이에게 오른손으로 뜯을 때와 왼손으로 뜯을 때 어느 쪽에서 더 나은 결과를 얻었는지 말해 달라고 할 수도 있습니다. 오른손 또는 왼손…… 결정, 결정, 결정! 누가 그 모든 결정을 내리고 싶을까요? 아이는 답을 모릅니다. 그는 아침에 궤양을 뜯었을 때 더 나은 결과를 얻을까요? …… 오전 중반? …… 정오? …… 오후 중반? …… 늦은 오후? …… 이른 저녁? …… 자러 가면서? 나는 그가 그 궤양을 뜯고 있다는 사실을 알고 있지만, 전체 그림을 바꾸는 이러한 다른 질문들을 제기한 것입니다.

만약 아이가 자기 직전에 두피를 뜯는다면, 나는 그 점이 알고 싶었을 것입니다. 그가 아침 식사 직후에 뜯는 것이 더 만족스러운지를 알아보려고 시도했는지 나는 알고 싶었을 것입니다. 그것은 진지한 물음이 될 것이고, 나는 그가 진지하게 알아보기를 원했을 것입니다. 여러분은 최면을 치료 수단으로 사용하는 것이 아니라 환자가 자신의 행동을 유익한 방식으로 바꾸도록 하는 수단으로 사용합니다. 여러분은 환자의 행동을 박탈하지 않고 그가 행동을 바꾸고 변화시키도록 도와줍니다.

> **편저자**
>
> 이것은 약 한 세대 후인 지금에서야 정신치료에서 인기를 얻고 있는 재도식화('전체 그림을 바꾸기')의 개념을 Erickson이 어떻게 발전시키고 가르치기 시작했는가에 대한 또 다른 명확한 설명이다.❹

29 금연을 위한 직·간접적 접근법

'알지 못함'과 '탐구하기'를 통한 방향 전환: 무의식의 도움을 통한 Erickson의 고통 없는 습관 중단

자, 여기 예리한 질문이 있습니다. "패널 멤버들이 담배를 끊기 위해 사용한 방법은 무엇입니까?"

Secter 박사는 아직 담배를 끊은 것이 아닙니다. 이 사실이 여러분에게 흥미로울 것입니다. 그는 단지 다음 담배를 언제 피울지 모를 뿐입니다. 그는 담배를 끊지 않았고 몇 년 후일지 모르지만 단지 언제 다시 담배를 피우게 될지 모를 뿐입니다!

Aston은 만약 완전히 끊기로 맹세하면 어떻게 느낄지, 그의 내부에서 어떤 일이 일어날지에 대해 관심을 가짐으로써 그의 흡연 행동을 바꾸었습니다. 그는 습관을 어떻게 바꾸는지 알고 싶었습니다. 그래서 담배를 완전히 끊기로 맹세하고, 그 경험을 분석했고, 그다음에 다시 피우기 시작했다가, 그 후에 다시 끊었고, 그렇게 이 변화의 문제를 탐구했습니다. 이제 그는 사무실에 출근할 때 그리고 퇴근해서 집으로 돌아오는 길에 한두 개비를 피우는데, 그것으로 충분합니다.

나는 만약 담배를 끊는 것이 바람직하다는 암시라도 하는 미국의약협회(AMA)의 두 번째 보고서가 나온다면 반드시 끊겠다고 다짐했습니다. 가족 중 내가 유일한 흡연자였기 때문에 담배를 끊는 것은 매우 쉬웠습니다. 어느 날 밤 두 번째 미국의약협회 보고서를 읽은 후에 나는 바로 끊었습니다. 내가 세운 목표는 한번 담배를 끊으면 절대로 다시는 피우지 않겠다는 것이었습니다. 그 방향성은 담배에 대한 모든 이상 증상, 담배에 대한 갈증에서 나를 구해 주었습니다. 나 자신의 무의식이 나에게 동조한 나머지 그것을 억눌렀습니다! 나는 담배에 대한 갈증이 없다는 것을 알고 매우 놀랐습니다.

Seymour가 어떻게 또는 왜 담배를 끊었는지 나는 모르지만, 내 생각엔 그 사람이 우리가 입고 있는 후광이 부러웠던 것 같습니다! [웃음]

🗨 편저자

이것은 미국 임상최면학회(American Society of Clinical Hypnosis: ASCH) 전체 직원과 교수진에게 매우 흥미로운 역사적 전환점이었다. 대부분의 회원은 흡연자였다. 흡연의 해로운 영향에 대한 의학적 지식이 늘어남에 따라 그들은 모두 최면요법을 써서 자신을 도와야 한다는 도전을 받았다. "의사들이여, 스스로를 치유하시오." 그들이 담배를 끊을 수 없다면 도대체 어떻게 환자를 설득력 있게 도울 수 있겠는가?

하지만 이 통과 의례의 가장 흥미로운 측면은 그것이 최면에 대한 오래된 권위주의적인 관점에서 벗어나, Erickson의 새롭고 허용적인 활용 접근 방식으로 태도의 근본적인 변화를 확인했다는 것이다. 미국 임상최면협회 모든 회원과 직원이 일반적으로 동등한 지위와 명성을 가지고 있는데 어떻게 서로에게 담배를 끊도록 자신의 권위적인 의지와 제안을 강요할 수 있겠는가? 권위적인 제안은 명령계통이 있을 때 작동할 수 있으나, 모두가 동등한 민주주의에서는 전혀 효과적이지 않다.

대신, 학회원들은 자신의 무의식이 어떻게 금연에 대한 개인적 접근을 촉진했는지에 관심을 가질 수 있었다. 각 회원들은 서로 다른 사람의 접근 방식에 관심을 가졌다. 이러한 관심은 각자가 그것을 어떻게 할 것인가에 대한 질문, 즉 정신적 지향에 어떤 특별한 변화가 일어날 것인가에 대한 의문과 더불어, 주의를 집중시키고 평소의 의식적 태도를 멈추거나 무력화하는 경향이 있었다. 그다음에 내면 탐색이 시작되고 모든 사람이 자신만의 독특한 금연 방법을 찾게 되었다. 따라서 트랜스와 암시**❺**의 미세역학의 초기 조건이 전체 집단 내에 작동하여 창의적 집단 최면의 형태로 금연을 촉진했다고 추측할 수 있다.

이것이 민주적 환경에서 집단 변화가 어떻게 일어날 수 있는지에 대한 모델이 될 수 있을지 궁금하다. 각 집단원은 변화를 위해 한 사람의 의지를 다른 사람에게 강요하기보다는 자신의 무의식적 의지가 변화를 위한 상황의 요구에 어떻게 반응할 것인지 질문하고 궁금해함으로써 그 과정을 촉진한다. 일부 종교적으로 지향된 집단(예: 서구의 퀘이커 교도와 동양의 다양한 선 및 명상 집단)은 매우 다른 전제에서 이와 동일한 접근 방식을 찾는 것 같다.

이 창의적 수용적 접근 방식이 소위 토론, 율법주의적 권위적 판단, 권력 정치라고 하는 현재의 다른 '민주적인' 스타일과 얼마나 다른지 주목하라. 민주적 이상을 가진 집단의 실제 실천에서는 그 결과가 광범위하게 나타난다. 최선의 경우 그들은 지속적으로 진화하는 변화와 새로운 것에 대해 수용적이고 창의적인 관계를 갖게 된다. 최악의 경우 그들은 각 개인이나 진영이 자신의 제한된 세계관을 상대방에게 강요하는 상호 조작 관계의 희생양이 된다. 역사상 이 시점에서 인류를 위한 연구의 적절한 초점은 민주주의 제도에서 이러한 양극단의 조건 중 더 바람직한 조건을 인식하고 촉진하는 방법을 배우는 것으로 보인다. 이 영역은 Erickson식 심리치료 및 최면치료 접근을 더 넓은 사회문화적 맥락으로 창의적으로 확장할 수 있는 매우 비옥한 토양이 될 것이다.

30 최면을 통한 통증 조절 6

암 통증에 대한 간접 최면 기법: 성취를 지속적인 참여와 연결하는 조건부 암시

이제 다음 질문은 암 환자에 관한 것입니다. "최면 유도 기법은 무엇이었나요?" 엄청난 고통을 겪고 있는 암 환자들에게는 다른 기법을 사용해야 합니다. 왜냐하면 그들이 심한 고통을 겪고 있을 때 여러분은 그들의 주의를 사로잡을 수 있는 일종의 기법이 필요하기 때문입니다.

80세의 한 남성이 암으로 죽어 가고 있었습니다. 데메롤, 모르핀 또는 다른 어떤 마약으로도 통증을 제어할 수 없었습니다. 그는 내가 저녁에 와서 그와 함께 작업할 수 있도록 하루 동안 자발적으로 약물을 중단했습니다. 그는 전문직 종사자였고 최면에 대해 조금 알고 있었기 때문에(그러나 개인적인 경험은 없었습니다.), 나는 그에게 내가 저녁에 올 때까지 하루 종일 기다리고 기다리면서 그 모든 통증을 견디느라 엄청나게 피곤했을 거라고 말했습니다. 통증은 그를 몹시 지치게 만들었고, 그에게 최선은 20분 내지 30분 정도의 생리적 수면을 취하는 것이었습니다. 그동안 나는 다른 방에서 휴식을 취하며 기다렸습니다.

그것이 그에 대한 나의 접근 방식이었습니다. 내가 그에게 한 암시를 이해하십니까? 하루 종일 기다리고 기다리며, 너무 많은 고통을 겪고, 생리적으로 지쳐 있었기 때문에, 그가 20분 내지 30분 정도의 생리적 수면을 취하는 것이 더 좋겠다고 했습니다. 나는 그날의 경험을 근거로 휴식을 정당화했는데, 그것은 피로에 대한 정당한 근거, 즉 20분, 30분의 수면을 취하는 정당한 근거였습니다. 그는 물론 내 요청에 따라 그렇게 했고, 생리적 잠에 빠지자마자, 그는 내 요청에 큰 반응을 보였습니다. 그리고 나는 그에게 20분 내지 30분 정도 생리적 잠을 자고 나면, 그 짧은 낮잠으로 인해 완전히 휴식을 취한 느낌으로 깨어날 것이라고 말해 주었습니다. 그것이 나의 두 번째 최면 암시였습니다. 그는 약 20분 내지 25분 후에 잠에서 깨어나 매우 잘 쉬었다고 말했습니다. 그런 다음 나는 통증에 대한 주관적 가치, 무감각 등에 대한 설명을 진행했습니다.

나는 또한 그에게 처음에는 그냥 가벼운 트랜스, 깊은 트랜스가 아니라 아주 가벼운 트랜스를 발전시키고 나중에 더 깊은 트랜스로 들어가자고 제안했습니다. 따라서 그가 아주 가벼운 트랜스에 들어갔다면, 그것은 그가 더 깊은 트랜스에 들어가기 위해 노력했다는 것을 의미했습니다. 알다시피, 내가 바라는 것은 성취에 따라 더 깊이 들어가도록 설계된 방식에 그가 참여하는 것이었습니다. 즉, 그가 더 많이 성취할수록 더 많은 일에 전념하게 되는 것입니다.

31 최면을 통한 통증 조절 7

저항 극복을 위한 대리 최면; 제3자의 대리 행위를 통한 주의 산만과 소망의 활용: "너의 엄마는 통증에서 벗어나야 해."

나와 함께 작업했던, 초등학교만 나온 또 다른 사람은 최면을 매우 두려워했습니다. 그녀에 대한 나의 접근 방식은 조금 단순했습니다. 나는 그녀의 19세 된 딸을 바라보며

"너의 엄마는 통증에서 벗어나야 해."라고 말했습니다. 딸은 그것에 대해 이의를 제기할 수 없었지만, 최면에 대해 자신이 어떻게 느끼는지 확신하지 못했습니다. 하지만 우리가 동의하는 점 한 가지가 있었습니다. 나는 딸에게 "너의 엄마는 통증에서 벗어나야 해. 그런데 네가 너의 정상적이고 건강한 행동으로 엄마를 가르쳐 줄 마음이 있는지 궁금하구나."라고 말하며 딸의 정상적이고 건강한 행동을 강조했습니다. 딸은 기꺼이 하겠다고 말했습니다. 그런 다음 나는 어머니에게 통증을 없애는 방법을 가르치는 것을 아버지가 도와줄 의향이 있을지 딸에게 물었습니다. 딸은 아버지가 물론 기꺼이 도울 것이고 누구보다도 더 원할 것이라고 말했습니다. 그리고 나는 다른 딸도 참여할 것인지 알고 싶다고 했습니다. 그것은 그 여성에게 통증에서 벗어날 방법을 기꺼이 가르칠 의지가 있는 아버지와 두 딸이 있다는 것을 의미했습니다.

나는 19세 딸에게, 제일 좋은 방법은 자신의 손을 잊을 수 있다는 것을 발견하는 것이라고 말했습니다. 나는 딸의 손을 토닥이면서 딸이 어머니를 바라보며 어머니가 통증에서 벗어나기를 바라는 동안은 그 토닥임을 느끼지 못할 것이라고 말했습니다. 여러분도 알다시피, 딸은 어머니가 통증에서 벗어나기를 간절히 바라고 있었으니 그렇게 간절히 바라는 동안 내가 자기 손에 하고 있는 일에 관심을 두지는 않을 것이었습니다. 딸의 주의는 손에서 벗어나 아주 강하고 감정적인 문제로 향했습니다.

그 반응을 설정하면서 그 소녀를 트랜스에 들게 하는 것은 비교적 쉬운 일이었습니다. 왜냐하면 내가 이미 그녀의 손에 무감각 마취를 했기 때문입니다. 그래서 나는 그녀를 트랜스에 들어가게 했고, 어머니는 딸을 지켜보았으며, 그 어머니가 딸의 트랜스 행동을 아주 잘 이해하고 있다는 것을 알았습니다. 나는 어머니가 배우기를 바라는 모든 것을 딸을 통해서 볼 수 있게 했고, 어머니는 큰 관심을 가지고 딸을 지켜보면서 자신의 고통을 잊었습니다.

[32] 필요한 아이디어를 전달하는 최면

치료적 결속을 이용한 무의식적 암시: 교육 목적을 위한 가족 참여의 가치

자, 내가 여기 오기 직전에 본 여성은 석사 학위를 가지고 있었습니다. 그녀는 최면에 강하게 저항하는 매우 지적인 여성이었습니다. 그녀의 딸은 대학에 다니고 있었고, 딸의 관심을 끄는 것은 다소 간단한 문제였습니다.

딸이 나에게 "어머니에게는 최면을 걸 수 있지만 저에게는 최면을 걸 수 없어요."라고 말했습니다. 내 대답은 "그 이야기를 당신 어머니에게 말해 주면 좋겠어요."였습니다.

내 말을 알아차린 분이 얼마나 될까요? "그 이야기를 당신 어머니에게 말해 주면 좋겠어요."라는 것은 "제가 당신 말을 믿지 않는다고 다른 사람에게 말해 주세요."라고 하는 또 다른 방법입니다. 나는 그녀의 말을 거부하고 있었기 때문에 그것을 그녀의 어머니에게 말해 달라고 그녀에게 요청했습니다. 그래서 그녀는 어머니에게 말했습니다. "그가 엄마한테는 최면을 걸 수 있겠지만, 저는 최면에 걸릴 수 없을 것 같아요." 그녀는 바로 그 자리에서 구속당했고, 내가 한 일을 전혀 알아차리지 못했습니다. 그녀는 즉시 멋진 트랜스에 들어갔고, 나는 그녀를 그녀 어머니를 위한 시연에 이용했습니다.

👥 편저자

이 경우 실제 구속은 무엇인가? 편저자들은 다음과 같이 추측한다. Erickson이 "그 이야기를 당신 어머니에게 말해 주면 좋겠어요."라고 했을 때, "저는 당신 말을 믿지 않습니다. 저는 당신에게 최면을 걸 수 있습니다."라는 것을 간접적으로 암시하고 있다. 따라서 무의식적 암시(우리는 무의식적 암시가 가장 강력한 암시 방법이라는 것을 알고 있다.)인 "저는 당신에게 최면을 걸 수 있습니다."는 "그 이야기를 당신 어머니에게 말해 주면 좋겠어요."와 연합되었다. 그 소녀가 실제로 자기 어머니에게 의식적인 수준에서 그 말을 했을 때, 자동적으로 그리고 무의식적으로 "저는 당신에게 최면을 걸 수 있습니다."라는 연관된 암시를 스스로에게 불러일으켰다. 따라서 그녀는 "즉시 멋진 트랜스에 들어갔고", 그녀의 어머니를 위한 최면대상자의 역할을 적절하게 수행했다. 이것은 Erickson이 종종 환자의 자아의식에 반대되는 놀라운 방식으로 어떻게 효과적인 반응능력을 불러일으킬 수 있었는지를 보여 주는 훌륭한 예이다.

중요한 것은 가족의 다른 구성원을 시각적·청각적 교육을 통해 가르치는 목적으로 기꺼이 이용하고, 저항을 차단하려는 여러분의 의지입니다. 최면은 항상 환자에게 필요한 아이디어를 전달하는 일입니다. 여러분은 각 환자와 그의 요구 사항을 연구하려는 의지를 가져야 합니다. 그래야 환자가 자신의 목적을 달성하고 실제로 올바른 목표를 성취하는 데 필요한 아이디어를 전달할 수 있습니다.

33 산부인과 및 치과에서의 마취 방해 요인

치료자의 요구에 종속된 환자의 욕구; 무대 최면에 대한 Erickson의 반대; 모든 반응의 가능성 다루기

[이제 다른 패널 멤버가 질문을 읽는다. "저는 산부인과 환자에게 마취를 깊이 시켰는데, 별다른 이유 없이 갑자기 마취가 풀렸습니다. 그리고 재유도에 성공하지 못했습니다. 저의 질문은 '그것이 왜 사라졌고, 그럴 때 무엇을 할 수 있을까요?'입니다."]

[이 질문에 패널 멤버는, 최면 마취의 성공에 대한 책임이 환자 자신에게 있다는 것을 환자가 인식할 필요가 있었을 것이라고 답변한다. 그는 또한 어떤 사소한 방식이 환자의 저항을 우연히 촉발하여 마취가 중단되었을 가능성도 고려한다. 그는 문헌에 보고된 사례를 인용하는데, 그 사례에서는 최면사가 막 출산하려는 여성에게 산부인과 마취를 훌륭하게 시행했다. 그의 작업을 관찰하는 병원 직원이 꽤 있었기 때문에 최면사는 그 환자를 직원들에게 보여 주기로 결정했다. 그는 그녀를 분만 대기실에서 분만실까지 걸어가게 했는데, 그 과정에서 산모는 '마치 죽을 것처럼' 비명을 지르기 시작했다. 그녀는 최면사가 최면사의 목적을 위해 자신을 이용하고 있다는 사실을 깨닫자 격렬하게 반항한 것이다. 그런 다음 패널 맴버는 산부인과 의사의 훨씬 덜 명백한 행동과 관련된 자신의 사례 중 하나를 인용한다. 사소한 오해로 인해 산부인과 의사는 환자를 불편하게 만들었고, 이는 환자의 저항에 도화선이 되었던 것이다. 이제 Erickson이 답변한다.]

Pattie 박사의 의견에 동의합니다. 환자와 최면 작업을 할 때는 환자와 환자의 필요를 중심으로 방향을 잡아야 합니다. 여러분이 환자를 통해 자신의 자아를 극대화하려고 할 때마다 여러분은 기반을 잃게 됩니다. 이것이 우리가 무대 최면 기법 교육을 한사코 반대하는 이유입니다. 무대 최면사들은 환자가 아니라 작업자인 그들 자신을 중심에 두니까요. 의료 및 치과 최면에서, 여러분은 환자의 모든 것에 관심을 기울여야 합니다. 중요한 사람은 바로 환자입니다.

이제 산부인과 마취가 풀리는 문제에 대한 또 다른 기법적 요점이 하나 있습니다. 종종 환자의 예상치 못한 발견에서 답을 찾을 수 있습니다. 산모는 아기를 낳을 때 산도를 신체 내부 구조로 이해합니다. 의사 또한 그것을 내부 구조로 설명했을 수 있고, 따라서 산모는 모든 감각, 모든 반응이 본질적으로 신체 내부에 있을 것으로 기대합니다. 그래서 아기의 머리가 회음부에 닿으면 산모는 갑자기 외부 신체 감각을 경험하게 됩니다. 산모는 출산을 내부 과정으로 이해하고 있는데, 이러한 외부 감각이 갑자기 작용하기 때문에 모든 것이 잘못되고 있는 것처럼 여기게 되는 것이지요.

환자의 턱에 제대로 마취를 한 치과의사는 환자가 관심을 둔 턱과 아무 관련이 없는 측두부를 만질 수 있다는 사실을 간과합니다. 또는 치과의사가 실수로 소매를 환자의 귀에 스칠 수도 있습니다. 그런데 환자는 치과의사가 치료하는 동안 아무것도 느끼지 않아야 한다고 들었습니다. 하지만 이는 부정확한 설명입니다. 왜냐하면, 치과의사가 환자를 치료하는 동안 환자가 무언가를 느낄 수도 있기 때문입니다. 환자가 치과의사의 소매가 귀에 닿는 것을 느낄 수도 있으므로 현명한 치과의사는 환자가 입 안에서 아무 것도 느끼지 못하는 상황이라고 규정한 다음, 예상치 못한 자극에 방해되지 않도록 얼굴을 덮어 줍니다.

나는 환자들에게 이렇게 말합니다. "여러 가지 일이 발생할 수 있고, 어떤 것은 제가 언급하지 않은 것이에요. 그런 일들을 알아차리고 받아들이기 바라며 당신이 달성하고자 하는 목표에 집중하시기 바랍니다. 그리고 이러한 예상치 못한 일들이 당신이 달성하고자 하는 목표에 어떻게 부합할 수 있는지 관심을 가져 주세요."

이러한 유형의 접근 방식을 통해, 환자는 치과의사의 소매가 귀에 닿아도 그 감각을 치과의사가 작업 중인 목표에 맞출 수 있습니다. 이제 치과의사가 무심코 소매나 팔, 혹은 무엇으로 환자의 귀를 자극하더라도 괜찮습니다. 중요한 것은 암시의 성격, 암시 내용의 포괄성, 그리고 환자가 전체 상황을 이해할 수 있도록 그들에게 자유를 주는 것입니다.

34 심신과 최면 현상의 상호 관계

하나의 감각 양식을 불러일으켜 또 다른 감각 양식(또는 최면 현상)을 자극하기: 모든 경험적 학습의 상호 연결

　다음 질문은 "해리 기법에서, 과거의 감각 경험을 일으키지 못하는 환자를 어떻게 다루나요? 그리고 해리 상태를 어떻게 연장하나요?"입니다.

　과거의 경험적 학습을 불러일으키는 문제에 관해서, 나는 1943년에 심신 현상의 상호 관계에 대한 논문을 발표했습니다. [6] 논문의 요점은 환자에게 마취가 되기를 바란다면 때로는 먼저 기억상실을 하게 해야만 한다는 것이었습니다. 특정 도로 주소를 잊어버려야만 마취가 될 수 있었던 한 실험 피험자가 기억나네요. 시각적으로 아무것도 환각할 수 없었던 또 다른 피험자도 기억납니다. 나는 그녀가 음악을 좋아하는지 궁금했습니다. 그녀는 음악을 아주 좋아했어요. 그래서 "저기 있는 오케스트라 음악을 들어도 괜찮을까요?"라고 물었습니다. 나는 그녀가 저기 있는 오케스트라 연주를 들으면서 드럼 연주자의 모습에 대해 어떻게 생각했는지 궁금해서 물었습니다. 그러자 그녀는 자신이 드럼 연주자에 대해 생각했던 것 등을 말해 주었습니다.

　여러분도 알다시피, 때로는 청각적 환각을 통해 시각적 환각에 접근해야 할 때가 있습니다. 귀는 눈으로 연결되어 있고 그 반대로도 연결되어 있으니까요. 우리의 모든 경험적 학습은 서로 연결되어 있고, 분리된 개별 학습이 아닙니다. 여러분은 환자가 청각적 환각을 일으킬 수 있는지 알아냄으로써 환자가 시각적 환각을 일으킬 수 있는지도 알아내려고 해야 합니다. 내가 방금 언급한 피험자가 시각적 환각과 청각적 환각 모두를 일으키지 못했다고 가정해 봅시다. 그래도 나는 여전히 그녀에게 손에 있는 무게를 느껴 보라고 요청할 수 있었을 것입니다. 그리고 만약 그녀가 손에 있는 무게에 대해 환각을 일으킬 수 있다면, 나는 그녀에게 그 무게가 어느 정도인지 물어볼 것입니다. 이런 과정이 10인치 정사각형이나 10파운드, 즉 시각적 크기나 체감각적 무게를 작동시킬 것입니다. 나는 한 가지 현상을 다른 현상과 연관 짓는 방식으로 내 환자에 대해 많은 것을 알아내곤 합니다.

35 해리 상태 연장하기

필요할 때 중단할 수 있는 권한 허용

두 번째 질문인 "해리된 상태를 어떻게 연장하나요?"에 대하여 말하자면, 나는 암으로 죽어 가는 남자를 오랫동안 해리시켜 둔 적이 있습니다. 얼마나 오래요? 글쎄요, 내가 여행을 떠날 때마다 나는 그를 그의 엉덩이(그가 가장 고통스러워하는 곳이었어요.)에서 완전히 해리시켰지만, 그가 필요할 때마다 엉덩이를 다시 의식할 수 있도록 했습니다. 따라서 그 남자는 아주 꼭 필요할 때는 엉덩이를 사용할 수 있었지만, 보통 때에는 기꺼이 포기하기도 했습니다.

또 다른 예는 앞서 언급한 여성입니다. 나는 그녀의 다리 감각을 방 맞은편에 있는 다른 침대로 해리시켜 놓았습니다. 그녀는 오후에 휠체어를 탈 때가 되어서야 잠깐 다리 감각이 필요했습니다. 그때 그녀는 다른 침대에서 다리를 다시 가져와 휠체어에 넣었습니다. 그리고 휠체어를 다른 방으로 가져가면 다리가 다시 다른 침대에 있기 때문에 휠체어에 있는 다리의 감각을 잃게 되곤 했습니다! 보다시피 여러분은 이 모든 것을 암시할 수 있지만, 환자가 필요하다면 언제든지 상황을 바꿀 수 있다고 암시합니다. 그렇게 하면 환자의 요구를 충족시킬 수 있습니다.

36 학습장애의 현안문제 재도식화

동기부여 및 개인적 관심사 불러일으키기: 부모에 대한 자녀의 통제력 활용하기

또 다른 질문은 읽기 문제에 관한 것입니다. 나를 만나러 온 어린 소년이 생각납니다. 그는 5학년이었지만 1학년 읽기 교재도 읽지 못했습니다. 그 소년은 교사의 배려로 다음 학년으로 진급했고, 매번 여름마다 그의 부모는 과외 교사를 고용했습니다.

그 소년은 매우 화를 내며 진료실에 들어왔습니다. 그의 부모를 내보내자마자 나는 말했지요. "글쎄, 뭔가 이상한 것 같구나. 너의 부모님은 내가 너를 치료해야 한다고 생각하지만, 나는 너의 **부모님이** 치료받아야 한다고 생각하거든. 너의 부모님이 이 모든 것을 잘못 관리했으니까 말이야."[3]

소년은 내가 한 말이 진심인지 궁금해하며 나를 쳐다보았습니다. 나는 계속했습니다. "네 부모님은 내가 너에게 읽기를 가르쳐 주길 바라지만, 넌 그럴 수 없다는 걸 잘 알고 있잖니. 넌 경험도 많고 과외도 많이 받았잖아. 우리가 그것에 시간을 낭비할까, 아니면 좋은 시간을 가질까? 부모님은 내 시간에 대해 돈을 지불했는데 너는 그것에 관심이 없겠지. 우리 좋은 시간을 보내 볼까?"

그는 나를 약간 의아스럽게 바라보았고, 나는 "정말로 좋은 시간이 될 거야."라고 덧붙였습니다.

"좋아요." 그가 말했습니다.

"휴가는 어디로 가고 싶니?" 내가 물었습니다. "안타깝게도 내가 안경을 다른 방에 두고 왔네. 네가 함께 지도를 보면서 여러 장소를 찾아봐 주겠니?"

우리는 지도를 보고 있었던 것이지 지도를 읽은 것이 아니었습니다. 이것은 중요한 차이점입니다. 소년과 나는 이 지도 저 지도를 살펴보았습니다. "미국 서부 어느 지역으로 휴가를 떠나야 할까? 자, 어디 보자, 옐로스톤 공원은 어디에 있지?…… 요세미티 공원은 어디에 있나?…… 올림픽 공원은 어디에 있지? 근처에 어떤 도시가 있나?…… 옐로스톤 공원에서 그랜드 캐니언으로 가는 고속도로는 어디 있지?……" 우리는 지도를 읽지 않고 지도를 **검토**했습니다.[4] 매 회기마다 우리는 모든 종류의 지도를 검토하며 휴가를 계획했습니다. 나는 항상 시작하기 직전에 안경을 다른 곳에 두고 왔는데 그 소년을 속인 것이 아닙니다. 그는 내가 그의 체면을 살리면서 읽는 방법을 알려 주고 있다는 것을 무의식적으로 알았습니다.

그해 9월 개학했을 때 나는 그 소년의 부모에게 더 이상 그를 괴롭히지 말라고 말했습니다. 그들은 소년을 학교에 데려가야 했고, 그는 교사를 직접 상대해야 했습니다. 그래서 교사가 "Tommy, 너 무엇을 해 볼래?"라고 말했을 때, Tommy가 대답했습니다. "먼

---

3) 편저자 주: 여기서 Erickson은 제시된 문제를 재도식화한다.
4) 편저자 주: 여기서 Erickson은 읽기 문제 영역을 살펴보고 검토하는 재미있는 활동 영역으로 재도식화한다.

저 1학년 읽기 교재를 주시고, 그다음 2학년 읽기 교재, 3학년 읽기 교재, 4학년 읽기 교재, 5학년 읽기 교재를 주세요." 교사는 부탁받은 대로 순순히 해 주었고, Tommy는 1~5학년 읽기 교재를 읽기 시작했습니다. 그런 다음 그는 주머니에서 아버지와 갈 휴가 여행에 관한 신문 스크랩을 꺼내 교사에게 읽어 주었습니다. 그것이 Tommy의 해결책이었습니다.

아이에게 c-a-t는 고양이, d-o-g는 개라는 것을 억지로 인식시키려 하지 말고, 아이와 만나서 아이에게 도움을 요청하는 것입니다. 아이는 이미 그것을 알고 있지만, 정신적으로는 막혀 있습니다. 여러분의 임무는 아이가 자신의 막힌 상태를 쉽게 피해 가도록 만드는 것입니다. Tommy와 나는 그저 즐겁게 그 지도들을 살펴보기 시작했습니다. 우리는 그의 아버지가 데려갈 것이라고 내가 말했던 여행을 계획하고 있었지만, 사실 우리는 그들이 갈 곳을 지도에서 살펴보고 있었습니다. 그것은 부모에 대한 소년의 통제력을 긍정적으로 활용하는 방법이었습니다. 이전에는 쓸데없는 과외를 준비했다면 이제는 휴가를 계획하고 있습니다.

37 비만에 대한 간략한 접근

'소량' 선호를 설정하는 암시

거의 정오가 되어 휴식 시간이 되었군요. 한 가지 질문에 빠르게 답하도록 하지요. 질문은 "비만 환자에게 뭐라고 말하십니까?"입니다.

한 가지 예를 들어 보겠습니다. 오늘 점심은 모두 맛있게 드시고, 온전히 즐기시기 바랍니다. 알다시피, 많은 양을 먹는 것만큼이나 적은 양을 먹는 것도 즐겁습니다. 사실, 소량을 드시는 분들은 많은 양을 드시는 분들보다 훨씬 더 즐겁게 드실 것입니다. 왜냐하면, 소량에 대해서는 죄책감을 느낄 필요가 없으니까요. 그것에 완벽하게 만족할 것입니다. 그럼 맛있게 식사하세요! [웃음]

38 마취학에 대한 Erickson의 초기 실험

트랜스 상태를 사용하여 수술실 사건의 기억 회복하기: 불쾌한 외과의사의 발언: Erickson의 마취에 대한 의식적 경험

[녹음에서는 Erickson의 다음과 같은 주제로 다시 시작된 마취된 사람이 반응하는 정도에 대한 주제를 소개하면서, Erickson은 위협을 받으면 죽은 것처럼 보이는 것으로 알려진 주머니 쥐의 비유를 사용한다. 그러나 분명히 주머니 쥐는 주변의 모든 것을 인식하고 있다. 그런 다음 Erickson은 신생아를 예로 들어 설명한다.]

갓 태어난 신생아의 시각은 좀 복잡합니다. 신생아는 보는 것이 매우 어렵고 나는 신생아가 정말로 보는지 의심스럽습니다. 신생아는 이해라는 배경을 가지고 있지 않으니, 나는 신생아가 인식하면서 느끼고 있는지도 의심스럽습니다. 그러나 신생아가 할 수 있는 일이 한 가지 있습니다! 여러분이 큰 소리를 내면 반응하는 것이지요. 그리고 아기가 아주 어릴 때, 아기를 들어 올렸다가 받으면 떨어지는 과정에서 몸이 가볍게 느껴져서 아기를 자극할 수 있습니다. 시끄러운 소리와 떨어지는 느낌은 아주 어린 아기에게 놀람 반응을 이끌어 냅니다.

편저자

유아 발달에 대한 최근 연구는 신생아의 감각 및 정서적 능력에 대해 다소 다른 관점을 제시한다. 태어날 때 시각보다 청각이 더 발달하는 것은 사실이지만, 현재 신생아의 반응 범위는 이 발표 당시 인식했던 것보다 훨씬 더 복잡한 것으로 알려져 있다.

사람들은 마취 중인 환자가 어떻게 반응하는지, 즉 그들이 자극을 얼마나 받는지 궁금해합니다. 만일 많이 보고 느낀다면 여러분이 최면 마취를 하고 수술을 진행하지 않겠지요.

나는 의과대학에 다닐 때 최면이 무엇을 할 수 있는지, 최면을 이용해 기억을 되찾고 무언가를 발견하는 방법에 대해 관심을 갖게 되었습니다. 당시 나는 미국 마취학의 아버지로 불리는 Ralph Waters와 많은 이야기를 나눴습니다. 나는 위스콘신 대학교 정신과 교수인 William Lorenz와 약리학 교수인 Levenhard와도 대화를 나눴습니다. 이 사람들은 인간 행동 연구에 엄청난 관심을 가지고 있었습니다. 그리고 그들은 의대 시절 최면에 대한 나의 관심을 실제로 보호해 주었고 나를 용인했습니다.[5] 우리는 이야기를 많이 나누었습니다.

그러다가 인턴이 되었을 때, 마취된 환자가 수술하는 동안 일어난 일들에 대하여 실제로 무엇을 알고 있는지에 관심이 생겼습니다. 소리를 지각하는 메커니즘이 있다면, 음파가 특정 신경을 따라 뇌의 특정 중추로 이동할까요? 수술 후 환자들에게 트랜스를 유도함으로써 그들 중 일부는 수술 중에 어떤 일이 있었는지에 대한 많은 정보를 제공할 수 있다는 사실을 곧 알게 되었습니다.

그들이 선택해서 기억해 낸 세부사항들은 놀라웠습니다. 수술실 매너가 고약한 외과의사 한 분이 있었는데, 병동에서는 매력적인 신사였지만 수술실에서의 그는 정말 몇 번이고 죽이고 싶을 정도였습니다(나는 그를 위해 마취를 종종 했습니다. 우리는 에테르를 사용했고 환자들은 깊은 마취 상태에 있었습니다.)! 환자를 수술하는 동안, 이 이상한 외과의사는 환자의 배를 불룩한 산으로 묘사하거나 어린 소녀의 몸에 대해 모욕적인 표현을 하면서 아주 저급한 말을 하곤 했습니다. 놀라운 점은 외과의사로부터 이런 불쾌한 경험을 한 환자들이 나중에 트랜스 상태에 들어갔을 때 수술실에서 있었던 일에 대해 많은 이야기를 나에게 해 주었다는 것입니다. 그리고 그들은 그 기분 나쁜 말을 기억했습니다. 하지만 수술 내내 안심할 수 있는 외과의사를 만난 환자들은 그의 친절한 말을 기억하지 못했습니다. 이를 통해 깊은 마취 상태에서도 많은 것을 지각하고 기억한다는 것을 느꼈습니다.

인턴십 시절 이후로 비슷한 사례를 여러 번 겪었습니다. 나는 인턴 시절 공부한 사례들을 꼼꼼히 기록했습니다. 나는 수술 후 환자를 지켜보는 데 매우 주의를 기울였기 때문에 수술실에서 일어난 일에 대해 아무 말도 듣지 못했습니다. 내가 참여했던 수술에서 나는 외과의사가 무슨 말을 했는지 알고 있었기 때문에 나는 깊은 트랜스에 있는 환

---

5) 편저자 주: 아마도 이 발언은 Erickson의 상급자가 의대 재학 중 최면 연습을 공식적으로 금지했다는 사실을 언급하는 것으로 보인다.

자가 수술실에서 들었다고 나에게 해 준 말과 수술실에서 그 의사가 했던 실제 말이 일치한다는 것을 알 수 있었습니다.

마취학에 대해 한 가지 더 말씀드리고 싶은 것이 있습니다. 1930년대에 우스터 주립병원에서 연구 업무를 수행하던 중, 나는 치아에 농양이 생겨 그것을 뚫고, 고름을 빼고 발치를 해야 했습니다. 나의 친한 친구인 의사 F가 마취를 해 주겠다고 했습니다. 나의 친한 친구인 치과의사 B와도 약속을 잡았습니다. 물론 마취를 할 예정이었기 때문에 우리 모두는 내가 무엇을 기억할지 알아내기로 동의했습니다. 의사 B는 전 과정에 걸쳐 매우 주의 깊게 기록하겠다고 약속했습니다.

의사 B는 기록을 계속하면서 나에게 에테르를 주입했습니다. 마침내 그는 다음과 같이 말했습니다. "Erickson은 은밀한 사기꾼임에 틀림없어요. 저는 이미 그에게 에테르 두 캔을 주었어요. 지금은 그가 완전히 정신을 잃은 것이 확실해요." 나의 말은 "뭔 소리야?"였습니다. [쏟아지는 웃음] 그런 다음 의사 B가 말했습니다. "음, 한 캔 더 줘야겠군요." 그가 차트에 쓴 다음 기록은 의사 B 자신이 한 말입니다. "세 번째 캔이에요. 이 지구상에서 사람이 마실 수 있는 양보다 더 많은 양이에요. 지금 그는 나가떨어졌어요!" [웃음]

회복실에서 나오자 의사 B가 나에게 물었습니다. "수술에 대해 무엇을 기억하지요?"

나는 "제가 당신과 치과의사에게 농담을 했지요."라고 대답했습니다.

"정확하게 뭐라고 말했나요?"라고 의사 B가 물었습니다. 그리고 그가 자신의 차트를 보았습니다. 나는 내가 '완전히 정신을 잃은' 동안에 그가 받아 적어 놓은 대로 그에게 말할 수 있었습니다.

여러분 모두 이 점을 명심해야 한다고 생각합니다. 인간 두뇌의 기능, 즉 인간 정신에 대하여 여러분이 인식해야 할 것은 우리가 아주 조금밖에 알지 못한다는 것입니다. 우리는 진행되고 있는 모든 실험적 연구와 실험적 탐구에 엄청난 관심을 가져야 합니다. Cheek 박사의 논문을 그래서 나는 매우 기쁘게 생각합니다. ❼

39 환자를 안심시키기 위한 간접적 접근 방식

회복의 불가피성을 입증하기 위해 약속과 수반성을 활용한 함축적 요청

Keat 박사는 간접적인 안심과 관련하여 또 다른 문제를 언급했습니다. 여러분은 매우 친절하고 예의 바르고 공손하게 "당연히 나아지실 겁니다. 틀림없이 당신은 나을 거예요."라고 말할 것입니다. 사회적으로 또 어떤 말을 할 수 있을까요? 그것은 단지 사회적 제스처일 뿐입니다. 하지만 환자를 진정으로 안심시키고 싶다면 "당연히 괜찮을 거예요."라는 사회적으로 통용되는 언어적 제스처 이상의 무언가를 제공해야 합니다. 환자가 집에 도착하자마자 카우보이(son-of-a-gun) 스튜 레시피를 알려 주겠다고 약속하게 만드는 것은 어떨까요? (만약 여러분이 카우보이 스튜가 무엇인지 모른다면, 뭘 먹어 봤다고 볼 수 없지요!) [웃음] 환자의 완전한 회복과 귀가가 전제되는 무언가를 하도록 환자에게 요청하는 것이지요. 환자는 레시피를 알려 달라고 하거나 글라디올라스 구근을 나누어 달라며 무언가 해 달라는 여러분을 이기적이라고 생각할 수도 있습니다. 물론 이 말은 그들이 곧 회복되어 집으로 돌아갈 것이고, 꽃밭에서 구근을 캘 것이고, 당신에게 레시피를 줄 것이라는 의미를 내포하고 있습니다. 따라서 그들은 자신의 회복을 여러분과 공유한다는 느낌을 가지게 됩니다.

[Erickson은 이제 심인성 불임에 대한 주제를 논의한다. 1958년 발표의 이 부분은 「심인성 불임에 대한 임상 실험적 접근」이라는 제목의 논문으로 편집되어 『논문집』(제2권; pp. 196-202)에 처음으로 게재되었다.]

제 3 부

기존 자료에 대한
새로운 참조틀

1959년 10월 8일 일리노이주 시카고
미국 임상최면학회 강연.

① 비만 치료

마음껏 과식하라는 치료적 이중 구속

지금 나에게 "최면에서 이중 구속과 그 유용성에 대해 설명해 주세요. 이중 구속을 제시하기 위해서는 어떤 특성이 필요한가요?"라는 질문이 올라왔습니다.

이중 구속을 제시하기 위해 필요한 특성은 단순성입니다. 이중 구속은 간단하고 직접적으로 제시해야 합니다. 이중 구속은 무엇을 의미할까요? 비만을 치료하기 위해 나를 찾아왔던 122kg의 여성이 떠오르는군요. 그녀는 설명했습니다. "제 남편은 의사예요. 남편은 저를 그의 모든 의사 친구에게 보내서 다이어트를 많이 해 봤어요. 저는 그 모든 전문가보다 다이어트에 대해 더 잘 알고 있지만, 여전히 모든 다이어트에 실패했지요. 이번에는 남편이 최면치료를 해 보라고 저를 당신에게 보냈지만, 저는 체중이 조금도 줄어들 것 같지 않아요."

"우리는 최면을 사용할 수 있어요."라고 나는 대답했습니다. "그러나 당신의 비만을 치료하기 위해서 제가 최면을 사용한다면, 제 방식대로 한다는 것을 이해해 주셨으면 해요. 저는 의사이고 당신은 환자일 뿐이에요. 당신은 의사의 아내이니 그 의미를 이해할 거예요. 그리고 당신은 당신 남편의 진료실에서 일을 해 왔어요. 거기서 당신은 아내가 아니고 접수 담당 직원이었지요. 당신은 환자를 어떻게 대해야 하는지를 알고 있지요. 환자는 환자이고, 의사는 의사예요."

그녀는 동의했지만 이렇게 덧붙였습니다. "당신과 협력하게 될지 확신이 서지 않아요. 왜냐하면 저는 매번 다이어트를 중단하고, 항상 과식을 하거든요!"

내 이야기는 오히려 간단했습니다. 나는 "좋아요. 당신의 몸무게는 122kg이에요(그녀는 트랜스 상태에 있었습니다). 당신이 지금 몸무게가 122kg이라는 것을 염두에 두고,

저는 당신이 일주일 내내 118kg을 유지할 만큼 충분히 과식해도 괜찮아요."라고 말했습니다. 이것은 그녀가 감량하는 것에 얽매이고 과식하는 것에 얽매이게 하는 이중 구속이었습니다.

그녀는 일주일 만에 118kg의 몸무게로 무척 즐겁게 웃으며 다시 왔습니다. 그녀는 꽤 우아하게 과식했다고 말했습니다! 그런 다음에 나는 그녀에게 다음 주 동안에 115kg을 유지하도록 충분히 과식하라고 말했습니다. 40일이 조금 넘는 동안 그녀는 18kg을 감량했고, 감량을 계속해 나갔습니다. 이것이 이중 구속에 대한 한 예입니다.

2 조루 치료

문제를 반전시키는 치료적 이중 구속: 시간에 구속된 사정 불능

조루 문제가 있는 환자가 생각납니다. 이 남성의 이야기는 길고도 슬픈 이야기였는데, 그 이야기를 들으며 나는 조루와 사정 불능 중에서 어느 것이 더 나쁜 것인지를 모르겠다고 언급했습니다. 나는 그가 곤경에 처했다는 것을 인정했습니다. 왜냐하면 조만간 그가 정반대 상황을 경험하게 될 것이기 때문이었습니다. 그다음에 나는 그를 위해 트랜스 상태에서 그의 조루를 사정 불능의 정반대 조건으로 탈바꿈시키는 아이디어를 구축했고 그것에 이중 구속을 덧붙였습니다. 어떻게 했냐고요? 진료 이후 그가 다음 성교할 때 최소한 27분이 경과할 때까지 아마도 사정 불능을 경험하게 될 것이라고 그에게 이야기했습니다. 왜 27분이냐고요? 그것은 하나의 궁금증을 불러일으켰고, 내가 27분을 선택한 이유를 환자가 마음속으로 궁금해하기를 바랐습니다. 내가 제시했던 아이디어를 그가 분석하는 것을 나는 원하지 않았습니다.

그 결과, 아내와 성관계를 가졌던 그 특별한 밤에, 그는 손목시계를 찼습니다! [웃음] 그리고 그는 적어도 27분이 지날 때까지 사정할 수 없었지만 27분의 막바지에서 사정을 했습니다. 그는 다음날 나에게 성과를 보고했고, 나는 시간은 변덕스러운 것이라고 응대했습니다. 다음 사정할 때에는 어쩌면 37분 30초가 걸릴지도 모르는 일이지요. 나도 확신할 수는 없었답니다. [웃음]

그러나 여러분도 알다시피, 나는 그가 뭔가를 해야 하는 이중 구속에 들어가게 했습니다. 그는 양방향에서 자신과 맞서 싸워야 했습니다. 그 비만 여성은 과식을 해야 했고, 동시에 감량을 해야 했습니다. 그녀는 나와 협력해야 했고 여전히 과식도 해야 했습니다. 이는 체중을 감량하려는 생각과는 정반대인 것입니다. 환자가 어디로 가든지 원하는 결과를 얻을 수 있도록 아이디어를 자꾸 반복해서 다음과 같이 제시해야 합니다. 이런 식으로요. "저는 당신이 테이블 왼쪽에 있는 꽃들을 볼 수 있을 거라고 생각해요. 테이블 오른쪽에 있는 꽃들은 보지 않았으면 좋겠어요." 질문은 다시 이중 구속 중의 하나가 됩니다. 그 사람은 꽃을 테이블의 왼쪽에서 보려고 할까요, 오른쪽에서 보려고 할까요? 그것은 그가 꽃을 볼 것인가에 대한 질문이 아니고, 어디에서 볼 것인가에 대한 질문입니다. 그는 이중 구속에 붙잡혔습니다. 그는 꽃을 보는 것에 매였고, 또 꽃을 어디에서 볼지 장소를 선정하는 것에도 매여 있습니다. 환자에게 어떤 상태를 이끌어 내고 싶을 때마다 여러분은 그런 가능성을 끌어올립니다.

3 아동기 배뇨 문제 치료

개인 목표에 대한 치료적 은유 구조화하기: "누구나 언젠가는 화장실에 가야 하는구나!"

단순히 학교 화장실을 사용할 생각만으로도 견딜 수 없는 아이를 위한 치료는 무엇일까요? 그 문제를 해결하기 위해 찾아낸 방법이 하나 있습니다. 그 아이는 나를 만나러 온 이유를 알고 있었고, 그래서 그 점은 다루지 않아도 됐습니다. 그 아이와 나, 우리 두 사람은 그 사실을 알고 있어서 그 사실에 대해서는 더 이상 어떤 논의도 할 필요가 없었습니다. 대신 나는 평범한 대화를 시작했고, 곧 그 소년이 우주선에 매우 관심이 있다는 것을 알게 되었습니다. 나는 종이 몇 장에 여러 가지 연필로 내가 생각했던 특별한 디자인의 우주선을 그렸습니다. 우리는 내 디자인에 대해 이야기했고, 그 소년은 나에게 이 우주선을 타려는 야망에 대해 모두 말했습니다. 그는 내가 그런 우주선에 맞는 적절한 디자인을 그렸다는 것에 동의했습니다. 내 디자인으로 나는 무엇을 했던 걸까요? 나는 통조림 식품을 얹어 놓은 선반을 그렸고, 그런 다음 당연히 화성에 도착하기까지 며칠이 걸릴지 계산해야 했습니다. 그리고 우주선에는 방이 하나뿐인 상황이었고, 아주 많은 사람이 타고 있었습니다. 나는 그 우주선에 소년이 탑승하도록 허락했습니다. 그리고 그는 스스로 생각해 보면서, 화성에 도착하기까지 꽤나 많은 날이 걸릴 테고, 음식을 매우 많이 먹을 것이고, 방은 하나뿐이니 사람들이 많이 있다면, 글쎄, 누구나 언젠가는 화장실에 가야겠구나 하는 사실을 마침내 깨달았습니다. [웃음] 그래서 그가 언젠가 그 우주선을 타려면, 지금 당장 공중화장실을 사용하는 것에 익숙해지는 편이 나을 것입니다.

논쟁하기, 애원하기, 구슬리기를 하는 대신에 그런 방법으로 하는 것은 어떨까요? 아이가 자신의 인생 목표와 관련하여 그렇게 하도록 그냥 놔두는 것은 어떨까요?

4 성인의 배뇨 문제 치료

심인성 요 정체를 반전시키기 위한 생리학적 '절박성' 구조화하기: 실패 사례

이제 방광염과 소변줄 삽입에 대한 문제로 돌아갑니다. 한 남성이 자신의 신부를 나에게 데려왔습니다. 그들이 결혼한 지 한 달이 되었을 때 그녀는 방광염에 걸렸습니다. 그들은 소변줄을 삽입하는 내과의사에게 의뢰되었습니다. 그녀는 2주 동안 매일 소변줄을 삽입해 왔습니다. 결국 의사는 그 상황에 넌더리를 치게 되어 그녀의 남편은 그녀를 나에게 데려왔습니다.

매우 훌륭한 최면대상자였던 그녀는 아주 주의 깊게 내 말에 귀를 기울였습니다. 하지만 그녀가 솔직하고 정직하게 느껴지지 않아서 결과가 다소 두려웠던 나는 그녀를 진료실에서 내보내고 그녀의 남편에게 아내를 집으로 곧바로 데리고 가라고 말했습니다. 나는 그녀를 집으로 곧바로 데리고 가라고 반복해서 말했습니다.

그 남성은 그의 아내와 함께 집으로 곧바로 출발했지만, 가는 중에 그녀는 "노먼스 식물원에 들러 어머니에게 드릴 식물을 사러 가도 될까? 여기서 별로 멀지 않아."라고 말했습니다. 그 남편은 "글쎄, 나는 당신을 곧바로 집까지 데리고 가기로 약속했어. 하지만 두 블록만 가면 되니까 괜찮겠지."라고 대답했습니다.

그는 아내와 어머니에게 드릴 식물을 사러 갔고, 그러다 보니 그녀를 데리고 성 조안 병원 바로 앞으로 곧장 가게 되었습니다. 그때 그녀는 "지금 병원에 가서 소변줄을 삽입하는 것이 좋겠어."라고 했습니다. 그것으로 내가 시도했었던 치료법은 끝이 나 버렸습니다!

그 치료법은 뭐였을까요? 그것은 내가 이전에 발표했던 것과 같은 접근이었습니다. 극장에서 화장실에 가고 싶었지만 집에 갈 때까지 참자고 마음먹었던 경험이 있는 분이 많지 않으신가요? 운전을 하면서 집에 갈 동안은 내내 괜찮아요. 그런데 집 현관 앞으로 걸어가서 열쇠를 찾느라 뒤적거리기 시작하면서 점점 더 급해지는 것을 느끼고, 허둥거리며 열쇠 구멍에 열쇠를 꽂고 마침내 쌀 것 같아 미친 듯이 서둘러 화장실로 돌진하지요! [웃음] 나는 이 환자에게 그런 상황을 만들려고 했던 것입니다. 나는 그녀가 집에 도착하기까지 점점 더 참을 수 없게 되고, 집에 도착하기 전에 바지에 소변을 지리는 절박함을 느끼기를 원했습니다. 그러나 그녀는 저항으로 나를 한 수 앞질렀습니다!

이제 여러분은 학교에서 화장실에 못 가는 아이에게 다소 비슷한 상황을 활용할 수 있습니다. 여러분은 "화장실 가도 되나요?"라고 질문하는 상황이 아니라, "바지에 쌀 것 같아요. 어떡하지요?"라고 질문하는 다급한 상황을 만들어야 합니다. "화장실에 가도 되나요?"라는 질문이 아니라 바로 이 질문을 가지고 논해야 합니다.

5 자기최면 기법에 대한 간단한 훈련

무의식적 안내에 의존하기

다음 질문은 "우리가 우리에게 자기최면을 활용할 수 있도록 가르쳐 주시겠습니까?"라는 것입니다. 예, 나는 매우 빠르고, 아주 간단하게 이야기할 수 있습니다.

의자에 앉으세요. 긴장을 풀고, 눈을 감고, 어떤 일이든 일어나도록 기꺼이 허용하세요. 여러분도 알다시피, 무의식은 여러분보다 훨씬 더 똑똑합니다. 만약 여러분이 무의식에 지시를 하려고 하더라도 의식적인 수준에서 지시하게 될 것이기 때문에 잘 들어가지 않을 것입니다. 그래서 가장 좋은 접근은 긴장을 풀고, 눈을 감고, 여러분 자신의 무의식적인 사고에 따라, 또 여러분 자신의 무의식적 욕구에 따라 어떤 일이든 일어나도록 허용하는 것입니다. 여러분은 무의식이 무엇을 중요하게 여기는지 의식적으로는 알 수 없습니다.

6 시간 왜곡 훈련

빠른 학습을 위해 일상의 사례 활용하기: 자기 교육을 위해 '내 친구 John' 기법 활용하기

다음 질문은 "시간 왜곡의 사용과 그것을 유도하기 위해 사용되는 언어 표현의 유형을 설명해 주세요."입니다.

시간 왜곡을 위해 엄청나게 해박한 언어 표현을 사용해야 하는 것은 아닙니다. 어제 나는 이전에 시간 왜곡 시연을 보여 준 적이 전혀 없는 참가자들에게 다음과 같은 언어 표현을 했을 뿐입니다.

"여러분은 비가 오는 춥고 습한 날에 버스를 기다리고 있습니다. 여러분은 시내에 가기 위해 무척 서두르는데 버스는 2분이 늦어요. 시내에서의 약속은 중요한 약속이라 제시간에 도착해야만 해요. 그래서 버스를 2분 더 기다리는 것은 하루 종일 기다리는 것과 같아요. 일단 버스가 도착한 다음에는 시내까지 길을 따라 쭉 달리면 될 것 같아요."

"이번에는 화창한 날에 여러분이 시내에 가려고 하는데 급하게 서두르지 않아요. 친구가 다가와서 여러분에게 말을 건네고, '그 버스는 지난번처럼 2분이 늦어요. 그러나 이번에는 버스가 예정보다 10분이나 빨리 왔어요!'라고 장담할 기세예요."

그 정도로 설명을 하고, 나는 참가자들에게 "저기 뒤에 있는 스크린을 보고 처음부터 끝까지 영화를 보세요. 깨어나는 시간 10초를 줄 것입니다. 하지만 여러분은 각자 생각의 속도로 처음부터 끝까지 천천히 영화를 볼 것입니다."라고 지시했습니다.

참가자들 중의 한 명은 〈십계(The Ten Commandments)〉를 4분의 3 정도 보았고, 다른 사람은 제목은 기억하지 못하는 1시간 30분짜리 쇼를 봤습니다. 그러나 그 두 명의 참가자에게는 내가 여러분에게 설명했던 것을 더 설명하지 않았습니다. 그것은 그들의 첫 번째 시간 왜곡 경험이었습니다.

자신을 훈련하기 위해 '내 친구 John' 기법을 사용해 보세요. 저기 빈 의자에 John이 앉아 있고, 여러분은 시간 왜곡에 대해서 그에게 몇십 번을 몇십 가지 방법으로 설명합니다. 여러분은 응급실에서 의사가 오기를 기다리거나 전화벨이 울리기를 기다리는 등의 예시를 사용할 수 있습니다. 항상 버스 예시를 사용하지는 마세요. '내 친구 John' 기법으로 시간 왜곡을 설명하려고 노력하다 보면 적절한 언어 표현에 대해서 배우게 될 것입니다. ❶

7 고급 최면 기법 개발

관찰, 검토 및 통합

끝날 시간이 거의 다 된 것 같습니다. 마지막으로, 나는 여러분에게 딱 한 가지 관점을 강조하고 싶습니다. 고급 최면 기법을 발전시키기 위해 여러분 자신이 인식한 아이디어를 검토하는 것, 사례에 대한 다른 사람들의 반응을 얻는 것, 여기저기에서 아이디어를 포착하는 것, 그리고 여러분 자신의 생각과 여러분 자신의 실제에서 그 모두를 통합하는 것의 중요성을 강조해야만 합니다. 고급 최면 기법을 배우는 방법은 여러분이 다른 사람들의 아이디어와 사고, 감정들을 주의 깊게 연구하고, 여기서 조금, 저기서 조금씩 습득하는 것입니다.

내일 미국 임상최면학회의 두 번째 연차 과학 총회가 시작됩니다. 여러분 모두 참석하기를 바랍니다.

8 시간 재정향❷1

주관적인 시간 경험의 치료적 조작: 개인 문제 해결에 있어 미래 시점을 향한 의사정향을 통해 현재에서 사후통찰 활용하기

내 논문은 시간에 대한 의사정향(pseudo-orientation)에 관한 것이지만 읽지는 않겠습니다. 여러분에게 인간 행동에 관한 몇 가지 일반적인 이야기를 해 드리고 싶습니다. 알다시피, 인간 행동의 가장 유익한 측면들 중 하나는 사후통찰에 대한 것입니다. 사후통찰은 아주 중요한데, 사후통찰에 기초한 이 지식을 왜 선견지명의 형태로 사용하지 않았는지 여러분은 궁금할 것입니다. 사람들은 "일이 이렇게 될 거라는 것을 알았더라면! 그때 내가 이용할 수 있는 모든 자료가 있었는데, 왜 나는 이런 식으로 일이 될 거라는 걸 알지 못했을까?" 하고 혼잣말을 자주 하곤 합니다. 그리고 병원에서나 정신과 진료에서 일들이 어떻게 해결될지, 그리고 이용 가능한 정보를 어떻게 사용할지를 추측할 필요가 있습니다.

지금 내가 설명하려는 기법은 내가 오랫동안 잘 사용해 온 것입니다. 이 기법의 첫 번째 단계는 최면 트랜스 유도의 문제인데, 보통은 깊은 트랜스가 사용됩니다. 그런 후에 나는 환자에게 시간을 재정향하도록 요청합니다. 이는 내가 달력 시간이나 말 그대로의 시간을 변경하려는 의미가 아니라, 환자에게 시간에 대한 주관적인 이해를 변경하도록 요청하는 것입니다. 우리 모두는 다음 크리스마스에 무엇을 할 것인지에 대한 생각을 가지고 있습니다. 다음 크리스마스에 무엇을 하게 될지는 정확하게 알지 못하지만, 일반적인 기대는 있습니다. 그래서 나는 환자에게 당장의 현재는 잊고, 대신에 다음 크리스마스, 혹은 내년으로 정향된 자신을 느끼도록 요청하면 그는 '과거'를 돌아볼 수 있게 됩니다(환자들은 시간상 과거로 돌아갈 수 있고, 시간상 미래로 나아갈 수도 있다는 것을 명심하세요. 두 가지 기법은 모두 다양한 방식으로 사고하는 능력을 활용하는 데에 사용될 수 있습니다). 그 후에 나는 시간 정향을 바꾼 환자에게 스트레스받는 문제들, 현재의 일상 상황에서 걱정되고 두렵게 만드는 일들에 대해서 포괄적으로 생각하도록 요청합니다. 그러면 재정향된 시점에서 과거 일어났던 일들을 바라볼 수 있기 때문에, 이제 그는 문제 해결에 사후통찰을 사용할 수 있습니다! 여러분도 알다시피, 사후통찰은 종종 사건이 발생한 당시에 가능했던 이해에 집중하고 활용하는 것에 지나지 않습니다.

또한 나는 재정향, 의사정향을 사용하여서, 예를 들어 환자가 결과적으로 오른쪽 다리를 절단하게 된다는 사실을 알게 되는 앞날을 예측할 수 있게 합니다. 사실 그의 다리는 이미 절단 수술을 했지만, 나는 그 과정을 거꾸로 돌려서 시간을 보게 하고 [완전하고 신속한 적응을 위하여] 그의 성격적 강점에 집중할 수 있도록 합니다.

이런 재정향의 결과는 무엇일까요? Edward와 Jeanie의 사례를 인용하여 설명하겠습니다.

Edward와 Jeanie는 결혼한 지 5년이 되었고, 걱정 근심과는 거리가 먼, 매우 행복한 결혼 생활을 했습니다. 그들은 아이들을 원하지 않는다고 말했고, 아이들이 없었지만 Edward의 어머니가 그들과 함께 살았습니다. Edward의 어머니는 매우 지배적인 여성이었고, 굉장히 지시적이고, 굉장히 독재적이었습니다. 그리고 그녀는 실제적으로 한 가정을 지배했습니다. 마침내 Jeanie는 Edward에게 "어머니가 나가든지 내가 나가든지 해야지, 우리 둘 다 한 지붕 아래에 있을 수가 없어요!"라고 말했습니다.

Edward는 나에게 와서 그 상황에서 어떻게 해야 하는지 물었습니다. 그는 아내를 사랑했고 어머니도 사랑했습니다. 그래서 그는 솔직히 어머니가 있을 수 있는 유일한 집에서 어머니를 쫓아낼 수는 없었습니다. 그래서 나는 Edward에게 트랜스 상태에서 1959년이 아니고 1965년이라고 인식하도록 요청했습니다. "저에게 말할 수 있나요, Edward, 정확히 어떻게 된 일이었나요? 마침내 어머니가 집을 떠나서 스스로 혼자 살기로 결정했던 그 일이 어떻게 일어났었지요? 그 일들을 어떻게 해냈는지, 어머니가 어떻게 지내고 있는지를 저에게 설명해 주세요."

Edward는 그의 어머니에 대해 알고 있던 모든 상상과 이해를 동원해서 간결하게 말했습니다. "알다시피 1959년을 돌이켜 보면 저는 어머니를 쫓아내고 싶지 않았어요. 하지만 어머니는 저를 그렇게 하도록 만들었어요. 어머니가 매우 유능한 여성이었고, 가장 어려운 상황에도 적응할 수 있고, 아버지와 항상 싸웠고, 항상 가능한 한 최선의 방법으로 일을 처리하셨다는 것을 저는 알고 있어서 정말 다행이었어요. 그리고 이러한 일들이 어떻게 일어나는지 아시지요……. 글쎄요, 어떻게 된 건지 어머니가 우리 집을 떠난 후에 Jeanie와 제 삶도 달라졌어요. 저는 그 변화를 정확하게 설명할 수는 없지만 우리의 생활은 더 좋아졌어요. 어머니는 아주 잘 지내셨고, 친구를 사귀는 데에 어머니의 능력이 크게 도움이 되었지요."

Edward가 그런 종류의 논의를 하고 트랜스 상태에서 깨어난 후, 그는 트랜스 사건에 대해 기억상실을 했기 때문에, 나는 그에게 Jeanie와 어머니와 함께 그 상황에 대해 추측해 보고 좋은 결론을 내려 보라고 했습니다. 논의 후에 Edward의 어머니는 스스로 결정을 내렸습니다. 그리고 그녀는 Edward가 기대했었던 대로 잘 적응했고, Jeanie와 함께한 Edward의 삶은 트랜스 상태에서 설명할 수 없었던 방식으로 달라졌습니다. 세 명의 자녀가 태어났습니다! 그러나 그들은 그 전에는 아이가 없는 것에 만족한다고 생각했었습니다!

나는 환자들에게 미래를 과거로 본다면 어떻게 미래를 추측할지를 논의하도록 계속해서 요청합니다.

9 시간 재정향 2

산아제한 가능성 평가에서 미래 관점으로의 재정향: 최면치료의 실패로 인한 정관수술의 부정적 결과

James와 Joyce의 사례가 있습니다. 그들은 각각 23세와 22세였습니다. 그들은 Joyce가 16세 때 결혼을 했고 지금은 4명의 아이들을 두고 있었습니다. Joyce가 자기보호 자궁절제술을 해야 할지, James가 정관수술을 해야 할지를 두고 그들은 엄청난 말다툼을 벌이고 있었습니다.

내가 그들을 트랜스에 들어가게 하고 그들을 미래로 투영시키자, 둘 다 상대방이 '수술로 인한 불구자'가 된다는 생각을 도저히 참을 수 없다고 나에게 말했습니다. 그것은 그들이 미래를 지향했을 때 나에게 가장 단호하게 표현했던 태도였습니다.

나는 트랜스 상태에서 그들을 깨어나게 했고 그들에게 있을 수 있는 가능한 일들과 무슨 일이 일어날 것이라고 생각하는지를 추측해 보도록 요청했습니다. 토론할 때 그들은 그 나이에 4명의 아이들이면 충분하고, 적당한 가족이라고 말했습니다. 나는 '수술로 인한 불구자'가 되는 일에 대한 그들의 감정을 조금씩 조금씩 알아 가자고 했고, 그들은 비웃으며 내 아이디어를 거부했습니다. 결국 그들은 남편이 정관수술을 하기로 결정했습니다.

정관수술을 하고 2년 후에 그들은 몹시 화가 난 상태로 찾아와서 말했습니다. "당신은 그 대화에서 더 강력하게 주장했어야 했어요. 당신은 그 정관수술을 막았어야 했어요!" 나는 그들에게 당신들은 자유로운 사람이고 나는 정관수술을 막으려고 애를 썼지만 막을 수 없었다고 말했습니다.

10 개인적 문제 해결을 위한 시간 재정향

의학적 자궁절제술의 적절성 평가에 대한 미래 관점으로의 재정향; 해답 및 새로운 치료적 관점의 예상 밖의 활성화: 사후통찰로 위장된 선견지명

나는 다른 하나의 특별한 예로 이미 11번의 유산 경험이 있는 여성을 생각해 볼 수 있습니다. 그녀는 자궁절제술을 받도록 권고를 받아 왔습니다. 그래서 나는 트랜스 상태에서 더 이상의 유산을 막기 위해 자궁을 절제하라는 의학적 권고를 그녀가 어떻게 느꼈는지 물었습니다. 그녀는 의학적 조언에 만족한다고 대답했습니다. 그런 후에 나는 트랜스 상태에서 자궁절제술을 되돌아보면 어떻게 느끼고 어떻게 생각하는지 그녀에게 물었습니다. 그리고 나는 그녀를 몇 년 뒤의 미래로 재정향했습니다. 그녀는 다음과 같이 진술했습니다. "제가 자궁을 절제했다는 것을 의식하면 매년 점점 더 우울해져요. 그것을 견딜 수가 없어요. 과거 몇 년 동안 그랬던 것처럼 만약 계속해서 더 우울해진다면, 결국 자살하게 될 거예요." 그녀는 그 모든 것을 설득력 있게 표현했습니다.

그녀가 트랜스에서 깨어난 후, 나는 그녀가 기억해야 한다고 생각하는 것들을 기억하도록 요청했습니다. 그녀는 "당신도 알다시피, 트랜스 상태에 들어가는 것으로 저는 저의 몸에 대해서 새로운 인식을 발견했다고 생각해요. 그래서 미래의 이 문제를 다른 방식으로 내다볼 것 같아요. 저는 더 이상 환자로서 당신을 만날 필요가 없다고 생각해요. 저는 새로운 희망의 마음가짐을 갖게 되었어요. 자궁절제술을 하지는 않겠지만, 저 자신에 대한 믿음이 커질 거예요."라고 말했습니다.

지금 그 가족은 다섯 명의 아이들이 있습니다. 그들이 어떻게 된 것인지, 정통적인 방식 외에는 나는 알지 못합니다! [큰 웃음] 나는 환자의 유산 경향을 끝내도록 동원되었던 생리학의 변화에 대해 아주 막연하게 추측할 따름입니다. 인용할 수 있는 서로 비슷한 사례가 이십여 개 정도 있지만, 내가 설명했던 사례만으로도 환자가 선견지명–사후통찰로 가장한 선견지명 능력으로부터 이득을 얻을 수 있는 방식으로 사고를 집중시키는 데 최면을 쓸 수 있다는 아이디어를 얻기에 충분하다고 생각합니다.

11 새로운 참조틀의 설정(재도식화)

개인의 기존 경험 학습과 기능 선택으로서의 최면

여러분 모두 이야기에 몰두하다가 교통 법규를 모두 지키고 신호등도 다 멈추었다는 사실을 미처 깨닫지 못한 채 도시 반대편에 있는 목적지에 도달했던 경험을 한 적이 있을 것입니다. 어떻게 왔는지도 기억하지 못한 채 목적지에 도착한 자신을 여러분은 갑자기 발견하는 것이지요. 우리 모두는 그런 종류의 무의식적 학습과 무의식적 기능을 가지고 있습니다.

Ogden Nash가 인용한 지네에 대한 시를 기억하시나요? '어느 다리 다음에 어느 다리가 오느냐'라는 질문을 받은 지네는 혼란에 빠져 어느 다리가 어느 다리 뒤에 오는지 생각해 내려다가 다리들을 흔들며 개천에 빠져 버렸습니다!

여러분은 다른 사람의 나비넥타이를 매어 준 적이 있으신가요? 자신의 나비넥타이는 잘 매어도, 남의 것을 할 때에는 자신의 오른손과 왼손을 구분하지 못합니다. 여러분이 능숙하다 해도 다른 사람의 나비넥타이를 매기 위해서는 그 사람 뒤에 서서 그 사람 목이 자기 목인 것처럼 해야 합니다. 아시는 것처럼, 우리에게는 여러 알아차림 수준에서 얻은 어마어마한 양의 학습이 있으며, 어떤 것을 하든 여러 수준에서 이런 부분을 알아차리고, 저런 부분을 알아차려야 합니다.

트랜스 최면에서 여러분은 경험적 학습을 탐색해 볼 기회를 갖게 됩니다. 일상의 깨어 있는 상태에서도 그렇게 할 수 있습니다. 내가 농장에서 살던 어린아이였을 때의 일입니다. 나는 어느 날 오후 헛간에서 일하고 있었습니다. 못을 박고 있었어요. 나는 갑자기 다른 것이 필요하다는 것을 알았고 그것은 뒤 베란다에 있었습니다. 망치를 내려놓고 뒤 베란다로 달려갔지요. 그렇지만 가는 길에 다른 생각이 스쳐 지나갔고, 나는 뒤 베란다에서 무엇을 가지러 왔는지 떠올리려고 애쓰며 서 있어야 했습니다. 여러분 모두 그런 경험을 한 적이 있겠지요. 자, 뒤 베란다를 다 둘러보았고 헛간에서 내가 원했을 법한 것을 찾아내지 못했습니다. 그래서 나는 헛간으로 되돌아가 망치를 들고 이미 박았던 못의 머리를 몇 번 두드렸고, 그러자 생각이 났습니다. 도끼를 가지러 갔던 것입니다. 이번에는 뒤 베란다로 다시 가면서 뒤 베란다의 일을 단단히 염두에 두면서 갔지요! 여러분이 보다시피 망치질로 돌아갔을 때 나는 원래의 상태와 원래의 참조틀을 재설정하고 있었던 것입니다.

최면에서 여러분은 항상 최면대상자가 다른 참조틀을 설정하도록 유도하여 그들이 그 관점에서 기능하게 하고자 합니다.[1] 예를 들어, 여러분은 자신의 신체 기능에 대해 알고 있는 것이 아주 많습니다. 만약 내가 여러분에게 혈압을 바꾸라고 하거나 몸을 따뜻하게 하거나 차갑게 하라고 하면 여러분은 어떻게 해야 할지 몰라서 나를 쳐다보겠지요. 하지만 이 방에서 내가 단 한 마디만 언급해도 여러분은 자신의 혈압을 아주 빠르고, 아주 쉽게 바꿀 수 있습니다. 그리고 여러분의 혈압도 심하게 변할 것입니다. 여러분은 혈관 운동과 관련한 경험이 많기 때문에 얼굴이 붉어질 수도 있고, 화가 나서 얼굴이 창백해질 수도 있습니다. 최면은 의도를 가지고 애쓰는 것이 아니라 있을 수 있는 학습을 선택하게 하는 것입니다. 그 이유는 나도 잘 모르겠습니다.

---

1) 편저자 주: 이것은 Erickson이 이 기간 동안 발전시킨 재도식화 개념에 대한 또 다른 명확한 표현이다.

여기에서 Erickson이 최면에 대해 자신이 모르는 무언가가 있음을 인정하는 것은 안도감으로 다가온다. 우리는 한 세대 뒤쯤에 이것에 대해 더 알게 될까? 우리는 최면 효과가 실제로 '의도를 가지고 애쓰지 않는', 즉 좌반구의 논리적·지시적 사고를 활성화하지 않음으로써 생성된다는 것을 확인할 수 있다. 최면 효과는 아마도 우반구의 상상적·상징적 과정에 의해 매개되는 것 같다. 이러한 상상적·상징적 과정은 변연계와 시상하부를 통해 뇌가 매개하는 생리적 과정과 더 직접적인 연관이 있다. 정신신경면역학이라는 새로운 분야가 아마도 이 영역의 미래 탐구에 연구 기반이 될 것이다.❷

12 정신증 및 최면에서의 경직

긴장성 조현병 환자와 최면대상자의 동기 차이: 의도적 행동 vs. 비의도적 행동

최면 환자의 경직과 긴장성 조현병 환자의 긴장증과 관련하여 또 다른 질문이 있었습니다. 워체스터 주립병원 연구 부서에서 조현병에 대한 연구를 하는 동안, 나는 긴장성 환자들이 경직에서 깨어났을 때 그들에게 질문할 기회가 있었습니다. 나중에 미시간에 있었을 때도 많은 긴장성 환자에게 질문했고요. 나는 경직이 어떤 것인지에 대해 모든 사람에게 광범위하게 물었습니다. 답변을 해 주었던 긴장성 환자들은 모두 경직이 어떤 분명한 목적에 기여했음을 보여 주는 설명을 했습니다. 어떻게 이론적으로 설명해야 할지 모르겠는데, 예를 들어 Albert는 움직이면 세상이 끝날 것이기 때문에 움직이지 않았습니다. 그래서 여러분이 그를 어떻게 두던지 그는 그 자세로 있었을 것입니다. 한쪽 다리는 무릎을 약간 구부리고, 머리는 한쪽으로 기울이고, 한쪽 팔은 어떤 방향으로, 다른 쪽 팔은 다른 방향으로 뻗는 등 말입니다. 아침 8시에 그의 앞에 전등을 놓고 벽에 그의 그림자를 표시한다고 합시다. 오후 4시에 여러분이 그림자를 다시 표시한다면, 그는 여전히 똑같은, 딱딱하고, 어색하고, 사람을 힘들게 하는 자세로 있었을 것입니다. 나중에 Albert가 나에게 설명했듯이―그는 대학생이었어요―그는 세상이 잘되길 바랐기 때문에 차마 움직일 수가 없었습니다! 그리고 내가 질문을 던진 다른 모든 긴장성 환자도 긴장중에 대해 비슷하고 의도적인 의미를 부여했습니다.

어제 갤베스톤에서 나와 함께 작업했던 일반 최면대상자는 어땠나요? 나는 텍사스 종합 진료 아카데미에서 최면을 시연하기 위해 강단 위에 여러 명의 최면대상자를 올라오게 했습니다. 매우 편안하게 앉아 있는 아주 훌륭한 간호사가 있었습니다. 나는 그녀를 다른 최면대상자의 뒤쪽에 있게 했고, 그녀는 거기에 아주 편안하게 앉아 있었습니다. 나는 그녀의 팔과 머리를 살짝 이상한 자세를 취하게 했는데, 일부러 조금 어색하게 만들었지요. 나는 그녀를 절대적으로 완벽한 경직 상태에서 약 1시간 동안 거기에 앉아 있도록 했습니다. 움직임이 없었어요. 완벽한 경직 외에 어떠한 행동도 나타나지 않았습니다.

시간이 끝날 때쯤 나는 그녀에게 무엇을 하고 있냐고 물었어요. 그녀의 대답은 자신이 편히 쉬고 있다는 것이었습니다. 그녀의 전체 관심사는 이완에 있었고, 근육 행동 유지 활동은 모두 목적의식에서 빠져 있었습니다. 그녀는 이완되어 있었고 나중에 내가 경직에 대해 물었을 때 그녀는 그것이 살면서 느껴 본 제일 편안한 경험이었다고 말했습니다. 그녀는 경직된 자세로 앉아 있었으면서도 그 어색함을 알아차리지 못했고, 이완만을 의식하고 있었습니다. 그러나 긴장성 환자는 경직을 통해 무언가를 달성하고 있습니다. 그들은 외부 환경을 통제하거나 외부 환경에서 물러나 있지만, 자신의 외부에 있는 것들과 관련하여 목적을 가지고 일을 하고 있습니다. 최면에 걸린 최면대상자는 자신의 몸을 특별한 방식으로 사용할 필요 없이 완전히 평화로운 상태에서 편안하게 휴식을 취하기만 하면 됩니다.

13 최면에 대한 성격 반응의 다양성

그다음으로 반응성과 외향적인 성격과 관련한 질문이 있었습니다. 단순히 반응하는 것만이 문제가 아니에요. 사람들을 바라보고 관찰하여 그들이 여러분에게 어떻게 말하고 어떻게 듣는지를 알아야 합니다. 외향적인 성격은 반응적입니다. 외향적인 사람들은 환경을 통제하려는 노력을 하지 않고도 상대방의 말에 귀를 기울이고, 진심으로 대화하며 자연스럽고 영향을 덜 받는 경향이 있습니다. 하지만 외향적인 사람, 내향적인 사람, 활동적인 사람, 비활동적인 사람 등 성격마다 반응은 다 다르게 나타납니다.

14 개인별 트랜스 상태

개인별 최면 목적에 따라 정해지는 트랜스의 깊이와 위치-치과, 심리치료, 산부인과에서의 차이점: 구간 트랜스

내가 특히 중요하다고 생각하는 또 다른 질문은 어떻게 개인의 트랜스 상태를 알아보느냐에 관한 것입니다. 최면대상자가 가벼운 트랜스인지, 중간 트랜스인지, 아니면 깊은 트랜스에 있는지 어떻게 알 수 있을까요? 여러분이 스스로에게 물어야 할 첫 번째 질문은, 트랜스 유도의 목적이 무엇이냐는 것입니다. Ted Aston은 최면을 치과에서 사용하려 할 것입니다. 그는 입을 중심으로 하는 최면, 단지 입에 대해서만 원하고 그게 전부입니다. 그러나 여기 Bernie Gorton은 최면을 정신과 환자들에게 사용하기를 원합니다. 그래서 그는 입을 중심으로 하는 최면에는 관심이 없고, 생각과 감정적 행동을 통제하는 최면에 관심이 있습니다. Ted Aston은 통증 반응에 대해 관심을 가지고 있고, Bernie Gorton은 감정 반응에 대해 관심을 가집니다. 즉, 여러분은 환자의 필요에 따라 최면을 사용합니다.

나는 환자가 자신의 필요에 가장 적합한 유형의 트랜스를 자발적으로 만들어 갈 준비가 되어 있는지를 여러 번 반복해서 살펴보았습니다. 치과 환자는 치과 진료실로 들어가서 구강 최면을 잘 받을 수 있습니다. 다리는 최면에서 벗어나고, 손도 벗어나고, 몸도 벗어나 있지만, 입과 턱은 최면에 걸려 있습니다. 또 여러분은 오한이 척추를 따라 위아래로 퍼져 갈 수 있고, 추우면 온몸에 소름이 돋기도 합니다. 하지만 여러분은 소름 돋는 것을 한 팔과 한 손으로만 제한할 수도 있습니다. 최면에서도 여러분은 환자가 최면 상황에 국소적으로 반응하도록 할 수 있는 똑같은 기회가 있습니다. 따라서 여러분이 환자에게 최면 작업을 할 때, 내가 모든 최면 현상을 보여 주고 싶어서 시연했던 것과 똑같은 트랜스를 시도할 필요는 없습니다. 여러분은 심리치료에서 하는 광범위한 트랜스를 원하지 않을 수도 있습니다. 요점은 여러분이 환자가 적절한 최면 목적에 도달할 수 있게 하는 그런 최면을 써야 한다는 것입니다. 그래서 Coulton 박사는 환자 허리 아래에 최면을 걸고 허리 위는 깨어 있게 하면서 아기를 분만하도록 할 수 있는 것입니다. 환자는 트랜스 상태이지만 허리 위로 최면 현상을 나타낼 필요는 없습니다. 내가 최면을 포괄적으로 시연할 때 나는 어떤 유형의 최면 행동도 활용할 수 있도록 최면대상자의 몸 전체가 트랜스 상태에 있기를 원합니다. 따라서 최면을 쓸 때는 먼저 그 목적을 인식하려 해 보세요.

15 공포증과 강박적 행동의 무력화

수용과 재해석, 점진적 약화를 통한 재도식화: "어떤 칼을 써야 할까?"

[Erickson이 공포증 환자 치료에 관한 청중의 질문을 읽는 중간부터 테이프가 다시 시작된다.]

"칼을 본다든지 손목에 자해를 한 사람 이야기를 들을 때마다 그녀는 몹시 동요했어요. 그녀는 더 이상 충격 요법을 원하지 않았어요. 충격 요법에 겁을 냈지요. 여러 회기가 아주 잘 진행되었는데, 어느 날 그녀가 매우 흥분된 상태로 저에게 전화를 걸어서 모자 핀을 집어 자신의 손목을 찔러 상처를 입히는 생각을 강박적으로 하고 있다고 했습니다. 저는 즉시 그녀를 만나서 그것이 저를 아주 기쁘게 했다고 말했는데 이는 그녀가 호전되었다는 첫 번째 증거였기 때문입니다. 그녀는 초점을 칼처럼 치명적인 것에서 모자 핀 같은 하찮은 것으로 옮겨 간 것이지요. 이 사례를 이런 방법으로 다루면 될까요? 그녀는 만족한 것 같았습니다."

환자는 치료자에게 자신의 특정 문제를 수용받기를 원해서 치료에 오기도 합니다. 그들은 스스로 문제를 처리할 수 없지만 문제와 관련하여 무언가를 하기 위해 애쓸 필요가 있습니다. 여러분은 무엇을 해야 할까요? 처음에는 어떤 식으로든 환자들의 행동을 수용해야 하고, 그런 다음 그 행동에 대해 수용 가능한 또 다른 해석을 제시해야 합니다.[2] 그래요, 그 여자는 손목을 칼로 긋는 것을 진짜 두려워했고, 그래서 모자 핀을 집어 들었습니다.

---

2) 편저자 주: 이것은 발전된 재도식화 개념에 대한 또 다른 명확한 표현이다.

모자 핀은 칼과 같이 찌르는 '과(科)'이지만, 칼은 위험한 반면에 모자 핀은 대수롭지 않지요. 당신은 이러한 상황을 재해석할 수 있습니다. 환자는 모자 핀이 하찮은 것이라는 것을 이미 알고 있었습니다. 당신은 그녀가 덜 위험한 수단을 선택했음을 확인했을 뿐입니다. 당신은 그녀가 그런 행동을 하도록 허용했지만 그건 그다지 위협적인 것은 아니었지요.

다른 예를 인용해 보겠습니다. 한 환자가 육류용 칼로 스스로 목숨을 끊을까 두려워했고, 또 그 육류용 칼로 아들을 찌를까 봐 겁이 나서 찾아왔습니다. 그런 생각을 하는 것은 정말 힘든 일이었어요. 하루 종일 그녀는 육류용 칼을 계속 바라보며 아들에 대해 생각하고 자신에 대해 생각했습니다. 자신이 관 속에서 어떤 모습일까, 아들이 관 속에서 어떤 모습일까를 생각했습니다.

내가 어떻게 했을까요? 그녀가 나에게 주방에 대해 설명한 뒤에 나는 그 주방에 날카로운 칼이 정말 많다는 것을 지적했습니다. 그것은 단순히 사실을 말한 것이었습니다. 그녀의 주방에는 육류용 칼 말고도 날카로운 칼이 많이 있었습니다. 그래서 그녀는 어떤 칼을 선택할지 또 다른 새로운 고민이 생겼습니다. 여러분도 알겠지만, 그 고민은 그녀가 자신을 찌를 것인가 아들을 찌를 것인가에 대한 걱정보다 훨씬 낫습니다. 이제 그녀는 칼로 찌르기 전에 사용할 칼을 골라야 했으니까요. 나는 수많은 부엌칼 중에서 하나를 골라야 한다는 사실을 반복해서 말했습니다. 다시 말해서, 나는 그저 새롭고 그럴듯한 문제를 만들어 상황을 재해석했을 뿐입니다. 환자가 여러분에게 문제 상황을 조작하도록 허용할 때마다 환자가 받아들일 수 있는 방식으로 조작하려고 노력해 보십시오.

편저자

> 따라서 재도식화는 문제 상황을 새롭게 바라보고 재해석하며 이루어진다. 해가 되는 선입견에서 환자의 주의를 돌리게 하기 위한 아이디어가 제시되거나, 더 나아가 환자에게 통제감을 주기 위한 새로운 변수가 도입된다.

[16] 증상 행동 다루기

강박적 움직임을 통제하기 위한 역설적 암시 형태의 증상 처방: 분당 145번의 팔 움직임!

이런 행동을 했던 환자가 생각납니다[분명히 Erickson은 어떤 불규칙한 팔 움직임을 보여 준다]. 그 사람은 이런 식으로 1분에 135번 팔을 움직였는데, 나는 그를 전혀 건드릴 수가 없었습니다. 그를 전혀 건드릴 수 없었기 때문에 그의 팔 움직임을 분당 145번으로 늘렸습니다. 말하자면, 증상에 한술 더 떠서 증상을 증가시켰습니다. 그러나 물론 환자는 원래 설정했던 분당 135번의 움직임으로 되돌아갔습니다. 다음으로 나는 그것을 140번까지 올리고 130번으로 떨어뜨렸습니다. 135번까지 올리고 125번으로 내리고, 130번과 125번으로 올리고 내리고, 130번과 120번으로 올리고 내리고. 이런 식으로 나는 증상 행동을 차차 감소시켰습니다. 환자와 씨름할 필요가 없습니다[여러분이 먼저 증상을 받아들여 그것에 함께하는 것이 증상에서 벗어나도록 증상을 조작할 가능성을 열어 줍니다].

[17] 죄책감을 간접적으로 치료하기

명백한 직접 암시에 여러 수준의 의미를 포함시키기: 개인적 욕구와 가치를 바탕으로 하여 함축적 의미 구성하기: 역설적 암시

표면상으로는 흡연 습관을 고치고자 나를 찾아온 한 남성이 있었는데, 사실은 그는 과도한 죄책감 때문에 온 것이었어요. 그의 아내는 냉정하고 딸은 신경질적이었고, 그 자신도 혼외 성관계를 많이 했고 그것에 대해 극도의 죄책감을 느꼈습니다. 여러분이라면 그런 문제를 어떻게 다루시겠어요?

내가 좀 충격적인 말을 하려고 합니다. 왜냐하면 여러분은 모두 보편적인 의식을 갖고 있으니까요. 나는 그 남성의 죄책감을 다루는 방법은 혼외 성관계에 대해 죄책감을 덜 갖도록 가르치는 것이라고 생각합니다. 그는 혼외 성관계에 대해 죄책감이 있어서는 안 됩니다. 자, 무엇이 변형되었는지 아시겠습니까? 그는 정말로 혼외 성관계에 대한 죄책감을 덜 가져야만 해요…… 정말로 죄책감을 덜 가져야만 하고…… 전혀 죄책감이 없어야 합니다. 겉보기에는 그에게 죄책감을 덜 가지고 혼외 성관계를 하라고 권하는 것 같지만, 자신의 성격 요구에 맞는 나의 암시를 따라가면서, 그는 죄책감을 줄이기 위해 혼외 성관계 횟수를 줄이기 시작할 것입니다.

여러분은 스스로 환자에 대해 어떤 목표를 염두에 두고 있는지 알아야 합니다. 죄책감을 느끼며 그 남성은 혼외 성관계를 바로잡기 위해 나에게 뭔가를 해 달라고 요청하고 있었습니다. 그러나 내가 그에게 "이제 그런 일을 그만하세요……. 나쁜 사람이 되지 마세요……. 그건 나쁜 짓입니다."라고 말했다면 치료 목적을 달성하지 못했을 것입니다.

[18] 치료의 정신역동 이해

심리 문제의 근본 원인을 모르는 채로 정신 건강이라는 '아기' 낳기

[모든 심리치료 문제에는 근본 원인이 있습니다.] 나는 많은 문제의 원인이 평생 누적된 경험에 묻혀 있는 경우가 많아서 원인을 캐내기가 아주 어렵다고 생각합니다. 특정 상황에서 원인을 발견할 방법에 대해 종종 떠올리게 되는데, 흔히 원인을 찾아내려 할 때의 필요와 비슷합니다.

내 친구는 결혼한 지 20년이 넘었습니다. 그녀가 결혼했을 때 부부는 둘 다 아이를 원했고, 바로 아이를 가지려 시도했지요. 그러나 세월이 흘러도 아이가 생기지 않았습니다. 한 해, 다음 해, 또 그다음 해 정밀 검사를 거듭했고, 의사들은 임신이 안 되는 신체적 이유가 없다는, 늘 한결같은 대답을 했습니다.

세월이 흐르면서 그녀는 점점 더 낙심하게 되었습니다. 결국 그녀에게 몇 가지 증상이 나타났습니다. 즉, 월경 기간이 불규칙해지다가 마침내 완전히 멈췄습니다. 의사는 그녀가 폐경기에 접어들었다고 했습니다. 그러나 몇 달 후 그녀는 의사에게 다시 찾아와 "폐경이 아니에요. 임신이에요!"라고 했습니다. 그녀를 오랫동안 봐 왔던 그 의사는 그것이 폐경에 낙담한 한 여성의 미신 같은 생각이라고 여겼습니다. 그러나 그녀는 임신했던 것으로 밝혀졌습니다.

그렇다면 20년 동안 임신이 안 되었던 원인은 무엇이었을까요? 관심 있는 분 있으신가요? 거기에 관심을 갖기보다는 어머니가 아기를 낳고, 돌보고, 새 삶에 만족스럽게 적응하는 데 관심갖는 것이 더 낫습니다. 학문적으로 그 여성이 44세에 처음으로 임신한 이유를 아는 것은 흥미로울 것입니다. 그러나 정신과 사례 대부분의 경우 진짜 문제는 환자가 정신 건강이라는 '아기'를 분만하도록 하여 만족스럽게 지낼 수 있도록 하는 것의 문제이지, 미친 듯이 애써 과거를 파헤쳐 원인을 찾아내는 것의 문제는 아닙니다.

빨간색에 대해 어마어마한 공포를 가진 한 환자가 있었습니다. 그녀는 눈에 보이는 빨간색을 참을 수 없었어요. 여자들이 빨간 옷, 빨간 모자, 빨간 꽃, 빨간 립스틱, 빨간 손톱을 하고 있었기 때문에 그녀는 파티에 갈 수 없었습니다. 그녀의 삶은 극심하게 불행했지요.

내가 그녀를 위해 무엇을 했는지, 어떻게 그렇게 했는지 모르겠습니다. 그러나 우리의 회기가 마무리된 뒤 나는 그녀의 집에 갔고, 거기서 빨간 체리가 그려진 주방 벽지를 보았습니다. 지금 그녀의 삶을 그토록 광범위하게 지배했던 그 끔찍한 빨간색 공포증의 원인을 아는 사람은 아무도 없습니다. 그러나 그녀는 지금 매우 행복해합니다. 아주 행복한 결혼 생활을 하고 있고 행복한 가정을 갖고 있으며 사람들과도 잘 지내고 있습니다. 나는 단연코 그녀의 원래 문제를 일으킨 것이 무엇인지 찾아내려 하지 않을 것입니다. 그것은 지나간 일입니다. 여러분은 최면을 사용하려 할 수 있고 아마도 과거 어딘가에 있는 그녀의 문제에 대한 어떤 뿌리 깊은 원인을 찾아낼 수도 있습니다. 그러나 우리가 그렇게 깊이 묻혀 있는 그 원인을 바로잡으려고 노력해야 할까요, 아니면 현재의 일상 행동, 현재의 일상과 내일, 다음 주, 다음 달, 다음 해를 위한 삶을 바로 잡으려고 노력해야 할까요?

19 과잉행동 아동을 위한 트랜스 유도법

다음 질문은 "아동, 특히 예민하고 안절부절못하거나 참을성이 없는 아동을 위한 트랜스 유도 방법이 있습니까?"입니다.

빠르고, 활기차고, 예민하고, 흥분 잘하고, 정서적으로 불안정한 아이에게는 여러분이 빠르고, 신경질적이고, 과민하고, 흥분 잘하는 성인 환자에게 접근하는 것과 같은 방식으로 트랜스에 들어가게 할 수 있습니다. 여러분은 환자의 욕구를 인식하려고 노력해야 합니다. 즉, 여러분은 그들의 주의를 끌기 위해 노력하고 그들의 행동을 이용하려고 해야 합니다. 지금은 이 문제에 대해 이야기할 수 없으니 나중에 다시 하겠습니다.

20 관념운동 단서

트랜스의 무의식적 이해와 협력 정도를 나타내는 손과 머리 신호의 타당성: '여러 번의 부적절한 성관계'

또 다른 질문은 손 동작의 타당성에 관한 것이었습니다. 무의식에 질문했을 때 대답이 '예'이면 오른손을 들고, '아니요'이면 왼손을 들어 올리도록 요청하는 절차에 대해 많은 이야기가 나왔습니다. 그것은 환자의 무의식은 그 자체로 신뢰할 만한 정보를 주는 독립체로 기능한다는 것을 가정하고 있습니다. 문제는 그 가정이 얼마나 타당한가 하는 것입니다.

대답은 여러분이 다루려는 상황을 이해하는 여러분의 역량만큼만 타당하다는 것입니다. 한 환자가 나에게 와서 수년 동안 여러 차례 부적절한 성관계를 가졌기 때문에 엄청난 죄책감을 가지고 있다고 말했습니다. 그녀는 그 일곱 번의 부적절한 성관계에 대하여 각각의 이름, 날짜, 장소, 상황을 기꺼이 나에게 알려 주었습니다. 그녀는 모든 경험과 감정을 설명하는 데 있어서 의사소통이 매우 원활하고 자유롭고 정직하고 솔직했습니다. 하지만 나는 그녀가 정신과 치료 경험이 있었기 때문에 트랜스 상태에서 나에게 어떻게 말할지 궁금했습니다. 깊고 분명한 트랜스 상태에서 그녀는 나에게 아까 말한 것과 똑같은 일곱 번의 부적절한 성관계에 대해 똑같은 설명을 했습니다. 약간의 차이가 있었을 뿐입니다. 하지만 그녀가 깨어 있는 상태의 설명은 본질적으로 트랜스 상태의 설명과 일치했습니다.

나는 그녀에게, 고개를 끄덕이면 '예', 고개를 가로저으면 '아니요'인 것처럼, 무의식이 오른손이나 오른손 집게손가락으로는 '예', 왼손이나 왼손 집게손가락으로는 '아니요'라고 대답할 수도 있다고 사전에 말했습니다. 나는 그것을 간단하고 부수적인 설명으로, 그녀에게 하라고 권고한 것이 아니라 아마 다른 환자들도 할 수 있는 일 중 하나라고 언급했을 뿐입니다.

그녀는 트랜스 상태에서 그녀의 부적절한 성관계를 세며 다시 이야기했습니다. 그녀는 "저의 첫 번째 부적절한 성관계는 19××년이었어요."라는 말로 시작했지만, 그녀의 왼손은 '아니요'라고 알렸습니다. 나는 그녀의 손이 '아니요'라는 신호를 보내는 동안 그녀가 "저의 첫 번째 부적절한 성관계"라고 말했다는 사실을 기억해 두었습니다.

다음으로 그녀는 내가 생각하기로는 네 번째 부적절한 성관계에 이르렀습니다. 그녀는 "그리고 저의 다음 부적절한 성관계"라고 시작했지만 다시 그녀의 손은 '아니요'라는 신호를 보냈습니다. 세 번씩이나 그녀는 '아니요'라고 신호를 보냈습니다. 한 번은 그녀의 손이 '아니요'라고 신호를 보냈고, 한 번은 그녀의 손가락이 '아니요'라는 신호를 보냈으며, 그리고 한 번은 그녀의 머리가 '아니요'라는 신호를 보냈습니다. 그러나 그녀는 그러한 움직임을 전혀 눈치채지 못했습니다. 그녀는 정말 모르고 있었어요. 여러분은 강의 중에 무의식적으로 고개를 끄덕이거나 고개를 흔드는 학생들과 이야기를 나눈 적이 있으시겠지요?

훨씬 더 나중의 트랜스에서 나는 그녀의 첫 번째 부적절한 성관계가 그녀가 원래 말했던 것처럼 17세에 일어난 것이 아니라는 것을 알게 되었습니다. 그것은 사춘기 때 일어났습니다. 그녀는 나이 든 남성을 유혹했고, 그 후 죄책감에 압도되어 그것을 완전히 억압했습니다. 그것이 그녀의 첫 번째 부적절한 성관계였습니다. 그러고 나서 그녀는 세 번째, 네 번째 부적절한 성관계를 잊어버렸고, 여섯 번째 부적절한 성관계도 모두 억압하여 완전히 잊어버렸습니다. 여전히 내가 그녀에게 "저에게 당신의 부적절한 성관계에 대해 이야기했나요? 당신의 부적절한 성관계에 대해 전부 말했나요?"라고 물었다면, 그녀는 그렇다고 대답했을 것입니다. 그녀는 자신의 모든 부적절한 성관계에 대해 나에게 설명했지만, 알다시피 그것이 그녀가 내게 해 준 모든 설명이었고 그녀가 나에게 기꺼이 하려는 설명 전부였습니다. 그녀는 그것이 불완전한 설명이라는 것을 내가 아는 것에 대해 전혀 부정적이진 않았지만, 그녀가 드러내려는 의지 안에서는 꽤나 완전한 설명이었습니다. 다시 말해, 그녀는 "이 손에 있는 것은 알 수 있지만, 저 손에 있는 것은 알 수 없어요."라고 말한 것입니다.

환자를 대할 때 이 점을 염두에 두어야만 합니다. 당신은 그들에게 협력을 강요할 수는 없지만 그들이 얼마나 완전하게 또는 불완전하게 협력하고 있는지 드러내도록 할 수는 있습니다. 나는 그녀가 확실히 준비가 될 때까지 빠진 설명에 대해 말하도록 강요하려고 하지 않았습니다. 그리고 그녀 자신도 억압된 부적절한 성관계에 대해 알고 엄청나게 놀랐습니다.

21 최면 시각화를 위한 간접 기법

체감각적 기억을 이끌어 내기 위한 점진적이고 이중 구속력 있는 암시로 '선택의 다양성' 제공하기: 칠판 기법

이제 프로그램에 따라 간접 기법에 대해 논의하겠습니다. 여러분 모두 내가 간접 기법을 사용하는 것을 본 적이 있을 것입니다. 사람들은 다른 모든 기법에 대해 철저히 알려는 뜻에서 간접 기법을 사용합니다. 우리는 여러분에게 손 공중부양 기법 학습의 중요성, 이완 기법 학습의 중요성, 코인 기법 학습의 중요성, 칠판 기법과 집-나무-사람 기법, 그리고 상상 주제 기법 학습의 중요성을 강조했습니다. 이제 이 기법 중 하나인 칠판 기법을 사용하여 실제로 무엇이 관련되어 있는지 봅시다.

여러분은 여러분의 환자가 시각화를 잘하는 사람인지 알고 싶어 합니다. 여러분은 그 환자가 시각화 능력이 얼마나 있는지 모를 것이고, 아마 환자도 모를 것입니다. 그래서 여러분은 그에게 칠판을 떠올려 보라고 부탁합니다. 그에게 특정 칠판을 기억해 보라고 하면서 여러분이 하고 있는 것은 무엇일까요? 특정 칠판을 기억할 때 안구의 움직임을 테스트하기 위해 환자의 눈꺼풀에 기구를 장착해 본 적이 있나요? 환자가 특정 칠판을 기억하기 시작할 때 그의 안구는 무엇을 하나요? 눈이 한쪽에서 다른 쪽을 바라볼 때, 약간의 안구 움직임이 있습니다. 그러한 안구 움직임은 특정 칠판을 기억하는 과정의 일부분입니다. ❸

그래서 환자에게 떠올릴 수 있는 칠판 중 하나를 선택하도록 요청합니다. 그는 학창 시절의 칠판을 아주 많이 기억하고 있지만, 기억할 때 안구 움직임이 제일 편했던 것을 선택합니다. 그런 다음 그 칠판을 상상하게 하고, 아래쪽에 받침대가 있고—대부분 칠판에는 받침대가 있지요—거기에 분필이 놓여 있다는 것에 주목하라고 합니다. 그가 무엇을 하기를 원하시나요? 여러분은 그가 분필을 보기를 원합니다. 어떻게 그렇게 할 수 있을까요? 간접적 암시는 엄청나게 중요합니다. 거기에 실제로는 큰 분필, 긴 분필, 중간 크기의 분필, 한두 개 또는 서너 개의 작은 분필 조각이 있어야 합니다. 아마도 파란 분필, 노란 분필도 있지만 대부분 흰색 분필일 것입니다. 다시 말해서, 여러분은 다양한 자극, 다양한 아이디어를 제공하여 환자가 갖고 있는 실제 기억을 확실히 떠올리게 합니다. 여러분은 단지 과거의 기억, 즉 하양 분필, 파란 분필, 노란 분필을 떠올리게 하고 있을 뿐입니다. 그 환자에게 시각화 기법을 따르게 할 것인데, 어떤 식으로든 상황에 색이 들어가야 하지 않을까요? 그리고 얼마나 시각화를 해야 할까요? 상황에 맞는 한 어떤 것도 가능하겠지요. 따라서 여러분은 암시를 다양하게 합니다. 암시가 많을수록, 암시가 단순할수록 일부 암시가 수락될 가능성이 커집니다. 여러분의 임무는 환자가 암시를 받아들이도록 강요하는 것이 아닙니다. 여러분의 과제는 충분히 많은 암시를 해서 그가 이것저것을 기꺼이 받아들이게 하는 것입니다.

다음으로 환자에게 지우개를 알아차리도록 요청합니다. 지우개가 칠판 받침대의 오른쪽에 있나요? 왼쪽에 있나요? 앞면이 위로 향해 있나요? 뒷면이 위로 향해 있나요? 아니면 옆으로 누워 있나요? 여러분 자신이 그것을 시각화한 것이 아니기 때문에 여러분은 알 수가 없습니다. 여러분은 환자에게 여러분이 모른다는 것을 알립니다. 여러분이 모른다고 환자에게 말하고, 동시에 환자에게 "하지만 당신은 알고 있습니다."라고 말하는 것입니다. 그것은 무척 중요한 일입니다. 여러분은 그 환자에게 여러분은 모르지만 그가 알고 있는 지식에 대한 확신과 안전감을 줍니다.

이제 여러분은 그에게 분필 조각을 집어 들고—분필 조각을 집어 든 자신을 상상하면서—적당하게 큰 원, 적당하게 큰 원을 그려 달라고 요청합니다. 지금 무엇을 하고 있는 걸까요? 적당하게는 큰과 모순되고, 큰은 적당하게와 모순됩니다. 그러므로 여러분은 두 가지 다른 억양으로 적당하게 큰을 말합니다[적당하게는 작은 소리로 부드럽게 말하고, 큰은 확고하고 분명한 어조로 말합니다]. 여러분은 환자에게 두 가지 다른 유형의 암시를 하고 있습니다. 그렇다면 이제 그가 원을 그릴 것인가의 질문이 아닙니다. 문제는 그것을 적당하게 그릴 것인가, 아니면 크게 그릴 것인가입니다. 그가 어떻게 원을 그릴 것인가? 이 것이 진짜 질문입니다. 여러분은 그에게 적당하게 큰 원을 그리라고 말했으니까요. 암시의 목표는 사소하게 만들고, 암시의 질은 중요하게 만든 것입니다. 그러나 환자가 수행의 질, 수행의 양에 대한 질문을 논의하고 받아들이는 것만큼 확실하게 수행도 받아들인 것입니다. 그는 원을 그려야만 합니다.

🗨 편저자

즉, 환자는 그의 상상 속에서 원을 그리는 데 이중으로 구속되어 있다. 원을 어떻게 그릴 것인가는 논의할 수 있지만, 원을 그리는 것에 대해서는 논의할 수 없다.

환자에게 적당하게 큰 원을 그리는 자신을 상상하게 했을 때 여러분이 정말로 하고 있는 것은 무엇인가요? 여러분은 그에게 판단하도록, 또 그에게 기억을 떠올리도록 요청하고 있습니다. 그에게 어떤 기억을 떠올리라고 요청하고 있는 것일까요? 여러분은 그에게 손의 움직임에 대한 체감각 기억, 손가락에 느껴지는 분필에 대한 감각 기억, 분필을 칠판에 누르는 데 사용되는 근육의 느낌, 분필에 대한 칠판의 저항이 손과 팔에 어떻게 느껴지는지에 대한 기억, 칠판을 가로질러 그려지는 소리에 대한 청각 기억을 사용하도록 요구하고 있습니다. 여러분은 그에게 그 모든 것을 기억하라고 요청하고 있는데, 정작 그는 그것을 알지 못합니다. 여러분은 그에게 엄청난 수의 기억을 활성화하라고 요청하고 있습니다. 그것은 말을 많이 하는 단순한 과정이 아닙니다. 그것은 환자가 엄청난 수의 상호 연관된 일을 하게 하는 과정입니다.

다음으로 그에게 뒤로 물러나 칠판을 보도록 합니다. 그가 물러날 것인지는 논의의 여지가 있는 질문일까요? 아니에요. 여러분은 그가 물러나는 것에 대해 논의하지 말고 "뒤로 물러서서 자신이 그린 원이 있는 칠판을 보세요."라고 말합니다. 여러분은 환자에게 그가 평생 써 온 근육 움직임의 체감각과 체중 이동에 대한 감각 기억 반응을 요청하고 있습니다. 또 무엇을 하는 걸까요? 여러분은 그가 점점 더 많은 반응을 보이도록 하고 있습니다. 그래서 그는 뒤로 물러서서 원을 봅니다. 여러분도 알다시피, 원을 그리지 않고는 그 원을 보기 위해 뒤로 물러설 수 없습니다. 여러분은 그의 시각화의 실체를 확인하고 있으며 모든 것을 확인하는 것은 매우 중요합니다.

그가 집고 있는 분필에 대한 시각화를 어떻게 확실하게 할 수 있을까요? "당신은 분필의 중앙 부분이나 중간 크기의 분필을 집게 될 거예요. 하지만 실제로는 중간 크기의 분필을 집지 않아도 돼요. 파란색, 노란색 또는 작은 조각을 집어들 수도 있습니다." 다시 말하지만, 선택의 다양성을 부여하는 간단한 과정을 통해 환자에게 분필의 존재를 확실하게 하고 있습니다. 그는 바로 거기에 여러 개의 분필이 있지 않는 한 어떤 분필을 집을지 결정할 수 없습니다. 그럼에도 불구하고 여러분은 여러 분필을 많이 만들었으므로 그는 여러분의 암시를 쉽게 받아들입니다.

이제 그에게 지우개를 들고 지우개를 부드럽게 움직여 칠판을 지우라고 합니다. 환자가 이 시각화를 실행하는 데 어려움을 겪을 이유가 있을까요? "지우개를 부드럽게 움직이면서"라고 말합니다. 그렇게 하면 지우는 과정이 아니라 지우기의 매끄러움의 질이 문제가 됩니다. 따라서 환자는 칠판을 지울 것인지 아닌지에 대한 이의를 제기하지 않습니다. 대신 그는 수행의 질에 관여하게 되고 그래서 수행이 이루어질 것임을 확실시하게 됩니다. 그리고 이 모든 과정을 통해 여러분은 간접적으로 모든 목적을 달성하고 있습니다.

당연히 여러분은 그가 칠판에서 무엇을 보는지 알고 싶을 것입니다. 그는 칠판에서 무엇을 보고 있을까요? 지우개로 인한 자국이 보인다고 하면 그가 얼마나 시각화를 잘할 수 있는지 곧 알 수 있을 것입니다. 여러분은 무엇을 알 수 있을까요? 시각화할 수 있는 환자는 약간 놀란 듯한 반응을 보입니다. "아니요, 깨끗한 칠판이 보여요."라고 말하면, 여러분은 "글쎄요, 자국이 보이지 않나요?"라고 말합니다. 만약 그가 "내가 어떻게 그 자국을 보지 못했을까?"라고 의아해하며 다소 당황스럽게 수정하려고 한다면, 여러분은 그가 시각화를 잘하는 사람이라는 것을 알게 될 것입니다. 그러나 그가 수정하는 것을 힘들어한다면 그가 시각화를 잘하는 사람이 아니므로 다른 기법으로 바꾸어야 합니다.

마지막으로, 여러분은 환자에게 칠판에서 돌아서라고, 완전히 돌아서라고 요청합니다. 그것은 문법적으로 말하면 다소 말이 안 되는 표현이라고 생각합니다. 칠판에서 돌아서는 것은 하나의 일입니다. 그러나 완전히 돌아선다는 것은 그 수행의 질을 의미합니다. 그리고 환자는 단지 수행의 가능성이 아니라 다시 한번 그 수행의 질에 관심을 갖게 될 것입니다. 그러므로 그는 요청한 대로 수행할 것입니다.

22 최면치료자의 개별성

그런 다음 환자에게 꽃이 있는 테이블을 보게 합니다. Secter 박사는 항상 환자에게 동의하는데 나는 개인적으로 그 방식을 좋아하지 않습니다. 그는 "거기에 꽃이 몇 송이 보이나요?"라고 물을 것입니다. 환자는 "24송이요."라고 대답하고, Secter 박사는 "맞습니다. 정확히 꽃 24송이입니다."라고 말합니다. 나는 그런 접근이 마음에 들지 않지만 나는 그와 성격이 다릅니다. 그리고 내가 Secter 박사에 동의하지 않는 것처럼 여러분도 나에게 동의하지 않아도 된다는 사실을 모두가 알기 바랍니다. Secter 박사의 접근법이 나에게는 틀린 것이기 때문에 나는 그에게 동의하지 않습니다. 그러나 Secter 박사에게는 그것이 맞습니다. 그래서 나는 여러분 모두가 내 표현에 기꺼이 동의하지 않아도 된다는 것을 알았으면 합니다. 그것이 나에게는 맞지만 여러분에게는 틀릴 수도 있으니까요. 그것을 이해하면 여러분은 자신의 성격을 자유롭게 표현할 수 있을 것입니다.

23 쉬운 트랜스

평범한 대화를 통한 관념운동 신호 확립

최면을 활용하는 가장 중요한 측면 중 하나는 환자들에게 가능한 한 가장 쉬운 방식으로 트랜스에 들어가도록 가르치는 것입니다. 어떤 환자를 처음 만날 때 그가 트랜스에 들어가기가 조금 어려울 수도 있다고 생각된다면 한 가지를 확실히 합니다. 나는 몇 가지 평범한 질문을 하고 그 질문에 대해 "지금 당신은 그 질문에 고개를 끄덕이며 '예'라고 대답했어요."라고 언급합니다. 맞아요, 그는 그렇게 했습니다. 그건 내 입장에서 그냥 간단한 관찰일 뿐입니다. 그리고 나중에 그는 고개를 저어 '아니요'를 표현하면 나는 그것을 언급합니다. 다시 말해서, 환자에게 말하지 않은 간접적인 메시지는 "고개를 끄덕임으로써 '예'로 대답할 수 있고, 고개를 흔들어 '아니요'로 대답할 수 있습니다."입니다. 나는 그것을 특정한 방식으로 끌어냈고, 그 치료 시간 동안 그가 고개를 끄덕이거나 고개를 흔들어 대답할 수 있다고 다시 말할 필요가 없게 됩니다.

24 시각적 환각에 대한 또 다른 이중 구속 암시

이 모든 것을 염두에 두고, 환자가 테이블을 보려고 돌아섰을 때 나는 말합니다. "아마도 당신은 중앙에 꽃이 있는 테이블을 볼 수 있을 거예요." 이제 그는 테이블을 볼 수도 있고, 꽃을 볼 수도 있습니다. 그러나 중요한 것은 "아마도 중앙에 꽃이 있는 테이블을 볼 수 있을 거예요."입니다. 또다시 나는 그 문제를 수행의 질 문제로 만듭니다. 그래서 환자는 꽃이 보이는지 확인하기 위해 테이블 중앙을 봅니다. 그리고 그가 테이블 중앙이라는 말을 받아들이는 것처럼 확실하게 그는 꽃이나 기타 등등을 받아들입니다.

25 트랜스 대화

이제 나는 계속해서 말합니다. "당신이 테이블 중앙에 있는 꽃을 보았는지 안 보았는지, 고개를 끄덕이거나 고개를 저어서 표시해 주세요." 우리가 잠잘 때 말을 해서는 안되고, 말할 수도 없다는 믿음을 가지고 자란 사람들이 얼마나 많은지요. 그리고 최면을 수면과 동일시하여 트랜스 상태에서는 말을 할 수 없다고 믿는 최면대상자는 또 얼마나 많을까요? 그들은 말을 하려면 깨어 있어야 한다고 잘못 생각합니다. 하지만 우리 모두가 인생의 시작부터 가장 먼저 배운 것 중 하나는 우리가 잠을 잘 수 있고 잠자는 동안에도 움직일 수 있다는 것입니다. 그래서 최면대상자가 트랜스 상태에 있을 때, 트랜스 상태에서 말하는 방법을 가르치고자 합니다. 먼저 트랜스 상태에서 고개를 끄덕이고 흔드는 것을 가르쳐 기초를 다집니다. 알다시피 우리가 자고 있을 때 움직일 수 있다는 것은 모두가 알고 있습니다.

일단 환자가 고개를 끄덕이거나 흔들게 되면 의사소통의 하나인 몸의 움직임을 확립한 것입니다. 여러분은 의사소통하는 방법을 그에게 가르쳤습니다. 그런 다음 여러분은 이렇게 말합니다. "당신은 고개를 끄덕였고 그것은 '예'를 뜻합니다, 그렇죠? 그것은 '예'를 의미하죠? 그렇죠?" 여기에서 환자는 다시 고개를 끄덕이거나 '예'라고 말할 기회를 갖습니다. 종종 환자는 질문에 '예'라고 말하면서 대답할 것입니다. 그들은 그렇게 트랜스 상태에서 언어적 의사소통을 배워 갑니다.

26 환자의 저항 다루기

환자가 표현하는 행동 수용하기, '보여 주기' 및 활용하기의 필요성

저항하는 환자에게 사용하는 방법 중 하나는 환자가 저항을 드러내도록 하는 것입니다. "저 꽃들이 테이블 중앙에 있다고 생각하지만, 당신이 거기에서 꽃들을 볼 거라고 생각하지는 않아요. 아마도 테이블의 왼쪽 끝에서 꽃들을 볼 수 있을 거예요. 테이블의 오른쪽 끝이 아니길 바랍니다." 이제 나는 그가 오고 가며, 앞뒤, 위아래 모든 곳을 둘러보게 합니다. "당신이 중앙에서 꽃들을 볼 거라고 생각하지 않아요."라며 그런 상황을 만들었습니다. 환자가 진짜로 저항하고 싶어 하면, 그는 바로 저기 중앙에 있는 꽃들을 볼 수 있습니다. 그러나 그것이 바로 내가 그에게 보길 바라는 곳이지요. [웃음] 아마도 그가 테이블 왼쪽 끝에서 그것들을 보게 될 것이라는 내 말을 따른다면, 나에게 약간의 격려를 주는 데 기꺼이 동의한 것임을 그가 알기 바랍니다. 또한 그는 탁자 오른쪽 끝에 있는 꽃들을 보면서 나에게 계속 도전할 수도 있습니다. 내가 무엇을 한 걸까요? 나는 그가 진료실로 나를 찾아온 실제 목표를 달성할 수 있도록 그의 저항을 표현할 수 있는 기회를 충분히 준 것입니다.

환자가 여러분에게 도움을 청하러 온 것이라는 사실을 간과해서는 안 됩니다. 따라서 여러분은 그의 행동을 받아들이고, 그의 행동을 드러낼 수 있는 기회를 충분히 주어야 합니다. 여러분은 그가 자신의 행동을 드러낼 수 있도록 도우려고 노력합니다. 즉, 여러분은 환자가 자신의 행동을 극복하는 것이 아니라 자신의 행동을 보여 줄 수 있도록 돕고, 그 행동을 여러분이 아닌 환자에게 도움이 되는 방식으로 사용하려고 노력해야 합니다. 여러분은 항상 치료 상황의 운전대를 잡고 어떤 상황에도 대처할 준비가 되어 있어야 합니다. 그러나 여러분은 환자가 실제 필요에 따라 모든 행동을 하도록 허용합니다. 최면 초보자는 환자의 행동을 즉시 교정하고 환자에게 행동 방법을 알려 주는 데 너무 많이 중점을 두는 경향이 있습니다.

27 환각 증진하기

반응 억제를 위한 역설적 암시; 운동 기억과 운동 행동 끌어내기; 새로운 것에 대한 궁금증과 수용력 불러일으키기: "다른 방향에서 보세요."

이제 또 다른 접근법은 환자에게 "그 꽃 줄기가 대략 얼마나 길까요?"라고 묻는 것입니다. 그것은 얼마나 길까를 묻는 질문이 아닙니다. 그것은 대략 얼마나 길까를 묻는 질문입니다. 즉, "정확히 말하지 마세요. 대략적으로 말하세요."라는 뜻입니다. 환자는 꽃 줄기의 정확한 길이에 대한 반응을 억제하고 근사치만 말해야 합니다. 그 환각 속 꽃의 일부 측면을 억제하도록 해서 그 꽃들의 환각을 증진시키는 것이 더 낫지 않을까요? 그래서 여러분은 그에게 아주 복잡한 일을 하도록 요구하고 있는 것입니다. 여러분은 그의 시각화를 구축하고 있고 모든 종류의 기억을 활용하고 있습니다.

그래서 환자는 여러분에게 꽃의 길이가 대략 어느 정도였는지 보여 줍니다. 그때 여러분은 환자를 움직이게 하고 있는 것입니다. 치료에서 환자가 무엇을 하기를 원하나요? 환자가 가만히 앉아 있거나 누워 있기를 원하나요? 아니면 환자가 몸을 움직이고 골격과 근육의 모든 행동을 어떻게 바꾸는지 배우기를 원하나요? 아마도 여러분이 정신과 의사라면 그가 자동 글쓰기를 하기를 원할 것입니다. 자동 글쓰기에 대한 가장 좋은 교육은 환각 속 꽃의 길이를 대략적으로 측정하게 하는 것입니다. 그리고 여러분은 운동 행동(motor behavior)을 다루고 있습니다. 여러분은 운동 행동의 기억을 다루고 있고 실제 운동 행동을 얻습니다.

그가 꽃의 길이를 재고, 꽃의 길이를 손으로 보여 준 후에 여러분은 말합니다. "자, 우리는 이제 꽃을 벗어나 다른 방향에서, 다른 방향에서 바라볼 수 있습니다." 다른 방향은 무엇인가요? 정확히 무엇을 의미하는 단어를 사용하고 있는 걸까요? 다른 방향은 무엇인가요? 여러분은 환자가 마음을 열고 아이디어를 받아들일 준비가 되어 있기를 바라며, 그에게 다른 방향으로 시선을 돌리도록 요청합니다. 그리고 환자는 여러분이 상황을 정의하기를 기다리면서, 바라보고 기다리기 시작합니다. 여러분은 치료자이고 환자는 상황을 정의하기 위해 여러분을 찾아야 합니다.

그런 다음 "저기 어두운 곳이 보이고 문이 있는 벽, 문이 있는 벽이 보입니다."라고 말합니다. 저 문은 어떤 용도로 쓰일까요? 흥미롭게 들리네요. 마음을 열었으니 이제 저 문은 무엇일까요? "저 문을 통해 다른 방으로 갈 수 있습니다." 무엇을 한 걸까요? 꽃이 있는 방이 있었고, 칠판 방이 있었고, 이제 또 다른 방이 있습니다. 이 방은 여러분이 선택한 어떤 방식으로든 채울 수 있습니다. 여러분은 거기에 의자—빨간색 가죽 의자, 녹색 가죽 의자, 등받이가 곧은 의자, 편안한 의자, 불편한 의자 등—즉, 원하는 어떤 종류의 의자도 거기에 있게 할 수 있습니다.

28 저항의 창의적 활용

부정적인 것을 통한 방출, 구조화된 환각을 통한 재초점화, 재연상을 통한 해결: "나는 자애로운 일을 할 수 있습니다."

이러한 유형의 환각에 대한 저항 문제를 어떻게 처리하시겠어요? 여러분은 극도의 유감을 표현하면서 다음처럼 이야기할 수 있습니다. "미안하지만 그 방에는 등받이가 곧은 딱딱한 의자가 있습니다. 제가 보기에는 편해 보이지 않지만 안타깝게도 당신이 앉을 수 있는 유일한 의자예요." 내가 무엇을 하는 걸까요? 나는 의자를 딱딱하고 불편하게 만듦으로써 아주 저항적인 최면대상자에게 그의 적대감과 저항을 향하게 하는 무언가를 주고 있습니다. 그리고 그가 그 의자에 앉아 있는 자신을 보는 것만큼이나 확실하게 그는 여기 있는 나와의 관계에서가 아니라 자신 안에서 저항을 경험하기 시작할 것입니다. 그의 저항은 의자의 단단함, 불편함과 관련이 있을 것입니다.

그러면 나는 아주 자애롭게 "거기에 잠시 앉아 있으면 편안해지기 시작할 거예요."라고 말할 수 있습니다. 그게 그가 바라는 것입니다. 불편한 의자에 앉고 싶은 사람이 누가 있겠어요? 그리고 나는 그에게 자신을 기분 좋게 하도록 요청했고, 그래서 나는 그가 자신을 기쁘게 할 수 있는 상황을 만들기 위해 그의 저항을 이용했습니다. 그는 자신을 좋게 하려고 치료를 받으러 나에게 오지만, 많은 저항을 나에게 가져오기도 합니다. 그 저항을 받아들이고 활용해야겠지요? 그래서 나는 그를 그 불편한 의자에 앉히고 그가 편안함과 이완을 발전시키면서 트랜스에 들어가는 것을 지켜봅니다. 또는 그가 정말 저항을 해서 그 불편한 의자에 그를 앉힐 수 없다면 불편한 의자에 다른 사람이 앉아 있는 것을 보라고 할 수 있습니다. 그는 그 의자에 앉아 있는 다른 사람이 불편해하는 것을 좋아하지 않을 것입니다. 나는 그의 저항을 이용하고 있지만, 환각 속 인물이 그 불편한 의자에 앉아 편안하게 느끼도록 자애로운 일을 할 수 있습니다. 그리고 그 역시 환각 속 인물이 편안한 의자에 앉아 있기를 바라고 있고, 그렇게 함으로써 자신의 저항을 거부하게 됩니다.

제 4 부

알아차림과 수용의 특별한 상태

1959년 오하이오주 영스타운
미국 임상최면학회 강연.

1 │ 최면의 본질

아이디어에 대한 수용과 내재적 가치 알아차림: 45년 전 아침 식사 회상하기

의학에서 최면을 논함에 있어 우선 일반적인 관점에서 설명하고자 합니다. 그런 다음 몇 명의 지원자들을 초대하여 다양한 최면 현상을 보여 주고 최면의 용도를 설명해 보겠습니다.

내 발표는 비공식적으로 진행합니다. 앞서 말했듯이, 최면에 대해 일반적으로 논의해 보겠습니다. 토론에 앞서 최면은 아이디어를 받아들일 수 있는 특별한 알아차림 상태라고 정의하고 싶습니다. 수용을 통해 인간은 새로운 아이디어의 내재적 가치를 검토할 수 있습니다. 일단 아이디어를 검토하면 최면대상자는 자유롭게 아이디어를 받아들이거나 거부할 수 있습니다. 아이디어가 받아들여지면 최면대상자는 그 아이디어의 내재적 가치에 따라 반응합니다.

요점을 가장 잘 설명할 수 있는 방법은 이 예시일 것입니다. 50세 남성에게 "다섯 번째 생일에 아침 식사로 무엇을 먹었습니까?" "무엇을 입었습니까?" "식탁의 어느 쪽에 앉았습니까?"라고 묻는다면, 그는 즉각적으로 "뭐라고요? 그건 45년 전 일이에요!"라고 답할 것입니다. 과연 45년 전에 아침 식사로 무엇을 먹었는지 기억하려고 애쓰는 사람이 있을까요? 식탁의 어느 쪽에 앉아 있었는지와 같은 그다지 중요하지 않은 것을 기억하려고 애쓰는 사람이 있을까요?

그러나 알다시피, 이 질문에는 실제로 많은 내재적 가치가 있습니다. 최면상태에서 우리는 그 가치를 인식할 수 있습니다. 왜 그럴까요? 다시 말하지만, 트랜스 최면상태는 아이디어에 대한 특별한 알아차림의 상태, 아이디어에 대한 특별한 수용의 상태, 아이디어의 내재적 가치를 검토하려는 특별한 의지가 있는 상태이기 때문입니다. 트랜스 상태에 있는 그 50세 남성은 질문에 답하기 위해 즉시 자신의 기억을 되살리기 시작할 것입니다. 왜 그럴까요? 그는 자신의 다섯 번째 생일이 평생 경험의 정점이었다고 인식했기 때문일 것입니다. 그날이 그의 첫 번째이자 유일한 다섯 번째 생일이었기 때문입니다. 그 당시에 그는 비록 이유는 잘 몰랐지만 그날이 매우 중요하다고 느꼈을 것입니다. 단지 그날이 중요한 날이라는 것만 알았을 뿐입니다. 사실 그날은 그의 다섯 살 인생의 정점이었을 것입니다. 그것은 그에게 엄청나게 특별한 사건이었습니다. 그리고 그 특별한 날에 일어난 모든 일은, 그가 무엇을 입었는지, 테이블의 어느 쪽에 앉았는지 등 모든 것이 흥미진진했습니다.

따라서 트랜스 상태에 있는 그 50세 남성은 실제 내재된 가치의 관점에서 그 아이디어, 즉 그 질문을 검토하고 깨닫게 될 것입니다. "그래요, 저는 아침 식사도 많이 하고 생일도 많이 지냈어요. 마흔 번째 생일도 있었고 서른 번째 생일도 있었고, 스무 번째, 열다섯 번째, 열 번째, 다섯 번째 생일도 있었죠. 그리고 제가 다섯 살 때 이런저런 곳에서 살았는데 형은 꽤 나이를 먹었지요. 우리는 이런 것도 먹고 저런 것도 먹었어요. 그것들 중에는 제가 아이로서 좋아했던 것도 있고, 싫어했던 것도 있었지요."

다시 말해, 그는 다섯 번째 생일날 아침 식사로 먹었던 음식, 입었던 옷, 식탁에 앉았던 자리에 대한 기억을 아주 빨리, 아주 완벽하게 떠올릴 것입니다. 그는 기꺼이 그러한 기억을 되살려서 보고할 수 있을 것입니다. 그는 45년 전의 사건을 언급한다는 이유만으로 그 질문을 무의미한 것으로 치부해 버리는 일반적인 반응을 하지 않을 것입니다. 그는 "왜, 누가 그런 무의미하고 쓸모없는 사소한 말과 평가를 모두 기억하려고 애쓰겠습니까?"라고 대답하지 않을 것입니다. 그는 그것들이 무의미하지도 쓸모없지도 않다는 것을 인식할 것입니다.

2 최면에서의 무의식

이전의 경험적 학습과 현재의 외부 현실을 통합하고 활용하는 최면 및 꿈의 과정

다음으로 말씀드리고 싶은 것은 최면에서는 무의식을 사용한다는 점입니다. 무의식은 애써서 정의하기엔 이미 너무 익숙하고 편안한 개념이기 때문에 그것을 설명하지는 않 겠습니다. 하지만 우리는 일반적이고 일상적이며 의식적인 사고를 할 때, 그 사고의 대 부분을 그때의 주변 환경에 집중하는 데 할애하는 경향이 있다는 것을 알고 있습니다. 예를 들어, 지금 여러분이 내 말을 듣고 있는 이 순간에도 여러분은 누군가가 왼쪽, 오른 쪽, 앞, 뒤에 앉아 있다는 사실과 내가 마이크를 손에 들고 있다는 사실, 내가 앉아 있다 는 사실, 천장에 조명이 있다는 사실, 내 머리 위에 시계가 있다는 사실 등 모든 관련 없 는 고려사항들을 인식하고 있습니다. 왜 그럴까요? 우리는 의식적으로 주변 환경과 계 속 접촉해야 하기 때문입니다.

그러나 최면에서의 사고는 무의식적인 사고로서 특정 생각, 즉 당면한 상황에서 가치 나 중요성이 있는 특정 아이디어에만 주의를 기울입니다. 이런 종류의 사고에서는 상황 의 일부가 아닌 관련 없는 주변 환경에는 주의를 기울이지 않습니다. 트랜스 최면상태 에서 여러분은 내 말에 귀를 기울이고, 내가 제시하는 아이디어에만 귀를 기울입니다. 내가 앉아 있다는 것, 내가 여러분 앞에 있다는 것, 내가 손에 마이크를 들고 있다는 것, 내가 테이블 옆에 앉아 있다는 것 등은 인식할 필요가 없습니다. 여러분은 제시되는 아 이디어에만 온전히 의식적으로 주의를 기울일 것입니다.

최면에 사용되는 사고 유형은 밤에 꿈을 꿀 때 사용하는 사고 유형과 동일합니다. 침대에서 숙면을 취하고 생리적인 수준에서 매우 편안하게 쉬면서도, 아주 소중한 친구가 당신을 방문하는 꿈을 꾸고 있을 수 있습니다. 당신은 친구를 데리고 뒷마당으로 나갑니다. 친 구와 이야기를 나누고, 정원에 있는 꽃을 보여 주고, 새소리를 듣고, 친구가 당신에게 말 을 걸고, 당신도 친구에게 말을 건네는 것이지요. 이제 그 꿈은 마치 친구와 여러분이 '실제 몸으로' 정원에 서 있는 것처럼 완전히 생생하게 현실적으로 느껴질 수 있습니다. 꿈을 꾸는 동안 여러분은 기억, 생각, 감정, 모든 종류의 체감각적 기억과 이미지, 청각 적 이미지, 시각적 이미지 등 평생의 경험을 구성하는 모든 종류의 학습을 활용하고 있 습니다. 여러분은 이러한 모든 학습을 되살려 꿈속에서 전개되는 즉각적인 정신적 그 림에 영향을 미치기만 하면 됩니다. 이것이 바로 최면에서 여러분이 하는 것입니다. 즉, 최면에서는 온갖 종류의 관념, 생각, 기억, 이미지를 가져옵니다.

꿈을 꾸면서 여러분은 침대에서 몸을 뒤척이다 침실 벽에 등을 기댈 수도 있습니다. 그것은 정원이 나오는 꿈에서 정원 의자에 앉아 등을 기대는 바로 그 순간입니다. 꿈을 꾸는 과정에서는 외부 현실의 자극을 자신이 경험하고 있는 꿈의 내용으로 변환시킵니다. 최면에서는 외부 현실의 자극을 활용할 수 있을 뿐만 아니라 추상적인 기억과 생각도 사용할 수 있습니다. 이것이 의학과 치과 진료에서 최면이 어마어마하게 가치 있는 이유 중 하나입니다. 환자에게 현재 현실에서 사용 가능한 것들을 선택하는 방법과 평생의 경험으로부터 특정 상황에 사용할 수 있는 것을 선택하는 방법을 가르치는 기회가 있습니다. 모든 최면 현상은 일상적 경험과 행동에 기반을 두고 있으며, 통제되고 안내된 방식에 의해서 확장되고 활용됩니다.

3 경직과 기억상실

의도적인 치료 목적을 위해 조직된 일상적 행동 패턴

몇 가지 예를 들어 설명하겠습니다. 손을 이렇게 들어 올리면 그 자세를 무한정 유지할 수 있는 경직 현상을 잠시 후 보여 드리겠습니다. 심리학 실험에 따르면, 손은 측정 가능한 뚜렷한 피로감 없이 4시간까지 같은 자세를 유지할 수 있습니다. 우리는 일상적이고 평범한 생활에서도 같은 현상을 봅니다. 다만, 인식하지 못할 뿐입니다. 목 근육의 균형 잡힌 근력이 없다면 어떻게 하루 종일 고개를 똑바로 들고 있을 수 있을까요? 하루 종일 그렇게 하지만 피곤함을 느끼기 시작하면 머리가 한쪽으로 기울거나 가슴에 얹히거나 실제로 뒤로 젖혀질 수 있습니다. 우리 각자는 피로에 반응하는 자신만의 특별한 패턴을 가지고 있습니다. 중요한 것은 균형 잡힌 근육 긴장 상태를 보이는 경직은 평범한 일상생활의 특징이기도 하다는 점입니다.

또 다른 최면 현상은 기억상실입니다. 기억상실을 통해 여러분은 어떤 것들을 매우 빨리 잊어버릴 수 있습니다. 트랜스 상태에서는 어떤 것들을 잊을 수 있을까요? 이름을 잊을 수 있고 고통을 잊을 수 있습니다. 하지만 평범한 일상에서도 이름과 고통은 잊어버릴 수 있습니다. 어떤 사람을 소개받고 악수를 하면서 이름을 반복했는데도, 반복한 지 1초도 지나지 않아 "그 사람 이름이 뭐였지? 기억이 안 나!" 하며 머리를 긁적이고 궁금해할 수 있습니다. 그러고는 누군가 그 사람의 이름을 말하기를 바라며 자기도 모르게 방을 둘러보게 됩니다. 이렇게 하면 당신은 잊어버렸다는 것을 알고 당황해하며 다시 알려 달라고 요청할 필요가 없습니다.

이렇듯, 잊어버리는 것은 흔히 있는 일입니다. 고통을 잊는 것도 일상적인 경험의 문제입니다. 두통이나 치통이 있는 상태에서 공포 영화를 봤는데 다음날이 될 때까지 치통이나 두통이 있었다는 사실을 기억하지 못한 적이 있으신가요? 치통이나 두통은 어떻게 되었나요? 공포 영화에 몰입한 후 발의 통증은 어떻게 되었나요? 그것은 단순한 해리, 주의 분산의 문제였습니다. 모든 최면적 현상은 일상적 행동 패턴으로 구성되며 그 행동 패턴은 환자의 의도적 목적을 돕도록 조직됩니다.

4 최면 현상의 생활 속 근거

신체 감각상실 및 최면성 난청에 대한 생애 학습의 선택 및 활용

이제 여러분이 최면을 더 잘 이해하고 의학과 치의학에서 더 잘 응용할 수 있도록 또 다른 점을 말씀드리겠습니다.

아기들은 수많은 새로운 것을 해마다 배워 나갑니다. 아기는 발가락, 무릎, 발목, 손가락, 머리카락, 코, 눈, 귀, 입 등 신체의 모든 부분을 가지고 놀면서 몸의 전체 구성을 이해하기 위해 노력합니다. 몸의 크기는 계속 변하기 때문에 아기는 계속해서 배워야 합니다.

평생 동안의 경험을 통해 우리 몸에 대해 실제로 배우는 것은 무엇일까요? 여러분은 외과의가 마취 전문의에게 실제로 개복술[1]을 견딜 수 있는 최면 마취는 없을 것이라고 말하는 것을 들은 적이 있을 것입니다. 하지만 심리적으로는 그런 종류의 마취를 시킬 수 있습니다. 어떻게 할 수 있을까요? 평생 동안 감각상실을 경험하면서 쌓은 엄청난 양의 학습을 활용하면 됩니다. 예를 들어, 지금 앉아서 강의를 들으면서 발에 신은 신발을 잊고 있다가 지금 신발을 느낄 수 있고, 코에 낀 안경을 잊고 있다가 지금 안경을 느낄

---

1) 편저자 주: 개복술은 일반적으로 진단적 수술을 위해 복벽을 절개하는 수술 절차이다.

수 있고, 목에 두른 옷깃을 잊고 있다가 지금 그것을 느낄 수 있고, 팔의 옷소매를 잊고 있다가 지금 소매를 느낄 수 있는 식으로 말입니다.

재미있는 강의를 들으면 의자의 딱딱함을 잊어버리게 됩니다. 하지만 매우 지루한 강의가 시작되면 의자가 너무 불편하게 느껴집니다. 여러분도 그런 느낌을 받습니다. 우리는 몸의 모든 부위를 무감각하게 만드는 경험을 엄청나게 많이 가지고 있습니다.

최면성 난청에 대해 궁금하시지요? 여러분은 책을 읽는 데 너무 몰두해서 아내가 말하는 소리가 들리지 않는 경험을 한 적이 있을 것입니다. 10분 후 "아! 무슨 말 했어?"라고 말합니다. 그때는 아내의 말을 실제로 듣지 못했고, 자극이 있었을지도 모른다는 막연한 인식만 있었을 뿐입니다. 최면에서 선택하고 활용할 수 있는 이러한 모든 것은 여러분이 살면서 학습해 온 것입니다.

⑤ 생리적 기능의 통제 및 변화

무의식적 신체 학습 활용하기: 최면후 트랜스를 통한 레이노병에 대한 실험적 최면 접근법

신체의 학습에 대해 또 한 가지 말씀드리고 싶은 것이 있는데, 바로 삶의 경험을 통한 학습 문제입니다. 일상적인 경험으로 혈관을 조절하고 혈압을 조절하고 정맥, 동맥 또는 모세혈관을 수축하라고 여러분 중 한 명에게 요청한다면, 여러분은 나를 어이없어하며 바라볼 것입니다. 실제로 그것을 어떻게 할 수 있겠습니까? 하지만 작은 말 한마디가 여러분을 부끄러움에 얼굴이 빨개지게 하거나 분노에 얼굴이 하얗게 변하게 하고 혈압을 20포인트 정도 올릴 수 있다는 것을 여러분의 신체는 온몸으로 경험할 것입니다. 말 한마디만으로도요! 우리 모두는 이런 경험을 반복적으로 해 본 적이 있습니다. 우리의 무의식 속에 이런 모든 경험이 기록되어 있습니다. 그러므로 최면에서는 그 무의식을 다룹니다. 따라서 최면은 여러분이 내면을 통제할 아이디어를 환자에게 제시하고 환자가 그 아이디어를 받아 행동으로 옮기는 방식으로 진행됩니다.

내가 겪은 한 사례가 이 말을 잘 설명해 줄 것입니다. 레이노병을 앓고 있는 한 환자가 진료실을 찾아왔습니다. 레이노병이 무엇인지 모르는 분들을 위해 설명하자면, 레이노병은 혈액순환 장애로 인해 손가락 끝이 하얗게 변하는 신경계 질환이자 혈관 질환입니다. 특히 손가락에 궤양이 생기기 시작하면 매우 고통스러워지는 질병이지요. 그러면 견딜 수 없는 고통이 됩니다. 이 환자는 지난 10년 동안 손가락 궤양으로 인해 고통을 겪고 있는데 그 통증이 너무 고통스러워서 10년 동안 연속으로 2시간 이상 잠을 잔 적이 없다는 말로 이야기를 시작했습니다. 그녀는 지쳐서 잠이 들어 한 시간, 한 시간 반, 두 시간 정도 자다가 깨어나서 서성이다가 다시 잠자리에 들곤 했습니다. 그녀는 이미 그 고통스러운 궤양을 치료하기 위해 손가락 하나를 절단한 경험이 있었고, 다른 손가락을 잃을 수도 있을 것으로 예상하고 있었습니다. 그녀는 최면으로 무슨 도움을 받을 수 있는지 알고 싶어 했습니다. 당시 나는 그 특정 질병의 치료에 대한 경험이 전혀 없었고, 내가 그녀를 도울 수 있을지 없을지도 몰랐습니다. 하지만 나는 이 50세 여성이 무의식적으로 자신의 신체 상태를 교정하거나 최소한 통증을 완화할 수 있을 만큼 평생 몸 전체에 대한 충분한 경험을 쌓아 왔다고 느꼈습니다.

나는 그녀를 트랜스에 들게 했습니다. 그녀를 트랜스에 들게 한 후 나는 무의식이 모든 경험으로부터 학습했던 것을 조직화할 수 있으며, 그것도 매우 철저하게 조직화할 수 있다고 그녀에게 설명했습니다. 그녀는 그날 아침 진료실에 찾아왔고, 그녀의 무의식은 하루 종일 몸이 학습한 모든 것을 면밀히 검토했을 것입니다. 그날 밤 취침 시간인 밤 11시 15분 전쯤이 되었을 때, 그녀는 의자에 앉아서 내 진료실에서 경험했던 트랜스를 떠올리고, 다시 깊은 트랜스에 들어간 다음, 무의식이 낮에 검토한 모든 학습 내용을 가져와서, 숙면을 취할 수 있도록 그것들을 적용했습니다.

나는 그녀가 어떻게 할지 알지 못했습니다. 나는 그녀에게 11시 30분이나 그 무렵에 나에게 전화를 걸어 그녀의 무의식이 그녀에게 적합한 치료법으로 어떤 것을 결정했는지 알려 달라고 했습니다. 11시 30분에 그 여성은 나에게 전화를 걸어 이렇게 말했습니다. "저는 의자에 앉아 있어요. [목소리가 떨리고 있었습니다.] 너무 무서워요. 정말 무서워 죽겠어요. 너무 힘들어서 일어서기도 어렵고 너무 지쳐서 말하기도 힘들어요."

"트랜스 상태에서 무슨 일이 있었나요?" 내가 물었습니다.

"당신이 가르쳐 준 대로 트랜스에 들어갔어요."라고 그녀가 대답했습니다. "갑자기 몸이 몹시 차가워지기 시작했어요. 제가 미네소타 북부에 살 때 겨울철에 추위에 떨었던 것처럼 점점 더 추워졌어요. 춥고 몸이 떨렸어요. 적어도 10분 동안 이도 덜덜 떨렸지요. 제 인생에서 가장 추운 날이었어요. 추위로 그렇게 고통받는 것은 정말 끔찍했어요. 그러다 갑자기 추위가 사라지고 온몸이 매우 따뜻하고 뜨거워지기 시작했어요."

나는 그녀의 말을 이해할 수 있었습니다. 나도 위스콘신에서 귀가 차가워졌다가 더 심하게 차가워진 다음, 따뜻해지면서 뼈가 뜨거워지는 느낌을 경험한 적이 있었기 때문입니다. 같은 방식으로 그녀는 몸 전체가 타들어 가는 것처럼 느껴졌습니다. 몸 전체에 혈관이 엄청나게 확장되어 있었고 그녀는 매우 힘이 빠진 느낌이 들었습니다. 그녀가 힘이 없는 느낌을 설명할 때 나는 그것이 매우 이완된 느낌인지 물었습니다. 그녀는 그렇다고 대답했습니다. 나는 그녀에게 자고 나서 아침에 전화하라고 말했습니다. 그녀는 바로 잠자리에 들었습니다.

다음날 아침 8시에 그녀는 나에게 전화를 걸어 보고했습니다. "너무 놀랐어요. 너무 이완되어서 간신히 침대에 기어들어 가 바로 잠이 들었나 봐요. 불과 몇 분 전까지도 자고 있었어요. 일어나서 바로 전화해야겠다고 생각했지요. 제 무의식이 레이노병의 고통을 어떻게 다룰지 알고 있었나 봐요."

레이노병은 차가움에 감작반응(sensitization)을 보이는 신경성 혈관 질환으로, 혈액순환에 엄청난 변화를 일으킵니다. 그녀의 저녁 보고를 듣고 나는 이제 그녀에게 어떤 암시를 해야 할지 알게 되었습니다. 그날 나는 그녀에게 이렇게 설명했습니다. "온몸을 차갑게 할 필요는 없어요. 10분 동안 이를 꽉 깨물고 있을 필요도 없고, 몸을 떨 필요도 없어요. 취침 시간에 충분히 따뜻해져서 긴장을 완전히 풀고 바로 잠자리에 들어 밤새 편안하게 잘 수 있을 정도로만 추위를 느끼면 돼요."

이제 그 여성은 낮에는 여전히 통증이 있지만 많이 좋아지고 있습니다. 궤양은 멈췄고 궤양 중 하나는 조금씩 아주 천천히 치료되고 있습니다. 그녀는 더 이상 메이요 클리닉에 다시 가거나 더 이상의 손가락을 절단할까 봐 걱정하지 않습니다. 10년 동안 2시간 이상 연속 수면을 취하지 못했던 그녀는 매일 밤 6~8시간씩 수면을 취하고 있습니다.

6 생리적 기능의 무의식적 변화

신체 학습을 활용하는 일상의 예

나는 최면 속에서 무의식이 몸 전체의 경험적 학습을 찾아보고 그것들을 조직화한다는 점을 설명하기 위해 이 사례를 사용했습니다. 그것은 마치 마취과의사가 환자에게 개복술을 견딜 만큼 마취가 되라고 말하는 것과 같은 방법입니다. 여러분 중 외과의사는 환자에게 이렇게 말할 수 있습니다. "수술 뒤에 당신이 편안하게 휴식을 취하고 빨리 회복했으면 합니다. 몸 전체가 편안하면 좋겠어요. 빨리 편하게 회복할 거예요." 여러분 중 산부인과 의사는 산부인과 환자에게 긍정적이고 편한 방식으로 어떤 과정에 어떻게 행동하고 경험하는지 알려 줄 수 있습니다.

여러분도 그 영국 의사가 환자의 다리에서 배로(아니면 배에서 다리로였는지 기억이 안 나네요.) 피부를 이식할 때 맞닥뜨렸던 문제에서 했던 것처럼 할 수 있습니다. 문제는, 이식한 피부가 제대로 자리 잡는 데 필요한 3주 동안 끔찍하게 이상한 자세를 유지하기 위해 환자에게 깁스를 해야 하느냐 하는 것이었습니다. 글쎄요, 그 영국 의사는 깁스 대신 균형 잡힌 근육 경직을 이용하기로 결정했습니다. 그는 심하게 화상을 입은 자신의 환자를 끔찍하게 이상한 자세를 취하게 하고, 환자가 깨어 있든 잠들어 있든 이식된 피부가 자리를 잡을 때까지 그 자세를 유지해야 한다고 강조했습니다. 그 환자는 그 끔찍하게 이상한 자세를 유지해 냈고, 깁스로 인한 욕창이 생기지 않았고(깁스를 안 했으니까!) 붕대로 인한 조직 수축도 없이(붕대를 감지 않았으니까!) 그것을 해냈습니다.

일상 경험을 하나 더 이야기하는 것이 좋을 것 같습니다. 아기 엄마가 극도로 피곤하여 매우 피곤해하면서, 그러면서도 아기에 대해 몹시 걱정할 수 있습니다. 아기 엄마는 너무 지쳐서 머리가 베개에 닿자마자 깊이 잠들어 버립니다. 그렇지만 아기가 단 한 번의 작은 끙끙 소리라도 내게 되면 엄마는 잠에서 화들짝 깨어납니다. 그렇지 않은 상황이라면, 그 엄마는 집이 무너지고 지진이 일어나도 잠이 깨지 않을지도 모릅니다.

같은 식으로, 환자에게 최면으로 단서를 걸어 환자가 현재 외부 자극 중에서 자신의 행동을 통제하는 데 필요한 것을 선택하게 할 수 있습니다.

이런 모든 아이디어를 개별 환자에게 적용하는 데 있어, 이미 여러분 자신이 경험했던 일이 얼마든지 있습니다. 예를 들어, 의대생이나 치대생 여러분은 모두 자신의 생리적 행동을 얼마나 어마어마하게 변화시킬 수 있는지를 발견한 경험이 있을 것입니다. 아주 기분 좋게 교실에 들어갔다가, (그날 아침 기분이 안 좋았던) 교수가 여러분에게 갑자기 퀴즈를 내겠다는 공지를 했던 적이 많지 않았나요? 자, 여러분의 의대 수업은 어땠는지 모르지만 그런 상황에서 나의 의과대학 수업에서 무슨 일이 일어났는지 나는 알고 있습니다. 우리는 즉시 두 집단으로 나뉘었는데, 설사 집단과 배탈 집단이었습니다. [웃음] 그런데 그 퀴즈 공지만 아니었으면 활기차고 건강했을 의대생의 생리 기능을 그 공지가 어떻게 그렇게 극심하게 변화시킬 수 있었을까요? 그렇지만 그런 일이 일어납니다.

여러분이 완전히 상상 속의 걱정으로 인해 죄책감을 느끼는, 걱정이 머릿속에 가득 찬 사업가를 만났다고 하면, 여러분은 아마 순전히 상상일 뿐인 걱정이 그 사람의 위 점막에 상처를 내는 것이 어떻게 가능한지 더 잘 이해할 수 있고, 또는 그가 커다란 수익을 낸 뒤 그 사업을 그만두고 (위궤양에 걸려 그 특정 사업을 지속할 수 없었기 때문에) 다른 사업을 하는데, 그 새로운 사업이 아주 잘되고 수익도 잘 나지만 이제는 대장 점막염에 걸릴 가능성이 있음을 잘 이해할 것입니다. 왜 그럴까요? 그는 순전히 상상일 뿐인 걱정을 여전히 갖고 있기 때문입니다. 그는 어떻게 그런 식으로 생리적 행동을 다루었을까요? 자, 우리는 우리의 심리적 경험의 다양한 측면을 생리적 기능으로, 또한 생리적 기능 부전으로 바꿀 수 있는 역량을 가지고 있습니다.

그러면 우리는 학창 시절 퍼지(fudge)[2] 한 상자를 받았던 일을 떠올려 볼 수 있습니다. 우리는 집배원이 소포를 들고 길을 따라 오는 것을 보았고, 그 소포가 우리 것임을 알았지요. 우리는 소포 상자를 열었고 근사한 수제 퍼지를 발견하고는 입안에 군침이 돌았습니다. 바로 다음날 그 집배원이 맛있어 보이게 포장된 상자 한 개를 옆구리에 끼고 길을 따라 내려왔을 때, 그를 보자마자 시각 기능이 전혀 없는 우리의 침샘에서 침이 분비되기 시작했습니다. 왜 그럴까요? 우리는 그 단 한 번의 경험에 의해 조건화되었기 때문입니다.

---

2) 역자 주: 부드러운 사탕 종류.

여러분은 삶의 경험을 통해 몸 안에서 생리적 학습과 신체적 학습, 기능적 학습이 얼마나 어마어마하게 많이 일어나는지를 압니다. 우리는 환자들에게 아이디어에 주의를 기울이게 하고 특정 아이디어에 집중하도록 하는 수단으로 최면을 사용합니다. 그런 다음 우리는 그들이 아이디어를 받아들이게 하고, 아이디어에 실제 내재된 가치를 검토하게 하고, 조사하게 하여 전체 학습의 관점에서 그 아이디어를 다루게 합니다.

✳ **시연 III** ✳

■ 편안한 관계를 위한 유머 활용

이제 신체 학습과 경험적 학습에 대한 일반적인 설명은 충분히 했다고 생각합니다. 이제부터는 다양한 최면 현상을 설명하고 그 현상을 시연하고 논의하는 방법으로 진행해 나가는 것이 좋을 것 같습니다. Kay Thompson 박사는 이전에 여러분에게 소개한 적이 있고, 전에 나의 최면대상자였던 적이 있습니다.

E: 이쪽으로 올라오시겠어요? [최면대상자가 앞으로 걸어가는 소리] 서 있어도 괜찮겠어요?

K: 예. 괜찮습니다.

E: 괜찮군요. 좀 더 가까이…….[3] [웃음] 이제 이렇게 그녀를 더 가까이 서게 하는 것은 뒤에 서 있는 사람들에게 시연이 잘 안 보일수도 있어서 시연을 볼 수 있도록 하기 위해서입니다. Kay, 당신이 괜찮다면 서서 시연을 하겠습니다. 좋아요. 자, 전에 당신과 시연을 한 적 있지요. 볼티모어였던가요? 그랬네요. 좀 더 가까이 와 주실래요……. 깊은 트랜스에 빠져 본 적이 있나요?

K: 아기를 낳은 이후로는 없어요.

E: 우리는 가벼운 정도에서 중간 정도의 트랜스에 들었어요, 그렇지요? 당신은 반

---

3) 편저자 주: 줄임표는 녹음에서 손실된, 들리지 않는 부분을 나타낸다.

신반의하면서 자원했었지요?

K: 제가 자원하게 될 줄 몰랐어요. [웃음]

E: 당신은 자원할 줄 몰랐고 깊은 트랜스에 빠질 줄 몰랐어요. 그런데도 당신은 완벽하게 기꺼이 저와 협력했지요. 여기 청중에 대해 어떻게 생각하는지 말해 주시겠습니까?

K: 매력적이에요.

E: 매력적이라고요? 왜요? 대부분이 남자라서요? [웃음]

이런 가벼운 태도로 여러분에게 깊은 인상을 주려는 이유를 설명하겠습니다. 여러분은 턱시도를 입는다거나, 풀 먹인 셔츠와 커다란 실크 모자를 쓰고 위엄 가득한 모습을 보일 필요가 없습니다. 여러분은 좋은 인간관계 수준에서 순전히 인간적으로 환자를 다루길 원합니다. 환자에게 무섭게 하거나 겁먹게 해서는 안 됩니다. 그들에 대해 우호적이고 인간적 관심을 가지고 있다는 것을 알려야 합니다.

■ 대화식 최면 유도

간접 최면 유도를 위한 역설적 암시인 혼동스러운 음조 반전과 '확실히 깨어나기'; 트랜스를 확인시켜 주는 저절로 눈 감기; 치료적 최면의 본질

E: ⋯⋯ 당신은 치료에서 최면을 얼마나 광범위하게 사용하나요?

K: 야구 포수의 값 비싼 글러브처럼요. 필요하다고 생각될 때 씁니다.

E: 맞아요. 가끔 환자를 대할 때 공식적이지 않은 최면 기법을 사용하기도 하나요?

K: 꽤 자주요.

E: 그 말은 당신이 최면을 쓰거나 최면 기법을 사용할 수 있다는 것이지요. 자, Kay, 당신은 트랜스에서 들지 않았어요, 그렇지요?

K: 안 들려고 노력 중이에요! [웃음]

E: 트랜스에 들지 않았다고 느끼나요?

K: 아직까지는요.

E: 아직까지요. [더 큰 웃음] 아직까지라…… 이제 공식적인 트랜스 유도를 보여 주는 대신에 Kay와 이야기를 좀 나눠 보고, 그리고 여러분과 이야기를 하겠습니다. Kay, 여전히 트랜스에 들지 않았나요?

K: 그런 것 같아요.

E: **음, 확실히 깨어 있도록 하시겠어요?** [목소리는 부드럽고 진지함] **점점 더 확실히, 점점 더 확실히 깨어나세요**[흔히 "더 깊이 잠드세요."라고 할 때 하던 부드러운 최면 어조로 말함. 청중의 희미하고 숨죽인 웃음 소리]. **좋아요. 점점 더 확실히 깨어나세요. 더 확실히 깨어나 있을 것입니다. 그렇죠?**

K: 그렇게 생각해요.

E: 그렇게 생각하네요. 당신이 트랜스 상태인지 아닌지를 알고 있나요?

K: **잘 모르겠어요.**

E: 잘 모르는군요. 당신이 트랜스 상태인지 아닌지 물어본다면 여기서 누구에게 물어보시겠어요?

K: 당신이요.

E: 제 말을 믿으시겠어요?

K: 네네…….

E: 그러시겠어요? 자, 저는 당신에게 무엇을 말할 겁니다. 당신의 말을 믿어 봅시다. **눈이 저절로 감긴다면, 그것은 당신이 트랜스에 들었다는 것을 확인시켜 줄 거예요.** [멈춤] **당신이 트랜스에 들어 있다고 생각하나요?**

K: 네네…….

E: 하지만 당신은 눈이 저절로 감기는지 기다려 본 뒤에야 확신을 했습니다. 그렇지 않나요?

K: ……깜짝 놀랐어요.

E: 눈이 갑자기 감겨서 깜짝 놀랐군요.

그녀가 '깜짝 놀랐기' 때문에, 이제 나는 여러분에게 Kay가 말한 것과 그녀가 말하는 방식에 유의하길 부탁하고자 합니다. Kay는 최면을 많이 해 봤습니다. 최면을 사용해 왔고, 이전에 최면 경험이 있었는데도 무의식이 얼마나 빨리 장악하는지를 보았고, 그것에 깜짝 놀랐습니다.

편저자

이것은 Erickson이 보여 주는, 형식적이고 간접적인 '대화식' 최면 유도의 아주 전형적인 예시이다. 여기서 그는 역설적인 암시와 미묘하고 갑작스러운 반전을 사용하여 현대인의 논리적인 마음에 혼란, 불확실성, 알지 못함을 유도한다. 이런 식의 접근은 학습된 한계를 깨트리려는 수단으로 최면 경험을 찾는, 고도로 교육받은 현대인의 의식에 특히 유용하다!. ❶

Kay Thompson 치의학 박사는 Erickson의 뛰어난 제자이며 경험이 풍부한 최면치료자이자 최면대상자이다. 하지만 그녀조차도 Erickson이 "확실히 깨어나세요."라는 역설적인 암시에 노출시킨 후 트랜스에 들어갔는지 질문하자 "잘 모르겠다."라고 대답한다. 물론, "확실히 깨어나세요."라는 것은, 노련한 최면대상자에게 "트랜스로 들어가세요."라는 것을 역설적으로 암시한다. 그런 다음 Erickson은 보통 '더 깊은 잠'의 암시를 할 때 흔히 쓰는 부드럽고 진지한 최면 어조로 "점점 더 확실히, 점점 더 확실히 깨어나세요."라고 말하여 역설적 혼란을 강화한다. 따라서 그는 그의 음성 신호의 은밀한 암시를 사용하여 그가 말한 단어의 표면적 의미를 뒤집어 버린다.

다음으로, Erickson은 Kay가 자신의 트랜스 상태에 대한 놀라운 증거로 경험하는, 갑작스럽고 비자발적인 눈 감김을 촉진하여 트랜스 여부를 확인한다. Erickson이 그녀에게 눈을 감으라고 말하거나 명령하지 않았다는 점에 유의하라. 그런 직접적 암시는 비자발적이거나 비의도적 행동을 통해 변화 상태의 존재 증거를 찾으려는 현대인의 논리적인 마음에 아무것도 증명하지 못할 것이다. "눈이 저절로 감긴다면, 그것은 당신이 트랜스에 들어 있다는 것을 확인시켜 주는 것"이라는 Erickson의 허용적인 수반적 암시는 최면대상자의 무의식에게 암시된 비자발적 행동을 통해 변화된 의식상태의 존재를 확인할 수 있게 해 준다. 따라서 그는 과정을 (안내하고, 구조화하고, 지시하고, 통제하며) 촉진하고 있지만, 최면대상자의 무의식이 결정적인 선택을 하도록 허용하는 방식으로 그렇게 한다.

환자 자신의 개성이 중요한 치료적 선택을 하도록 허용하면서도 집중적이고 지시적인 방식으로 창의적 과정을 촉진하는 것, 이것이 현대 최면 치료 기법의 역설적인 본질이다.

■ 트랜스의 동기

무의식적 행동의 관심에 기반하여 내면에 초점 맞추기

E: 팔은 편안한가요, Kay?

K: 예.

E: 제가 누군가와 말하고 있었나요?

K: [긴 멈춤] 예[부드럽게 숨을 내쉬듯 말함].

E: 왜 예라고 하나요?

K: 제가 당신 목소리를 듣고 있었다는 것을 알고 있었지만, 별로 주의를 기울이지 않고 있어서요.

E: Kay는 목소리를 듣고 있었지만 주의를 기울이지 않았다는 것을 알고 있어요.

보다시피 그녀는 자신의 무의식적인 행동에서 올라오는 것을 하는 것에 우선적으로 관심이 있기 때문에 트랜스 상태에 있다고 할 수 있습니다. 내가 여러분에게 말하는 것에 주의를 기울이는 것이 그녀에게는 그다지 중요하지 않은데, 왜냐하면 집단 여러분은 그녀의 관심 밖에 있기 때문입니다. 그녀에게 여러분은 그다지 중요하지 않습니다.

E: 제가 또 말하고 있었나요, Kay?

K: [멈춤] 예[속삭이듯].

E: …… 다른 말로 하자면, 제가 지금 당신에게 말하는 것이 무엇이든 별로 중요하지 않아요. 들을 필요가 없지요, Kay?

K: [무응답]

E: 당신은 들을 필요가 없어요, 그렇지요?

K: 맞아요[밖으로 부드럽게 나오듯이].

E: [침묵. 청중에게 말하기 전에 매우 긴 멈춤]

■ 거짓 반응과 최면 반응

손과 팔의 경직 시연으로 트랜스 심화 구분하기

여러분이 손 접촉을 할 때 접촉의 질감으로 최면대상자의 손이 내려가길 바란다는 것을 내비칩니다. 최면상태에 빠져 본 적이 없는 지원자를 오늘 여기에 불러서 거짓으로 그런 것을 하라고 할 수도 있습니다. 내가 그 사람의 손을 접촉한다면, 이런 일은 경직이 일어난 척하려는 사람에게는 분명히 일어날 수 있는 일입니다. 그 점을 보여 드리겠습니다. [Erickson이 시연하는 동안 잠시 멈춤] 손을 누르는 것을 중단해도 손은 계속 내려갈 것입니다. 그 사람의 손이 내려가길 바라는 여러분의 마음을 그 사람이 알게 되어 그 움직임을 완성해 나가기 때문입니다. 하지만 트랜스에 빠진 Kay는 내가 주는 특정 자극에만 반응합니다. 자극을 주는 것, 여러분이 주는 자극이 정확히 무엇인지를 아는 것이 여러분이 배워야 할 중요한 점입니다. ❷ 이제 나는 Kay의 팔을 들어 올릴 것이고, 이 특정 접근을 설명하려고 합니다. [긴 멈춤]

지금 내가 하는 것이 이것입니다. 뚜렷하게 압력을 더하지 않고 이 엄지손가락으로 이 손가락을 아래쪽으로 누릅니다……. 나는 정신을 차려야 한다는 생각, 깨어 있어야 한다는 생각에 여러분의 주의를 붙들어 놓으려 합니다. 그래서 Kay는 내가 무엇을 말하든 거기에 극도로 정신을 기울이고, 내가 말하는 것은 무엇이든지 극도로 반응하며, 이 방 전체는 중요하지 않게 됩니다. 그런데 지금 Kay는 자신이 어디에 있는지를 기억하고 있는지 모르겠습니다. 그래서 알아보려 합니다.

■ 트랜스 지표인 '문자 그대로 이해하기'

제시된 바로 그 자극에 무의식적이고 무비판적으로 반응하기

E: Kay, 당신은 어디에 있나요?

K: [멈춤] 강단 위에요.

E: 그녀는 강단 위에 있습니다. 강단은 어디에 있나요?

K: 강당에요.

E: 강당에요. 지금 강당은 어디에 있습니까?

K: [멈춤] 병원에요.

E: 그리고 병원은 어디에 있지요?

K: [멈춤] 모르겠어요.

E: 모르는군요.

여러분은 모두 이 병원이 어디에 있는지 알고 있고, 병원이 오하이오주 영스타운 또는 영스타운 주변에 있다고 생각하고 있습니다. 그렇다면 Kay는 왜 오늘 밤 여기에 있다는 사실을 모를까요? 그녀는 바보가 아닌데요. 그녀는 자신이 영스타운에 있다는 것을 왜 모를까요? 그렇지만 진짜 이 병원은 어디에 있을까요? "모르겠어요."라고 말하는데, 사실 트랜스에 빠진 환자는 여러분의 말을 있는 그대로 듣고 이해하기 때문입니다. 이 병원은 어디에 있을까요? 병원은 도로 위에(on a street) 있어요!

E: 이 병원은 도로 위에 있나요, Kay?

K: 도로에 둘러싸여(surrounded by streets) 있어요.

E: 도로에 둘러싸여 있군요.

지금 여러분은 그녀가 나의 말을 고친 것을 알 수 있습니다……. 병원은 사실 도로 위에 있지 않아요. 도로는 지나는 길이지요. 그러나 병원은 도로들에 둘러싸여 있어요! Kay는 병원을 둘러싼 도로들의 이름을 모르기 때문에 도로에 둘러싸여 있다고만 언급합니다.

E: Kay, 병원은 어느 도시에 있나요?

K: 영스타운이요.

E: 영스타운.

여러분은 그녀에게 질문을 구체적으로 해야 합니다. 지금까지 최면의 다양한 면을 소개했습니다. 이제 환자에게서 이 현상이 나타나는지 여러분이 적극적으로 확인하셔야만 합니다.

편저자

Erickson은 트랜스 상태의 최면대상자가 질문에 매우 정확한 방식으로 응답하는, 문자 그대로 대답하는 현상(literalism)을 보여 주고 있다. 이런 식의 테스트는 트랜스 상태 여부를 간접적으로 평가할 수 있는, Erickson이 가장 좋아하는 방법 중 하나였다.❸ 앞으로 연구자들은 최면이, 최면대상자들이 깊은 생각의 영향 없이 암시로 받은 말의 뜻 그대로에 반응하는 문자 그대로 하는 태도의 실제 여러 표현이라는 가설을 탐구하게 될지도 모른다.

Erickson은 이 지점에서 시연을 계속했지만 우리가 작업하고 있던 오디오 테이프의 품질이 좋지 않았기 때문에 여기에서 영스타운 강의를 끝내고자 합니다. 이 강의 테이프를 가지고 계신 분이 있다면 다음 주소로 사본을 보내 주시면 감사하겠습니다.

The Milton H. Erickson Foundation
3606 North 24th Street
Phoenix, Arizona 85016

제5부

삶의 재도식화:
젊은 작가의 잠재력 촉진하기

이 녹취록의 오디오 테이프는 책자와 함께 제공됨.
날짜와 장소는 알 수 없음(이 책에서는 제공되지 않음).

도입

 편저자

Erickson이 한 젊은 사진작가와 작업한 다음의 축어록은 미국 임상최면학회 초기에 수행된 최면요법 시연의 전형적인 유형이다. Erickson은 H 박사로부터 말더듬 문제가 있는 젊은 사진작가를 최면대상자로 소개받았다. 녹취록에 따르면, Erickson은 시연을 하기 전에 간단하게 아침 식사를 함께했던 것이 분명하다. 이 짧고 비공식적인 시간이 Erickson에게는 최면대상자를 평가하고 최면치료 작업을 촉진하기 위한 정보를 얻는 시간이 되었다.

이 녹취록은 트랜스 유도와 무의식적 잠재성을 촉진하는 Erickson의 일반적인 접근법을 보여 주는 이례적인 사례이다. 오디오 테이프의 첫 부분은 상당히 명확해서, 정신역동적 효과를 위해 사용한 목소리 단서와 멈춤을 독자들이 알 수 있도록 이 책과 함께 오디오 테이프로 제공된다. 하지만 이 녹취록 내용이 너무 복잡해서, 편저자들은 일부 최면치료 과정에 대하여 정리된 해설을 가이드로 제공하지 않을 수 없었다. 물론 이러한 해설은 우리의 개인적인 인식과 학습된 한계를 반영한다. 이 해설은 녹취록 속의 많은 수준의 의사소통과 의미에 대한 독자들의 관찰과 사고를 자극하기 위하여 발견적 학습(heuristics)으로만 사용되기 바란다. 만약에 Erickson의 작업이 프로크루스테스[1]의 침대격으로 편저자의 인식 안에 한정된다면 그것은 그야말로 Erickson에 대한 모독이 될 것이다. 그러므로 독자들은 이 녹취록을 독자 자신의 인식, 이해 및 행동 방식에 고유한 새로운 통찰을 가져올 또 다른 방식으로 재도식화하기 바란다.

이 프레젠테이션 자료는 자연스럽게 네 개의 섹션으로 나뉜다고 볼 수 있다.

1. 트랜스 유도에 대한 자연주의적 접근

---

1) 역자 주: 프로크루스테스(Procrustes)는 길 가는 나그네를 잡아 나그네의 몸을 침대의 길이에 맞추어 잡아 늘이거나 다리를 잘라냈다는 그리스 신화에 나오는 강도이다. 어떤 절대적 기준을 정해 놓고 모든 것을 거기에 맞추려는 것을 비유하는 표현이다.

2. 무의식의 잠재력 이끌어 내기
3. 능동적 트랜스 작업 촉진하기
4. 재도식화, 최면후 암시 및 트랜스 확인

　물론 이 구분은 인위적인 것이며 교육적인 목적으로 여기에서만 제시된다. 이전에는 Erickson 의 작업을 5단계❶와 3단계❷로 임의로 나누었다. 주의 깊은 학생은 파이가 어떻게 나뉘든 근본적인 최면치료 과정은 동일하다는 것을 인식할 것이다. 우리는 Erickson이 '실제 치료에 매우 핵심적인 사고, 이해 및 기억의 재연결 및 재구성'을 불러일으키고 촉진하는 데 사용한 상호 지지적인 간접 암시와 접근 방식을 연결망 도해(diagram of the associative network)로 만들었고, 각 장의 내용을 도해 속에 담아 제시하였다.

트랜스 유도에 대한 자연주의적 접근

1 마음 떠돌기

트랜스 유도에 대한 자연주의적 접근: 관념역동 과정을 상호 강화하는 연결망의
활용

E: 물론 당신은 제가 말하는 것에 의식적으로 관심을 가질 수 있어요. 그러나 당신이 의식
   적으로 강렬한 관심을 가지고 있더라도 무의식 수준에서 관심이 더 많다는 사실을 인정
   하기 바랍니다. 의식적으로 긴장을 푸세요. 눈을 감고 당신의 마음이 떠돌도록 허용하세
   요. 제 말을 비롯해서, H 박사에 대한 생각, 물에 대한 생각, 일상 업무에 대한 생각, 오늘
   아침 식사로 무엇을 먹었는지에 대한 생각, 당신 안에서 떠도는 모든 생각이 방황하게 내
   버려 두세요. 제 말을 들으려고 노력할 필요도 없고, 어떤 노력도 하지 않아도 됩니다.

편저자

Ernest Rossi(ER): Erickson은 "물론 당신은 제가 말하는 것에 의식적으로 관심을 가질 수 있어
요."라는 명백한 사실로 시작한다. 사람들은 대부분 치료자가 최면을 시작할 때 무슨 말을 할지에
관심이 있다. 이 명백한 사실에 대한 언급은 최면대상자로 하여금 첫 번째 문장에 '예'라는 내적 반
응을 하게 하고 정말 중요한 암시가 담긴 약간 놀라운 두 번째 문장, 즉 "그러나 당신이 의식적으로
강렬한 관심을 가지더라도 무의식 수준에서 더 많은 관심이 있다는 사실을 인정하기 바랍니다."라

는 말에 '예 반응'을 하면서 받아들이도록 하는 경향이 있다. 따라서 Erickson은 의식적 관심을 받아들이면서도 실제로 이 관심을 활용하여 무의식 수준의 활성화에 더 중요하게 초점을 맞춘다.

이렇게 무의식에 관심을 집중시킨 후, Erickson은 "그리고 의식적으로 긴장을 푸세요. 눈을 감고 당신의 마음이 떠돌도록 허용하세요."라는 가벼운 발언으로 의식을 무시하고 무력화시킨다. 이 모든 것이 매우 편하고 허용적으로 들리지만, 여기에는 매우 강력한 관념역동 과정이 작동하고 있다. 이러한 아이디어는 실제로 트랜스를 촉진하기 위한 주요 심리생리학적 역동을 활성화한다. 단순하게 눈을 감는 것만으로도 휴식할 때 나오는 대뇌피질의 알파 리듬이 증가하게 된다. 즉, 중추신경계는 휴식하는 내면집중의 상태로 전환된다. 이완하기는 부교감 신경, 즉 자율신경계의 휴식 과정을 촉진한다. 따라서 Erickson의 첫 두 문장에서 의식과 행동을 조절하는 두 가지 주요 심리생리학적 시스템이 동시에 조용히 수용 모드로 전환된다. 마음 떠돌기(mind wandering)와 더불어 눈감기, 긴장 풀기는 누구나 할 수 있는 가장 자연스러운 트랜스, 즉 우리가 휴식을 취하고 마음이 떠돌게 둘 때 누구든지 들어가는 흔한 일상의 트랜스를 최면대상자가 경험할 수 있게 하는 관념역동적 초대장이 된다. 앞서 마음 떠돌기가 자연스러운 심리생리학적 이완리듬❸의 표현이라고 추측했는데, 이 리듬은 하루 종일, 약 90분마다 우반구와 부교감 신경 활동 기간에 일어나는 경향이 있다. 밤에 자면서 꾸는 꿈(REM 수면)은 이러한 반복 주기 안에서 발생한다.

Erickson은 다음과 같이 말하며 끝맺는다. "제 말을 비롯해서, H 박사에 대한 생각, 물에 대한 생각, 일상 업무에 대한 생각, 오늘 아침 식사로 무엇을 먹었는지에 대한 생각, 당신 안에서 떠도는 모든 생각이 방황하게 내버려 두세요. 제 말을 들으려고 노력할 필요도 없고, 어떤 노력도 하지 않아도 됩니다." 단 몇 개의 잘 조율된 문장으로 얼마나 심오한 반전이 일어났는가! 이를 3단계 과정으로 나누어 다시 살펴보자.

(1) 첫 번째 문장에서 최면대상자의 명백한 의식적 관심을 인정하고 받아들였다.

(2) 이러한 의식적 관심은 무의식에 주의를 집중하는 데 활용되었으며, 이제 무의식은 가장 자연스럽고 일반적인 경험의 지표 중 하나인 마음 떠돌기에 대한 언급으로 활성화되었다.

(3) 이렇게 무의식을 활성화시키고, Erickson은 "제 말을 들으려고 노력할 필요도 없고, 어떤 노력도 하지 않아도 됩니다."라고 말함으로써 의식의 의도성을 무시하고 무력화할 수 있었다.

의식의 높은 관심에 대한 인정과 '예 반응'부터 무의식의 활성화와 의식적 노력 및 의도성의 해소에 이르기까지, 트랜스는 누구나 쉽게 받아들일 수 있는 서너 가지 상호 강화적인 관념역동 과정의 이러한 연결망을 통해 촉진되고 있다.

이것은 의식이 사라진다는 의미가 아니다. 오히려 의식은 트랜스 중에 일어나는 일부 내적 경험에 대한 조용한 목격자❹로서 다양한 집중도와 연속성을 가지고 존재한다. Erickson이 "당신은 어떤 노력도 하지 않아도 됩니다."라고 말할 때, 그는 최면 반응의 특징인 의식의 의도성 결여를 강화하고 있다. 의식은 관찰은 할 수 있겠지만, 무의식이 스스로의 자연스러운 자율적 경향을 따르는 동안 어느 정도 옆으로 물러나 있으며, 그중 일부는 치료자의 몇 가지 암시를 나름의 방식으로 받아들이고 활용할지도 모른다.

2 '피어나는 꽃' 은유

무의식에 접촉하여 치료적 연결망 시작하기

E: 당신은 꽃잎이 열리고 꽃이 피어나는 것을 볼 때처럼, 아무런 노력 없이 앉아서 지켜보면 됩니다. 마찬가지로 어떤 노력도 하지 말고, 무의식이 열리도록 두고, 무의식이 스스로 느끼고 스스로 생각하도록 두세요. 당신이 알아야 할 것은 오로지 당신의 무의식이 분명히 존재한다는 것, 그것이 당신 안에 있다는 것, 무의식은 정말로 당신이 모르는 당신의 한 부분이지만 당신에 대하여 엄청나게 많이 알고 있다는 것입니다.

편저자

　사람들은 그냥 조용히 앉아서 꽃잎이 열리고 꽃이 피어나는 것을 지켜보듯이, 내면의 관찰자의 애씀 없이 무의식이 열리도록 두고 그 과정을 따라갈 수 있다. 이 '피어나는 꽃' 은유는 시각적인 시적 이미지로서 특히 사진에 관심이 있는 젊고 창의적인 사람에게 적합하다. 피어나는 꽃의 수많은 사진 이미지를 보고 감탄해 보지 않은 사람이 있을까? 사진작가의 시각적 관심에 대한 이런 활용은 '예 반응'을 유지하게 하여 무의식의 활성화를 더욱 강화한다. 무의식이 스스로를 자연스럽게 치료할 수 있다는 치료 신념 체계가 구축되고 무의식의 아이디어가 연결망으로 발전되면서, 무의식의 활성화는 지속되고 안정화된다. 이 점은 마지막 문구에서 이렇게 강조된다. "무의식은 정말로 당신이 모르는 당신의 한 부분이지만, 당신에 대하여 엄청나게 많이 알고 있다는 것입니다." 따라서 이 장은 치료 능력을 가지고 있는 무의식의 잠재력에 대한 인상적인 말로 끝맺음을 하고 있다. 무의식은 실제로 '당신에 대하여 엄청나게 많이 알고 있기' 때문이다.

③ 인간의 잠재력 촉진하기

최고 잠재력과 무의식의 자율적 활동 연결하기; 최고 잠재력의 매개체인 전이

E: 아침에 식사를 하면서 당신은 인물 사진들에 관한 이야기와, 그것들의 표현성, 그것의 전반적인 인상에 대해 말했지요. 당신의 무의식은 당신이 언제, 어떻게, 왜 그런 흥미를 발전시켰는지 알고 있어요. 당신은 사진 취미에 대하여 말했어요. 한동안 사진을 찍다가 그것에 흥미를 잃었다가 다시 시작하지요. 그러나 사실 당연한 건데, 당신의 무의식은 당신이 언제 흥미를 잃게 될지 미리 알고 있고, 언제 흥미가 더 생길지 미리 알고 있어요. 물론 의식은 우연히 아주 좋은 사진 피사체를 찾았기 때문에 갑자기 사진에 대한 흥미가 다시 생긴 것처럼 생각할 수도 있지만, **만약 당신의 무의식에서 어떤 일이 일어났는지 안다면 무의식이 이런저런 방향으로 당신의 발걸음을 옮기도록 유도해서 좋은 사진 피사체를 의식적으로 마주하게 했다는 사실을 깨닫게 되겠지요.** 또는 사진 찍기 좋은 상황을 불러일으키는 반응을 이끌어 내기 위해 누군가에게 무언가를 말하도록 당신을 이끌었을 수도 있어요. **당신의 의식은 갑자기 그것을 알아차리게 되었지만, 당신의 무의식은 천천히 그것을 쌓아 왔어요. 어떤 우연한 상황에 처하더라도, 무의식은 그 우연한(chance) [트랜스(trance)] 상황에서 당신의 행동을 이끌어 갑자기 무언가를 보게 하지요.** 그리고 사진에 대한 당신의 새로운 흥미는 무의식이 의식으로 하여금 사진 촬영에 적합한 무언가를 갑자기 볼 수 있게 했기 때문에 생겨나는데, 이것은 당신의 모든 행동에서도 마찬가지예요.

💬 **편저자**

Erickson은 "아침에 식사를 하면서 당신은 인물 사진에 관한 이야기와, 그것의 표현성, 그것의 전반적인 인상에 대해 말했지요."라고 하며, 최면대상자의 최고 수준의 창의성과 감수성에 대해 언급하면서 이 시연을 시작한다. 트랜스의 시작 단계에 있는 이 최면대상자는, 아침 식사 때 자신의 예술적 감각에 대해 가볍게 표현한 것이 이렇게 Erickson에게 존중받는다는 사실에 깊은 감사를 느꼈을 것이다. 관념역동적 초점 원리(principle of ideodynamic focusing)❺에 따라, 개인의 최고 수준의 감수성과 관련된 모든 연상은 해당 수준의 실제 경험뿐 아니라 이와 관련된 많은 창의적 잠재력을 불러일으키는 경향이 있다. 그러므로, 최면대상자의 최고 수준의 잠재력은 순간적으로 활성화되어, 그의 창의적 잠재력이 발생하기 시작하며 무언가에 반응하고 결합할 준비가 된다. Erickson은 문장의 후반부에 바로 "당신의 무의식은 당신이 언제, 어떻게, 왜 그런 흥미를 발전시켰는지 알고 있어요."라며 그 '무언가'를 언급한다. 최면대상자의 활성화된 창의적 충동은 이제 자신의 무의식이라는 방대한 창고, 즉 치료의 수단과 메커니즘이 나올 그의 생애 경험의 학습 기록으로 향한다.

Erickson은 "그 우연한(chance) [트랜스(trance)] 상황에서 당신의 행동을 지시하여 갑자기 무언가를 보게 하지요."라고 하며 창의적 과정에 대한 사실을 가지고 환자의 의식적 관심과 잠재력의 무의식적 원천을 계속해서 주의깊게 연결시킨다. 여기서 Erickson은 우연이라는 단어와 트랜스라는 단어를 치료적으로 연합시켜 재미있게 풀어내고 있는 것일까? 아니면 단지 그의 목소리를 녹음한 저음질 테이프의 기술적 결함 때문에 우연(chance)과 트랜스(trance)가 분명치 않게 들리는 것일까?

해설자로서 나는 이 부분에서 전이 문제를 제기하게 된다. Freud는 전이의 본질을 현재와 과거 관계 사이의 다소 우연한 정신적 · 정서적 연합으로 보았다. 환자는 이전 관계(대개는 부모)에 더 적합한 방식으로 현재 분석가와의 관계에 반응한다. 이러한 과거로부터의 과잉 일반화나 투사는 분석가가 환자의 과거 관계를 특징짓는 패턴을 인식하는 데 도움을 주며, 따라서 전이는 신경증적 갈등을 '극복하는 과정'에 필요한 많은 자료를 제공한다. 이 개념은 많은 상황에서 유효하고 가치가 있으므로, 이 시점에서 최면대상자의 최고 감수성을 불러일으키는 Erickson의 접근 방식에 대해 더 흥미로운 통찰을 얻으려면 C. G. Jung에게 눈을 돌려야 한다. Jung의 특별한 공헌은 전이 결합이 환자의 '초월적 기능'을 매개하여 환자가 자신의 인식과 기능의 가장 높은 잠재력을 인정하고 강화할 수 있는 유일한 사람인 치료자에게 단단히 매달리게 된다는 통찰이었다. Jung은 그것을 그의 독창적인 논문 「초월적 기능(The Transcendent Function)」에서 다음과 같이 표현했다.❻

건설적인 또는 종합적인 치료법은 적어도 환자에게 잠재적으로 존재하는 통찰력을 전제로 한다……. 만약 분석가가 이러한 잠재력에 대해 아무것도 모른다면 그는 환자가 그것들을 개발하도록 도울 수 없다⋯⋯. 실제 치료 장면에서, 잘 훈련된 분석가는 환자의 초월적 기능을 매개로 하여, 예를 들어 의식과 무의식을 함께 가져와 새로운 태도에 도달하도록 도와준다. 분석가의 이러한 기능에는 전이의 많은 중요한 의미 중 하나가 있다. 환자는 전이를 통해 자신에게 새로운 태도의 변화를 약속하는 것처럼 보이는 사람에게 집착한다. 그는 비록 자신의 행동을 의식하지 못할지라도 전이를 통해 자신에게 필수적인 이 변화를 추구하게 된다.

최면대상자의 가장 높은 수준의 감수성(인물 사진의 표현성)을 건드리면서, Erickson은 증상치료에 필요한 메커니즘과 과정의 활용뿐 아니라 새로운 수준의 인식 창출과도 관련이 있는 전이 과정을 간접적으로 활성화하고 있다.

4 창의적 무의식에 접근하기

의식의 학습된 한계를 넘어서는 창의적 무의식의 치료적 비유; 완벽주의의 재도식화; 간접 치료 접근법의 간략한 시연

E: 한 환자가 당신에게 와서 "무슨 말을 해야 할지 모르겠어요. 머리가 텅 비어 있어요."라고 말합니다. 당신은 방 건너편의 책장을 가리키며 그에게 이야기하지요. "절대로 책을 살펴보지 마세요. 그냥 저쪽으로 가서, 당신이 오른손잡이라면 왼손을 뻗어 우연히 잡힌 첫 번째 책을 고르세요. 제목을 읽으려고 하지 말고, 손이 우연히 닿는 첫 번째 책을 고르세요. 그래서 어떤 책을 골랐나요?" 한 환자가 '우연히'『놀람 패턴』이라는 제목의 책을 골랐다고 합시다. 그것의 의미는 무엇이었을까요? 그 환자는 끊임없이 깜짝깜짝 놀라는 놀람 반응과 공황 반응을 갖고 있었습니다. 그는 언제 그 책 제목을 읽었을까요? 저는 모르지요. 그 환자는 의식적으로 그 제목에 관심을 갖고 물었습니다. "이게 무슨 뜻인가요?" 그러나 그의 무의식은 알고 있었습니다.
환자가 '우연히'『**사회 문제**』라는 제목의 책을 골랐을 때, 그는 직장에서의 어려움에 대해 모두 이야기하면서, 다른 문제들은 부인합니다. 그 환자는 "그건 단지 업무상의 문제일 뿐이에요. 저는 사회적 어려움은 없어요."라고 합니다. 그런 사례는 얼마든지 있습니다. **무의식은 문제에 대해 많은 것을 알고 있지만, 의식은 무의식이 기꺼이 기능하도록 하는 데에 어려움이 있습니다. 의식은 "나는 완벽주의자야. 나는 이런 식으로 해야만 해."라고 말하지만 완벽주의자는 선택된 단 하나의 방법이 아닌 매우 다양한 방법으로 일할 수 있다는 사실을 인식하지 못합니다.**

편저자

　Erickson은 이 최면대상자의 성격에서 학습된 한계인 완벽주의적 특성을 분명히 포착했다. 우리는 부적절함과 연약함을 방어하기 위해 완벽주의자가 된다. 완벽주의는 늘 새로운 현재 변화의 흐름에 과거의 기준을 강요함으로써 창의성을 억제하는, 의식의 학습된 한계이다. Erickson은 무의식이 의식적 이해를 교묘히 피하여 어떻게 문제의 핵심에 반드시 도달하는지에 대한 두 가지 예를 제시함으로써 최면대상자의 경직된 의식적 정신체계의 학습된 한계를 무력화하려고 시도한다. 이 두 가지 치료적 비유에서 무의식의 안내를 받는 것을 다음과 같이 강조한다. "절대로 책을 [의식적으로] 살펴보지 마세요……. 당신이 오른손잡이라면…… 왼손[무의식 쪽]을 뻗으세요."

　이것은 완벽주의의 학습된 방어적 한계를 역으로 재도식화할 수 있는 길을 열어 준다. "완벽주의자는 의식적으로 선택된 단 하나의 방식이 아니라 매우 다양한 방식으로 일을 할 수 있다." 얼마나 놀라운 전환인가! Erickson은 완벽주의라는 최면대상자의 성격 특성을 문제로 규정하지 않는다. 그는 그것을 개인적인 결함으로 논의하는 의원성 강화를 하지 않았다. 아마도 최면대상자는 자신이 완벽주의자라고 전혀 생각하지 않았을 것이다. 그런데 왜 의사가 그러한 제한적인 관점으로 규정하고, 구체화하고, 강화해야 하는가? Erickson은 완벽주의를 의식적 사고의 일반적 특성으로 언급함으로써 이 함정을 피하고 신속하게 완전히 긍정적인 방식으로 재도식화한다.

　이것은 Erickson의 간접적 치료 접근법의 매우 간결한 설명이다. 즉, (1) 자신의 문제를 다른 사람에게 일어난 일처럼 논의하면서 최면대상자를 자신의 문제로부터 분리시켜 일시적으로 자유롭게 하고, (2) 몇 가지 치료적 비유를 사용하여 자연스러운 무의식적 과정이 문제를 정의하는 학습된 한계를 어떻게 넘어설 수 있는지 설명하며, (3) 문제를 그 안에 숨어 있는 창의적이고 건전한 의도를 드러내는 더 넓은 맥락으로 재도식화하여, (4) 문제 행동이나 증상을 중요한 선택 지점의 유용한 신호, 즉 최면대상자의 개성과 발전하는 역량의 일부 측면이 점점 더 자라고 있음을 나타내는 유용한 신호로 재정의하게 된다. 따라서 행동적 결함이었던 것이 가장 광범위한 선택 가능성에 대한 자산—잠재력에 대한 의식을 촉구하는 단서—이 된다.

⑤ 비밀과 내면의 삶

치료 작업을 위한 '비밀'과 정신역동의 활성화: 모든 반응 가능성 다루기; 저항과 허용 가능성; 간접적으로 라포 촉진하기

E: 이제 저는 당신이 트랜스에 깊이, 아주 깊이 들어갔으면 해요. **당신이 의식적으로 이해하는 그런 '깊이'가 아니라 당신의 무의식이 이해하는 '깊이'로 말이지요.** 그리고 저는 **당신의 무의식이 이미 알고 있고 당신과 기꺼이 공유하고자 하는 많은 것을 의식적으로 발견하는 것이 당신에게 흥미로울 것이라고 생각해요.**

[멈춤]

당신은 의식적으로 어떤 식으로든 지루해지거나, 무관심해지고, 편안해지고, 호기심을 느끼고, 분노하거나, 적대적이 될 수도 있어요. 의식적 인격체인 당신에게 그것은 즐거운 일이지요. 만약 그것이 흥미롭다면 당신은 의식적으로 잠에 빠져들 수도 있어요. 하지만 저는 무엇보다 제가 당신의 무의식과 이야기하고 싶어 한다는 것과, 당신의 의식이 이해하는 것보다 무의식이 훨씬 더 많은 것을 이해하는 방식으로 제가 이야기할 것이라는 점을 당신이 인식해야 한다고 생각해요. **왜냐하면 당신의 무의식은 저에게 많은 비밀이 있을 테고,**

[멈춤]

당신이 더 적절하게 기능할 수 있도록, 의식적으로 당신에게도 많은 비밀을 가져야 하기 때문이지요.

편저자

이 얼마나 흥미로운 이야기인가! 이것은 모두 분명한 사실이다. 물론 의식이 이해하는 방식으로 트랜스에 들어갈 수는 없다. 즉, 의식은 트랜스를 이해할 수 없다. 오직 무의식만이 수면과 변화된 의식상태, 그리고 트랜스의 메커니즘을 이해한다. 그리고 '당신의 무의식이 이미 알고 있고 당신과 기꺼이 공유하고자 하는 많은 것을 의식적으로 발견하는 것'은 당신에게 분명히 흥미로울 것이다.

어떻게 그렇지 않을 수 있겠는가? 이 모든 명백한 사실은 무의식의 주도적 역할을 받아들이는 '예 반응'을 계속 강화한다.

이 순간 최면대상자는 실제로 어떤 경험을 하고 있을까? 확신할 수는 없지만, Erickson은 약간의 저항을 감지하고서, 모든 가능성을 포괄하는 다음과 같은 암시를 한다. "당신은 의식적으로 어떤 식으로든 지루하거나, 무관심하고, 편안해지고, 호기심을 느끼고, 분노하거나, 적대적이 될 수도 있어요." 겉보기에 편안하고 허용적으로 보이는 이 암시는 Erickson이 최면대상자가 의식적으로 경험할 수 있는 거의 모든 것과 긍정적인 관계를 형성하기에 충분한 내용을 포괄하고 있다. Erickson은 결코 "이제 당신은 저와 완전한 라포를 맺게 될 것입니다."와 같은 주제넘고 불쾌한 직접적인 말로 최면대상자를 몰아붙이지 않을 것이다. 그런 요구에 누가 움츠러들지 않을 수 있겠는가? 오히려 Erickson은 거의 모든 사람이 기꺼이 받아들일 수 있도록 허용적인 암시를 한다. 그로 인해 우리가 그와의 긍정적인 관계 또한 간접적으로 받아들였다는 사실을 깨닫지 못한 채 기꺼이 받아들일 수 있는 허용적인 암시를 한다.

그러나 그 마지막 문장, "왜냐하면 당신의 무의식은 저에게 많은 비밀이 있을 테고, [멈춤] 당신이 더 적절하게 기능할 수 있도록, 의식적으로 당신에게도 많은 비밀을 가져야 하기 때문이지요."의 목적은 무엇일까? 비밀이라는 말은, Erickson이 같은 문장에서 두 번 사용하면서 그 사이에 멈춤을 사용하여 주목시킨 매우 연상적인 단어이다. 이것은 결코 우연일 수 없다. 매우 중요한 어떤 것이 제시되어 있다. 한 수준에서 우리는 정신 기능의 기본적인 사실, 즉 무의식은 비밀을 분명히 가지고 있고, 무의식은 의식이 결코 인식하지 못하는 기능적인 수단과 방법을 분명히 가지고 있으며, 무의식은 의식에게는 어수선할 뿐인 '비밀'을 분명히 가지고 있다는 것을 인식할 수 있다. 그러나 또 다른 수준에서 보았을 때, 비밀은 우리 사회에서 많은 것을 연상시키고 활기를 불러일으키는 단어이다. 최면대상자가 어떤 은밀한 죄책감과 감추어진 불안을 가지고 있든지, 비밀이라는 단어를 사용함으로써 그것들이 건드려지고 관념역동적으로 활성화된다. 따라서 Erickson은, (1) 무의식 과정의 지배에 대한 예 반응을 계속 강화하고, (2) 수행되어야 할 치료 작업을 위한 정신적 활성화와 추진력을 제공하는 높은 에너지를 충전시키고 있다. 비밀과 방어에 갇힌 최면대상자의 정신 에너지는 이제 치료 유용성의 경로를 따라 전달되고 있다. Erickson의 최면 사용에는 정말로 수동적 측면이 없다. 즉, 치료적 트랜스는 중요한 치료 작업을 수행하도록 고안된 정신적 활성화의 고양 상태이다.

6 치료 트랜스를 시작하는 연결망 도해

편저자

다음은 이 섹션 전체에서 Erickson이 최면대상자에게 치료 트랜스를 시작하기 위해 활용한 연결망을 도해로 나타낸 것이다.

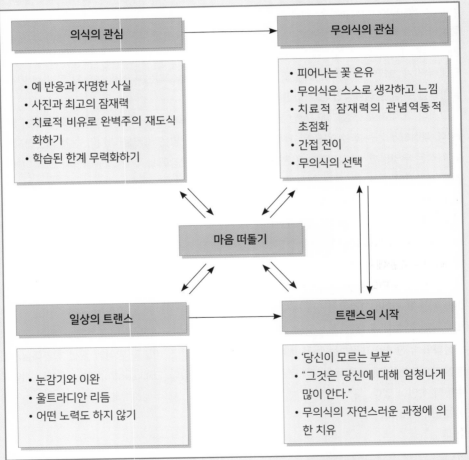

[그림 5-1] 이 도해는 이 섹션에서 치료적 트랜스를 시작하는 연결망에 관련된 일부 특징을 표현할 수 있는 여러 도해 중 하나임. 네모 안에 들어 있는 모든 과정은 상호 지지적임. 무의식의 관심과 트랜스 시작 간에는 별도의 화살표가 추가되어 있음

무의식의 잠재력 이끌어 내기

1 활용 이론 1

개별성을 이끌어 내는 질문과 치료적 비유: 장애물을 유용성으로 재도식화하기; 내면 탐색으로 궁금해하기

E: 당신의 무의식은 무엇을 할 수 있을까요? 어떤 속기사는 때때로 껌을 씹을 때 더 빨리 타자를 칠 수 있지만 그 사람을 제외한 다른 사람들은 타이핑을 할 때 반드시 껌을 씹을 필요는 없어요. 어떤 속기사들은 방에서 혼자 있을 때 더 빠르게 타자를 칠 수 있고, 또 다른 속기사들은 소란스러운 곳에서 더 빠르게 타자를 칠 수도 있지요. [Erickson이 이 시점에서 기침을 한다.] 우리는 **이러저러한 일이 반드시 방해가 된다고 판단하지 않아요. 단지 그것을 어떻게 이용할 수 있는지 궁금해할 뿐이지요.**

편저자

앞 장에서 최면대상자의 내면 과정을 활성화한 Erickson은 이제 "당신의 무의식은 무엇을 할 수 있을까요?"라는 중요한 질문을 던질 수 있다. 최면대상자의 고유한 창의성 스타일의 도구이며 촉진적인 상관관계인 최면대상자 자신의 독특성을 이끌어 내기 위해 그는 껌을 씹을 때 더 빨리 타자를 치는 속기사의 삽화를 치료적 비유로 추가한다.

Erickson은 이 시점에서 기침을 했는데, 그것이 비록 방해가 되었더라도 유용한 것으로 재도식하여 최면대상자의 잠재적 이익을 위해 그것을 즉각적으로 활용한다. "우리는 이러저러한 일이 반드시 방해가 된다고 판단하지 않아요. 단지 그것을 어떻게 이용할 수 있는지 궁금해할 뿐이지요." 아주 간결하게 말한 이 두 문장 안에 Erickson이 명명한 심리치료의 활용 이론(utilization theory)의 핵심이 있다.❼ 우리의 의식은 상황과 자극을 부정적이고 무가치한 것, 즉 회피하거나 극복해야 할 것으로 판단하여 우리를 제한한다. Erickson은 오히려 우리가 그것들에 대해 궁금해하기를 바란다. 궁금해하기 과정은 사실상 소위 장애라고 불리는 것을 재도식화하고 활용할 수 있는, 무의식으로부터의 창의적 반응을 찾아내려는 내면의 조용한 탐색 과정이다.

② 트랜스 심화 가르치기

최면적 탐색의 무의식적 가능성과 감각-지각 경험 방식의 변화 제시하기;
손 공중부양; 구체적 실제로서의 사고

E: 트랜스에 점점 더 깊이 들어가는 방법을 기꺼이 배우도록 가르치는 데 있어 무의식이 손 공중부양의 주도권을 가져야 한다고 생각합니다. 그것이 무엇을 의미하는지 알고 모르고는 별로 중요하지 않아요. 어쩌면 당신의 무의식은 당신의 손이 무감각하고 느낌이 없다는 것을 발견하기를 원할 수도 있어요. 즉, 의식적으로는 무감각하지 않고, 느낌이 없지 않다고 확신하면서 어쩌면 무의식은 손과 팔이 무감각하고 느낌이 없는 상태가 되기를 바랄 수도 있어요. 알다시피, 의식적으로 우리는 구체적인 실제를 다루는 법을 배우지요. 의식적으로 우리는 테이블을 옮길 수 있어요. 즉, 테이블 위에 손을 얹고 바닥을 가로질러 이동하며, 테이블과 바닥을 손과 발로 느낄 수 있고 눈으로 볼 수 있습니다. 그리고 우리는 테이블을 들어 올릴 수 있고요. 그것의 단단함과 무게를 느낄 수 있고, 모든 색깔을 인식할 수 있어요. 모두 구체적인 실제이지요. 하지만 우리는 마음의 눈으로도 여전히 그 테이블을 다룰 수 있고, 눈을 감고도 마음의 눈으로 그 테이블을 볼 수 있어요. 테이블을 만질 필요가 없어요. 우리는 손에 있는 테이블의 감각을 느낄 수 있고, 완벽하게 가만히 앉아서도 발이 움직이는 감각을 느낄 수 있으니까요. **무의식은 사고와 기억과 이해를 다루므로, 무의식이 몸을 일으**

켜 바닥을 가로질러 걷게 하고 테이블을 들어 움직이게 하는 것은 중요하지 않아요. 왜냐하면 무의식은 그러한 생각들을 다룰 수 있고, 그 생각들은 테이블 그 자체만큼 구체적이니까요.

편저자

여기서 Erickson의 말은 트랜스 심화 과정에 대한 그의 이해를 가장 분명하게 표현한 것이다. 거기에 마법 같은 것은 없다. Erickson은 단지 무의식이 더 많은 주도권을 갖게 하는 법을 기꺼이 배우려는 의지를 가르칠 뿐이다. 무의식이 더 많은 주도권을 갖는 것에 반대할 사람이 누가 있겠는가? 그런 다음 그는 최면대상자가 탐색할 수 있도록 수많은 최면 및 기능 방식의 변화를 제시한다. 이러한 기능 방식의 변화는 의식적 자아가 합의에 따라 적절하거나 현실적인 구체적 실제를 구성하려는 학습된 습관을 포기하면 자연스럽게 발생할 것이다. 창의적 무의식의 지배를 받는 잠재력이 소위 말하는 '합의된 실제(consensual reality)'의 세속적이고 평범한 요구를 지속적으로 충족시키는 것은 얼마나 지겨울 것인가! 무의식이 어떤 형태로든 원래의 자기표현을 하려고 자연스럽게 애쓰다가 이따금 갑작스레 터뜨리는 것은 놀라운 일이 아니다. 우리는 보통 '실제'라는 이름으로 무의식의 노력을 너무 가혹하게 다루기 때문에, 무의식이 할 수 있는 최선의 방법은 일종의 애처로운 개인적 표현을 하는 것뿐이며, 우리는 그것을 신경증적 증상으로 분류하고 있다. ❽

진실은 무의식의 영역이 사고의 영역이며, 그 안에서 허용되는 만큼 창의적일 수 있다는 것이다. 소위 외부의 합의된 실제라는 제약에서 벗어나면 무의식은 무한히 다양하게, 어떤 치료 방식으로든 사고, 지각, 감정 및 행동을 재구성하고 재도식할 수 있다. 무의식은 자기 자신 안에서 이러한 치료적 재구성을 한 후에야, 외부 세계와의 상호작용을 연결하는 합의된 실제를 구축하려는 우리의 의식적 자아의 요구를 도울 수 있다.

3 자기 창조로서의 꿈꾸기

개별성과 트랜스의 치료적 비유로서의 꿈: 정신적 삶의 현실로서의 기억 이미지: 일반적인 표현 방식으로 합의된 현실: 개인적 경험의 사진 은유

E: 우리가 꿈을 꿀 때, 그 꿈은 매우 생생하고 매우 현실적일 수 있어요. 차를 운전할 수도 있고, 친구들과 이야기할 수도 있고, 오랫동안 잊고 있었던 사람들을 만날 수도 있고, 꿈에서 어린 시절의 장면을 다시 찾아갈 수도 있지요. 꿈을 꾸는 것은 매우 실제적인 정신적 경험입니다. 기억 이미지는 모든 사람의 정신적 삶의 현실이니까요. 트랜스 상태에서 필수적인 것은 정신적 경험의 구체적 현실을 다루는 것입니다. 그것들은 다른 모든 사람이 경험할 수 있는 현실의 실제 내용일 필요는 없습니다. 그것들은 개인적인 경험의 현실이어야 합니다. 당신이 찍어서 보여 주는 사진은 제가 다른 눈으로 보는 사진이고, 다른 배경으로, 다른 이해로 보는 사진이며, 그것은 제가 보는 다른 사진입니다. 종이만 같아요. 저는 그 사진에서 다른 표현을 봅니다. 즉, 저에게 있어서는 다른 의미와 다른 가치가 현실적인 것으로 보입니다. 하지만 오직 저만이 그것을 볼 수 있어요. 그리고 오직 당신만이 당신이 보는 것을 볼 수 있어요. **우리는 어떤 일반적인 표현 방식에는 동의할 수 있지만, 그것뿐이에요.**

🗨 편저자

이 절에서 Erickson은 "기억 이미지는 모든 사람의 정신적 삶의 현실이니까요."라고 말하며 꿈을 치유적 비유로 사용함으로써 외부의 합의된 현실에 의존하려는 제약에서 개인의 창의성을 해방시킨다는 주제를 계속 이어 간다. 정신적인 삶과 최면치료 작업의 실제 내용은 바로 이러한 기억 이미지들이다. 순전히 공상적인 구성이라는 의미에서의 상상도 치료 작업에서 하나의 위치를 차지하고 있지만, Erickson이 관여하고 작업하려는 것은 실제 '기억 이미지'이다. 기억 이미지의 현실감은 급성 소아마비로 몸 전체가 마비되었던 17세 청년 Erickson이 최초로 발견한 것이다. 자체 재활 프로그램에서 Erickson은 자신의 실제 기억 운동 이미지를 사용하여 근육을 재훈련하고 전신 운동성을 회복했다.❾

그런 다음 Erickson은 사진작가가 확실히 이해할 수 있는 표현 방식으로 상대적 현실의 철학적 진실을 표현한다. 즉, "당신이 찍어서 보여 주는 사진은 제가 다른 눈으로 보는 사진입니다……. 일반적인 표현 방식에는 동의할 수 있지만, 그것뿐입니다." 합의된 실제는 일반적인 표현 방식으로만 존재한다. 우리 중 대부분은 우리가 믿는 것이 객관적인 진리라는 착각으로 다른 사람들에게 우리의 견해를 강요하려고 노력하면서 창의적 에너지를 너무 많이 낭비한다. 이것이 바로 사람들이 지켜야만 하는 정신적 실제를 구성하도록 추구하는 20세기 의식의 권력이라고 불리는 것이다. 그러나 Erickson이 심오하게 지적했듯이, 객관적 실제라는 개념은 환상이다. 우리는 서로 다른 눈을 통해 사진을 볼 때 우리가 같은 것을 보고 있다고 실제로 확신할 수 없다. 그렇다면 소위 말하는 집단적으로 결정한 합의된 실제를 모두의 삶의 방식으로 강요하는 이 권력은 얼마나 더 망상적인가? 그것은 이루어질 수 없다. 객관적 실제라는 환상은 오직 대결, 무력, 싸움을 통해서만 자행될 수 있다. 우리 자신의 특정 목적, 즉 우리 각자가 필요, 학습, 잠재력 및 능력의 개별적인 패턴을 기반으로 하는 목적을 위해 자신만의 다양한 '실제'를 구성하는 유용성을 인정하는 것이 얼마나 더 유익한가? 결과적으로 만들어진 개인의 패턴은 필요할 때 상호 이익과 집단 이익을 위해 공유될 수 있다.

4 일상생활의 변화된 의식상태

트랜스 심화를 위해 '궁금해하기'와 '응시하기'의 활용'; 시각적 환각 메커니즘 이끌어 내기: 잠재력과 조기 학습 세트 활성화를 위한 실제 기억 이미지 및 연결망: 도해

E: 당신이 거기에 앉아서 점점 더 깊은 트랜스로 들어가길 바랍니다. 창 앞에 서서 먼 곳을 내다보며 **당신이 무엇을 볼지, 무엇을 느낄지 궁금해하는** 자신을 마음속으로 기꺼이 발견하기를 바랍니다. 시골 풍경, 도시 풍경, 꽃과 나무, 자동차, 바다, 산, 안개를 생각할 수도 있겠지요. 누가 알겠어요? **서서 창밖을 응시하면서 원하는 시각적 기억, 시각적 이미지, 소망하는 것이 무엇이든 떠올리는 것은 개인적인 경험으로써 즐거울 것입니다.** 무의식은 과거로 되돌아갈 수도 있고, 미래에 대한 이해에 도달할 수도 있어요. 왜냐하면 미래에 대한 이해는 현재의 이해를 바탕으로 미래의 관점이 삽입된

틀을 형성하기 때문입니다.

당신이 늦은 오후에 침대에 똑바로 누워서 의식적으로 깨닫지 못한 채 과거에 그랬던 것처럼 지금은 어느 손이 당신의 오른손이고 어느 손이 왼손인지 의식적으로 궁금해하는 자신을 떠올려 보세요. 당신이 그것을 의식적으로 기억하든 그렇지 않든 당신은 그런 경험을 했을 것입니다. 그냥 궁금합니다. 어느 손이 오른손인지, 어느 손이 왼손인지 정말로 궁금해하는 것은 오래전에 신체 부위를 식별하려고 할 때 실제로 일어났던 일이기 때문입니다. 그리고 모든 아이가 그렇듯이, 2의 개념을 형성하고 2를 3과 구별하고, 1을 5와 구별하려고 노력하는 동안 당신은 발이 몇 개인지 궁금했을 것입니다. 이미 확립된 많은 것을 우리는 너무 당연하게 여기고 있습니다. 당신은 또한 어떤 것이 당신의 오른손이고, 어떤 것이 왼손인지와 같이 다소 터무니없어 보이는 것들도 당신의 정신적 경험 속에 이미 확립되어 있다는 것을 인식해야 합니다. 단순히 오른손의 식별이 왼손의 식별을 의미하는 것은 아닙니다. 당신의 오른손과 왼손이 둘 다 오른손, 혹은 둘 다 왼손, 혹은 두 손이나 한 손으로 보일 때가 있었습니다. 그리고 **그 기억의 이미지는 매우 실제적인 개인적 경험이자 이해였습니다.**

저는 당신에 대해 잘 모르지만 당신의 무의식은 많은 것을 알고 있습니다. 저는 당신에게 움직임을 암시할 수 있습니다. 바닥을 가로질러 걷는 것, 책을 집어 들고 읽는 것, 카메라로 초점 맞추는 것, 자동차를 운전하는 것, 버스를 기다리는 것, 무엇을 먹을지 생각하는 것, 잠자리에 들기 위해 마지못해 신발을 벗는 것 등을 암시할 수 있습니다. **저는 많은 것을 암시할 수 있지만 제 암시의 목적은 무의식이 스스로 그 자신의 다양한 것을 발견하게 하는 것입니다.**

편저자

다시 한번 Erickson은 트랜스 심화에 대한 허용적인 질문법으로서 '무엇을 볼 것인지, 무엇을 느낄 것인지 궁금해하는 것'에 대하여 말하고 있다. 이 개방적 궁금해하기는 거의 모든 개인적인 반응을 이끌어 내는 간접적인 암시로 기능하며, 이는 차례로 추가 응답 준비 상태를 설정한다. 즉, 최면대상자가 어떤 반응을 보이든 Erickson의 암시와 자동으로 연관되어 추가 암시에 긍정적으로 응답하는 경향을 강화한다. Erickson은 "창밖을 응시하고 서서 시각적 기억, 시각적 이미지, 소망하는 것이 무엇이든 떠올리는 것은 개인적 경험으로서 즐거운 일이 될 것입니다."라고 덧붙였다. (궁금해하면서) 창밖을 응시하며 서 있는 것은 사실 우리 모두가 일상생활에서 경험하는 매우 흔한 변화된 경험이다. Erickson은 이제 최면대상자의 가능한 시각적 환각 경험에서 나중에 사용될 수 있는 시각적 기억 이미지를 이끌어 낼 때 그것들을 다룸으로써 트랜스를 심화시킨다. "늦은 오후 침대에 누워서 무언가를 궁금해⋯⋯." 하지 않아 본 사람이 있겠는가? 그러한 시간에 반쯤 잠이 들어 꿈과 신체 이미지와 감정의 왜곡을 수반하는 자발적인 최면상태를 경험하지 않은 사람이 있겠는가?

하지만 Erickson은 이러한 매우 편안한 방식 속에서 획기적으로 놀라운 일을 한다. 즉, 그는 늦은 오후에 이러한 흔한 최면 경험을 "의식적으로 깨닫지 못한 채 과거에 그랬던 것처럼, 어느 손이 오른손이고 어느 손이 왼손인지 궁금해하고, 모든 아이가 그렇듯이, 2의 개념을 형성하고 2를 3과 구별하고, 1을 5와 구별하려고 노력하는 동안 발이 몇 개인지 궁금해하는" 초기 경험과 연결시킨다. Erickson은 그렇게 많은 것을 동시에 연결하면서 무엇을 하고 있는 걸까? 그렇게 많은 것을 동시에! 그는 다양한 수준의 경험과 반응성을 함께 연결하는 또 다른 연결망을 구축하고 있다. 그는 (1) 현재 트랜스의 심화 상태, (2) 일상적인 트랜스 경험, 그리고 (3) 최면대상자의 초기 무의식적 학습 사이에 삼중 연결 다리를 구축하고 있다. "2의 개념을 형성하고 2를 3과, 1을 5와 구별하려고 노력하는" 이러한 초기의 가장 심오한 학습 세트는 은유로서, 그리고 현재의 문제를 탐구하고 해결하는 데 사용될 수 있는 활성화된 조기 학습 세트로서 현재의 트랜스 상황으로 가져오게 된다.

Erickson은 다음 암시와 함께 이 모든 연결망을 요약하고 강화한다. "저는 많은 것을 암시할 수 있지만 제 암시의 목적은 무의식이 스스로 그 자신의 다양한 것을 발견하게 하는 것입니다." 이 마지막 문장은 즉시 새로운 연결망을 '구체화'된 정신적 현실로 집대성하는 동시에 무의식의 '주도권'을 통해 "그 자신의 다양한 것을 발견"하도록 한다. 연결망은 지금도 발전 중에 있는데 그 개요는 [그림 5-2]에 제시되어 있다. Erickson 암시의 전체 틀이 얼마나 개방적인지 주목하라. 모든 암시는 다양한 최면 현상을 경험할 가능성을 높이고 상호 강화하기 위해 고안되었다. 치료자의 암시와 최면대상자의 경험 사이의 가능한 상호작용은 매우 복잡하기 때문에 최면요법의 실행은 결정론적이고 기계론적 반응의 과학이라기보다는 가능성을 높이는 예술로 가장 잘 이해된다. 이러한 이유로, 최면대상자가 어떤 암시에 반응하기 시작했는지 관찰하고 테스트하는 치료자의 기술은 이러한 암시를 더 확장시키고, 강화하며 치료자의 길로 안내하는 과정에서 필수적이다.

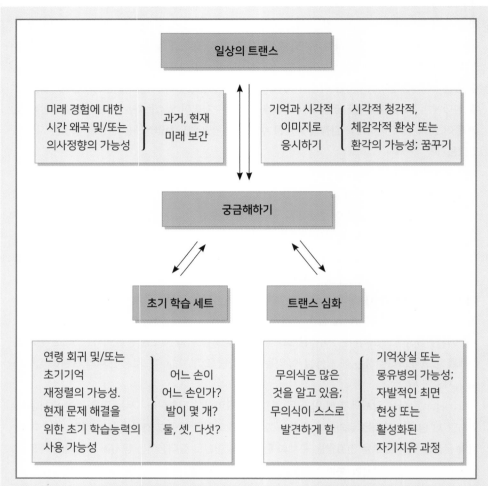

[그림 5-2] 섹션 2에서 뚜렷하게 나타난 현재의 트랜스 심화, 일상의 트랜스, 탐색적 초기 학습 세트 사이의 연결망. Erickson의 암시를 받은 순간 최면대상자가 자신의 성향에 따라 다양한 최면 현상을 경험할 확률을 높일 수 있는 선험적 조건을 (관념역동적으로 기억 이미지를 이끌어 냄으로써) Erickson이 어떻게 설정하고 있는지 주목하라. 궁금해하기는 연결망의 각 부분이 다른 부분을 이끌어 내고 촉진하고 강화하고 지원할 수 있는 공통분모임

능동적 트랜스 작업 촉진하기

---

1 저항 드러내기

의식적 저항을 흥미롭고 간결하게 명명하기: 의식적/무의식적 이중 구속

E: 이제, 의식적으로 당신은 정직하고 솔직하기를 원할 것입니다. 당신은 H 박사나 저를 속이지 않을 거예요. 그런데 의식적으로 당신은 방어하려고 할 것입니다. 사실상 필요한 것은 무의식의 협력입니다.

👥 편저자

이것은 저항을 흥미롭고 간결하게 명명하여 방출시키는 것으로 보인다. 물론 최면대상자는 의식적으로 '정직하고 솔직'하려고 할 것이다. H 박사나 Erickson을 속이려고 나온 것은 아니다. Erickson은 진실하려는 최면대상자의 분명한 행동적 노력에서 이것을 읽을 수 있다. 그러나 정직한 최면대상자라 할지라도, 특히 '정직하고 솔직한' 착한 유형의 최면대상자조차 전형적인 성격특성적 방어를 하는 것이 인간의 본성이라고 우리는 가정해야 한다. 그래서 그들은 행동이 아니라면 생각으로라도 '의식적으로 방어하려고' 할 것이다. 정직하고 솔직하면서도 여전히 방어하는 최면대상자의 특유의 투쟁은, Erickson이 "사실상 필요한 것은 무의식의 협력입니다."라고 결론을 내림으로써 깔끔하게 인식되고, 명명되어, 간략하게 일축된다.

의식적 갈등에 대한 Erickson의 명명에는 의식적/무의식적 이중 구속이 나타난다.

"의식적으로 당신은 정직하고 솔직하기를 원할 것입니다. 당신은 H 박사나 저를 속이지 않을 거예요."

vs.

"의식적으로 당신은 방어하려고 할 것입니다."

이 두 갈등은 최면대상자에게 정말 중요한 것, 즉 "……사실상 필요한 것은 무의식의 협력입니다." 에 의해 무의미해지고, 그리하여 무력화된다. 이것은 이중 구속으로 볼 수 있다. 최면대상자가 경험 하고 있는 의식적 갈등이 어느 쪽이든 상관없이, 무의식의 협력이 압도적으로 필요하고 중요하여 갈등이 무력화되는 경향이 있기 때문이다. 만약 최면대상자가 무의식적 협력이 필요하다는 것을 의심 없이 암묵적으로 받아들인다면, 잠재적으로 저항하는 그의 의식적 갈등은 무의미해져서 더 이상 경험과 행동을 통제하지 않는다.

우리는 이전의 여러 장에서 Erickson이 최면대상자 자신의 무의식적 협력의 필요에 대한 최면 대상자의 신념을 단단하게 묶고 강화하는 폭넓은 연결망([그림 5-1]과 [그림 5-2] 참고)을 구축하 기 위해서 왜 그렇게 많은 노력을 기울였는지 이해할 수 있다. Bateson의 설명에 따르면, 최면대 상자 자신에 대한 치유의 열쇠를 쥐고 있는 무의식적 활성화의 필요에 대한 최면대상자의 신념은 이제 최면대상자가 그 문제에 대해서 생각하는 것이 무엇이든 간에 의식적 대상수준에서의 어떤 갈등이나 저항을 통제하고 무력화시키는 메타수준으로 기능한다. 우리는 다음 절에서 Erickson이 또 다른 치료적 비유를 제시하면서 치료적으로 통제하는 무의식적 측면에 대한 신념을 어떻게 지 속적으로 구축하고 강화하는지를 볼 것이다.

Margaret Ryan(MR): 나는 이것이 의식적-무의식적 이중 구속이라는 것이 아직도 확신이 서 지 않는다. 내 생각에는 이것이 구속이 되려면 무의식적 영역("사실상 필요한 것은 무의식의 협력 입니다.")은 우연성보다는 필연성이 되어야 했을 것이다. 현 상황에서, 최면대상자의 의식적 갈등 의 무력화는 무의식적 협력에 대한 필요성을 먼저 수용하는 우연성에 기댈 뿐이다. 나는 이것을 제대로 구속이 되게 하려면 의식적 영역이 무의식적 영역을 필연적으로 암시해야 했을 것이라고 생각했다.

Ernest Rossi(ER): Ryan의 이와 같은 부족한 확신은 전적으로 이해가 되며, 이중 구속의 임상적 사용에서 핵심적인 어려움을 보여 준다. 이중 구속은 최면대상자가 내면에서 작동하는 결정적인 메 타수준(이 경우는 무의식의 치료적 협력이 필요하다는 통제적인 신념)을 가지고 있을 때에만 존재한 다. Erickson은 이미 그것을 구축했다는 것이 내 판단이었다. 하지만 Erickson이 그것을 구축해 가 는 중이라는 판단도 마찬가지로 타당하다. 이 시점에서 어떤 판단이 정확한지 확인할 방법은 없다.

최면대상자의 내면에 구속을 실행하는 결정적 메타수준이 존재하고 있는지, 또 활성화되고 있는지의 여부에 대한 이 불확실성이 이중 구속의 임상적 사용을 어려운 과제로 만든다. Bateson은 (개인의 의사소통에서) 이중 구속을 농담과 비교했다. 사람들은 이미 확립되어 있고 완전히 수용되어 있는 세계관을 갑작스럽게 무너뜨리는 '급소를 찌르는 대목(punch line)'의 농담에서만 진정으로 웃음을 터뜨린다. 이중 구속은 치료자가 이중 구속 가능성을 제공하는 대안을 수용하고 완성하도록 이미 작용하고 있는 결정적 메타수준인 '급소를 찌르는 대목'을 최면대상자가 가지고 있을 때에만 구속된다.[10]

2 알아차림 없는 트랜스

울트라디안 가설과 평범한 일상 트랜스; 능동적 트랜스 작업 vs. 수동적 협력: 무의식 작업을 위한 간접 암시

E: 정말로 트랜스에 빠진 적이 없다고 믿고, 여섯 가지 방법으로 그것을 증명할 수 있다고 단호하게 말하는 한 환자가, 그럼에도 불구하고 깊은 트랜스에 빠졌고, 저에게도 그리고 그 자신에게도 그 점을 조심스럽게 숨겨 둠으로써 무의식은 스스로의 목적을 위해 그 경험을 더 잘 사용할 수 있었습니다. 그것은 정직함이나 진실함이나 협력의 문제가 아닙니다. 그것은 무의식이 자신을 위해서 최선의 방식으로 일하는 문제일 뿐입니다.

편저자

이번 장에서 매우 미묘한 현상학적 문제가 제기되었다. 우리 대부분은 정상적인 활동의 흐름 안에서 일어나는 변화된 의식상태, 즉 평범한 일상의 트랜스 경험을 매일매일 인식하지는 않는다. 하지만 사실 우리의 의식은 외부 세계와 내부 세계 사이에서 끊임없이 초점을 이동하고 있다. 그럼에도 불구하고 우리 대부분은 의식이 변화된 의식상태와 간격 없이 끊어지지 않고 매끄럽게 이어지는 하나라는 착각을 가지고 있다. 우리는 (우리의 의식적 자아가 의도적으로) 이러한 의식을 통제할 수 있고, 마음대로 바꿀 수 있고, 심지어 잠을 자고 일어날 때에도 그것을 껐다 켰다 할 수 있다는 착각을 가지고 있다. 실제로 우리가 우리의 의식에 내리는 조그마한 명령을 우리가 더 큰 전체를 통제하고 있다는 착각을 만들어 내고 있는 것 같다.

울트라디안 가설은 평범한 일상의 트랜스가 외부 세계와 내부 세계 사이에서 의식의 초점이 자연스럽게 왔다 갔다 하는 운동의 일부분임을 이해하는 데 도움이 된다.[11] 우리가 90분마다 내면에 초점을 두는 단계로 들어가게 될 때, 우리는 아마도 부교감 신경계와 우반구 과정의 지배를 받게 될 것이다. 이러한 과정은 내면의 '장부 정리(bookkeeping)'(물론, 의식의 정상적인 범위 밖에서)를 잘 수행하여 궁극적으로 외부 집중의 시기를 돕는다. 치료적 트랜스의 목적을 위하여, 나는 Erickson이 '실제 치료에 매우 핵심적인 사고, 이해, 기억의 재연결 및 재구성'을 촉진하고자 개인 삶의 경험 저장소에 접근하려고 관심을 가진 것이 전형적으로 울트라디안 사이클의 내적 집중 단계라고 믿는다.[12]

따라서 Erickson은 그의 치료 이론에 대해 지속적으로 "그것은 정직함이나 진실함이나 협력의 문제가 아닙니다. 그것은 무의식이 자신을 위해서 최선의 방식으로 일하는 문제일 뿐입니다."라고 명확한 표현을 하고 있다. 많은 협력적인 최면대상자는 협력하는 것만으로도 충분하다고 믿는다. 최면치료자들도 같은 오류에 빠져서 '깊은 트랜스'에 들어가는 협력적인 환자들이 왜 뚜렷하게 나아지지 않는지 의아해한다. 수동적인 순응으로는 충분하지 않다! Erickson은 최면대상자가 단순히 협력하는 수동적 반응이나 순응과, 좀 더 진정한 최면 현상을 자율적으로 경험하는 능동적인 트랜스 상태와 구분하기 위해 많은 노력을 기울였다. 물론, 더 심오한 치료 작업이 이루어지는 것은 능동적 트랜스 상태에서이다.[13] 이번 절에서 Erickson은 최면대상자가 그저 협력하는 것일 수도 있다는 것을 인식하고, 아마도 무의식이 자체적으로 작업할 필요가 있다는 것을 강조함으로써 보완해야 한다고 느낀 것 같다. 그것은 무의식에 대한 무난해 보이는 일련의 사실 표현들 사이사이에 섞여 함축되어 있는, 정말로 중요한 간접 암시이다.

3 치료적 은유로서의 어린 시절

치료 과정에 활력을 불어넣기 위한 동기의 메타수준 활성화하기: '원하는 것을 원하기'로 재도식화된 고집부리기

E: 잠자리에 들기 위해서 장난감이 있어야만 한다고 고집을 부리고, 집에 있는 모든 장난감을 거부하는 아이가 있습니다. 엄마는 넌더리를 쳤고 아빠도 지쳤습니다. 그러나 만약 그들이 이 상황을 제대로 이해하려고 했다면, **그 아이는 정말로 장난감을 원**

하지 않았다는 것을 알았을 것입니다. **그 아이는 단지 장난감을 원하는 것을 원했을 뿐입니다.** 그리고 그 아이는 모든 장난감을 거부하면서, 장난감을 원한다는 말을 하는 것으로 단지 장난감을 원하기를 원했습니다. 그 아이는 **원하는 것을 원하기** 경험을 추구하고 있었습니다. 이것을 이해하는 부모는 아이가 원하는 것을 원하도록 허용함으로써 그 상황에 신속하게 대처하게 됩니다.

편저자

훨씬 더 미묘한 현상학적 문제가 이 부분에서 제기되었다. Erickson은 동기부여에 대한 유아기의, 즉 장난감 원하기를 원하는 아이의 메타수준을 활성화시키는 방식으로 가정생활에 대한 양육지침을 제공한다. 동기의 메타수준?! 그것에 대해서 들어 본 적이 있는가? 만약 Erickson이 자신의 소소하고, 소박한 이야기들을 우리가 또 다른 난해한 현상학적 수준으로 계속해서 이름 붙이고 있다는 것을 안다면, 혹시 무덤에서 벌떡 일어날까?

'원하는 것을 원하기'는 원하는 것이 원하는 것의 메타수준을 설명하고 있는 것이 아닌가? 나는 Erickson이 결코 그렇게 생각하지는 않았다고 확신한다. 그는 결코 그의 논문과 강의에서 그러한 개념들을 사용하지 않았다. 그리고 사실, 그것들에 대해서 특별한 관심을 갖는 것 같지도 않았다. 그러나 그의 실제 작업은 인간 행동에서 메타수준의 역할에 대한 직관적인 이해를 내포하고 있다. 메타수준의 개념은 반세기 전에 현대 수학[14]의 기초에서 사용되어 왔지만 심리학에서는 그것을 사용한 사람이 아무도 없었다. 조현병의 혼란된 의사소통 과정을 개념화하는 방법으로 메타수준을 채택했던 Gregory Bateson 외에는 아무도 없었다. 비록 메타수준이라고 이름 붙이지는 않았지만 평생 동안 메타수준과 이중 구속을 건설적으로 사용해 온 Erickson을 Bateson과 그의 동료들이 일찍이 동지로 발견한 것은 놀라운 일이 아니다.

유아기의 동기에 대한 메타수준을 활성화시키는 목적은 무엇일까? Erickson은 분명히 정서적 충전을 불러일으키려 하고 있다. 즉, 그는 최면대상자의 현재 치료 과정에 에너지를 공급하기 위해 인생 초기의 투쟁적 에너지 자원을 불러일으키고 그것을 활용하고 있다.

MR: 나는 이 구절의 의미에 대해 다른 인상을 받았다. Erickson은 동기에 대한 메타수준을 활성화시킬 뿐 아니라, 흔히 고집부리고 말 안 듣고 자기중심적 행동이라 비난받는 어린아이의 행동에, '원하는 것을 원하기' 경험이라는 긍정적 기능을 부여하여 재도식화하는 것으로 보인다. 앞에 나온 완벽주의의 재도식화(섹션 1)와 미묘하게 연관성이 있는 것 같다. 두 가지 경우 모두에서 그는 동기에 대한 부정적이고 자기패배적인 표현에 묶인 에너지를 치료 과정에서 재도식하고 재편성하려고 시도하고 있다.

4 치료적 최면과 무대 최면의 차이

무의식의 작업을 위한 자유 vs. 무대 최면 치료자의 자아 고양 욕구

E: 당신이 의식적으로 무엇을 생각하든 중요한 것은 당신의 무의식이 무엇을 생각하고, 어떻게 그 생각을 실행하는가입니다. 그리고 알지는 모르겠지만 당신의 무의식이 아주 다양한 일을 해낼 수 있을 만큼 당신은 깊은 잠에 빠져 있습니다. 그 일들이란 무엇일까요? 그 일들이 꼭 무대 최면(stage hypnosis) 시연을 필요로 하는 것은 아닙니다. 오늘 아침 작업의 목적도 무대 최면 시연이 아닙니다. 오늘 아침 작업의 목적은, 당신이 알 수도 있고, 모를 수도 있는데, 당신의 무의식이 자유로운 느낌을 갖게 하는 것, 무언가를 하고 싶다는 느낌을 갖게 하는 것입니다.

편저자

여기서 Erickson은 최면의 근본적인 주제를 건드린다. 즉, 최면대상자의 목적은 "꼭 무대 최면 시연을 필요로 하는 것은 아닙니다."이며, 그보다는 의식적인 인식이라는 제한 없이 무의식이 작업할 자유를 경험하는 데 있다는 것이다. 무대 최면과 치료적 최면 사이의 근본적인 차이는, 치료적 작업에서 환자의 무의식은 그 자체의 목적을 위해 스스로 작업할 자유가 있는 반면에, 무대 최면에서 무의식은 그 무대 최면치료자의 목적을 위해 사용된다는 점이다. 치료 작업에서는 힘이 환자의 무의식에 주어지지만, 무대 최면에서는 힘이 무대 최면치료자의 자아를 돕기 위해 사용되는 경우가 아주 많다. 무대 최면치료자의 역할은 무의식의 과정을 자연스러운 치료 경로에서 벗어나게 하는 병리만을 강화하기 때문에 특히 심각하다. 실제로 무대 최면 시연으로부터 해로운 결과가 생길 수 있다. 예를 들어, Erickson의 『무대 최면치료자의 요통 증후군』[15] 보고서에 따르면, 두 개의 의자 사이에 경직된 몸을 마치 다리처럼 떠 있게 하는, 인기 있는 무대 시연에 참여했던 최면대상자들이 나중에 허리 통증 때문에 치료를 받았다고 한다.

5 최면후 암시

치료 작업을 위한 암시로 '예기치 않은 일' 암시하기; 최면의 출처 기억상실을 지지하는 '합리적 이유' 제시하기

E: 당신은 지금 충분히 깊은 잠에 빠져 있지만, **깨어난 후에 많은 예기치 않은 일을 할 수 있으며, 지극히 합리적인 이유를 가지고 그 일들을 할 수 있습니다.** 예를 들어서, 당신이 최면에서 깨어난 후에 일어서서 제 담뱃갑을 집어 들고, 담뱃갑과 담뱃갑 안에 들어 있는 담배 개비 수가 몇 개인지 궁금해하는데 그건 단지 지적 호기심 때문이라고 생각할 것입니다. 당신은 담배 상표와 담뱃값 안의 담배 개비 수를 알고 싶어 했다고 말하고, 자신이 단지 호기심 때문에 질문했다고 말한 것을 진짜 믿으며 그 점을 증명할 수도 있겠지요. 동시에 당신의 무의식은 그 담뱃갑을 닫아 제 손에 닿지 않게 확실하게 밀어 두거나, 실수로 떨어뜨려 담배를 쏟거나, 혹은 H 박사 주변에 두거나, 혹은 지적 호기심을 만족시키는 일 이외의 다른 일을 하고자 하는 목적을 성취할 수 있을 것입니다.

편저자

Erickson의 최면후 암시의 촉진에 대한 주요 공헌 중 하나는 최면후 암시와 필연적 행동들과의 연결을 강조하였다는 것이다.[16] 최면대상자는 최면에서 깨어난 후 먹고 자고, 일어나고, 화장실에 가는 등의 일을 할 수밖에 없다. 만약 치료자가 그러한 필연적 행동 패턴들과 최면후 암시를 연결한다면, 이러한 행동들은 최면후 암시를 강화하기 위한 단서로 작용할 수 있다.

이번 절에서 Erickson은 또 다른 최면후 암시의 지원 체계인 '합리적 이유'에 대한 시연을 하고 있다. 대부분의 최면대상자가 나중에 최면후 행동을 합리적 이유와 연관시키는 것이 불가피할 뿐만 아니라 합리성은 최면대상자가 의식의 전폭적 지원을 받아 최면후 암시를 수행하도록 돕는 은폐와 방어로 작용할 수도 있다. 최면후 암시를 수행하기 위해 이 합리적 지원을 제공함으로써, 최면대상자는 암시의 시작에 대한 출처 기억상실(source amnesia)을 경험하는 경향이 있다. 따라서 최면 기억상실의 가능성 또한 강화된다.[17]

MR: Erickson은 의식적(합리적) 판단의 방해 없이 예기치 않은 해결책이 통과할 수 있는 패턴을 환자에게 만들기 위해, 어쩌면 합리적 이유(의식적 생각)와 '예기치 않은 일(무의식적 작업)'을 연결하고 있는지도 모른다. 이것이 그의 최면치료 작업 기본 모델이다. 여기에서 그는 최면대상자의 필연적 행동(흡연)을 문제 영역에 대한 무의식 작업의 더 중요하고 암묵적 활동에 대한 명백한 행동과 연결시킨다. 만약 최면대상자가 담배에 관련하여 최면후 암시대로 따른다면, 그것은 아마도 그가 치료 영역에서 비슷한 과정을 허용하고 있다는 것을 내포한다. 최면후 행동을 수행하는 것은 치료 작업을 위한 더 깊은 암시가 무의식적 수준에서 이해되고 받아들여지고 있다는 단서가 된다. 다음 절에서 Erickson은 무의식이 자율적으로 활동할 필요성을 더 명확히 보여 주기 위해 계속해서 또 다른 최면후 암시를 보여 준다.

6 최면후 암시를 통해 사전 연습하기

자율적 무의식 활동의 내사를 통한 비유적 행동 연습하기: 다양한 수준의 암시

E: 당신은 지금 깊은 잠을 자고 있어요. 그래서 만일 H 박사가 손가락을 탁 튕기면, **당신은 갑자기 지금이 밤이라고 생각할 수 있습니다. 당신은 일어나 불을 켜고는**, 당신이 불을 켜지 않았다고 단언할 수 있지요. 왜냐하면 불을 켜는 것은 **'지금은 밤이야.'**라는 생각의 일부이지, '지금은 낮'이라고 생각하는 의식의 일부는 아니기 때문입니다. **그것은 단순히 활동의 내사된 형태일 것입니다.**

ER & MR

최면대상자가 갑자기 밤이라고 생각하고 불을 켜게 만드는 신기한 최면후 암시의 목적은 무엇일까? Erickson이 이어서 "그것은 단순히 활동의 내사된 형태일 것입니다."라고 했을 때, 그가 자발적인 자율적 무의식 활동의 내사를 사전 연습하기 위한 치료적 행동 연습으로 최면후 암시를 사용하고 있다는 Ryan의 관점을 확인시켜 준 것 같다.

Erickson은 다양한 수준의 학습을 위해 환자들에게 단순한 연습과 사전 연습을 하게 하는 것을 매우 좋아했다. 그는 새로운 말을 이미 잘 훈련된 말들 사이에 끼워 쟁기질을 훈련시키는 예를 자주 들었다. 그는 종종 최면 시연에서 처음 시연하는 사람을 시연 경험이 풍부한 두 명의 최면대상자들 사이에 앉혔다. 트랜스 심화를 위한 예 반응을 촉진하고자 Erickson은 가끔 환자들에게 그들이 쉽게 '예'라고 대답하도록 하여, 트랜스에 들어가라는 Erickson의 요청에 '예'라고 거의 자동적으로 반응하게 되는 일련의 질문을 했다.

　이번 절과 이전의 절에서 그는 본연의 치료적 심리과정에 무의식이 자연스럽게 개입할 가능성을 연습하도록 최면후 암시를 하고 있다. 이 사례에서 그는 이것을 '활동의 내사된 형태'라고 실제로 최면대상자에게 말한다. 일반적으로 그는 환자가 전혀 알아차리지 못하게 치료 작업을 하기 위해서, 사전 연습 형태로 기능하는 최면후 암시를 간단하게 제시했다. 바로 이 점 때문에 최면대상자와 관찰자 모두 Erickson의 암시에서 함축된 의미와 사전 연습을 이해하지 못할 때 Erickson 작업을 몹시 난해하게 느낄 것이다.

　이 관점에서, Erickson 치료 작업의 효과성은, 한 번에 두 가지 이상의 수준에서 작동하는 데에 있다.[18] 그는 최면을 특별한 상태라고 믿었지만, 치료자에게 있어서 과도한 피암시성(hypersuggestibility)이 최면의 가장 중요한 특성은 아니라고 믿었다.[19] 오히려 중요한 것은 이 특별한 상태에서 다양한 수준으로 반응하고 작동하려는 최면대상자의 수용 능력이었다. 일상의 치료에서, Erickson은 성공적인 치료 작업을 위해 소위 트랜스 상태의 과도한 피암시성에 의존하지 않고 다양한 수준의 암시를 통해 환자의 무의식적 과정을 활성화하고 활용하는 데 의존했다.

---

7 치료 가이드로서의 최소 행동 단서

의식적 관심과 무의식적 관여의 징후인 동공 확장: 예리한 관찰 능력 개발하기

E: 오늘 아침에 식사를 하며 당신은 이완 시기에 대해 질문했어요. 의식적인 질문이었나요? 당신은 그렇다고 생각했지요. 하지만 당신 말을 들어보면 그건 분명히 당신의 의식만으로 질문한 것은 아니었습니다. 그 주제를 제기하고 질문하도록 강요한 것은 당신의 무의식이었어요. 당신이 자신의 얼굴을 볼 방법은 없었겠지요. 자신의 눈을 인지할 방법도 없었어요. **당신이 그 주제를 다른 측면에서 가볍게 논의했을 때 당신 눈동자가 그곳의 조명 상태와 일치하여 확장되지 않고 당신이 표현한 특정 생각과 직접적으로 관련되어 확장되었다는 것을 당신은 구별할 수 없었습니다. 당신은 당신의 동공**

이 확장되고, 안구 근육의 움직임이 느려지고, 당신이 의식적으로 의식만 있다고 생각하는 동안 무의식이 당신의 많은 행동을 포착하여 들을 수 있다는 것을 인식할 수 있는 방법이 없었습니다.

편저자

이 장에서 동공 확장과 심리적 관심 사이의 관계에 대한 Erickson의 주목할 만한 관찰은 Erickson의 이전 연구에 대해 전혀 알지 못했던 연구자들에 의해 독립적으로 입증되었다.[20] 동공은 매우 재미있거나 흥미를 끄는 생각을 하면 확장되는 경향이 있다. 종종 이 흥미가 좀 더 무의식적인 수준에 있을 때, Erickson은 특정한 생각이나 문제가 최면대상자의 의식이 인식하는 것보다 더 중요하다고 판단했다. 무의식적으로 더 관심 있는 문제들이 접촉될 때, 최면대상자는 순간적으로 고정된 집중 상태, 또는 가볍게 경직된 정지 상태, 즉 흔한 일상적인 트랜스에 빠지는 경향이 있는데 그러한 경우 "당신의 동공이 확장되고, 당신의 안구 근육의 움직임이 느려지고, 당신이 의식적으로 의식만 있다고 생각하는 동안 무의식이 당신의 많은 행동을 포착하여 들을 수 있게 된다."

Erickson 치료 작업의 많은 부분을 이끌었던 것은 이러한 유형의 예리한 행동 관찰이다. 그가 최면대상자들과 무작위적이고 중립적인 대화를 나누며 가정, 직장 등에 대한 기억과 이야기를 주고받았을 때, 그는 실제로 최면대상자의 동공, 얼굴, 신체 행동이 언제 더 깊은 무의식적 개입의 징후를 드러내는지 관찰하기 위해 삶의 많은 중요한 영역을 살펴보고 있었던 것이다. Erickson은 이 감각–지각적 지침을 사용하여 환자 개개인의 중요한 문제에 빠르게 초점을 맞추었다. 그는 이것에 매우 능숙해서, 사실 종종 그의 작업에서 '마법사'처럼 보였다. 그러나 자신은 항상 특별한 마법이나 힘은 없고, 단지 환자의 문제 과정의 징후인 최소한의 행동 단서를 지속적으로 관찰하는 예리한 관찰자일 뿐이라고 주장했다.

---

8 자연스러운 행동 단서 활용하기

**자연스러운 동공 확장을 이용한 최면후 암시; 동료에 대한 간접 교육;
무의식적 반응을 촉진하는 안전장치로의 최면후 암시**

E: 앞으로 당신과 함께할 작업에서, 당신의 무의식은 H 박사가 당신의 무의식이 정말

로 말하고, 정말로 듣고 있다는 것을 알 수 있도록 동공 확장에 많이 의지할 것입니다. H 박사는 당신의 동공을 보면서 당신의 의식과 무의식 둘 다에게 말하고 있는 것을 인식하게 될 것이고요. 그리하여 H 박사는 당신의 무의식이 그에게 무언가 말하도록 초대했다는 것을 알게 될 것이고. 이제 그가 옳은 말을 하는지 아닌지는 중요하지 않아요. 그가 무언가를 말한다는 단순한 사실은, 당신의 무의식이 그를 초대했기 때문에, 그가 당신의 무의식에게 반응할 수 있다는 것을 말해 줍니다. 그러므로 당신의 무의식 역시 반응할 수 있습니다.

편저자

Erickson은 여기서 한 번에 여러 가지 일을 해내고 있다. Erickson은 최면대상자의 자연스러운 동공의 움직임을 자신의 무의식과 치료자 둘 다에 의해 앞으로 어떻게 사용될지에 대한 일련의 최면후 암시를 하는 것은 물론, H 박사에게 자연스러운 행동 단서를 이용하여 그의 치료 작업을 안내하는 것에 대한 중요한 가르침을 주고 있다.

자연스러운 행동 패턴을 최면후 암시에 활용하는 것이 Erickson의 특징이다. 앞서 언급한 바와 같이, Erickson이 최면암시 요법을 수행할 때 의존한 것은 최면상태의 '힘'이나 '과도한 피암시성'이 아니라 필연적이고 자연스러운 행동 패턴이었다. Erickson의 이러한 기본적이면서도 중요한 특성은, 인간 행동에 대한 주의 깊은 관찰에 필요한 엄격한 훈련을 거치지 않고 단지 Erickson의 효율성만을 신속하게 모방하려고 하는 지나치게 열성적이지만 고지식한 치료자들에 의해 점점 사라지는 것 같다.

최면대상자와 H 박사가 앞으로 할 치료 작업에서 잠재적인 안전장치가 될 최면후 암시 역시 특별히 주목할 만한 가치가 있다. "이제 그가 옳은 말을 하는지 아닌지는 중요하지 않아요. 그가 무언가를 말한다는 단순한 사실은, 당신의 무의식이 그를 초대했기 때문에, 그가 당신의 무의식에게 반응할 수 있다는 것을 말해 줍니다. 그러므로 당신의 무의식 역시 반응할 수 있습니다." 최면치료자의 암시에 특별한 마술적 힘은 없다! 단지 환자의 무의식이 요청하고 반응할 수 있는 암시를 하려는 겸손한 노력이 있을 뿐이다. 최면치료자에게 요구되는 기본적인 수준은, 환자의 무의식에게 응답할 자유를 주면서, 그리고 만약 필요하다면 최소한의 단서를 통해 무의식의 목소리를 인지할 수 있는, 치료자를 바로잡고 심지어 안내할 수 있는 진지하고 치료적인 대화, 바로 그것이다.

9 활용 이론 2

전인격을 위해 문제 에너지를 건설적으로 활용하도록 무의식적으로 전환하기: 중요한 신호로서의 증상

E: 문제를 해결하고 싶군요. 어떻게 할 수 있을까요? 당신이 의식적으로 계획한 방식은 확실히 아니에요. 만약 그런 방식으로 해결할 수 있었다면, 문제가 없었겠지요. **당신이 해결하기 원하는 유일한 방법은 당신의 무의식이 해결하기 원하는 방법입니다.** 그리고 지금, 당신의 문제로 향하는 에너지는 전인격(total personality)으로서의 당신을 만족시키는 방식으로 전환되고 활용될 수 있어요.

👥 편저자

이것은 활용 이론에 대한 명확한 설명이다. 즉, 증상 형성에 묶여 있는 정신 에너지는 '전인격으로서의 당신을 만족시키는 방식으로 활용될 수 있도록' 다시 전달되어야 한다는 것이다. 이 암시에는 전체적이라는 단어가 잠재되어 있다. '전인격'의 의미는 무의식을 포함하는데, 무의식은 종종 의식이 거의 알지 못하는 존재의 욕구와 패턴을 가지고 있다. 증상과 문제는 '전인격적 차원'에서 모든 것이 다 잘되고 있는 것은 아니라는 무의식으로부터의 신호이다. 따라서 증상은 정말로 우리의 가장 친한 친구이며, 우리 모든 삶에 대한 중요한 통찰을 얻기 위해 '전인격'에 조율할 필요가 있다는 것을 알려 준다.

10 무의식이 자신의 일을 하도록 허용하기

최면요법 활성화의 정점에서 길게 멈추기

E: 제가 너무 많은 이야기를 했군요. 당신의 무의식은 당신이 듣고 이해하는 것보다 훨씬

더 많은 것을 듣고 이해하고 있고, 한가롭게 제 말을 듣지 않고 스스로 생각하고 있기 때문에 제가 더 이상 계속해서 말할 필요는 없겠어요. [긴 멈춤]

편저자

이 장은 긴 멈춤으로 끝난다. Erickson은 정신 활성화의 고조 상태가 활기를 띠도록 하고, 이제 정신 활성화가 자신의 치료 과정을 추구하고 '스스로 생각하도록' 긴 멈춤을 갖는다. 내면에서 일어나는 치유와 변형의 정신적 사건은 이 '잉태'를 위한 멈춤 동안에 일어나는 것으로 추측된다. 따라서 이 긴 멈춤은 그가 여기까지 촉진한 모든 정신적 활성화와 함께 전체 유도 과정의 정점이다.

이것은 최면대상자가 최면치료자의 권위적인 암시에 수동적으로 영향을 받는 백지 상태와 같은, 마치 잠자는 수동적 상태라고 보는 최면에 대한 오래된 전통적인 통념과는 얼마나 다른가? Erickson에게 있어 가장 이상적인 최면치료 상태란, 최면치료자의 지배적이고 직접적인 암시에 환자가 수동적으로 반응하는 것이 아니라, 자신의 정신적 레퍼토리를 가지고 작업하는 고조된 활성화된 상태의 하나였다. 최면치료 과정에 대한 Erickson의 급진적으로 다른 관점에 대한 가장 명확한 표현이 1948년 그의 논문인 『최면심리치료』❶에서 처음으로 다음과 같이 발표되었다.

직접 암시는, 최면에서 일어난 것은 무엇이건 제시된 암시에서 나온다는 가설에 기반을 두고 있다. 이는 치료자가 환자의 치료적 변화에 영향을 미치는 기적적인 힘을 가지고 있다는 것을 의미하며, 치료가 환자 자신이 스스로 획득한 행동의 내적 재합성에서 비롯된다는 사실을 무시한다. 직접 암시가, 적어도 환자의 행동에 변화를 초래하여 일시적으로 증상을 치료할 수 있다는 것은 사실이다. 그러나 그러한 '치료'는 단순히 암시에 대한 반응일 뿐 **실제 치료에 필수적인 사고, 이해 및 기억의 재결합과 재조직화를 수반하지는 않는다. 치료란 기껏해야 관찰자만 만족시키는 반응적 행동의 표현이 아니라, 치유로 귀결되는 환자의 경험적 삶을 재연결하고 재조직화하는 경험이다**(p. 38). [여기서 강조 부분은 편저자가 강조하기 위해 제시한 것임]

[11] 간접 암시의 역할

정신적 자원의 전체 레퍼토리를 불러오는 색상의 치료적 비유: 뇌의 양측면 활용하기: 비유를 합리적인 용어로 해석하기: 적극적인 내적 작업 불러일으키기

E: 저의 예술가 환자는 자신이 그림을 그릴 것이라는 것을 확실히 알고 있습니다. 그는 빨간 색, 파란색, 갈색, 황금색, 노란색, 분홍색, 오렌지색 등의 물감을 꺼내는 것을 좋아합니다. 그렇게 하는 것을 정말로 좋아합니다. 게다가 그는 흑백 그림을 그릴 때에도 그 물감들을 미리 준비하고 매우 즐거워합니다.

색 물감들이 어떤 역할을 했을까요? 그의 그림에는 빨간색, 노란색, 파란색, 녹색은 없었어요. 단지 검정과 흰색만 있었을 뿐입니다. **하지만 검정과 흰색이 없었다면 그는 흑백 그림을 그릴 수 없었겠지요.** 그는 자신이 나무와 꽃의 풍경화를 그릴 것이라고 진심으로 믿으며 작업을 합니다. 그러나 그가 그린 것은 외로운 한 그루 나무가 있는 눈 덮인 들판을 가로지르는 울타리입니다. 그렇다면 그 물감들을 왜 꺼냈을까요? **그건 겨울 이전의 풍경이 어떠했는지 배경을 파악하기 위해서입니다.** 그는 정신적 이미지를 배경으로 해서 들판의 눈, 잎이 떨어진 나무, 녹색 잎이 없는 나무, 환한 색깔의 꽃이 없는 울타리 등의 **대비감을 얻을 수 있었습니다.** 그는 실제로는 울타리를 보지만, 들판, 난간 울타리, 꽃들, 녹색 잎들을 포괄적으로 볼 수 있도록 물감을 꺼내 놓습니다. 그런 후, 그는 그중에서 검은색과 흰색을 선택합니다. 그리고 물감을 준비하면서 진심으로 "저는 사랑스러운 풍경, 아름다운 봄의 풍경을 그릴 거예요."라고 말합니다. 그는 실제로 그것을 믿고, 매우 사랑스러운 겨울 풍경에 정말로 즐거워할 수 있고, 여러분만큼 기뻐할 수 있습니다.

그것은 무의식이 할 수 있는 일입니다. 그리고 저의 예술가 환자가 처음으로 그런 행동을 했을 때 자신이 왜 물감을 모두 골랐는지 의아해했습니다. 그러나 **그의 무의식은 사랑스러운 그림을 얻기 위해서 선택할 수 있는 모든 정신적 이미지, 모든 시각적 기억을 갖는 것이 좋다는 것을 알고 있었습니다.** 이렇게 그는 모든 것을 활용할 수 있었습니다. 그는 그림에 사용하려던 꽃들을 옆으로 치워 두었습니다. [긴 침묵]

👥 편저자

단지 검은색과 흰색만 사용하더라도 팔레트에 모든 색상을 준비한다는 이 비유는, 최면대상자가 다뤘어야 할 진짜 중요한 흑백의 주제를 지지해 줄 완전한 배경을 마련할 수 있도록 그의 내적 자원('선택할 수 있는 모든 정신적 이미지, 모든 시각적 기억')을 확실히 도와주려는 의도가 있다. 심지어 최면대상자가 트랜스에 있는 동안, Erickson이 자주 복잡하고 결정적인 비유를 합리적 용어로 번역한다는 점은 흥미로운 지점이다. 은유는 우반구의 이해력을 돕기 위해 일종의 신화적 표현으로 작용하지만, Erickson은 좌반구에도 동일한 지침을 사용하여 마음의 양쪽 '측면'을 함께 작업한다.

ER & MR: 이러한 경우에 Erickson은 먼저 비유를 제시한다. ("저의 예술가 환자는 자신이 그림을 그릴 것이라는 것을 매우 확실히 알고 있습니다……. 게다가 그는 흑백 그림을 그리기 위해 그 물감들을 미리 준비하고서 매우 즐거워합니다.") 그런 후에 그는 그것을 단지 부분적으로 설명하기 시작한다. 이어지는 문단에서 Erickson은 흑백의 겨울이 오는 것과 대조적인 봄 색상의 경험을 먼저 시각화시킴으로써 겨울 풍경 그림의 역동성과 비유를 자세히 설명한다. 이런 식으로 자신의 문제를 풀기 위해 환자 자신의 개인적인 역사를 가져올 필요가 있다고 넌지시 암시한다. 그런 다음 그는 환자를 위한 정말 중요한 메시지를 포함하는 무의식 과정의 역동성에 대해 한 단계 더 설명하면서 이 장을 끝낸다. "…… 그러나 그의 무의식은 사랑스러운 그림을 얻기 위해서 선택할 수 있는 모든 정신적 이미지, 모든 시각적 기억을 갖는 것이 좋다는 것을 알고 있었습니다. 이렇게 그는 모든 것을 활용할 수 있었습니다."

반면 합리적 사고로 비유적 과정을 충분하게 이해할 수 있게 하면서 Erickson이 완전한 해석은 하지 않고 아슬아슬하게 멈춘 것에 주의하자. 그는 최면대상자가 자신의 상황에 비유가 어떻게 적용되는지를 세부적으로 탐구할 수 있는 중요 단계를 거치도록 상황을 구조화한다. 이것은 최면대상자가 '실제 치료에 필수적인 사고, 이해, 기억의 재연결 및 재조직화'와 관련된 최면치료에서의 본질적인 적극적 내면 작업의 단계이다. (다음 참조)

ER: Erickson의 이러한 측면은 암시를 간접적 형태로 사용하는 그의 의도를 이해하는 데 도움이 된다. 암시의 간접적 형태는 의식적 의지에 반해서 최면대상자의 마음을 조종하려는 교활한 방법이 아니다. 만약 그랬다면, Erickson은 몇 분, 몇 시간, 며칠, 몇 주 또는 심지어 몇 달 전에 사용했던 간접 접근의 목적을 최면대상자를 위해 왜 그렇게 자주 해석했겠는가?[22] 오히려 간접 형태의 암시는 정신적 연결과 무의식 과정의 촉진제였다. Erickson은 그것을 더 효과적인 최면치료 개입을 위한 그의 연구에서 다음과 같이 발전시켰다.[23]

Erickson은 환자의 연상 구조와 정신적 기술을 연구하고 활용하기 위해 최면 형태를 다양하게 발명하고 체계적으로 이용하였는데, 이는 치료에 영향을 미치기 위해 사용하던 의식적 자아 통제 범위 밖에 있는 것이었다. 이러한 다양한 최면 형태를 발명하고 체계적으로 사용하는 것은 '암시'의 이론과 실제에 대한 Erickson의 명백한 공헌 중의 하나임에 틀림없다.[24]

하지만 최면치료자에게는 언제, 어떻게 그러한 정보를 전달할지 결정하기 위해 매우 신중한 식별이 필요하다. 즉, 환자의 의식이 자신의 증상에 묶인 에너지를 '전인격'에 더 바람직한 방식으로 전환하기 위한 무의식적 과정을 촉진하도록 간접 암시가 어떻게 사용되었는지, 언제 들을 준비가 되어 있는지에 대한 식별이 필요하다.

12 휴식과 학습

최면 학습의 '자리 잡기'와 공고화를 위한 휴식: 새롭게 건설된 콘크리트 도로의 은유: 궁금증 유발을 위한 의미 없는 질문

E: 당신이 배워야 하고, 아주 기분 좋게 배워야 할 한 가지는 긴장을 푸는 것이 얼마나 즐거운가에 대한 것이에요. **그것은 휴식일까요, 아니면 자신이 얻은 것을 공고히 하는…… 학습의 일종일까요?** 열심히 공부한 학생은 공부를 끝내고는, 책을 치우고, 의자에 편안히 기대어 기지개를 켜고, 긴장을 풀면서, 어떠한 중요한 생각도 하지 않습니다. 콘크리트 도로는 콘크리트로 단단하게 지어지지요. 하지만 콘크리트가 굳었다고 해도 곧바로 차량이 그 위를 지나가지는 않아요. 건설업자는 이렇게 말합니다. "자리 잡게 두세요. 지금도 단단해요. 교통량을 견딜 수 있을 만큼 단단하지요. 그렇지만 그대로 자리 잡게 두세요. 그러면 도로는 겨울 날씨도 견딜 수 있고, 더 많은 교통량도 잘 견딜 거예요……. 지금도 단단하지만, 더 단단하게 자리 잡게 될 거예요." 이 얼마나 모호한 말인가요? 이것이 의미하는 것은 무엇일까요?

👥 **편저자**

마지막 두 절에서 정점에 도달한 최면요법 활성화의 고조된 상태는 현명하게도 이제 "자신이 얻은 것을 공고히 하는……" 휴식 시기로 이어진다. 새로운 학습은, 신경 호르몬이 기억저장을 조절하는 뇌의 시스템과 상호작용하는 명백한 휴식 기간 동안 '자리 잡게' 된다. ㉕

Erickson은 "교통량을 견딜 수 있을 만큼 단단하고…… 겨울 날씨도 견딜 수 있습니다."라며 단단하게 자리 잡는 콘크리트의 은유를 사용한다. 새로운 최면치료 학습은, 힘겨운 혹한기에 새로운 학습과 상충될지도 모르는 미래의 난관을 견뎌 내야 할지 모른다.

Erickson은 이 절을 침묵으로 마무리한다. "이 얼마나 모호한 말인가요? 이것이 의미하는 것은 무엇일까요?" 실제로 그가 여기서 질문하고 있는 것은 무엇인가? 그는 자리 잡기라는 그 용어의 모호한 의미를 언급하고 있는 걸까? 아니면 최면대상자가 '치유로 귀결되는 자신의 경험적 삶의 재연결과 재조직화'를 궁금해하고 더욱 공고히 하는 데 도움이 되도록 의미 없는 질문을 던지고 있는 걸까? 그것도 아니면 다음 절에서 다루게 될 최면대상자의 기억으로 이동하기 위한 질문을 던지고 있는 것일까?

13 마음의 절정 촉진하기

무의식의 '번개처럼 빠른 정신적 삶'의 자율성: 시간 왜곡과 기억상실, '기억의 홍수'

E: **우리는 많은 것을 생각해야만 한다는 생각을 가지고 있습니다.** 그러나 신경 자극은 대략적으로 초당 약 130,000마일을 이동하기 때문에 신경 자극 속도를 고려해야 합니다. 근육의 움직임은 훨씬 느리지만 생각은 본질적으로 전류의 속도와 같습니다. 그렇다면 모든 일련의 생각을 [생각하는] 시간은 얼마나 걸릴까요? 즐거운 여행을 하고 아주 오랜 시간 동안 다시 그것에 대해 생각하지 않을 수 있습니다. 그 후에 갑자기 누군가가 하나의 단어를 말한다면 표현된 그 단어를 인식하는 즉시 당신의 마음에 모든 일련의 기억들이 스칠 것입니다. [멈춤]

단지 **리머릭**(limerick)이라는 단어만 언급해도 그 주제로 논문을 쓴 한 박사와 제가 그 논문에 대해 그와 오랫동안 나눈 서신, 인류학 연구에 대한 그의 논문들이 제 마음에 즉각적으로 떠오릅니다. 그 논문 작성 후 몇 년 동안, 저는 뉴욕에 갈 때마다 제가 묵었던 호텔에 들어가면서 반드시—**그곳의 어떤 방에 들어가자마자**—그 기억이 무엇인지는 모르지만 **기억의 홍수**가 맹렬히 몰려올 것을 저는 알고 있습니다. **기억의 홍수.** 저는 잊고 있던 이름들을 다시 떠올릴 것이고, 잊고 있던 일들이 떠올라지겠지요. 저는 그 방에 들어가자마자 그것들을 떠올릴 것이고, 그 방이 무언가와 비슷한 것 같다는 생각이 어렴풋이 듭니다. 제 생각에는 그 방이 복도 왼쪽에 있고, 거기에 테이블이 있는 것 같았지만 확실치는 않을 거예요. 그러나 제가 그 방에 들어가면 분명히 엄청난 기억의 홍수가 몰려올 것입니다.

이렇게 번개처럼 빠른 정신적 삶의 매우 작은 부분을 인식할 수 있는 것은 무의식에서입니다. 기억의 홍수가 물밀듯이 밀려와서 이 이름과 연상되는 모든 것을 따라가기 위해서는 시계로 측정할 만한 시간이 주어져야 할 것입니다. 마치 사람들로 가득 찬 방에 들어가려고 문을 열면 모두가 한꺼번에 보이는 것과 같아요. 당신은 그들 모두 당신이 아는 사람들이라는 것을 알고 있습니다. 그렇지만 한 사람에게서 그다음 사람에게 시선을 옮기고, 이름을 붙이고, 기억을 떠올리는 어려운 과정을 통과해야 합니다. [긴 멈춤]

🗨 편저자

여기서 Erickson은 "우리는 많은 것을 생각해야 한다는 생각을 가지고 있습니다……."라고 하며, 기억을 검토하고 중요한 내적 작업을 수행하기 위해 의식적 시간을 많이 가져야 한다는 일반적인 오해로부터 최면대상자를 자유롭게 하여 치료적인 정신 활동의 절정을 분명하게 지지하는 것처럼 보인다. 이것이 보통 의식적으로 유도된 연상 과정이 일반적으로 경험되는 방식이다. 실제로 "번개처럼 빠른 정신적 삶의 매우 작은 부분을 인식할 수 있는 것은 무의식에서입니다."라는 말은 사실이다. 무의식적 과정이 매우 빨리 일어날 수 있기 때문에, Erickson은 가능한 시간 왜곡의 경험을 간접적으로 촉진하고 있다. 그리고 이 엄청난 속도는 자율적인 무의식 과정을 요구하기 때문에 최면대상자는 상당 부분 기억상실을 겪게 될 것이다. 심지어 역설적으로 그가 '기억의 홍수' 경험을 알고 있더라도 말이다. 기억의 홍수 경험은 중요한 발달적 변화가 일어나는 정신적 삶의 돌파구와 절정에서 매우 특징적으로 보인다. Freud에게 초기기억의 방출은 중요한 정신 장애를 극복하기 위한 필수불가결한 조건이었으며, 이렇게 자발적으로 기억이 떠오르는 것은 여전히 대부분의 심리치료 형태에서 의미 있는 단계로 간주된다.[26]

14 능동적 트랜스 작업 도해

👥 편저자

　다음은 치료 작업의 이 장에서 Erickson에 의해 활성화된 정신역동적 요인에 대해 있을 수 있는 도해 중 하나이다.

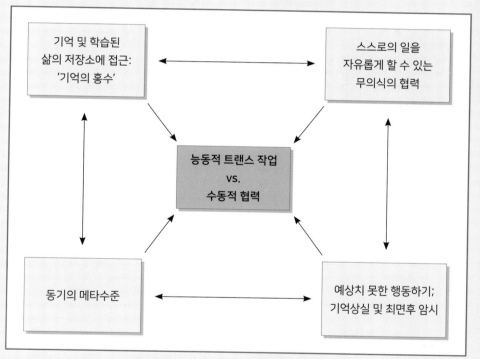

[그림 5-3] 섹션 3의 능동적 트랜스 작업: 동기, 초기 학습 세트, '스스로의 작업을 자유롭게 실행하는' 무의식, '실제 치료에 매우 핵심적인 사고, 이해, 기억의 재연결 및 재구조화'를 위한 예상치 못한 자율적 활동을 격려하는 훈련의 연결망

재도식화, 최면후 암시 및 트랜스 확인

1 트랜스 확인

트랜스는 자명한 치료 경험이라는 경험적 은유

E: 당신이 트랜스에 있었다는 것을 당신이나 다른 누군가에게 증명하는 것이 그렇게 중요합니까? 당신의 무의식은 알고 있습니다. [멈춤]

당신이 당신의 아내를 사랑하고 있다는 것을 아는 것으로 충분합니다. 그것은 **경험입니다.** 당신은 이 사람에게 증명하거나, 저 사람에게 또는 자신에게 증명하기 위해 엄청난 에너지를 쏟을 필요가 없습니다. 자신 안에서 그러한 경험을 한 것만으로도 충분합니다. [긴 멈춤]

편저자

Erickson은 치료적 트랜스의 내적 경험이 무엇인지에 대한 최면대상자의 신념 체계를 확장하기 위해 주의를 기울인다. 그것은 최면대상자가 가지고 있는 치료적 경험이 무엇이든 상관없다! 마치 사랑의 감정을 증명할 필요 없이, 단지 그것을 경험하기만 하면 되는 것처럼 최면대상자나 다른 누구도 어떤 증거를 필요로 하지 않는다. 여기에서 Erickson은 내적 경험을 치료적 트랜스의 자명함(prima facie)으로 설정하고 있다. 사람들은 너무 자주 트랜스를 경험했다는 것을 '증명'하기 위해 겉으로 드러나는, 행동적이고 기이한 감각·지각적 변화가 필요하다고 믿는다. 이것은 무대 최면에서 비롯된 우리의 불행한 유산이다. 최면치료자가 이러한 겉으로 드러나는 행동 징후를 통해 환자의 의식에 변화된 의식상태가 존재한다는 것을 확인하거나 '증명'하는 것은 전적으로 타당하긴 하지만, 여전히 가장 가치 있고 좋은 증거는 치료 효과에 필요한 실제 내적 경험이다.[27]

2   최면 기억상실 촉진

망각은 자명한 신체 과정이라는 자연주의적 은유: 치료적 트랜스 망각하기

E: 당신은 근사한 저녁 식사를 했고, 그것을 충분히 즐겼습니다. 그런 다음 맛있는 저녁을 먹었다는 것을 모두 잊을 수 있습니다. 좋은 저녁 식사를 기억하는 것은 중요하지 않으며, 음식을 소화하고 있다는 것을 증명하기 위해 혈액 샘플을 채취할 필요도 없습니다. 당신은 그것을 먹은 경험이 있고, 그런 다음 잊어버릴 수도 있습니다. 먹었다는 것을 자신이나 다른 사람에게 증명해야 할 이유는 없습니다. 당신은 경험을 했고, 그것을 잊을 수도 있습니다. 소화 과정이 일어나도록 할 수는 있지만, 지방이 소화되고 있고 단백질과 탄수화물이 소화되는 것을 증명할 필요는 없습니다. 당신이 트랜스 상태에 있었다는 것을 기억할 필요조차 없으며, 심지어 트랜스에 있었다고 믿을 필요도 없습니다.

편저자

Erickson이 같은 절차를 따르면서도 최면대상자의 개별성에 적합한 새롭고 창의적인 표현을 하는 것을 목격하면서, 여기에서 우리는 전반적인 일관성을 식별할 수 있다. 그의 이런 일관성이 우리가 그의 접근 방식을 이해해 나가는 데 확신을 준다. 이 절에서 우리는 중요한 최면치료 작업을 환자의 의식에 의한 이후의 간섭으로부터 차단하고 보호하기 위해서 그가 다시 한번 최면 기억상실의 경험을 촉진하려고 시도하는 것을 볼 수 있다. 그리고 우리는 최면대상자가 필연적으로 경험한 자연주의적 은유, 즉 음식을 먹고, 먹었던 것을 잊어버리고, 그동안 음식을 먹고 완전히 소화하는 것에 대해서 은유를 사용하는 것을 본다. Erickson은 이 일반적이고 자연스러운 신체 과정을 최면대상자의 지속적인 트랜스 경험과 연관시킴으로써 먹는 것에 대한 기억상실만큼이나 자연스럽게 최면치료 작업의 기억상실을 촉진할 수 있기를 바란다. Erickson이 최면 기억상실증과 간접적인 암시를 사용하는 근거는 다음의 글에 요약되어 있다.[28]

트랜스 상태와 깨어 있는 상태 사이의 연결성을 다루는 실제적인 문제는 최면치료 암시의 효과를 촉진하기 위한 Erickson의 기억상실 활용으로 우리를 안내한다. 이전 논의에서 직접 암시보다 간접 암시의 우월성을 논의한 바와 같이, 암시의 신뢰할 만한 결과를 확보하는 데 있어 기본적 문제는 환자의 의식 세트와 태도가 의심하고 논쟁하고 잠재적으로 부정하는 것으로부터 암시를 '보호'하는 것이다. 환자는 자신들의 부적응 행동을 지배하는 잘못되고 경직된 반응 때문에 환자이다. 암시가 의식에 의해 인식되지 않도록 간접적으로 시행함으로써 암시는 환자의 전의식 또는 무의식으로 들어갈 수 있으며 환자의 전반적인 발달을 위해 최적의 방식으로 활용될 수 있다. 따라서 최면 기억상실은 의식에 대처하고 환자의 의식 세트의 한계로부터 치료적 암시를 보호하기 위한 편리한 접근 방식이다. 최면 기억상실은 트랜스와 깨어 있는 상황 사이의 연결고리를 효과적으로 끊어, 환자의 의식적인 태도의 잠재적인 부정적 영향을 차단하여 최면 암시를 보호한다(p. 90).

또한 이전 절에서와 같이 Erickson은 기억상실에 대한 간접 암시를 합리적 과정과 비합리적 과정 모두에 일관되게 적용하고 있다는 점에 주목하자. 이 비유적 틀은 최면대상자의 비합리적인 혹은 우반구 과정에 관여하는 반면, 소화에 대한 그의 사실적 표현은 최면대상자의 합리적인 혹은 좌반구 과정에 관여한다.

3 치료적 비유

회의적인 과학적 사고를 위한 트랜스와 최면 기억상실 확인

E: 연구에 엄청나게 관심이 많은 제 친구는 자신이 식사를 했는지 전혀 모릅니다. 당신은 "자네 점심 식사 했어?" "저녁은 먹었나?"라고 물어볼 수 있겠지요. 그는 단순한 경이로움으로 당신을 바라보며, "먹었겠지. 나는 배고프지 않아. 단지 이 프로젝트에 관심이 있을 뿐이야."라고 말합니다. 배고프지 않다니 먹었을 것이라는 거지요. 일요일에 그는 당신과 함께 저녁 식사를 할 수 있고, 그 후에 그것에 대해 얘기하고, 떠올리는 것을 즐기고, 다음 일요일 저녁에 무엇을 먹을지 추측할 수 있겠지요. 그

는 그렇게 많은 일을 하기 위해 너무 많은 칼로리를 섭취했다는 사실을 기억할 필요가 없어요. 당신의 의식적인 호기심이 무엇이든 간에, 당신의 무의식이 그 나름의 방식으로 그것을 할 수 있게 해 줄 것이기 때문에 그 호기심을 만족시키는 방법을 찾을 수 있습니다. [멈춤] 얼마 전에 어떤 의사가 트랜스에 들어가기를 원했고, 그가 트랜스에 있었다는 것을 제가 증명해 주기를 원했던 것처럼 말입니다. 그리고 저는 그의 무의식이 스스로 그에게 그것을 증명하도록 설득하려 노력했지만…….[2] 그러나 그의 무의식은……. 그는 제가 그를 트랜스에 들게 하지 않은 것을 애석해했고, 저에게 유감을 표현했으며, 제가 공책에 어떤 표기를 하는 것을 지켜보았습니다. 그리고 한 달 후에, 그는 저에게 편지를 쓰려고 했지만 오늘까지 미루었다는 내용의 편지를 썼습니다. 그리고 어떤 내적 이유 때문인지 그날이 그 편지를 쓸 수 있는 유일한 날인 것 같다고 했어요. 그가 편지를 쓴 후에 우리가 만났을 때 저는 그에게 제 공책을 보여 주었어요. 제 공책에는 그가 특정한 날에 편지를 쓸 것이며, 특정한 단어를 사용하고, 특정한 생각을 표현할 것이라는 문구가 적혀 있었지요. 어떤 단어와 어떤 생각은 다소 특이하고 평소 그의 생각과는 일치하지 않을 것이라고 적혀 있었지요. 예를 들어, 그는 실제로 손이라는 단어를 의미할 때 **손가락**이라는 단어를 사용했어요. [멈춤] 그리고 그는 편지에 제 지능에 대한 대여섯 번의 모욕적인 표현을 포함시켰지요. 즉, 그는 종이 한 장에 어느 쪽이 오른쪽이고, 어느 쪽이 위쪽이고, 왼쪽이며, 아래쪽인지 알 수 있도록 표시했고, 글씨가 적힌 종이였음에도 불구하고, 여전히 **오른쪽, 왼쪽, 상단, 하단**이라고 표시했어야 했습니다. 누구나 영어가 쓰인 종이의 오른쪽 면이 어디인지는 알지요. 오른쪽을 안다면 확실히 왼쪽도 알겠지요. 글을 읽을 수 있는 사람이라면, 어느 것이 상단이고 어느 것이 하단인지 확실하게 알지요. 그것은 모두 멋지게 표시되어 있었기 때문에 저는 그 종이를 확실히 읽을 수 있었어요. 그러나 **그것은 모욕이 아니라 의식적 인식 없이 최면 행동을 수행하는 것이었습니다.** 그 일을 하는 데 꼬박 한 달이 걸렸지만, 그는 훌륭하게 해냈습니다.

---

2) 편저자 주: 줄임표는 들리지 않는 부분을 나타낸다.

🗨️ 편저자

Erickson이 트랜스나 무의식적 영향의 존재를 전문 동료에게 어떻게 확인했는지에 대한 이 치료적 비유는 최면대상자의 회의적이고 과학적인 마음이 치료적 트랜스의 경험을 받아들이고 심지어 스스로 촉진하는 방법을 배우는 데 도움이 된다. 서구 의식의 오만함은 새로운 시대마다 변화된 의식상태를 이해하고 수용하기 위한 새로운 이론적 근거를 만들어 낼 것을 요구한다. 항상 최면이 정말로 '쇼를 하는 것'이라고 믿고 싶어 하는 것이 서구 의식의 특징 같다. 그것은 무의식의 자율성을 받아들이기를 원하지 않는다. 현대 정신의학과 심리학의 태도는 이 점에서 고대 그리스인의 태도와 다르지 않다. 따라서 Erickson은 일반 대중보다는 훨씬 더 힘들어하는 동료들을 위해 치료적 트랜스의 경험을 입증할 수 있는 보다 미묘한 수단을 개발하는 데 더 많은 창조적 에너지를 쏟았다.[29]

4 삶의 문제 재도식화

말하기 문제를 특성과 의미의 표현으로 재해석하기: '이 비뚤어진 코'; 의식적 · 무의식적 변화 과정의 통합에서 재도식화의 역할에 관한 가설

E: 당신의 말하기와 관련하여, 당신이 원하는 완벽주의적 특성은 한 인간으로서 당신에게 적합한 특성일 뿐이에요. 당신의 완벽주의는 자신의 기능이 당신의 진정한 목적을 달성할 수 있도록 허용하는 방식으로 당신의 에너지를 활용하는 데서 와야 하지요. [긴 멈춤]

당신은 어떤 초상화에 대해 단지 싸구려 유사물로 전락되었다고 언급하면서, 초상화가 결함까지 있는 그대로 묘사되어야 하며, 그래야 보는 사람들이 의미 없게 여기지 않을 것이라고 했지요. 이와 마찬가지로, 당신의 말하기도 자신을 압박하는 과도한 교정이 없어야 의미가 있게 됩니다. 당신의 말하기 문제는 본질적으로 과도한 교정과 현실 수용 실패가 드러난 것이기 때문입니다. 코가 비뚤어진 사람의 비뚤어진 코는 그 사람 얼굴의 가장 의미 있는 특징일 수 있으며, 그 코를 곧게 한 초상화는 그 초상화의 모든 의미를 앗아 가는 것입니다. 얼굴의 비뚤어진 코는 숨을 쉴 뿐 아니라 그 얼굴의 특징을 표현하는 것입니다.

👥 **편저자**

치료적 활성화의 절정, 기억의 홍수, 최면 기억상실 이후 지금에서야 Erickson은 최면대상자의 말하기 문제에 대해 재도식화를 시도한다. 더욱이, 이러한 재도식화는 최면대상자의 예술적 감수성의 최고 수준, 즉 초상화의 의미와 특성에 대한 그의 민감성과 연관이 있기 때문에 그에게 특히 의미 있는 것으로 여겨진다.

기본적인 말하기 문제를 다루는 이 중요한 재도식이 왜 무의식적인 정신 활동의 고조된 단계가 끝난 후 지금에야 등장하는 것일까? Erickson의 최면치료 과정의 본질은 무의식적 활성화의 고조된 상태—지금까지는 기억상실에 의해 적어도 부분적으로 덮여 있었다—였기 때문에 이어지는 재도식 과정에는 또 다른 목적이 있음에 틀림없다. 그 목적은 무엇일까? 재도식은 단순히 의식적 태도를 재구성하는 방법이 될 수 있는가?! 재도식은 고조된 활성화 시기에 자율적 무의식에 의해 수행되었던 '실제 치료에 매우 필수적인 생각, 이해 및 기억의 재연결 및 재구성'과 일치하고, 그것을 지원하는 방식으로 환자가 자신의 의식적 태도를 재조직화하도록 돕는 방법이다. 좋은 재도식은 일반적으로 즉시 옳다고 느껴지고 의식에 쉽게 받아들여지는 특히 유쾌한 특성을 가지고 있다. 아마도 의식이 그토록 쉽게 받아들이는 것은 무의식이 이미 그것과 함께 발효되고 있기 때문일지도 모른다. 따라서 의식적 과정과 무의식적 과정은 상호 강화되고 그들 사이에 형성된 새로운 치료 연결망을 통해 서로를 계속 지원할 수 있다.

5 또 다른 치료 비유

말하기 문제를 개인의 순응 및 진실성에 간접적으로 관련짓기

E: 다른 사람들에게 순응하는 것은 정말 좋은 일인 것 같지만, 그것은 개인으로서 당신의 진실성을 앗아 갑니다. 그렇다고 모든 일에 비순응자가 되려고 전력을 다해서도 안 되지요. 복장에 있어서 비순응자가 된다는 것은 비순응 자체가 목표가 되어야 한다는 것을 의미하지는 않아요. 복장에 있어서 비순응은 개인으로서의 자아와 관련되어야 하고, 오직 자신에게만 관련되어야 하며, 다른 사람의 시선을 끌기 위한 수단이 되어서는 안 되지요. 텍사스 사람이 보스턴 사람을 싫어한다고 해서 그가 텍사스 말투를 과장해야 한다는 의미는 아니며, 보스턴 말투를 흉내 내려고 해서도 안 돼요.

그는 텍사스에서 텍사스 친구에게 말했을 법한 말투 그대로…… 그 이상도, 그 이하도 아닌 그 정도로만…… 말해야 해요. 그는 '텍사스 친구들'에게 하듯이 보스턴 사람들에게 말해야 하는데, 보스턴 사람들에게 자신의 말투를 과장하는 것은 사실을 왜곡하는 것이지요. 보스턴 말투를 흉내 내는 것은 거짓이에요. 그는 보스턴에서 말할 때는 자연스러운 비순응자여야 하지만, 단순히 순응하지 않는 개인, 순전히 개인 수준에서 동조하지 않는 개인이어야 하지요. 그는 우연히 보스턴에 있는 텍사스 사람이기 때문이에요. 그는 단지 보스턴에 있을 뿐이고, 여전히 텍사스 사람이지요. 그러므로 그는 **실제로** 비순응자가 아니에요. 그는 보스턴에 사는 텍사스 출신의 개인인, 개인주의자이지요. 그리고 그는 자신에게 진실하지만 여전히 말할 때는…… 원래 순응하려는 잘못된 노력을 하며 말하고 있어요. 말을 더듬는 사람은, 자신의 말을 다른 사람을 **위해** 그리고 자신을 **위해** 사용하는 대신, 억지로 자신의 말을 다른 사람의 말투에 맞추려고 하는 것이에요.

편저자

　Erickson은 분명히 최면대상자의 말더듬는 문제를 순응과 개인주의라는 보다 더 기본적인 문제와 연관이 있다고 보는 것이 분명하다. Erickson은 공격적 도구가 아니라 개별성의 표현으로 텍사스 억양을 구사하는 보스턴의 텍사스 사람들을 치료적 비유로 들고 있다. 물론 이 치료적 비유가 환자의 주요 문제 영역인 말하기와 관련이 있는 것은 우연이 아니다.

6 트랜스에서 깨어남

자유와 자기 표현을 위한 최면후 암시의 연결망; 증상 완화를 위해 곳곳에 내장되고 산재된 암시

E: 이제 깨어난 뒤에, 당신도 저도 당신의 무의식이 무엇을 할 것인지 알지 못합니다. 그것은 제가 인식하는 일, H 박사나 당신이 인식하는 일을 할 수도 있고, 또는 자신의 비밀을

철저히 지킬 수도 있지요. 제가 하기 원하고, 하도록 지시할 유일한 것은, 적절한 기회가 발생할 때마다 트랜스 상태에서 잠들 수 있다는 무한한 자부심, 개인적 자부심, 개별적 자부심, 즉 트랜스 상태에 들어갈 수 있는 능력에 대한 유능감, 그 능력 발휘에 대한 의지와 자부심을 갖는 것이지요. 당신이 깨어난 후에 저는 당신이 두려움 없이, 억압 없이, 주저함 없이 당신이 지금까지 깨달은 것보다 스스로 더 잘 이해할 것이라는 기대감을 가지고, 즉 당신이 예상했던 것보다 우리에 의해 더 잘 이해될 것이라는 기대감을 가지고 당신이 이해하지 못하는 것을 행하고 말할 수 있는 자유의 감각을 갖기 바랍니다. 이제 당신은 그것을 쉽게 받아들이고 깨어날 수 있습니다. [긴 멈춤]

👥 편저자

비록 Erickson이 최면대상자의 말더듬의 특정한 정신역동적 원인에 대해 강한 직감을 가지고 있음에도 불구하고, 그는 트랜스 작업의 이 단계를 매우 지지적이었지만 일반화된 최면후 암시들로 끝내는 것 같다. Erickson은 이 최면후 암시 연결망을 단순히 일반적으로 사용되는 전형적인 모호하고 긍정적인 암시만 보여 주면서 둘러대고 싶은 유혹이 있었을지도 모른다. 그러나 보다 신중한 연구를 통해, 표현의 자유와 매우 구체적이고 아주 중요한 간접적인 암시의 균형을 맞추는 상호 지지적 암시의 복잡한 구조를 보여 주고 있다.

E: 이제 깨어난 뒤에, 당신도 저도 당신의 무의식이 무엇을 할 것인지 알지 못합니다.

👥 편저자

이것은 완전한 자유를 위한 비지시적이며 백지 위임장식 암시로 보인다. 그렇지만 이 의미는 최면대상자의 무의식이 통제하고 지시하고 있음을 함축하고 있다. 이것은 깨어난 후에도 무의식이 정신생활과 행동을 더 잘 통제할 수 있는 변화된 의식상태가 계속될 것이라고 말하는 것과 같다. 최면대상자는 자신이 '깨어나'라는 말을 들었다고 생각할 수도 있지만, 실제로 그는 치료적 반응의 특별한 상태를 계속하도록 간접적으로 지시를 받은 것이다.

E: 당신의 무의식은 제가 인식하는 일, H 박사나 여러분이 인식하는 일을 할 수도 있고, 또는 자신의 비밀을 철저히 지킬 수도 있습니다.

편저자

정말로 안전한 암시다! 그것은 반응의 모든 가능성을 포괄하는 개방형 암시의 패러디에 가까우며, 최면대상자가 경험하는 것이 무엇이든 Erickson과 친밀한 관계를 맺고 있으며, Erickson이 말하는 다른 모든 것을 강화한다. 그러나 그것은 치료적 반응의 특별한 상태가 계속될 것임을 간접적으로 암시하는 이전 문장의 자연스러운 연속이라는 점에 주의하자. 이 특별한 상태에서 Erickson과 H 박사 또는 최면대상자 자신의 의식-무의식과 연관된 치료 반응은, 이제 자신을 표현할 자유를 갖게 된다. 그러나 그렇지 않더라도, 무의식이 '자신의 비밀을 철저히 지키는 것!'은 치료적 가치가 있다. 비밀은 우리 문화에서 매우 특별한 단어이다. 이 시점에서 비밀에 대한 단순한 언급만으로도 Erickson은 최면후 암시의 최종 연결망을 강화하기 위해 최면대상자가 가장 많이 관여하는 내부 정신역동의 동기부여 에너지를 관념역동적으로 건드리고 활용한다.

E: 적절한 기회가 발생할 때마다 트랜스 상태에서 잠들 수 있다는 무한한 자부심, 개인적 자부심, 개별적 자부심, 즉 트랜스 상태에 들어갈 수 있는 능력에 대한 유능감, 그 능력 발휘에 대한 의지와 자부심을 갖는 것입니다.

편저자

아하! 드디어 겉보기에는 복잡하지만, 멋지고 직접적인 암시가 나왔다! 사람이 할 수 있다는 너무나 확실하게 지지적이고 낙관적인 것을 듣는다는 것이 매우 큰 안도감으로 다가온다. 이 밝고 직접적인 암시를 듣는 것이 너무 신선해서 그 안에 내포된 의미를 놓칠 수도 있다. 그것은, (1) Erickson과 그가 나타내는 치료적 가치들은 최면대상자가 '적절한 상황이 발생할 때마다 트랜스 상태에서 잠들기'와 연결되고 관념역동적으로 활성화될 것이며, 그리고 (2) 이 치료적 활성화는 이제 '무한한 자부심, 개인적인 자부심, 개별적인 자부심…… 유능감…… 그 능력을 발휘하는 것에 대한 의지와 자부심'과 연결되어 있다는 것이다. Erickson이 약간, 의미심장한 미소를 지으며 말했듯이, 그것은 한 문장에 담긴 엄청나게 큰 치료적 자부심이다!

E: 당신이 깨어난 후에 저는 당신이 두려움 없이, 억압 없이, 주저함 없이 당신이 지금까지 깨달은 것보다 더 스스로 더 잘 이해할 것이라는 기대감을 가지고, 즉 당신이 예상했던 것보다 우리에 의해 더 잘 이해될 것이라는 기대감을 가지고 당신이 이해하지 못하는 것을 행하고 말할 수 있는 자유의 감각을 갖기 바랍니다.

편저자

휴~! 이해, 두려움, 억압, 보류가 없는 완전한 자유. 그것이 가능한가? 모순인가? 이러한 인지적으로나 감정적으로 과부하된 암시를 누가 소화할 수 있을까? 아마도 그것이 Erickson 방법의 의미일 것이다. 어쨌든 그것은 '당신이 지금까지 깨달은 것보다 스스로 더 잘 이해할 것이라는 기대감, 즉 당신이 예상했던 것보다 우리에 의해 더 잘 이해될 것이라는 기대감'으로 긍정적으로 강화된다. 이 결말은 이해받고 있다는 긍정적인 '기대'에 초점을 맞춘다.

이러한 암시들이 얼마나 미묘할 수 있는지에 대한 마지막 예로, 나는 친애하는 독자 여러분에게 묻고 싶다. Erickson이 최면대상자의 말더듬을 극복하기 위한 암시를 얼마나 무심하게 흩뿌려 놓았는지 눈치챘는가? Erickson의 말은 때때로 진부해 보이는 표현으로 흘러나오지만 '행동하고 말할 자유……'의 중요성을 담고 있다는 것을 눈치챘는가?

최면후 암시의 이러한 연결망의 일부 측면이 [그림 5-4]에 도식화되어 있다.[3]

---

3) 편저자 주: 이 시점에서 테이프는 Erickson 박사와 최면대상자 사이의 상호작용을 계속한다. 불행히도 편저자는 함께 제공되는 오디오 카세트의 시간 제한으로 인해 이를 포함시킬 수 없었다. 이 테이프는 Milton H. Erickson 재단(3606 North 24th Street, Phoenix, Arizona 85016)에 보관되어 있다.

7 최면후 암시의 연결망 도해

 편저자

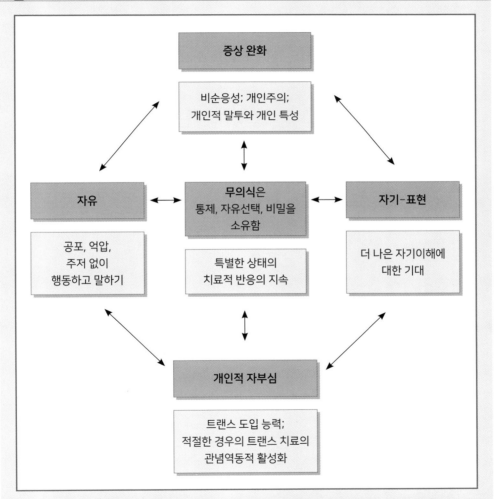

[그림 5-4] 치료 가능성을 상호 강화하고 지원하는 최면후 암시의 연결망을 통한 트랜스 확인

후주

제1부

1. 치료에서 참조틀 전환의 역동에 대해서는 *Hypnotherapy* 참조.
2. 치료적 이중 구속에 대한 자세한 예시는 *Collected Papers* Vol.1의 'Varieties of Double Bind'(pp. 412-429) 참조.
3. *Hypnotherapy* 참조.
4. 자아상과 정체성을 변화시키는 데 있어 심리적 충격과 놀라움을 이용하는 것에 대한 *Collected Papers,* Vol.4, Sec.9의 Erickson의 논문 참조.
5. *Collected Papers* Vol.1의 'The Indirect Forms of Suggestion' (pp. 452-477) 참조.
6. Rossi의 논의에 대해서는 J. Zeig (Ed.), *Ericksonian Approaches to Hypnosis and Psychotherapy* (New York: Brunner/Mazel, 1984)의 "Ericksonian Hypnotherapy Now and in the Future,"와 *American Psychologist* (1983, 38, pp. 161-174)에 실린 J. L. McGaugh의 글, 'Preserving the Presence of the Past: Hormonal Influences on Memory Storage' 참조.
7. Ernest Rossi의 글, 'Hypnosis and Ultradian Cycles: A New State(s) Theory of Hypnosis?'. *The American Journal of Clinical Hypnosis*, 25(1), 21-32 참조.
8. Erickson이 최면 유도를 촉진하기 위해 특정 정신 메커니즘을 어떻게 활용했는지에 대한 유익한 설명을 제공하는 해설이 포함된 자세한 비디오 테이프는 *Experiencing Hypnosis* (pp. 154-180)의 'The Reverse Set to Facilitate Hypnotic Induction' 참조.

9. *Collected Papers* Vol.1(pp. 452-477)의 'The Indirect Forms of Suggestion' 참조.

10. Erickson은 자신의 논문 'The Problem of Amnesia In Waking and Hypnotic States' (*Collected Papers* Vol.3, pp. 58-70)에서 이 사례를 기억상실에 대한 간접 암시의 예로 제시했다. 이 사례는 Rossi가 훗날 Varieties of Hypnotic Amnesia(*Collected Papers* Vol.3, pp. 71-90)에서 상태에 기반한 최면 기억상실의 한 형태로 개념화한 것을 극적으로 보여 주는 예이기도 하다. 기억상실에 대한 이러한 접근법의 개인적인 자료는 Erickson의 어린 시절 경험에서 찾을 수 있다. 그는 나무에 앉아서 외웠던 시의 일부를 잊어버릴 때가 있었지만, 그 나무에 다시 올라가면 시 전체를 기억해 낼 수 있다는 사실을 발견했다!

11. 자기최면의 한 형태인 일상적인 트랜스 상태의 심리생리적 특징은 Wolman, B.(Ed.)의 *The Handbook of Altered States of Consciousness*(New York: Van Nostrand)에서 Ernest Rossi의 'Altered States of Consciousness in Everyday Life: The Ultradian Rhythms' (1984) 참조.

12. *Collected Papers,* Vol.1, Sec.4 참조.

13. *Collected Papers* Vol.1(pp. 452-477)의 'The Indirect Forms of Suggestion' 참조.

14. *Hypnotic Realities*(pp. 103-104)와 *Collected Papers* Vol.1(pp. 120-121) 참조.

15. *Collected Papers* Vol.1(pp. 430-451)의 'Two-Level Communication and the Microdynamics of Trance and Suggestion' 참조.

16. 경직에 대한 Erickson의 자세한 접근은 *Experiencing Hypnosis*의 Sec.2 참조.

17. 이 현상에 대해서는 Andre Weitzenhoffer의 책, *General Techniques of Hypnotism* (New York: Grune & Stratton, 1957)에서 Andre Weitzenhoffer의 논의 참조.

18. 보다 자세한 설명은 *Collected Papers* Vol.1(pp. 340-359)의 'The Surprise and My-Friend-John Techniques of Hypnosis: Minimal Cues and Natural Field Experimentation' 참조.

19. *Collected Papers* Vol.4 Sec.8의 'Self-Exploration in the Hypnotic State' 참조.

20. *Collected Papers* Vol.1과 Vol.2의 Minimal cues에 있는 색인 목록 참조.

21. 손 공중부양 접근에 대한 자세한 해설은 *Experiencing Hypnosis*의 Sec.2 참조.

22. *Collected Papers* 총 네 권에서 Experiential, 'Experiential knowledge' 'Experiential learning'로 시작하는 색인 리스트 참조.

23. 참조틀의 전환(재도식화)에 대한 Erickson의 아주 다양한 예시는 *Collected Papers* Vol.4

Sec.7의 'Sexual Problems: Hypnotherapeutic Reorientations to Emotional Satisfaction' 참조.

제2부

1. 이것은 Erickson과 Rossi가 의식-무의식의 이중 구속으로 개념화한 것의 예이다. *Collected Papers* Vol.1(pp. 412-429)의 'Varieties of Double Bind' 참조.
2. 이것은 암시—당신의 무의식이 내가 말하는 것에 귀 기울일 것이다—와 행동의 불가피성, 즉 '그들의 마음이 방황할 것이다'를 연결시키는 분명한 사례이다. *Hypnotherapy* Vol.4 참조.
3. *Experiencing Hypnosis* Vol.2(pp. 41-47) 참조.
4. *Hypnotherapy*의 'Frames of reference'에 있는 색인 제목 참조. 그밖에 J. Zeig (Ed.)의 *Ericksonian Approaches to Hypnosis and Psychotherapy* (New York: Brunner/ Mazel. 1982), 그리고 R. Bandler와 J. Grinder가 쓴 Reframing: Neuro-Linguistic Programming and the Transformation of Meaning (Moab, Utah: Real People Press, 1982) 참조.
5. *Collected Papers* Vol.1(pp. 430-451)의 'Two-Level Communication and the Microdynamics of Trance and Suggestion' 참조.
6. *Collected Paper* Vol.2(pp. 145-156)의 'Hypnotic Investigation of Psychosomatic Phenomena: Psychosomatic Interrelationships Studied by Experimental Hypnosis' 참조.
7. 짐작컨대, 기억상실의 반응성에 대한 Erickson의 언급은 1959년에 발행된 *The American Journal of Clinical Hypnosis*에 실린 Cheek의 논문 'Unconscious Perception of Meaningful Sounds During Surgical Anesthesia as Revealed in Hypnosis(Vol.1, pp. 103-113)'에 대한 반응이었을 것이다.

제3부

1. '내 친구 존' 기법에 대해 추가적인 적용은 *Collected Papers* Vol.1(pp. 340-359)의 'The Surprise and My-Friend-John Technique of Hypnosis: Minimal Cues and Natural Field Experimentation' 참조.

2. *Collected Papers* Vol.2 Sec.4의 'Time Distortion' 참조.

3. Robert Ader(Ed.), *Psychoneuroimmunology* (New York: Academic Press), 1982 참조.

4. 최면 유도 및 트랜스 상태에서 안구 및 눈꺼풀 움직임의 역할과 관련한 관찰과 추측의 역사는 길고 중요하다. 하지만 안타깝게도 이 분야에서 실험적 연구는 상대적으로 드물다. 최근의 심리적 초록을 컴퓨터로 검색한 결과 다음 세 편의 논문이 발견되었으며, 각 논문에는 임상의가 관찰적으로 관심을 가질 만한 결과가 포함되어 있다.

> Gur, R., & Reyher, J. Relationships Between Style of Hypnotic Induction and Direction of Lateral Eye Movements. *The Journal of Abnormal Psychology*, 1973, *82*(3), 499-505.

> Tebecis, A., & Provins, K. Hypnosis and Eye Movements. *Biological Psychology,* 1975, *3*(1), 31-47.

> Weitzenhoffer, A. Ocular Changes Associated with Passive Hypnotic Behavior. The *American Journal of Clinical Hypnosis*, 1971, *14*(2), 102-121.

네번째 도움이 되는 자료는 최면과 성격 유형에서 안구 굴리기의 진단적 중요성과 활용에 대한 책 한 권 분량의 치료법이다.

Spiegel, H., & Spiegel, D. *Trance and Treatment*. New York: Basic Books, 1978.

기억 과정의 일부로 안구 움직임을 인식하는 것은 나중에 최면 치료에 대한 NLP(Neuro-Linguistic Programming) 접근의 일부로서 진단의 단서 개념으로 후에 매우 정교화되었다.

Dilts, R., Grinder, J., Bandler, R., DeLozier, J., & Cameron-Bandler, L. *Neuro-Linguistic Programming*. I. Cupertino, Calif.: Meta Publications, 1979.

유감스럽게도, 이 작업에서는 편저자가 찾을 수 있는 실험적 검증이 이루어지지 않았다.

🎑 제4부

1. *Experiencing Hypnosis* Sec.4(pp. 181-257)의 'The Experiential Learning of Trance by the Skeptical Mind' 참조.

2. 최면치료 시 팔의 경직 촉발과 활용 방법에 대한 상세한 논의는 *Experiencing Hypnosis* 참조.

3. *Collected Papers* Vol.1 (pp. 18-82)의 'Further Experimental Investigation of Hypnosis:

Hypnotic and Nonhypnotic Realities' 참조. *Collected Papers* Vol.3(pp. 91-101)의 '문자 그대로 이해하기(literalism)'도 참조.

제5부

1. *Collected Papers* Vol.1(pp. 430-451)의 'Two-Level Communication and the Microdynamics of Trance Induction and Suggestion' 참조.
2. *Hypnotherapy* 참조.
3. 울트라디안 주기에 대한 논의는 B. Wolman (Ed.)의 *The Handbook of Altered States of Consciousness* (New York: Van Nostrand, 1984)에 있는 Ernest Rossi의 'Altered States of Consciousness in Everyday Life: The Ultradian Rhythms, 1984) 참조.
4. 최면 중 숨은 관찰자(hidden observer)에 대한 실험 연구 기록은 Ernest Hilgard의 *Divided Consciousness: Multiple Controls in Human Thought and Action* (New York: Wiley & Sons, 1977) 참조.
5. 이것은 최면의 피암시성의 본질과 관련한, 최면의 역사에 가장 오래된 아이디어에 근거하고 있다. Bernheim은 다음과 같이 설명하였다.

> 한 가지 확실한 것은 암시에 취약한 최면대상자에게는, 받은 아이디어를 행동으로 전환하는 독특한 적성이 존재한다는 것이다. 최면대상자에게는 …… 사고가 행동, 감각, 움직임 또는 시각으로 전환되는 것이 너무 빠르고 적극적으로 이우러져서 [의식적 의도에 의한] 지적 억제가 작용할 시간을 갖지 못한다.

Suggestive Therapeutics: A Treatise on the Nature and Uses of Hypnotism (Westport, Conn.: Associated Booksellers, 뉴욕의 Putnam에서 최초 출판, 1886, C. A. Herter 번역), p. 137 인용.

6. H. Read와 M. Fordham, G. Adler가 편집한 Bollingen Series 20 중 C. G. Jung의 The Collected Works Vol.8, *The Structure and Dynamics of the Psyche* (New York: Pantheon Books, 1960, p. 74) 인용.
7. *Collected Papers* Vol.4와 Erickson-Rossi의 책 세 권의 색인에 나오는 활용(utilization)

밑의 목록 참조.

8. Otto Rank의 두 책 *Art and the Artist* (New York: Knopf, 1932)와 *The Myth of the Birth of the Hero and Other Writings* (New York: Vintage, 1959)은 증상을 창의성의 좌절된 형태로 보는 시각에 대한 독창적인 통찰이 포함되어 있다.

9. *Collected Papers* Vol.1(pp. 108-132)의 'The Autohypnotic Experiences of Milton H. Erickson'과 이 시리즈의 Vol.1인 'Milton H. Erickson: A Biographical Sketch. *Healing in Hypnosis'* (pp. 1-59; 특히 pp. 10-14) 참조.

10. M. Berger(Ed.)의 *Beyond the Double Bind* (New York: Brunner/Maze, 1984)에 나오는 Bateson's workshop 참조.

11. 울트라디안 가설에 대한 자세한 설명과 매일 변화하는 의식의 리듬의 미묘한 행동 징후는 Wolman, B.(Ed.)의 *The Handbook of Altered States of Consciousness*(New York: Van Nostrand)에서 Ernest Rossi의 'Altered States of Consciousness in Everyday Life: The Ultradian Rhythms' (1984) 참조.

12. *Collected Papers* Vol.4(pp. 35-48)의 'Hypnotic Psychotherapy' 참조.

13. *Collected Papers* Vol.2(pp. 301-306)의 'Clinical and Experimental Trance: Hypnotic Training and Time Required for Their Development' 참조.

14. R. Carnap의 *The Logical System of Language* (Patterson, New Jersey: Littlefield, Adams Co. 1959)와 A. Whitehead & B. Russell의 *Principia Mathematica* (2nd edition, Cambridge: University Press, 1925) 참조.

15. 이 글은 *Collected Papers* Vol.1(pp. 533-535)에서 찾을 수 있음.

16. *Collected Papers* Vol.1(pp. 381-411)의 'Concerning the Nature and Character of Posthypnotic Behavior' 참조.

17. *Collected Papers* Vol.3 참조. 특히 Psychodynamic Processes: Hypnotic Approaches to the Unconscious의 2부 Sec.1 'Amnesia'와 Sec.5 'Mental Mechanisms' 참조.

18. *Collected Papers* Vol.1(pp. 430-451)의 'Two-Level Communication and the Microdynamics of Trance and Suggestion' 참조.

19. 'Possible Detrimental Effects of Experimental Hypnosis' (*Collected Papers* Vol.1, pp. 493-497)에서 Erickson은 트랜스 상태에 관련하여 다음과 같이 기술하였다.

그들(최면대상자)에게 과도피암시성을 만드는 것과는 거리가 멀게, 그들의 협력을 잃지 않기 위해 매우 조심스럽게 다룰 필요가 있다는 것이 밝혀졌으며, 그들은 종종 증가된 피암시성을 상쇄하기 위해 최면사에 대한 보상적 부정주의를 발전시켰다고 느꼈다(p. 495).

20. E. H. Hess, B. K. Rhoades, A. W. Hodges & E.S. Abbott, Jr. (1982). An Inexpensive, Nondedicated, Automated Pupillometric Measurement System. *Perceptual & Motor Skills*, Vol.54, Sec.1, pp. 235-241 참조.

21. *Collected Papers*, Vol.4, pp. 35-48 인용.

22. 이 접근을 설명하는 여러 사례는 *Hypnotherapy* 참조.

23. *Hypnotherapy*(Vol.7).

24. *Hypnotic Realities*, 311.

25. McGaugh, J. L. (1983). Preserving the Presence of the Past: Hormonal Influences on Memory Storage. *American Psychologist, 38*(2), 161-174 참조.

26. 치료적 트랜스 확인하기에 대한 다양한 접근에 대해서는 *Hypnotic Realities, Hypnotherapy, Experiencing Hypnosis* 참조.

27. Varieties of Hypnotic Anmesia. *Collected Papers*, (Vol.2, 71-90) 인용.

28. 트랜스를 경험하고자 하는 젊은 정신과 의사를 훈련하기 위한 좀 더 잠재적 접근에 대해서는 The Experiential Learning of Trance by the Skeptical Mind. *Experiencing Hypnosis*, 181-257 참조.

참고문헌

Ader, R. *Psychoneuroimmunology.* New York: Academic Press, 1982.

Bandler, R., & Grinder, J. Reframing: *Neuro-Linguistic Programming and the Transformation of Meaning.* Moab, Utah: Real People Press, 1982.

Bateson, G. Addendum 1: Bateson Workshop. In M. Bergera (Ed.), *Beyond the Double Bind.* New York: Brunner/Mazel, 1978 (pp. 197-230).

Carnap, R. *The Logical System of Language.* Paterson, New Jersey: Littlefield, Adams Co., 1959.

Cheek, D. Unconscious Perception of Meaningful Sounds During Surgical Anesthesia as Revealed in Hypnosis. *The American Journal of Clinical Hypnosis,* 1959, 1, 103-113.

Dilts, R., Grinder, J., Bandler, R., Delozier, J., & Cameron-Bandler, L. *Neuro-Linguistic Programming, I.* Cupertino,Calif.: Meta Publications, 1979.

Erickson, M. *The Collected Papers of Milton H. Erickson on Hypnosis* (4 vols.). Edited by Ernest Rossi. New York: Irvington Publishers, 1980.

Volume I: *The Nature of Hypnosis and Suggestion*

Volume II: *Hypnotic Alteration of Sensory, Perceptual, and Psychophysical Processes*

Volume III: *Hypnotic Alteration of Psychodynamic Processes*

Volume IV: *Innovative Hypnotherapy*

Erickson, M., Rossi, E., & Rossi, S. *Hypnotic Realities.* New York: Irvington, 1976.

Erickson, M., & Rossi, E. *Hypnotherapy: An Exploratory Casebook.* New York: Irvington, 1969.

Erickson, M., & Rossi, E. *Experiencing Hypnosis.* New York: Irvington, 1981.

Gur, R., & Reyher, J. Relationships Between Style of Hypnotic Induction and Direction of Lateral

Eye Movements. *The American Journal of Clinical Hypnosis.* 1973, 16(3), 499-505.

Hess, E.H., Rhoades, B.K., Hodges, A.W., & Abbott, E.S. An Inexpensive, Nondedicated, Automated Pupillometric Measurement System. *Perceptual & Motor Skills,* 1982, 54(1), 235-241.

Hilgard, E. *Divided Consciousness: Multiple Controls in Human Thought and Action.* New York: Wiley & Sons, 1977.

Jung, C. *The Structure and Dynamics of the Psyche.* Volume 8 of *The Collected Works of C. G. Jung,* edited by H. Read, M.Fordham, & G. Adler. New York: Pantheon Books, 1960.

McGaugh, J. Preserving the Presence of the Past: Hormonal Influences on Memory Storage. *American Psychologist,* 1983, 38(2), 161-174.

Rank, O. *Art and the Artist.* New York: Knopf, 1932.

Rank, O. *The Myth of the Birth of the Hero and Other Writings.* New York: Vintage, 1959.

Rossi, E. *Dreams and the Growth of Personality.* New York: Pergamon, 1972.

Rossi, E. Hypnosis and Ultradian Cycles: A New State(s) Theory of Hypnosis? *The American Journal of Clinical Hypnosis,* 1982, 25, 21-32.

Rossi, E. Altered States of Consciousness in Everyday Life: The Ultradian Rhythms. In B. Wolman (Ed.), *The Handbook of Altered States of Consciousness.* New York: Van Nostrand, 1984.

Rossi, E., Ryan, M., & Sharp, F, (Eds.) *Healing in Hypnosis: The Seminars, Workshops, and Lectures of Milton H. Erickson* (Vol. I). New York: Irvington, 1983.

Spiegel, H., & Spiegel, D. *Trance and Treatment.* New York: Basic Books, 1978.

Tebecis, A., & Provins, K. Hypnosis and Eye Movements. *Biological Psychology,* 1975, 3(1), 31-47.

Watzlawick, P., Weakland, J., & Fisch, R. *Change: Principles of Problem Formation and Problem Resolution.* New York: W. W. Norton, 1974.

Weitzenhoffer, A. *General Techniques of Hypnotism.* New York: Grune & Stratton, 1957.

Weitzenhoffer, A. Ocular Changes Associated with Passive Hypnotic Behavior. *The American Journal of Clinical Hypnosis,* 1971, 14(2), 102-121.

Whitehead, A., & Russell, B. *Principia Mathematica* (2nd edition). Cambridge: University Press, 1925.

Zeig, J. (Ed.) *Ericksonian Approaches to Hypnosis and Psychotherapy.* New York: Brunner/ Mazel, 1984.

찾아보기

저자 소개 ────────────────────────────

Milton H. Erickson
미국의 정신과 의사이자 심리학자이다. 현대임상최면의 아버지로 불리는 Erickson은 비지시적이고 자연주의적인 에릭슨 최면을 창시하였으며 간접암시, 은유와 스토리텔링, 일상의 트랜스 활용하기 등 수많은 천재적인 기법을 발전시켜 공포증, 습관 문제, 통증 등을 치료하였다. 그의 치료법은 Bateson, Haley 등 가족치료에 많은 영향을 미쳤다.

 편저자 소개 ────────────────────────────

Ernest L. Rossi
미국 템플대학교 임상심리학 박사, 융 분석가

Margaret O. Ryan
미국 캘리포니아대학교 심리학 전공, 작가

감수자 소개 ────────────────

임용자(Yim, Yong Ja)
상담교육학 석사, 상담심리학 박사, 영국 Peredur Center for the Arts 수학,
미국 Tamalpa practitioner 과정 졸업
전) 대전대학교 보건 스포츠 대학원 대우 교수, 한국표현예술치료학회 창립회장
현) 한국상담학회 일반수련감독(제26호), 한국상담학회 NLP 전문수련감독,
    메타심리치유연구소 운영, 국제공인 표현예술치료사(REAT 228호)

역자 소개 ────────────────

동승자(Dong, Seung Ja)
가톨릭대학교 심리상담대학원 석사
전) 그루터기 영성심리상담센터 센터장
현) 지음심리상담연구소 소장, 상담심리사 1급(한국상담심리학회)

문경숙(Moon, Kyung Sook)
한국상담대학원대학교 석사
전) 태랑중학교 위클래스 전문상담사
현) 지음심리상담연구소 상담사, 가톨릭상담심리사 1급(한국가톨릭상담심리학회)

서현령(Suh, Hyun Ryung)
충북대학교 심리학과 석사
전) 메티스 신경정신과 상담사
현) 서현심리상담센터 소장, 서울가정법원 상담위원, 서울디지털대학교 객원교수, 상담심리사
    1급(한국상담심리학회), 표현예술심리상담사 1급

엄재승(Eum, Jaeseung)
한국상담대학원대학교 석사
전) 종합사회복지관 상담사, 교육청 상담사
현) 마음연구소 바라봄 공동소장, 상담심리사 2급(한국상담심리학회), 청소년 상담사

이영선(Lee, Young Seon)
평택대학교 대학원 상담학 박사 수료
전) 서울시 중·고등학교 위클래스 전문 상담사
현) 국방부 병영생활전문상담관, 전문상담사 2급(한국상담학회), NLP 마스터 프렉티셔너
　　(한국NLP학회)

임정애(Lim, Jung Ae)
한국상담대학원대학교 석사
전) 전진상영성심리상담소 상담사
현) 프리랜서 상담사, 상담심리사 2급(한국상담심리학회)

조은영(Cho, Eun Young)
중앙대학교 심리학과 박사
전) 중앙대학교 학생생활상담연구소 전임연구원, 그루터기 영성심리상담센터 센터장
현) 지음심리상담연구소 소장, 서강대학교 미래교육원 강사, KBS 라디오 고정 출연,
　　상담심리사 1급(한국상담심리학회), 발달심리사 1급

밀턴 에릭슨의
최면치료와 삶의 재도식화
Life Reframing in Hypnosis

2024년 10월 15일 1판 1쇄 인쇄
2024년 10월 20일 1판 1쇄 발행

지은이 • Milton H. Erickson
엮은이 • Ernest L. Rossi · Margaret O. Ryan
옮긴이 • 동승자 · 문경숙 · 서현령 · 엄재승 · 이미향 · 이영선 · 임정애 · 조은영
감   수 • 임용자
펴낸이 • 김진환
펴낸곳 • (주) **학지사**

04031 서울특별시 마포구 양화로 15길 20 마인드월드빌딩
대표전화 • 02)330-5114   팩스 • 02)324-2345
등록번호 • 제313-2006-000265호

홈페이지 • http://www.hakjisa.co.kr
인스타그램 • https://www.instagram.com/hakjisabook

ISBN 978-89-997-3254-6 93180

정가 23,000원

출판미디어기업 **학지사**

간호보건의학출판 **학지사메디컬** www.hakjisamd.co.kr
심리검사연구소 **인싸이트** www.inpsyt.co.kr
학술논문서비스 **뉴논문** www.newnonmun.com
교육연수원 **카운피아** www.counpia.com
대학교재전자책플랫폼 **캠퍼스북** www.campusbook.co.kr